メディアとしての図書館

アメリカ公共図書館論の展開

吉田右子著
Yoshida Yuko

日本図書館協会

The Public Library As a Media Center

メディアとしての図書館 : アメリカ公共図書館論の展開 ／ 吉田右子著
東京 : 日本図書館協会, 2004. ― 10, 400p ; 22cm
ISBN4-8204-0428-8

t1. メディア ト シテノ トショカン a1. ヨシダ, ユウコ
s1. 図書館―アメリカ合衆国―歴史 ①016.253

序　文

根本　彰
（東京大学大学院教育学研究科教授）

　本書は，吉田右子氏が2001年に東京大学大学院教育学研究科に提出した博士学位請求論文をベースに，新たに補論を加えて書き直されたものである。氏はこの業績で2002年1月23日に東京大学から博士（教育学）を授与された。
　私は審査委員会の主査を務め，審査結果の要旨を執筆した。それは次のようなものである。

*

　アメリカの公共図書館は19世紀後半に公教育制度と相互に補い合う関係をもつ制度として出発し，その後20世紀初頭にかけては，カーネギー財団による1600館にも上る図書館の寄贈もあって，基本的な条件整備が行われた。そして，本論文が対象とする20世紀前半期，とくに1920年代から1950年代にかけては，こうして出発した制度が社会的条件の変化のなかでコミュニティにおいての正統性が試された時期である。
　本論文はこの時期の公共図書館に関する主としてアカデミズム側の言説を公共図書館論と呼び，それが生まれてくる大学における図書館研究の系譜をたどり，主要な5つの公共図書館論の言説を分析し，さらに関連するコミュニケーション研究との対比から公共図書館論と公共図書館実践との関係を分析することで，正統化の論理を跡づけたものである。
　まず第1部では，シカゴ大学の大学院図書館学部（GLS）の成立と展開をめぐって公共図書館論が生み出される知的背景を明らかにした。GLSは1920

年代後半にカーネギー財団の助成によって，プラグマティズムの牙城であったシカゴ大学に設置された図書館員養成の大学院であった。当初より研究面に力を入れ，この博士課程で実証的な社会調査の手法で図書館研究や読書研究を行った研究者がその後の図書館学の研究モデルを形成したことを描き出した。

第2部では，公共図書館論として重要な5つの言説が発表の時系列順に詳細に分析される。それは，カーネギー財団への報告書として発表されたW・S・ラーネドのコミュニティ情報センター論（1924），およびアルヴィン・ジョンソンの図書館成人教育論（1938），GLSの直系の研究者L・カーノフスキーのコミュニティ図書館論（1944），同じくGLS出身であるが後にコミュニケーション研究者として知られるようになるB・ベレルソンの公共図書館利用者論（1949），そして戦後の大規模な公共図書館調査の全体的なまとめを行ったロバート・リーの公共図書館論（1950）である。これらは社会科学研究者による実証的な研究を踏まえた研究の成果であったが，いずれも公共図書館がコミュニティにおける民主主義形成の重要な媒介的役割を果たすという点で伝統的なアメリカの教育思想の系譜に置かれていることが指摘されている。

第3部では，コミュニティにおける図書館活動のなかでのメディアの取り扱いにかかわって，公共図書館実践とメディア政策のかかわりを概観し，公共図書館における初期のラジオ・メディアがどのように用いられていたのかを実証的に描き出し，さらに公共図書館研究とコミュニケーション研究との密接な関係を論証している。

以上のような分析を通じて，本論文は，公共図書館論が当時の図書館サービスを実証的に調査しそれをもとに提言を行うという社会科学に一般的に見られるスタイルをとったことで，図書館実践の理論化と政策化に寄与したこと，また，公共図書館論を導き出した図書館学が読書研究や図書館利用者研究を綿密に行うことで初期のコミュニケーション研究において重要な貢献を行い，その後もコミュニケーション研究と連動していたことを明らかにした。そして，初期の自由主義的コミュニケーション研究におけるメディアを中立的なものととらえる視点と同じものが，公共図書館論においてもコミュニティにおける政治的文化的力のバランスを前提とする多元主義的見方として潜んできたことを論

証した。このようなオリジナルな知見を提示した本論文は，博士（教育学）の学位を授与するにふさわしいものと判断された。

*

私は彼女が図書館情報大学の修士課程に入学して以来，研究テーマについて相談にのりながら，この論文に結実する彼女の研究過程を見てきた。

彼女は，当初，ジョン・リチャードソン Jr. の *The Spirit of Inquiry* (1982) に刺激を受けつつ，アメリカ図書館学の系譜のなかで 20 世紀前半にシカゴ大学 GLS が果たした役割を修士論文でまとめた。その後，東京大学の教育学研究科博士課程に移ってからは，公共図書館を中心として当時の政策と学術研究の関係をより深く分析しようとした。本書の第 1 部は修士課程の成果をまとめたものであり，第 2 部は博士課程在学中にまとめたものを中心にしている。

しかしながら，彼女は論文を公共図書館政策と研究者の言説の整理に終わらせることに満足できなかった。むしろ彼女の視点は，図書館そのものの研究から図書館が位置する理論的な布置を想定し，そのなかでとくにメディアおよびコミュニケーションと図書館との関係を執拗に追求するという方向に発展させた。これが，第 3 部である。

第 2 部で取り上げた研究者のなかで，ベレルソンは公共図書館の利用者層の研究から出発したが，その後その枠を超えて研究を進め，アカデミズムでの最終的な分野は社会心理学（日本では『内容分析』という著書で知られる）と考えられている。そして，彼女もまたベレルソン的な転回＝展開を行い，それをさらに現代的コンテクストで見直そうとしたのではないかと思われるのである。

ベレルソン的な転回＝展開というのは，図書館をコミュニケーションやメディア研究のなかで論じようとしている点を指している。1920 年代から図書館はコミュニティにおけるラジオ放送と密接なかかわりをもっていたが，第二次大戦期に入ると図書館関係者は連邦の戦時政策に積極的に協力し，その意味で自らをメディア機関として位置づけることになる。当時，マスメディアが「ファースト・メディア」であるのに対し，図書館が「スロー・メディア」であるという評価があったとの指摘は興味深い。

さらにそれが現代的コンテクストで検討されている。それは 1970 年代以降

の社会科学における新しい見方の導入である。図書館が戦時下という特殊な状況においてであるにせよ，他のメディアと同様に戦争遂行に向けて国家体制への協力を選択したという記述は，自由主義ないし多元主義という立場の限界を示唆するものである。こうしたメディアと図書館の関係についての批判的見方による実証的研究はアメリカ本国でもほとんど行われていないところであり，本書中の白眉といってよい。

　そして今回，補論としてつけられた「メディア・スタディーズとしての公共図書館研究」は，彼女が次に取り組もうとしている研究の方向付けを示している。20世紀前半の公共図書館論は，政治的には自由主義，方法的には経験主義ないし実証主義を前提とするものであり，それはコミュニケーション研究と同様に政策科学をめざすものであった。それに対し，アメリカの社会科学は，20世紀半ばにヨーロッパのマルクス主義や批判的思弁的哲学の影響を受けて，多文化論的な批判理論を受け入れはじめていた。とくに1970年代以降この動きは一般的になりつつあった。その流れにあるメディア・スタディーズは，メディアに対して文化政治学的なアプローチを行う分野として近年めざましい成果を上げている。補論はそれを図書館研究に適用するためのレビューを試みているわけである。

　日本ではこれまでも，アメリカ図書館史について実証主義的なアプローチで記述した研究がいくつか書かれている。彼女は当初，そうした先達の方法を採用しながらも，これまで見てきたように方法的批判の視点を意識的に導入することによって，メディア・スタディーズ，そしてカルチュラル・スタディーズの方向に歩み出ようとしている。本書はその転回を内部に示す作品であり，彼女自身にとってだけでなく，日本の図書館情報学研究にとっても重要な一里塚といえよう。今後，彼女の意図が成功するかどうかは，補論で見通しをつけようとした方向で彼女がどのような仕事をしてくれるのかにかかっている。

　文化部門の批判的研究についてはカルチュラル・スタディーズに影響を受けた一群の〇〇スタディーズがある。補論ではリーディング・スタディーズに触れられていたが，博物館，美術館についてのミュージアム・スタディーズのほうが日本ではなじみ深いかもしれない。それでは，同様の意味でのライブラリー・

スタディーズはどうか。これも補論で触れられたマイケル・H・ハリス以降，まだそういう名称で呼ぶほどの動きにはなっていないが，図書館を大きな政治，経済，文化のコンテクストに位置づけて批判的に論じる研究が少しずつ現れはじめていることは確かである。私は，彼女が今後，そうした外国での胎動を敏感に察知しながら，日本の図書館が置かれた状況のなかでライブラリー・スタディーズを進める研究者として大成することを心から願っている。

目　　次

序文 ……………………………………………………………………………… i
序章 ……………………………………………………………………………… 1
　第1節　研究課題 …………………………………………………………… 1
　第2節　研究背景 …………………………………………………………… 2
　第3節　研究目的 …………………………………………………………… 7
　第4節　研究方法 …………………………………………………………… 11
　第5節　本書の構成と概要 ………………………………………………… 18

第1部　社会科学としてのアメリカ図書館学の構築 ……………………… 23
　第1章　ライブラリアンシップにおける理論と実践 …………………… 25
　第2章　図書館学の構築 …………………………………………………… 33
　　第1節　M.デューイの図書館学校 ……………………………………… 33
　　第2節　図書館学大学院開設への動向 ………………………………… 38
　　第3節　図書館学大学院創設前史―開校への道程 …………………… 44
　第3章　シカゴ大学図書館学大学院の図書館研究 ……………………… 51
　　第1節　シカゴ大学図書館学大学院の歩み …………………………… 51
　　第2節　初期シカゴ大学図書館学大学院の図書館研究 ……………… 59
　　第3節　シカゴ大学図書館学大学院における研究の概念 …………… 85

第2部　20世紀前半期の公共図書館論の展開 ………………………………105
　第4章　ウィリアム S.ラーネッドのコミュニティ情報センター構想 …107
　　第1節　『アメリカ公共図書館と知識の普及』成立の背景 ……………109
　　第2節　『アメリカ公共図書館と知識の普及』の分析 …………………111
　　第3節　考察 ………………………………………………………………120
　第5章　アルヴィン S.ジョンソンの図書館成人教育論 …………………129
　　第1節　『公共図書館：市民の大学』成立の背景 ………………………130

第2節 『公共図書館：市民の大学』の分析 …………………………134
 第3節 考察 …………………………………………………………139
第6章 レオン・カーノフスキーのコミュニティ図書館論 ……………147
 第1節 「国家とコミュニティの図書館」成立の背景 ………………148
 第2節 「国家とコミュニティの図書館」の分析 ……………………154
 第3節 考察 …………………………………………………………157
第7章 バーナード・ベレルソンの公共図書館利用者論 ………………167
 第1節 『図書館の利用者』成立の背景 ………………………………169
 第2節 『図書館の利用者』の分析 ……………………………………172
 第3節 考察 …………………………………………………………177
第8章 ロバート・D.リーの公共図書館論 ………………………………187
 第1節 『アメリカ合衆国の公共図書館』成立の背景 ………………189
 第2節 『アメリカ合衆国の公共図書館』の分析 ……………………192
 第3節 考察 …………………………………………………………198

第3部 20世紀前半期の公共図書館論形成への影響力 …………………213

 第9章 公共図書館の実践活動と公共図書館論 ………………………215
  第1節 図書館専門職の確立 ………………………………………216
  第2節 コミュニティ・メディア・センターとしての公共図書館 …219
  第3節 公共図書館の戦時メディア政策 …………………………224
  第4節 メディアの転換期の公共図書館理念 ……………………230
 第10章 アメリカにおけるマス・メディアの形成過程と公共図書館 …239
  第1節 図書館放送活動：背景と実践例 …………………………242
  第2節 図書館放送活動をめぐる議論 ……………………………255
  第3節 考察 ………………………………………………………260
 第11章 公共図書館研究とコミュニケーション研究 …………………271
  第1節 コミュニケーション科学の誕生と展開 …………………272
  第2節 1930年代のコミュニケーション研究の発展 ……………274
  第3節 図書館学におけるコミュニケーション研究 ……………276

第4節　コミュニケーション研究の理念と公共図書館研究 ……………284

終章　20世紀前半期の公共図書館論の到達点と意義 ……………………289
　　第1節　公共図書館論の基盤としての図書館研究 ………………………289
　　第2節　公共図書館論の系譜 ………………………………………………294
　　第3節　転換期の公共図書館論 ……………………………………………303
　　第4節　公共図書館論の到達点 ……………………………………………308
　　第5節　公共図書館論の意義 ………………………………………………312
　　第6節　結論：コミュニティ，メディア，公共図書館の位相 …………316

補論　メディア・スタディーズとしての公共図書館研究 ………………325
　　第1節　はじめに―20世紀前半期公共図書館論に内在する問題点 ……325
　　第2節　公共図書館論をめぐる文化政治的議論 …………………………326
　　第3節　2つのコミュニケーション研究アプローチ ……………………329
　　第4節　公共図書館の批判的研究 …………………………………………332
　　第5節　メディア・スタディーズとしての公共図書館研究 ……………335
　　第6節　おわりに ……………………………………………………………338

付録1　年表 ……………………………………………………………………343
付録2　文献一覧 ………………………………………………………………347
あとがき …………………………………………………………………………385
索引 ………………………………………………………………………………389

凡例

1. 引用文献は，本文中のカッコ内に著者名，出版年，該当頁数で示した。
2. 翻訳を参照した場合は，カッコ内の出版年に続いて〈訳〉と表記し，邦訳の該当頁数を示した。
3. 引用文献は巻末の文献一覧に示している。
4. 巻末の文献一覧には，本文中の引用文献のほか，本書をまとめるにあたって参照した文献を掲載した。
5. 文献一覧に示した文献は，著者名と発行年を見出しとして，タイトル，出版事項を記載した（著者が特定できない文献はタイトルを見出し語としている）。翻訳の場合は，原著タイトルに続き，邦訳の出版事項を記載した。
6. 日本語引用文献と英語引用文献はわけず，すべての文献を見出しのアルファベット順に掲載した。
7. 同一著者の文献が複数ある場合は，単著，共著の順に配列した。
8. 同一著者の同一刊行年の文献については，発行年順に配列し区別のために発行年にアルファベットの小文字を付記した。

メディアとしての図書館
アメリカ公共図書館論の展開

序　章

第 1 節　研究課題

　メディアの急激な変化にともない公共図書館の存在理由があらためて問われ，公共図書館存立の根幹理念に再び立ち返って検討しなければならない必要性が高まっている。アメリカ公共図書館を実践モデルの 1 つとして掲げてきたわが国の公共図書館も同様の課題を抱えている。公共図書館の理念的基盤を見定めるためには，アメリカ公共図書館の実践を支えてきた図書館思想の蓄積に着目する必要がある。

　図書館研究において，ボストン公共図書館に代表される近代公共図書館の実践理念が現代の公共図書館思想の源流と認識されている。近代図書館理念は，フィラデルフィア図書館会社からボストン公共図書館にいたる公共図書館の制度的確立への動きとともに構築されてきたものであり，図書館を市民の自己学習と自己改善をうながす社会機関として位置づけていた。

　しかし 20 世紀に入り，図書も含めメディアをとりまく社会的環境は大きく変化していく。娯楽を目的として出版される軽読書用図書と雑誌の大量の刊行，そしてラジオ，映画などのエレクトリック・メディアの普及は，アメリカ人の知的生活のあり方を根本から変転させる影響力があった。メディアの発展にともない公共図書館がその活動領域を広げていった結果，公共図書館論には教育的機能を重視する伝統的な図書館理念を拡張した新しい枠組みが必要になった。

本書では近代公共図書館思想確立以降の公共図書館論の展開を，アメリカのメディアをめぐる社会環境の変化を視座に入れ分析を試みる。なかでも1920年代から本格的にはじまったアカデミズムにおける公共図書館論構築の系譜に着目して，公共図書館論が教育的活動からメディア・サービスへと移行しつつあった公共図書館の理念的基盤をどのように論じてきたかという点を検討する。こうした作業は，現在のアメリカ公共図書館を特徴づけている多様なメディアを通じた文化サービスの理念的源流をみきわめる試みでもある。

第2節　研究背景

アメリカ公共図書館とコミュニティ

　19世紀後半から都市化によって地域性を越えた特定の連帯意識に基づき成立するコミュニティが増加し，地域的コミュニティの集団としての結びつきは弱まった。こうした社会変化は公共図書館に対しサービス対象としてのコミュニティをより明確に把握した上で自らの活動方針を決定していく姿勢を要求するようになった。

　以後，アメリカ公共図書館は実践と理論の両側面からコミュニティに密着したサービスを討究してきた。とりわけ公共機関が公的予算削減のため経済的に厳しい状況におかれ，メディアの発達にともなう図書館資料の電子化によって公共図書館の存在理由が問われている現在，「なぜコミュニティに図書館が必要なのか」といった公共図書館存立の根幹的問題に再び立ち返って検討しなければならない必要性が高まっている[1]。アメリカ公共図書館を実践モデルの1つとして掲げてきたわが国の公共図書館も同様の課題を抱えている。本書はこのような公共図書館の存在意義にかかわる問題意識を出発点としている。

　こうしたテーマに取り組む上での具体的な手掛かりはまさに今，公共図書館が直面している課題のなかに見出すことができる。たとえば生涯学習をめぐって地域学習機関の一拠点として公共図書館が発展していくためには，どのような実践がそこで行われるべきなのかが論議されている。またネットワーク情報資源を視野に入れたサービスがはじまるなかで，個人によるアクセスを中心と

するネットワーク情報資源と公共図書館とのかかわりが実験的試行と理論的枠組みの構築の両面から討究されている。さらにコミュニケーション・メディアの飛躍的な発展の時代をむかえ，個人が情報と主体的に向き合っていく姿勢はこれまで以上に強く求められており，公共図書館には情報リテラシー育成に積極的にかかわっていく役割が期待されている。

ところでアメリカでは19世紀半ばまで，生活空間の共有と連帯感によって規定される地域共同体としてのコミュニティが生活の基本単位であり，各コミュニティの持つ自律的な文化施設が機能することでコミュニティの社会生活が成立していた。そして公共図書館はコミュニティを中心とする社会的枠組みの下で情報提供と教育に関する知的サービス機関として位置づけられてきた。生涯学習やネットワーク情報資源にかかわる地域機関は，公共図書館以外にも存在している。しかしながら多様なメディアの収集と提供を行う点で，また市民の自発的学習の場として開かれた場所である点で，さらには体系的に組織化された資料が専門職によって提供される点で公共図書館はユニークな組織であり，コミュニティのなかで固有の役割を持つことは明らかである。今後，公共図書館は市民のあらゆる情報要求に柔軟に応え，電子メディアを含めたさまざまなメディアに関して多様な接点を利用者に提供する場として機能していくことが求められている。

公共図書館の可能性と方向性を追究していく際，アメリカ公共図書館の実践と理論から学ぶべき点は多い。アメリカ公共図書館はコミュニティ構成員の自発的学習を1世紀以上に渡って支援してきた実績を持つと同時に，コミュニティ全住民に向けたサービス・プログラムの提供を今日まで継続するなかで，その活動を支える理論的研究を蓄積してきたからである。公共図書館の存在をめぐる議論が活発化する現在，すでに理論化された公共図書館の実践理念を再検証していく必要性も高まっている。

近代公共図書館思想からの展開

公共図書館がコミュニティにあらわれ制度的に確立されていく過程で，実践活動を支えるために討究されてきた理念を公共図書館思想と呼ぶことが可能で

ある。わが国にはすでに，川崎良孝によるアメリカ近代公共図書館の成立にいたる思想的基盤についての研究書『アメリカ公立図書館成立思想史』がある（川崎 1991）。川崎は1731年のフィラデルフィア図書館会社の設立を公立図書館の近代の基点とし，そこから1854年のボストン公立図書館の成立までを公立図書館成立前史ととらえる。そしてボストン公立図書館設立を境に公共図書館の制度的基礎が確立されたとして，公立図書館史に時代的区分を与えている（川崎 p.22-23）。

近代公共図書館の制度的確立は同時に，近代公共図書館思想の形成を意味していた。そしてその思想的中核には，図書を介して利用者である市民の自己改善をうながし深め，その中から個人の自己発展を導こうとする教育的色彩が強くみられた。

しかしこうした伝統的な公共図書館思想は，アメリカ社会に大衆文化が浸透した19世紀後半から徐々に変革を迫られるようになっていく。図書は学習のための神聖な道具から日常生活を取り囲むごく身近なものへと変化し，大衆娯楽としての軽読書の流行は，公共図書館と利用者の直接的な接点である図書館資料への要求に反映した。そして公共図書館が市民の読書要求を最大限に取り入れた資料選定をすべきか否かをめぐって議論が起こった（Garrison 1979,〈訳〉p.97-145）。娯楽図書にかかわる一連の議論は，今日なお続く公共図書館の論点を提示するとともに，公共図書館は純粋に教育的理念のみを目的として存在していくことが困難な社会的存在であることを明らかにした。

大衆文化は20世紀に入って電話，ラジオ，映画などのテクノロジーが市民生活に浸透することでさらに隆盛をきわめるようになり，アメリカは情報を消費する社会へと変化を遂げた。そして20世紀に入りラジオ，テレビなどがニュー・メディアとして社会に出現するようになった時点で，図書館員は図書サービスを通じて培った情報収集，蓄積，提供のテクニックを図書以外のメディアに適用することを自らに課すようになった。20世紀初頭のメディアの多様化に対して図書館員はきわめて敏感であり，映画やラジオなど図書以外のメディアを積極的に図書館サービスに取り入れることによって，資料を扱う専門職としての能力を新しいメディアに対しても発揮していくことになる。

ニュー・メディアの普及は市民の生活様式に変化をもたらした。情報源が増加するなかで，市民はメディアによって得た情報を自発的学習や生活のために役立てたいと考えるようになった。こうした市民の知的好奇心に対して，アメリカ公共図書館はコミュニティの知的要求をうながす多目的機関としての道を歩むことによって応えようとした。現在，アメリカ公共図書館では講演，集会，コンサート，タウン・ミーティング，グループ学習など多様なコミュニティ・サービスが実施されている。こうした活動は，公共図書館が伝統的な図書サービスから脱却し，コミュニティの知的要求を満たすためにあらゆるメディアを視野に入れサービスを拡大させてきた成果を映し出している。アメリカ公共図書館が図書提供サービスにとどまることなく，コミュニティ構成員の情報活動と学習活動に関する総合サービス機関として機能するようになった源流を，20世紀初頭の公共図書館にみることができる[2]。

　パンジトア（Verna L. Pungitore）は『公共図書館の運営原理』で公共図書館の成立，発展，使命についての論点を整理し，公共図書館の理念的基盤の史的発展を記述している（Pungitore 1993）。またパンジトアの別の著作『変革と図書館：公共図書館での新しい概念の採用』（*Innovation and the Library : The Adoption of New Ideas in Public Libraries*）では，児童サービス，レファレンス・サービス，成人教育などの具体的なトピックをアメリカ図書館協会（American Library Association）の公共図書館に関する公式目標とともに提示しながら，社会的に新しい考え方がどのように公共図書館活動に取り込まれていったのかを，1920年代から1960年代の公共図書館の変化としてまとめている（Pungitore 1995, p.43-63）。

　メディアの変革を中心とする社会変化によってもたらされた公共図書館活動の新たな展開は，教育的機能を重視してきたそれまでの公共図書館思想の枠には収まりきれないものであった。伝統的な図書提供活動をふまえ，かつそれらを拡張してサービスを行う公共図書館の存在意義を確立するために，図書館界は新たな実践理念を必要としていた。こうした背景のなかで公共図書館論には，図書メディアの伝統と新しいメディアの受容のはざまで揺れ動く公共図書館の理念的拠り所を明確にすることが求められるようになった。

アカデミズムにおける図書館論の形成

　公共図書館の理念的基盤は，公共図書館の実務を参照しながら実践の場で構築される。一方でアカデミズムにおける教育と研究の制度化によってもそれは推進された。カーネギー（Andrew Carnegie）の慈善事業により公共図書館の設置が飛躍的に増加した20世紀初頭以降，図書館サービスと図書館員の専門性が追究されるなかで高度な図書館研究の必要性が高まったからである。

　1887年にM.デューイ（Melvil Dewey）がコロンビア大学内にスクール・オブ・ライブラリー・エコノミー（School of Library Economy）を設立した。このスクールは従来，図書館内部で行われていた図書館員の教育を外部機関で行うよう独立させたもので，図書館学の第一歩はこのスクールからはじまったといえる。M.デューイは図書館界で体系的な図書館員教育システムがまったく存在していなかったことを指摘した。そして多くの図書館員が経験と先達の方法の踏襲によってのみ業務を遂行してきた現実を乗り超えることを目指し，教育システムの改革を進めた。すなわち図書館業務の体系であるライブラリアンシップを大学の正規の教育へ持ち込み高度な専門技術としてこれを確立させた。M.デューイは教育体系という面をとってみれば無に等しかった図書館技術の集合体を図書館学という専門領域へと移行し，図書館学史上で大きな転換点を形作った人物といえる[3]。

　M.デューイのライブラリー・スクール開校から30年余りアメリカの図書館界ではこの偉大な先駆者の強い影響のもとで，専門職たる図書館実務の高度化をめざした教育が一貫して行われた。しかしながら，20世紀に入り，アメリカ図書館界を財政面で支援してきたカーネギー財団（Carnegie Foundation）によるライブラリアンシップの教育と研究の見直しのなかで，実務中心型の図書館学が再検討されるようになる。1923年にはカーネギー財団からの委託によって図書館教育と研究の現状を調査したウィリアムソン（Charles Clarence Williamson）による『図書館サービスの教育』（*Training for Library Service*，ウィリアムソン・レポート）が刊行された（Williamson 1923）。このなかでウィリアムソンは，ライブラリアンシップをアカデミックな領域として展開していくことで図書館職の質の向上を図ることができると主張し，レポー

トはライブラリー・スクールが大学教育のなかで再編されていく改革の契機となった。

　20世紀初頭にカーネギー財団は政策課題を図書館建設から図書館サービスとそれを支える図書館員の教育，さらに図書館研究へと移行した。この改革は1920年にケッペル（Frederick P. Keppel）の総裁就任によって具体的な進展をみる。財団はライブラリー・スクール改革に特別予算を組み，ウィリアムソンの勧告に基づき既存のライブラリー・スクールを大学内部で行われる教育として再編していくための資金計画を推進した（Churchwell 1975, p.65-66; Keppel 1931, p.22）。「図書館活動推進10年計画」と呼称されるプログラムに沿ってライブラリー・スクールの改革が行われることが決定し，計画のなかには大学院博士課程を持つライブラリー・スクールの設立も含まれていた。そしてこの構想は1928年にシカゴ大学に設立されることになる全米初の図書館学の博士課程であるシカゴ大学図書館学大学院（Graduate Library School）へと結実する。同校で図書館研究はアカデミズムとして正式なスタートを切り，以後アメリカ公共図書館研究は実践の現場とアカデミズムで並行して進められるようになった。

　図書館研究の開始は，アメリカの同時代の実務分野にかかわる研究体制の整備ともかかわっている。1920年代のアメリカは社会調査（social research）への着目が集まった時代である。調査結果を社会政策へと導くための手法が開発されつつあり，それらを使って市場調査や社会態度の計測が行われた。社会科学は現実的問題を対処するための有用な方法論としてみなされていた（Lazarsfeld 1975,〈訳〉p.5-7）。図書館のような文化施設も社会機関としての目的の正当性や効率性の追究といった観点から分析可能な存在としてとらえられるようになった。

第3節　研究目的

図書館研究と近代公共図書館理念

　本書では，公共図書館が伝統的図書サービスを基盤にして，より多様なコミュ

ニティ・サービスを提供する文化機関へと移行した20世紀初頭から1940年代までを，近代公共図書館思想の理念的転換期としてとらえている。この時代に公共図書館の実践は，教育的な目的を中心とした図書メディアによる一元的な資料提供サービスから，図書やオーディオ・ビジュアル・メディアを用いた多元的な情報サービスへと活動領域を広げつつあった。公共図書館論はこうした新たな実践を理論化するために，それまでに確立した近代公共図書館思想を継承しそれをさらに拡張するための理念を打ち出していった。

公共図書館論には図書館の実践活動の現場から生み出されるものと，実践とは距離をおきアカデミックな立場から構築されたものとがあるが，ライブラリアンシップ自体が実践から理論へと続く連続的概念である以上，両者は必ずしも明確な分離点を持つわけではない。つまり公共図書館をめぐる問題群に対して採られるさまざまなアプローチと成果をその出自を問わず，図書館研究と呼ぶことも可能である。本研究では，図書館論全体のなかから非実践的な立場から構築された公共図書館論を抽出し，その理論形成のプロセスと成果を検証しようとしている。

実践／非実践領域での図書館理論は，どちらも実践に対して何らかの活動の指針を与えるために構築されてきた点でその目的は重なっている。しかし実践で生まれた思想と理論の多くが，特定の活動状況や実践上の問題点に焦点を当ててきたのに対し，非実践領域から生まれた図書館研究は，体系的理論を提示し図書館の理念を深く掘り下げている点に特徴がある。公共図書館理念を包括的にとらえ考察を進めていく時の分析対象としてより適切なのは後者であると考えられる。

研究対象と先行研究

具体的に本書で取り上げる図書館論は，ラーネッド（William S.Learned）の『アメリカ公共図書館と知識の普及』（*The American Public Library and the Diffusion of Knowledge*）(Learned 1924)，ジョンソン（Alvin S. Johnson）の『公共図書館：市民の大学』（*The Public Library : A People's University*）(Johnson 1938)，カーノフスキー（Leon Carnovsky）の『コミュ

ニティのなかの図書館』(*The Library in the Community*) (Carnovsky 1944c), ベレルソン (Bernard Berelson) の『図書館の利用者』(*The Library's Public : A Report of the Public Library Inquiry*) (Berelson 1949a), リー (Robert D. Leigh) の『アメリカ合衆国の公共図書館』(*The Public Library in the United States : The General Report of the Public Library Inquiry*) (Leigh 1950) である。

　上記の著作に対してすでに多数の先行研究が存在する。ウィリアムズ (Patrick Williams) は, アメリカ公共図書館史を実践とアカデミズムの拮抗としてとらえた上で, ラーネッド, ジョンソン, ベレルソン, リーの公共図書館論を討究している (Williams 1988,〈訳〉p.61-62, 69-72, 92-97)。一方, 特定テーマと結びつけて, これらの著作に言及した先行研究も数多く存在する。特に20世紀初頭に図書館界の最も重要なトピックであった成人教育を扱う先行研究では, ラーネッドやジョンソンの著作はしばしば引用されてきた[4]。ロビンズ (Louise S. Robbins) は図書館界の知的自由を守るために繰り広げられた闘いの歴史に関してアメリカ図書館協会を中心に詳述し, リーとカーノフスキーの図書館思想について論じている (Robbins 1996,〈訳〉p.27-30, 48, 90)。

　またベレルソンとリーの著作を産み出すきっかけとなった「公共図書館調査」(Public Library Inquiry)[5]については解明が進んでいる (Raber 1994a; Raber 1994b; Raber & Maack 1994)。『ライブラリーズ・アンド・カルチャー』(*Libraries and Culture*) は1994年に「公共図書館調査」についての特集号を組み, 関連論文とともにリーの著作の一部を掲載している。レイバー (Douglas Raber) は『ライブラリアンシップの正当性』(*Librarianship and Legitimacy : The Ideology of the Public Library Inquiry*) で「公共図書館調査」を総合的に論究し, 公共図書館活動および活動に携わる専門職理念を導き出した。そのなかにはベレルソンとリーの著作について掘り下げた言及が見られる (Raber 1997, p.76-78, 87-90, 99-113)。

　しかしリーやベレルソンの著作を除き, 著作全体を通して言及した先行研究は存在しない。ラーネッドやジョンソンの著作がしばしば引用されるにもかかわらず, 各著作の重要な論点が部分的に論じられるにとどまっている理由は,

彼らが生粋の図書館学研究者ではなかった点に加えて，その著作では公共図書館をめぐるコミュニティのコミュニケーション全体の問題が論じられ，公共図書館のみを対象とする従来の図書館研究に比較すると，論点が拡散する傾向にあったことが影響したものであろう。また現場を抱える図書館界において公共図書館論に常に実践的な示唆が求められ，活動指針についての具体的言及が少ない理論的著作については，まとまった議論が生じにくかったことを示している。しかしながら本研究が分析対象として選択した公共図書館論は，公共図書館固有の役割を浮き彫りにしその可能性を提示していた点で重要性が高く，細部に踏み込んだ分析が必要である。

　本書は2つの作業を通じて，これらの公共図書館論を先行研究の枠組みを越えて分析しようと試みる。まず基礎作業として各著作の内容を整理し成立背景を考慮しながら理論的意義を明らかにする。次にこれらの著作を手がかりに20世紀前半期の公共図書館論の理念的枠組みを導き出す。すなわち公共図書館が市民を自己学習および自己修養へ導くことを最前に掲げていた教育機関から，市民の多様な知的要求を満たす多目的な文化機関へと変遷するなかで，公共図書館論は公共図書館の理念をどのようにとらえ記述してきたかという問題を軸にして考察を進めていきたい。

　公共図書館の方向性の変化には，メディア・テクノロジーによってもたらされたメディアの市民生活への浸透，すなわちメディアの大衆化が深くかかわっている。そのため同時代の公共図書館論は，文化活動にかかわるコミュニケーション様式についての議論を含み，メディアとコミュニケーションについて討究するアメリカ・コミュニケーション研究と密接な関係を持ちながら展開されていった[6]。こうした背景をふまえ本書では，アメリカのメディア・コミュニケーション研究の公共図書館論形成への影響を，公共図書館論に対する新たな分析視点として導入する。これらの作業を通じて最終的には，アメリカの公共図書館論が1920年代から社会科学的方法論を取り入れながら発展し，1940年代までにアメリカのライブラリアンシップの思想的基盤である教育的理念を継承し，メディアの媒介による公共的価値の向上と個人の自己発展を柱とする自由主義的コミュニケーション論と結びつくことで，自らの理念を強化していっ

たことを明らかにする。

第4節　研究方法

公共図書館論の分析枠組み

　わが国の図書館学史研究の代表的著作である『アメリカにおける図書選択論の学説史的研究』(河井 1987)のなかで河井弘志は，図書選択論の個別的研究には「変遷の過程に潜む歴史的方向性を解明する上で明らかに限界がある」ことを指摘し，「個別研究の実証性のもつ利点を生かしつつ，長期にわたる継起の関係の底に理論発展の歴史的方向を読みとろうとする，いうなれば学説史的研究が必要である」と述べた (*Ibid.*, p.ii)。ここで指摘されるような個別の公共図書館論を結合する視点が本研究にも必要である。しかし河井が学説史的研究で重要だとする理論発展過程の系譜を形作る「学派」を，本書で対象とした公共図書館論に明確に見出すことはできない。

　本書が対象とする公共図書館論は，理論同士の直接の関係性としてではなく，同時代の社会的状況，影響をおよぼした周辺の学問領域，公共図書館の実践活動を視野に入れて個々の公共図書館論をとらえ，さらにそれら全体を垂直的にとらえることによって，はじめてその連続性を見出すことができる。すなわち公共図書館論の理念的枠組みの解明のためには，共時的な分析作業と通時的な分析作業を往復しながら考察を進めていかなければならないであろう。

　本書では，これまで公共図書館論を対象とする先行研究が各著作から主要論点のみを抽出し議論するにとどまっていたために，見えていなかった部分を検討するために著作全体を分析対象とし詳細な考察を加える。さらに公共図書館論が個別に取り上げられ，理念的な共有点や史的展開について分析されてこなかった点をふまえ，研究対象とする複数の公共図書館論について総合的な視座から討究し，20世紀前半期の公共図書館論の史的展開を明らかにすることを試みたい。

　本書は公共図書館論の考察を中心とし，図書館界の実践的動向に直接焦点を当てるものではない。しかしながら実践を基点とする図書館研究では，常に理

論と実践とを対置させ，実践を参照しながら理論的考察を行っていく必要がある。実際に公共図書館論は公共図書館の在り方を常に検証し，公共図書館の過度の娯楽的志向を教育的理念重視の方向に引き戻したり警鐘を鳴らす役目を担ってきた。また公共図書館の実践に先行して図書館サービスの枠組みを提示することによって，公共図書館と図書館界を導く役割を果たしている[7]。

また社会的実践の場である公共図書館が，同時代の社会的要請や社会状況を強く反映する存在である以上，公共図書館論もまた公共図書館の在り方に影響をおよぼすアメリカの社会，政治，経済動向と深いかかわりをもっている。20世紀前半にアメリカが体験した2度の世界大戦をはじめとする社会的事象は，公共図書館活動と公共図書館論形成に大きな影響を与えている。また時を同じくして大量生産と消費のメカニズムがアメリカ社会の隅々にまで行き渡り，マス・メディアの成長がこの傾向をいっそう助長した。公共図書館が教育的機関から娯楽を含む多目的な知的機関へと移行していった転換点には，メディアの発展とそれにともなうアメリカ社会の変容が密接に関係していることは明らかである。

さらに公共図書館論は1920年代から1940年代を通じて教育学，社会学から研究手法と研究成果を援用することによって，同時代のさまざまな理論的・思想的影響を受けている。アカデミズムとの影響関係を検討しつつ公共図書館論の成り立ちを究明していくことはきわめて重要な作業である。本書では特にメディア・コミュニケーション研究と公共図書館論の密接なかかわりに着目し，公共図書館論への理念的影響について分析を進める。

方法論にかかわる先行研究の検討

ところで，公共図書館史研究において単館史あるいは年代史的な歴史記述を超えて，マクロな視点から研究が行われるようになったのは，シカゴ大学図書館学大学院に本格的な研究体制が整備されてからである[8]。図書館学大学院での図書館史研究の特性は，図書館単体を研究対象とするのではなく，図書館のおかれた社会的歴史的文脈を重視するアプローチにあり，それはこの大学院の図書館研究全般を貫く基本的立場でもあった。シカゴ学派の歴史研究業績とし

てスペンサー (Gwladys Spencer) の単館史『シカゴ公共図書館成立史:起源と背景』(*The Chicago Public Library : Origins and Backgrounds*) (Spencer 1943), アメリカ図書館史の唯一の通史であるシェラ (Jesse H. Shera) の『パブリック・ライブラリーの成立:1629年から1855年までのニューイングランドにおける公共図書館運動の起源』(*Foundations of the Public Library : The Origins of the Public Library Movement in New England, 1629-1855*) (Shera 1949) がある。

また1947年に刊行されたディツィオン (Sydney Ditzion) の『民主主義と図書館:1850年から1900年におけるニューイングランドとミドルステーツにおけるアメリカ公共図書館運動の社会史』(*Arsenals of a Democratic Culture : A Social History of the American Public Library Movement in New England and the Middle States from 1850 to 1900*) (Ditzion 1947) は, 19世紀後半のニューイングランドと中部諸州を研究対象として, 公共図書館発展を説明する社会, 経済, 文化的要因を探りながら, 図書館と民主主義思想との関連性を明らかにしている。

シェラとディツィオンの研究は, 民主主義, ヒューマニスティックな思想, 慈善など社会的要因と図書館の成立および発展との関係性を探ることによって, 社会思想史としての図書館史を構築したものであり, 図書館学における歴史社会学的研究の代表的成果とみなすことができる[9]。

ところが1973年になると, 公共図書館運動に対する民主的要因を支持するシェラらの歴史解釈への疑義がハリス (Michael H. Harris) によって提示された (Harris 1973)。1970年代のニューレフト運動の影響を受けたラディカルな批判精神を基盤とするハリスの問いは, 公共図書館成立にかかわる勢力関係に関して描かれてきた構図それ自体を否定するものであった。ハリスの修正理論をきっかけに, 図書館史研究ではそれまでに提出された歴史モデルが再検討されるようになった。ハリス以後の図書館史研究には, ハリスの解釈を受け入れるにせよ批判するにせよ, 修正解釈をふまえた議論展開が要求されている。たとえばギャリソン (Dee Garrison) による『文化の使徒:公共図書館・女性・アメリカ社会 1876—1920年』(*Apostles of Culture : The Public*

Librarian and American Society 1876-1920) は，アメリカ図書館協会幹部とM.デューイについて新しい角度から描くことで，20世紀初頭の図書館員を精緻に記述分析している (Garrison 1979)[10]。

以上の代表的な図書館史研究の位置関係については川崎が次のように的確にまとめている。

> (シェラは)「社会的要因理論」の代表者と考えてまちがいない。……ハリスの解釈は徹底した個人思想の重視となり，シェラとは対極に位置する。そして，その中間にディツィオンとギャリソンが位置すると考えてよいであろう。ハリスの解釈は，ティクナの図書館思想を起点に，鎖状に個人の思想をつないだものと考えられても仕方がない。ディツィオンは，個人思想と社会とのつながりを重視し，その相互関係を追求している。ギャリソンは，個人の分析をとおして，図書館員という集団の社会的性格を決定し，その性格と図書館との関連を追求した (川崎 1991, p.247-248)。

図書館思想史研究の流れをまとめると，次のようになろう。社会的文脈を考慮に入れた図書館史研究は1920年代のシカゴ学派をその出発点とする。マクロな社会的視点はその後シェラ，ディツィオンに受け継がれ，社会思想的解釈が図書館史研究の重要な要素となった。そしてハリスの修正解釈が提出されることによって，図書館を社会的文脈に照らし合わせとらえていくことに加え，図書館にかかわる要素間の関係をどのような角度からとらえるのかが新たな問題として付加されたのである。

現在の公共図書館史研究には，シェラやディツィオンが提示したような対象分析のための包括的な社会的文脈の説明と，ハリスが提示したような分析角度の2つの側面を討究していく姿勢が求められている[11]。つまり図書館史研究では，社会的文脈と図書館をとらえていく際の分析角度の両者が問われているといえ，本書がこうしたアメリカ公共図書館史研究の線上にあることは言うまでもない。

ただし川崎が指摘するようにハリスの修正解釈は，シェラのボストン公共図書館成立についての理論を反証するものであったものの，同図書館成立の前後史をカバーする体系的な通史的解釈とはなっていない[12]。本書ではシェラから

ハリスへと続くアメリカ図書館史研究を批判的に摂取しながら，次項で述べる新たな方法論的枠組みによって公共図書館論を分析していきたいと思う。

歴史社会学的メディア研究

　シカゴ大学で図書館史研究がスタートして以来，それまでの記念誌的記述を超え，図書館のおかれる社会状況を図書館存立への影響要因として重視する社会的視点がこの領域で必須となった。換言すれば現在の図書館史研究には対象の記述について，常に歴史社会学的視点が求められているといえる[13]。

　本書では図書館史をとらえる歴史社会的鍵概念を「メディアの社会化」においている。すでに述べたように，1920年代以降の公共図書館と公共図書館論の展開は，メディアの多様化とメディアによる市民の生活変容という視座を抜きに分析することはできないからである。以下，メディアを分析対象とする関連研究に言及しながら，メディアにかかわる社会的視点をどのようにして公共図書館論分析に援用していくかという点について検討したい。

　近年の歴史社会学的メディア研究では，現在我々を取り囲む多様な情報環境の基点を19世紀の半ばの電信，電話，ラジオ，映画などに求め，エレクトリック・メディアの社会および市民生活に対する影響を重視している。1980年代までのメディア研究は情報技術に重点をおき，テクノロジーによって変化する社会に焦点を当てて研究を進めていく立場をとっていた。しかしながら現在では，情報技術と社会のとらえかたは変化し，情報テクノロジーに対する相対的な視点を持ちつつメディアに関する多様な言説を解釈していこうとする動きがみえる。ここでテクノロジーは外部的，内部的要因のどちらかに性格付けられる二者択一的な要素ではなく，社会的な関係性の中で構成されていくものととらえられている（吉見 1994, p.118-120）。

　公共図書館に視点を戻すと，さまざまなメディアによって生活空間が形作られるようになった1920年代以降，公共図書館は図書メディアの伝統とニュー・メディアの受容に揺れながら自らの存在意義を模索してきた。こうした社会的背景は1920年代以降の公共図書館研究が，もはや個別の図書館内部の現象を追うだけでは不十分であることを意味している。多様なメディアを射程に入れ

た図書館研究がこの時代から開始されることとなった。

ライブラリアンシップにかかわる最初のメディア研究は，読書行為を対象としたものであった。図書館を他の教育文化機関と区別する特徴は，図書館が常にメディアを通じて知識を伝達してきた点にある。図書媒体による読書行為の推進に対して図書館はさまざまな援助形態を通して働きかけを行うことにより，図書館独自のサービスを開拓してきた。

読書は図書館専門職の最も重要な概念であったにもかかわらず，20世紀初頭まで読書の価値は「図書館の信条」(library faith) といった曖昧なことばでしか表現されてこなかった。読書が科学的研究の対象としてとらえられるようになったのは，20世紀初めに読書研究が創始されてからである。カレツキー (Stephan Karetzky) は図書館学の領域で行われてきた，成人読書の社会的側面に着目した科学的研究を1つのムーブメントとしてとらえ，その展開を読書研究の最盛期である1930年代を中心に探っている (Karetzky 1982)。この研究では読書研究の討究を通じてライブラリアンシップに内在する社会的，政治的，経済的要素を探り，それが図書館専門職の基盤や，図書館員が向き合う社会的，政治的，方法論的問題を明らかにするものであったことが結論づけられている (Ibid., p.xv-xvii)。そしてさらに読書の科学的研究が読書の効用を明らかにすることによって，図書館員のアイデンティティの確立にもつながっていたことを指摘した (Ibid., p.xviii)。読書研究は早い時点から図書館学の重要なテーマとなってきたのであり，読書行為を分析するなかで図書と他のメディアとの比較研究も行われるようになった。

しかしながらこうした読書研究はあくまでも個人的営為として読書行動を探るものであり，メディアにかかわる社会的状況を考慮するマクロな視点は希薄であった。また読書研究を拡張して行われるようになったメディアの比較研究でメディアの受容研究に焦点が当てられ，個人の情報行動とメディアの関係性はきわめて限定的にとらえられていた。

公共図書館研究では図書館とメディアの関係性は資料論の立場から論じられることが多く，メディアによって形成される社会空間に含まれた図書館のありようを意識していく重層的な視点がきわめて希薄であったといえる。個別メディ

アの組織化は図書館のきわめて重要な課題である。しかし図書館とメディアの関係性は，図書館内部に蓄積される媒体物としてのメディアにとどまらず，図書館とメディアの社会的かかわりや図書館自体がメディアとして機能する特性からも討究していくべきであろう。

　本書ではメディアという語に対して，マス・メディアや媒体物としてだけでなくメディアの形成する社会空間をも含むような広義の意味を付与する。そして図書館が社会的メディアといかにかかわっていくべきなのか，あるいは図書館が同時代のメディアとどのように切り結んでいくのかといった問題群を討究していきたい。このような作業の過程において，メディア史研究が示す歴史社会的視点が，図書館研究に欠落していた公共図書館とメディアの社会的関係性をとらえていくための重要な手がかりを示している。

　水越伸はエレクトリック・メディアの史的展開や情報テクノロジーの社会的意味づけの重要性を指摘し，メディアの社会的構成過程を解明するための概念枠組みをソシオ・メディア論として展開する。ソシオ・メディア論では情報テクノロジーはメディアの社会的構築にとっての一要素にすぎず，メディア利用者のメディアに対する想像力も含めたより社会文化的な要因からメディアが形成されていくと考える（水越 1996c）。水越は「メディアは，大衆であり，個人である私たちが日常生活を営む社会のなかで想像され，記号化され，生成される。メディアは，テクノロジーを内包しながら，さまざまな社会的要因の介在によって社会的様態をととのえていくものである」と述べ（水越 1993b, p.12），メディア論が社会文化的領域で議論されるべきであることを主張する。

　本研究において公共図書館論とメディア論を交差させて論じる理由は，メディアがコミュニティに立ち現れる状況を鋭敏に感じ取る場所としてアメリカ公共図書館が存在してきたからである。すなわちメディアはさまざまな可能性をもって出現するのであり，アメリカ社会では多くの場合，それらはコミュニケーションのツールとしてコミュニティにあらわれてきた。20世紀前半期の公共図書館論はまさにこうしたコミュニティ・メディアと公共図書館について多くを論じていたのである。すなわち，公共図書館論は公共図書館を活動の場としてメディアの生成に主体的に参加した図書館員の存在に着目し，そこで図書館員が

描いた公共図書館とメディアの持つ可能性を記述していた。メディアの歴史社会的研究は公共図書館論を討究するための新しい切り口となりうる。

　図書館はそれ自体，独立して機能していくものではなく，社会的要因に強く影響を受ける社会的機関である。歴史社会学的メディア史研究は，20世紀前半期の公共図書館論を同時代のメディアの社会的様態を射程に入れて検証していこうとする試みに対して新たな方法論と分析の枠組みを示唆している[14]。

第5節　本書の構成と概要

　序章以下の構成は次に述べる通りである。

　第1部は，公共図書館論の討究のための基礎的作業として，図書館研究自体の生成に着目する。第1章では，公共図書館領域において理論と実践が研究対実践活動の二項対立としてではなく，実践から理論に向かうライブラリアンシップの広がりの中でとらえられるべきであることを，両者の史的関係性から導く。ここではアカデミズム側からの図書館研究の構築に視点を絞りこむことによって図書館学の特質を明らかにしようと試みる。第2章では，アメリカでの図書館研究の展開について，M.デューイが創設した図書館学校からシカゴ大学図書館学大学院設立までの初期の歩みを論じる。

　第3章では全米で初の図書館学博士課程を設置し，アカデミズムをリードしたシカゴ大学図書館学大学院に焦点を当てて，社会科学的基盤を持つ図書館学がどのように立ち上がり発展したのかをみていく。実践の高度化を目的に誕生した図書館研究が，大学での学問領域へと発展を遂げる軌跡を追いながら，初期の図書館研究の内容と研究範囲とを明らかにする。最初に創設期に顕著であったシカゴ大学他学部との学術的交流関係に着目し，図書館学大学院がシカゴ大学社会学部を中心とする社会科学の隣接領域から研究手法を吸収し図書館研究に援用していたことを論じる。次に，図書館学大学院の図書館研究の手法を追っていくことで明らかになる図書館研究のアプローチに関する複数の視点を指摘する。これらは社会科学派と人文学派という異なる2つの視点へと集約することが可能である。二派の代表的研究者であるウェイプルズ（Douglas Waples）

とバトラー（Pierce Butler）の図書館研究に対する認識について考察し，両者の差異を示す。そして両者が図書館論での経験主義的な社会科学アプローチと文化研究に根ざす人文学アプローチとして，アカデミックな交流が困難なままに図書館研究の場におかれていたことを図書館学に内在する問題点として提示する。

　第2部では，公共図書館論の内容の検討を行う。第4章では公共図書館論の萌芽期である1920年代の図書館論として，コミュニティの知識の普及と公共図書館の役割を論じたラーネッドの論考を取り上げる。第5章では1930年代の図書館論として，公共図書館をコミュニティの成人教育の継続的な機関として発展させていくことを主張したジョンソンの図書館成人教育論を取り上げる。1940年代前半は第2次世界大戦下の極めて特殊な社会状況のなかで公共図書館の役割がとらえ直された時代であり，第6章では公共図書館とコミュニティの関係を複数の側面から論じたカーノフスキーの図書館論を取り上げる。次いで公共図書館の伝統的認識を打ち崩し，コミュニティの図書館の実態調査から図書館の針路を探求したベレルソンの図書館利用者論を第7章で検討する。さらに第8章で全米公共図書館を対象に行われた調査結果の精緻な分析から，公共図書館の社会的，政治的基盤を確立するための論拠を引き出したリーの図書館論を考察する。

　第2部で取り上げた公共図書館論は，方法論的には社会科学の研究アプローチを志向し，公共図書館の実践に対しては，図書館界が保持してきた公共図書館の教育的機能を重視する立場を取る伝統的な専門職理念を継承している。第3部では，公共図書館論形成の背景となった実践に着目し，実践での理念の変化をアメリカ社会の時代的変遷のなかに位置づける作業を行う。具体的には，公共図書館界における専門職理念の展開，公共図書館界と同時代のメディアの社会的発展との関連，公共図書館研究への社会科学的方法論の適用などの分析視角を通じて公共図書館論を総括するための枠組みを検討し総合的に考察する。

　第9章では公共図書館論の時代的変遷を，同時代の図書館界の動向と重ね合わせながら考察する。図書館専門職の確立と理念，公共図書館のメディア・サービスおよび戦時情報サービスなどのテーマを掘り下げながら，思想的萌芽期か

ら成熟期に到る公共図書館論の史的背景を浮き彫りにする。第10章では20世紀前半期の公共図書館におけるメディア実践活動を考察する。エレクトリック・メディアを利用した図書館活動を提示することによって，1920年代から1940年代の公共図書館活動全体がマス・メディア形成の場に含まれ，メディアの発展とともに動態的に変化していたことを実証的に明らかにする。第11章では，公共図書館の専門職にかかわる諸課題が，どのようなプロセスを経て社会科学的研究へと形づけられていったのかという点を，公共図書館研究とコミュニケーション研究との関係性に着目して考察する。最終的に1940年代後半には両者が部分的に融合した形で，公共図書館論が構築されていったことを明らかにする。

終章では，20世紀前半期の公共図書館論の到達点と意義を考察する。はじめに公共図書館論が図書館の実践活動，図書館政策，連邦の文化政策をはじめ図書館研究，他学問領域の影響などの総体から立ちあらわれてくるライブラリアンシップ全体の姿を描き出そうとする試みであったことを，各著作の内容を整理し実践との関係をみるなかから導き出し，20世紀前半期の公共図書館論を総括する。

次に，公共図書館論を方法論的には社会科学の研究アプローチを志向し，図書館界が保持してきた公共図書館の教育的機能を重視する立場を取る伝統的な専門職理念を継承していることを示した上で，それらを自由主義的コミュニケーション論を理念として共有する20世紀前半期の公共図書館論の系譜として位置づける。そしてメディアの多様化による公共図書館の多目的化と，伝統的な図書資料の提供による教育的理念という矛盾を解決するために公共図書館論が採用したコミュニケーション論の概念装置を明らかにしながら，20世紀前半期の公共図書館論の到達点を見定めたいと考えている。

さらに公共図書館論の中で提示された公共図書館の理念を詳細に検討することによって，20世紀前半期の公共図書館論の意義を，(1)図書館の実践活動の理論化とメディア研究への貢献，(2)ライブラリアンシップと民主主義についての議論の提示と自由主義的コミュニケーション論の理念に基づく公共図書館固有の領域の規定，の2点に分けて考察を行う。

結論部では，コミュニティ，メディア，公共図書館に対する総合的な視座のもとに形成された公共図書館論が，コミュニティに存在するすべてのメディアへのアクセスを確保する空間として公共図書館を再規定し近代公共図書館設立理念を継承しこれを拡張し強化する新たな公共図書館理念を持つものであったことを明らかにし，公共図書館論の成果とそこで用いられた方法論を，批判的視座も含め公共図書館にかかわる議論の基盤として提示する。

注

1　コミュニティと図書館の在り方についての最近の議論は次の文献を参考にした（Benton Foundation 1996; Birdsall 1997, p.52-67）。

2　ウィーガンド（Wayne A. Wiegand）は，20世紀のアメリカの図書館史を実践とアカデミズムの歩みに沿って概観し，専門職が共有した良書のサービスの概念が，第1次世界大戦，大恐慌などのアメリカ社会の歴史的変動によっていかなる変化を遂げたかについて論じている。社会変動は読書指導を中心としてきた図書館の教育的機能に変化をもたらし，図書館は次第に娯楽と学習の矛盾する価値の中で実践活動を行う状況におかれていったのであった（Wiegand 1999）。

3　デューイに関しては以下のような文献を参考にした（Garrison 1979; 小倉 1977; Vann 1978; Wiegand 1996）。

4　次のような文献が代表的なものである（Lee 1966, p.45-48; 62-63, 67; Monroe 1963, p.28-30, p.44-48; 常盤 1977, p.111-112; Rose 1954, p.177-186; Stone 1953, p.438-439, p.442-443）。

5　「公共図書館調査」とはアメリカ公共図書館の現実の姿を明確にし，将来に向けてその役割と活動についての指針を得るためにアメリカ図書館協会が中心となって1947年から行った大規模調査である。協会は社会科学研究会議（Social Science Research Council）に調査を委任し，カーネギー財団が研究資金を助成した。本書では以後この公共図書館調査を「（公共図書館）調査」と記述する。

6　コミュニケーション環境の変容が公共図書館論に与えた影響と，コミュニケーション研究が公共図書館分析に適用された経緯については，レイバーらがすでに指摘している（Raber 1994a, p.55-58; Raber 1997, p.76-78; Raber & Maack 1994, p.38-44）。

7　実践から生まれた理論とアカデミズムにおける理論を，アメリカ公共図書館論のなかにどのように位置づけていくのかという問題については，あらためて第1章で論じる。

8 公共図書館史研究については，川崎がシェラの『パブリック・ライブラリーの成立』を中心とした詳細な検討を行っている（川崎 1991, p.209-269）。

9 ここではシェラとディツィオンを図書館史研究におけるマクロ研究の先駆者として同時に紹介した。しかしながら両者の史的アプローチには明確な差異があった。川崎はその研究基盤，方法論の相違を次のように説明している。シェラはシカゴ学派出身であり，革新主義史学の影響の下で「図書館は社会状況や社会思想によって規定されるとし，……図書館設立と発展に貢献した社会環境の解明を重視した」。一方ディツィオンはインテレクチュアル・ヒストリーに基づく解釈を図書館分析の基盤とし，「図書館と社会状況や社会思想の結びつきを重視し，その相互関連の説明に力を注いでいる」（川崎 1991, p.238-241）。

10 図書館界の女性専門職をジェンダーの視点からとらえていく研究は，現在までに着実に成果を積み重ねている。ライブラリアンシップにおけるフェミニズム研究の概要をつかむために，ヒルデンブランド（Suzanne Hildenbrand）のレビュー論文が役立つ（Hildenbrand 1999）。ただしヒルデンブランドはギャリソンが「女性図書館員を含めて人びとが女性や図書館職について言ったことに，そういった発言をその当時の状況を検討することなしに，依存した」ことを一貫して批判し続けてきた（Hildenbrand 1996, p.11）。

11 近年の図書館史研究の展開については，ウィーガンドのレビュー論文に詳述されている（Wiegand 2000）。ウィーガンドは，現在の図書館史研究においてテーマや方法は多様化しているものの，相互影響関係にあるべきアメリカの社会史や文化史の領域に対する理論発展に寄与する視座を見出すことができないと指摘している。

12 川崎はハリスの修正理論が仮説の提示にとどまっており，シェラを乗り越えるものではないと指摘している（川崎 1991, p.269）。

13 歴史社会学は社会学的アプローチに基づいた歴史研究である。筒井は，歴史社会学が「進化論的モデルに包摂されつくせない諸社会の文化的多様性や社会の変動過程の複雑性への洞察」を重視する研究方法である点を強調している（筒井 1997, p.3）。

14 特定の文化制度が社会動向と密接にかかわり，その関係性の中から独自の文化価値が析出されていくプロセスに焦点をあてた研究は，近年のメディア史研究の成果といえる。ストウ（David W. Stowe）はニューディール時代のジャズの一様式「スウィング」を対象として，そこに潜む矛盾や葛藤が同時代の社会的様相といかなる関係性をもっていたのかを厳密に分析している。そこでは聴取者，批評家，ムーブメントにかかわっていたメディア全体を視野に入れ，スウィングにかかわるさまざまな言説からアメリカ社会そのものを描き出す試みがなされている（Stowe 1994）。

第1部
社会科学としてのアメリカ図書館学の構築

　第1部では，公共図書館論の討究のための基礎的作業として，図書館研究自体の生成に着目する。図書館研究は実践領域を対象とすることにより，常に実践との直接あるいは間接的な関係性のなかでとらえられることになる。すなわち実践から直接導き出された理論が存在する一方で，実践とは距離をおき純粋に理論レベルで構築された図書館論が存在する。またアメリカでは実践とアカデミックな研究領域の間に，専門職団体であるアメリカ図書館協会が介在し，両者に影響を与えかつコミュニケーションを図る媒介的役割を果たしてきた。さらにアメリカの公共図書館サービスの確立を援助してきたカーネギー，ロックフェラー財団 (Rockefeller Foundation) といった文化財団が公共図書館の理論と実践に強い影響を与えてきた。図書館にかかわる理論形成過程は，関係しあう複数の影響力が作り出す緊張関係のなかにおかれてきたといえる。第1部ではこのような関係性を整理した上で，図書館学構築の歩みをたどっていく。

　第1章では，公共図書館領域の理論と実践は研究対実践活動の二項対立としてではなく，実践から理論までを包摂するライブラリアンシップの広がりのなかでとらえられるべきであることを，両者の史的関係性から導く。第2章では，アメリカ図書館研究の展開について，M.デューイが創設した図書館学校からシカゴ大学図書館学大学院設立までの歩みを論じる。第3章では，全米初の図書館学博士課程を設置し，図書館研究をリードしたシカゴ大学図書館学大学院に焦点を当てて，社会科学的基盤を持つ図書館学がどのように立ち上がり発展したのかをみていきたい。まず実践の高度

化を目的に誕生した図書館研究が，大学での学問領域へと発展を遂げる軌跡を追いながら，初期の図書館研究の内容と研究範囲とを明らかにする。次に創設期に顕著にみられるシカゴ大学他学部との学術的交流関係に着目し，図書館学大学院がシカゴ大学社会学部を中心とする社会科学隣接領域から研究手法を吸収し図書館研究に援用していたことを論じる。さらに図書館学大学院の図書館研究の手法を追っていくことで明らかになる，図書館研究のアプローチに関する複数の視座を，社会科学派と人文学派という立場から指摘する。

第1章 ライブラリアンシップ における理論と実践

　M.デューイが1887年にコロンビア大学で創始した全米初のライブラリー・スクールであるスクール・オブ・ライブラリー・エコノミーは，図書館をめぐる諸知識を体系化することによって，ライブラリアンシップを対象とする専門分野の確立をめざし，図書館学の出発点となった。1928年にはシカゴ大学に博士課程のライブラリー・スクールが設立された。この大学院はライブラリアンシップをライブラリー・サイエンス（図書館学）へと学術的に高めることを目標に掲げ，研究活動を通して図書館の実践活動に対し理論的基盤を与えることを最重要課題とした。

　図書館活動にかかわるテクニカルな側面で，図書館理論と図書館の実践の両者は図書館という組織体を向上させるために協同関係を保持してきた。一方，図書館活動を理念的に支える思想が産み出される背景や基点もまた，図書館での実践活動に求めることができる。図書館学は常に実践を支える理論や思想を模索する領域であり，それらは実践を参照するなかで形成されていくからである。ただし図書館思想と実践，両者のあり方はテクニカルな理論を実践に適用する際の図式とは異なり，両者が対立，葛藤関係を示すことがある[1]。本章では図書館研究（アカデミズム）と図書館の実践活動（プロフェッション）の関係が多様な形を取る公共図書館領域での，ライブラリアンシップにかかわる理念と実践のかかわりを明らかにしようと試みる。

ライブラリアンシップ，ライブラリー・サイエンス，図書館学

　本書では図書館にかかわる理論を表現する際に，ライブラリアンシップ，ライブラリー・サイエンス，および図書館学という言葉を用いており，次のような使い分けをしている。ライブラリアンシップという術語は，一般には図書館活動にかかわる専門職および専門知識を意味するが，本書ではこの定義を拡張し，図書館にかかわる実践から研究へと広がる専門職的知の体系という意味で用いる。ライブラリー・サイエンスは，シカゴ大学図書館学大学院の研究者たちが広義のライブラリアンシップという言葉を拒否し，自らの研究領域を表現するために図書館にかかわる科学的研究を意味する言葉として採用したものである。本書ではライブラリー・サイエンスという術語は基本的に図書館学と表現する[2]。図書館学は，ライブラリアンシップ，ライブラリー・サイエンスおよびこの両者に纏わる思想や理念を包摂する概念でもある。ライブラリアンシップ，ライブラリー・サイエンス，図書館学の3つの概念は重なり合い，図書館にかかわる多層的な意味空間を構成し，厳密に区別することは困難である。換言すればこの3つの概念について検討することは，図書館研究それ自体を規定するための核心的な作業であるといえよう。この点でシカゴ大学図書館学大学院は三者の拮抗の中から生じるさまざまな概念を図書館理論へと結晶化させていったアカデミック・モデルとしてとらえることができる。

　図書館理念と図書館の実践活動の関係を探るにあたって，まずマクロな枠組みで両者をとらえてみよう。両者の関係は，実践対研究活動という二項対立として図式化することはできない。むしろ実践から理論に向かうライブラリアンシップという概念の広がりのなかで両者をとらえていくような視点が必要であろう。というのも図書館研究と図書館の実践活動の間には，絶え間なく往復運動が繰り返されてきたからである。図書館研究は実践に先行して図書館活動の指針や到達目標を提示することによって図書館界をリードした。一方，理論形成の場では，常に図書館という実践をその立脚点とすることで独自の体系を確立することができた。このような関係性を考慮し，本書ではライブラリアンシップをプロフェッションからアカデミズムへと段階的に続く図書館をめぐる技術，理論，概念の総体ととらえ，その全体的な布置を議論していく立場を取ってい

きたいと考える。

　公共図書館をめぐる理念と実践の枠組みを，歴史的な流れにそって整理すると次のようになる。ライブラリアンシップの研究は，M.デューイの設立した図書館学校によって実践と分離されたものの，このスクールは実務の向上を最優先課題としたプロフェッショナル・スクールであった。図書館学の領域でアカデミズムが本格的に確立するのは，デューイの図書館学校の研究面を補強しサイエンスとしての図書館学の構築を目指すシカゴ大学図書館学大学院の誕生によってである。一方，アカデミズムに対置されるプロフェッションは，図書館活動に携わる図書館員によって形成されている。そしてこの両者に影響をおよぼしているのが専門職団体であるアメリカ図書館協会であり，図書館活動の推進にあたって指導的立場を取ってきた。またアメリカではさまざまな財団による文化政策が公共図書館の発展を支えてきた歴史を有し，20世紀初頭に公共図書館の設立と図書館サービスの確立を経済的に支援したカーネギー財団は特に図書館界への影響力が強かった。このように関係しあう複数の要素が存在し，公共図書館をめぐる構図は複雑なものとなっている。

　本書では，アカデミズム，プロフェッション，専門職団体からなるライブラリアンシップの広がり全体を視野に入れつつ，アカデミズムを中心軸に議論を進めていこうとしている。そのためアカデミックな図書館研究の系譜の原点に戻って図書館研究の基盤を確認することがきわめて重要な作業となる。とりわけ全米で最初に博士課程の図書館学コースを開設したシカゴ大学のライブラリー・スクールは，図書館学史上，重要な役割を果たした。シカゴ大学図書館学大学院については章をあらため詳しく論じることとするが，以下，簡単に設立の経緯とその特徴について触れておく。

ライブラリー・スクールとアカデミズム

　アメリカのライブラリー・スクールの起源は，M.デューイが1887年に創設したコロンビア大学のライブラリー・スクールまでさかのぼることができる。デューイはそれまでは知識とも技術とも判別しがたかったライブラリアンシップを一つの専門分野へと高めたことで図書館界に大いに貢献した。しかし学問

たりうる図書館学の要請，19世紀末の専門教育再編成の進行，ウィリアムソン・レポートの公刊など複数の要因が重なって高度な研究教育レベルを持つライブラリー・スクールの設立案が浮上し，その結果1928年にライブラリー・スクールがシカゴ大学に大学院課程の専門教育コースとして新しく設置された。

大学院創設まで図書館学は閉鎖的な状態におかれていたのに対し，シカゴ大学図書館学大学院はシカゴ大学他学部から学問的影響を受け，他領域との研究上の交わりのなかから図書館学を発展させていった。つまり大学院は図書館学を学際分野としてとらえ，他の分野と積極的に交流を進めて行くと同時に，他の学問のなかに図書館学を位置づけようとする姿勢を強く打ち出した研究集団であった。図書館学はその後もさまざまな分野からの影響を受けることになる。そうした傾向の原点をこの大学院にみることができる。また大学院では，設立当初から図書館学研究の概念が繰り返し問われ続け，創設期の歩みは図書館学理論の構築の軌跡としてとらえることが可能である[3]。

図書館界にとってシカゴ大学図書館学大学院の設立は，ライブラリアンシップにかかわる研究と教育のターニング・ポイントであった。現在の図書館研究の多くは，シカゴ大学図書館学大学院の初期の研究にその源泉を見出すことができる。そして図書館学シカゴ派の研究は，図書館研究の指針となり今日までしばしば参照されるものとなっている[4]。実際には，図書館学大学院はディーンの変遷によってかなり方向性が変化しており，これについて図書館学史研究者の見解は微妙にずれている[5]。しかし評価に若干の違いはあるにせよ，この大学院が高度なレベルを持ったライブラリー・スクールとして1930年代から図書館学を常にリードし，1942年までアメリカ唯一の博士号授与機関であった点も含め，アメリカの図書館学界で圧倒的な影響力を持っていたという事実に関して評価が分かれることはない[6]。

図書館学教育史上，きわめて重要な役割を果たした図書館学大学院についてはすでに多くの先行研究があるものの，図書館学教育史上での一項目としてのみ触れられていることが少なくない。そのなかでシェラの『ライブラリアンシップの教育の基盤』（*The Foundations of Education for Librarianship*）は，図書館学大学院の成立を図書館学史におけるエポックメイキングな出来事とし

て位置づけ，1930年代以後のアメリカのライブラリアンシップと図書館学教育に対し影響力があったことを論じている（Shera 1972）。またリチャードソン（John Richardson Jr.）は，『研究の精神：シカゴ大学図書館学大学院 1921-1951年』（*The Sprit of Inquiry : The Graduate Library School at Chicago, 1921-51*）で，大学院の歴史，特に内部事情を関係者へのインタビュー，私信，一次資料などを通して詳しく調査している（Richardson 1982）。創設期の図書館学大学院で行われた読書研究に関する著作としては，カレツキーの『読書研究とライブラリアンシップ：歴史と分析』（*Reading Research and Librarianship : A History and Analysis*）（Karetzky 1982），わが国では河井弘志の『アメリカにおける図書選択論の学説史的研究』（河井 1987, p.253-334）があり，図書館学シカゴ学派の読書研究の研究手法や研究精神が精緻に分析されている。図書館学大学院で行われた歴史研究の成果とその意義については，川崎良孝の『アメリカ公立図書館成立思想史』で詳述されている（川崎 1991, p.209-236）。

　これらの先行研究をふまえて図書館学大学院についての論考を進めていく際，分析視点として設定したいのは，創設期の大学院の図書館研究に深い影響をおよぼしたシカゴ大学の研究環境である。図書館学大学院は社会学をはじめとする図書館学に応用可能な学問を直接シカゴ大学他学部から取り入れ，数々の研究テーマを主に実証的な手法で解明していった。その交流は具体的にはどのようなものであったのだろう。本書では研究方法のどの部分を図書館学に援用したのか，また研究方法にとどまらず研究理念そのものを取り入れた形跡はあるのかなど，先行研究で分析されてこなかったいくつかの課題を明らかにすることを試みる。

　分析にあたって図書館学大学院での研究アプローチの変遷にも留意したい。設立の際，図書館学大学院は図書館にかかわる諸事象を科学的に研究しその成果を実践の場に還元することを目的として掲げている。そこでは学際的手法が強調されていたとはいえ，常に図書館が研究の基点として意識されていた。しかし社会科学分野での統計処理や数量的測定法を援用した図書館研究が軌道に乗りはじめ，図書館学固有の手法を確立していくなかで，図書館学大学院は研

究対象を図書館から読書行動，メディアの比較へと拡張していった。このような大学院の研究アプローチの変化が図書館の実践との関係に影響をおよぼし，ライブラリアンシップに対する理念について，図書館学大学院と図書館の現場との間にはある種のずれが生じていくことになる。

　次章では1880年代に開設された全米初のライブラリー・スクール誕生から図書館学大学院開校にいたるアメリカ図書館学の歩みを追いながら，図書館学がアカデミズムの世界でどのように構想され，いかなる展開をみせたのかを考察する。

注

1　レイバーはこの葛藤を公共図書館での政策理念と図書館員の持つ伝統的イデオロギーの文化的対立としてとらえ，両文化の差異と対立点を論じている（Raber 1995）。

2　ただし特に「図書館にかかわる科学研究」という面が強調される場合には，ライブラリー・サイエンスという言葉を用いる場合もある。

3　アメリカの図書館学の源をシカゴ大学図書館学大学院に求めたのは，アメリカの図書館学研究者ハリスの論文に拠るところが大きい。ハリスは1986年に発表された論文「勝敗の弁証法：図書館情報学研究におけるアンチノミー」で，図書館学研究を根本からとらえ直す作業を試みた。この論文の中でハリスは図書館情報学の今ある形の源を，ウィリアムソン・レポートの勧告により設立されたシカゴ大学図書館学大学院に見出すことができると論じている（Harris 1986a）。

4　シカゴ大学図書館学大学院での初期の読書研究であるウェイプルズの『人々が読みたいと思うもの』（*What People Want to Read About*, 1931年），政治学専攻の経歴と図書館での実務経験に基づき，近代的な図書館システムについて精緻な分析を行ったジョッケル（Carleton B. Joeckel）の『アメリカ公共図書館行政』（*The Government of the American Public Library*, 1935年），図書館学大学院の図書館研究の理念についてのマニフェストとして名高いバトラーの『図書館学序説』（*An Introduction to Library Science*, 1933年），ディーンを長期にわたって務めたウィルソン（Wilson Louis Round）の『読書の地理学』（*The Geography of Reading : A Study of the Distribution and Status of Libraries in the United States*, 1938年）などは，初期シカゴ大学図書館学大学院を代表する研究書である。

5　たとえばハウザー（Lloyd Houser）とシュレイダー（Alvin M. Schrader）は，

『科学的専門職の探求：アメリカとカナダの図書館学教育』(*The Search for a Scientific Profession : Library Science Education in the United States and Canada*)のなかで，シカゴ大学図書館学大学院はウィルソンをディーンとして迎えるまでは科学志向を持った図書館学を追究していたが，こうした傾向は次第に弱まり，開校以来掲げていた「科学としての図書館学の確立」というスクールの使命はウィルソン時代に完全に消滅したとまで述べている（Houser & Schrader 1978, p.48）。これに対しシェラはウィルソンを経営面でも研究教育面でも高く評価している（Shera 1979a, p.310-316）。

6　シカゴ大学図書館学大学院の研究生産性については，次の文献を参照のこと（Richardson 1982, p.154-155.）。一方，図書館学の知的中心地ともいえる図書館学大学院で行われていた図書館研究の内容が，実は図書館情報学の史的発展から見ると非常に限定された領域に偏っていたことをバックランド（Michael Buckland）が指摘している。バックランドは，初期シカゴ大学図書館学大学院ではヨーロッパで隆盛していたドキュメンテーション運動がほとんど無視されていたと指摘する。また図書館学大学院の研究者はマイクロフィルムなどの情報技術にもほとんど関心を見せようとしなかった。このような事実は，シカゴ大学図書館学大学院の研究者たちの歩んだ道が図書館情報学史のなかでは非常に特定的なものであったことを示すものである（Buckland 1996）。

第2章　図書館学の構築

　本章では図書館学生成の現場に焦点を当てて，その発展の軌跡をたどっていく。まずM.デューイが設立したスクール・オブ・ライブラリー・エコノミーを対象に，全米初のライブラリー・スクールの教授内容や研究のあり方について検討する。次にシカゴ大学図書館学大学院設立にいたる道程を概観し，開校の経緯を考察する。その際，書誌学者ジョゼフソン（A. G. S. Josephson）によって提唱された図書館学大学院構想，ライブラリアンシップに新たな流れを作り出す役割を果たしたウィリアムソン・レポート，ウィリアムソン・レポートを受けてアメリカ図書館協会に設立された図書館学教育委員会（Board of Education for Librarianship：BEL）など，1880年代から1930年までの図書館学教育史でも特に重要と思われる項目に焦点を当てながら，図書館学がいかなる学問として構想されたのかを明らかにする。

第1節　M.デューイの図書館学校

M.デューイの図書館教育論
　シカゴ大学図書館学大学院設立以前のライブラリアンシップの教育で最も注目すべき出来事は，1887年にM.デューイがコロンビア大学にライブラリー・スクールを設立したことである。スクール・オブ・ライブラリー・エコノミーと命名されたこの機関は，それ以前には図書館の内部で行われていたライブラ

リアンシップの教育を独立機関へと発展させたもので，その発足によって図書館学はアカデミズムとしての第一歩を踏み出すことになった[1]。この図書館学校の誕生からウィリアムソン・レポート公表までの30年余りは，M.デューイの影響が図書館学全般にわたって強かった時期である（小倉 1977, p.8）。

　M.デューイが図書館員養成機関の設立の準備に着手したのは，1883年にコロンビア大学新館が完成し図書館長に就任してからである。M.デューイは1884年から1886年まで実験的に図書館学の授業を行い，正式にスクールが開校したのは1887年1月5日のことであった。スクールは大学での図書館員教育の先駆的存在であったものの，理事をはじめとする大学関係者からの理解と支持が得られず，1889年3月31日にわずか2年2ヶ月で事実上，廃校になっている。その後スクールはニューヨーク州オールバニーへ移管され，州立のライブラリー・スクールとなった。1890年4月に開校したこのスクールはデューイを学校長として迎え，カレッジでの2年間の修学を入学資格とし，スクールでの2年間の課程を修了すれば，図書館学学士号を取得することができた。

　コロンビア大学の関係者から冷遇を受けたとはいえ，M.デューイが当時の図書館界で果たした役割は特筆すべきものであった。最大の功績はそれまで徒弟制度を通じて教えこまれてきたライブラリアンシップを，大学での正規の教育へと移行させた点にある。しかしデューイ自身の言葉を借りるならば，「図書館専門職には徒弟制度の体系さえなかった」のである（Dewey 1879, p.147）。

　M.デューイはこのような状況を嘆き，1879年に「図書館員を教育するための重要性は明らかである。専門的な職務に対して無資格であるということは，医学教育を受けない医師と同じである」と述べている（*Ibid.*, p.147）。理想的な図書館員とは，知識とともに実務や管理能力を併せ持つものであると考えていたM.デューイは，高度な専門性を持つ図書館職に対する専門教育機関の必要性を説いた。それまで図書館界で体系的な図書館員教育システムがまったく存在していなかったことを指摘し，多くの図書館員が経験あるいは先達の方法の踏襲によってのみ業務を遂行してきた現実を明らかにした。M.デューイはこの時点ですでにライブラリー・スクールの構想を持っており，ライブラリー・スクールが主要な図書館に付設されるべきであると考えていて，その前段階と

してまず，図書館員のための体系的な徒弟制度を提案したのである（*Ibid.*, p.147-148）[2]。デューイは「たいがいの専門職には専門の教育機関があり，そこで特定の専門教育が行われている。医師，弁護士，牧師，そして調理師でさえその恩恵を受けているにもかかわらず，図書館員だけが経験の積み重ねによって仕事を行っている」と述べ，図書館専門教育の欠如を嘆いた（Dewey 1879, p.147）。

1840年から1860年にかけてアメリカでは工業化の進展により職業教育に寄せられる期待は大きかった。M.デューイがライブラリー・スクールを構想していた時期は，アメリカで専門教育の制度が整備され発展しつつあった時期と重なっていた。

スクール・オブ・ライブラリー・エコノミーの開校

M.デューイは1884年『ライブラリー・ジャーナル』誌上でコロンビア・カレッジに設置予定となっていた図書館学校の構想を明らかにした。そのなかでライブラリー・エコノミーを次のように表現している。

> ライブラリー・エコノミーとは，図書やその他の資料を最も経済的な方法で選び購入，受け入れ，整理し，目録・分類処理を施し管理するといった一連の作業の際に必要となる専門知識全般の教育を含む広義の意味を持つ（Dewey 1884, p.117-118）。

1884年5月の決議で新設されるライブラリー・スクールはカレッジと結びついて図書館の経営管理の原則を教え，将来的に図書館の専門職務を果たすような人材養成を目的とすることが決定し，1886年10月に開校の運びとなった（*Ibid.*, p.117）。

ライブラリー・スクール在籍者には大学構成員が有する権利（図書館，読書室，研究資料の利用，夜間コースの聴講資格）が与えられ，カレッジに結びついたライブラリー・スクールの利点が多々あった（*Ibid.*, p.117）。最初の正式なライブラリー・スクールがカレッジに併設されたこと自体，M.デューイの図書館学への期待と意識の高さがうかがわれる。教育方法はM.デューイの図書館学に関する考え方を明確に反映し，新しく進めていく図書館学の方向は次

のように示された。

> スクールは（図書館学についての）情報を与えるだけでなく実務的な教育を目的としている。効果的に図書館員を養成するためには，通常行われている教育方法をさらに進め，専門教育に役立つと考えられる方法をすべて試みる必要がある。現在までのところ，講義，講読，ゼミナール，図書館視察，課題法（problem work）による演習や教育が行われることが決定している（Ibid., p.118）。

スクールの教育目標はあくまでも実務の高度化にあり実習が重視された。しかし講義と実習の適切な配分による教育効果についても十分な配慮があった。またコース全体を通じて実物教授法（object training）が取り入れられ，実践に即した学習が行われた（Ibid., p.118）。講義は研究の関心を引き出すことを目的に，講読は研究を進めていく上での必読文献を使ってテキストを批判的に読み解くことを目標に，テーマに関するレポートやサマリーが課せられた。ゼミナールではショート・ペーパーや論文のなかから新しい理論がテーマとして選ばれ，分析力を伸ばすためにディスカッション方式が取り入れられた。図書館視察では個人あるいはクラス単位での図書館訪問を行い，訪問後にゼミナールでの報告が課せられた。実習は図書館実務で必要となる分類・目録などの技術取得のために行われた。課題法はゼミナールと関連していて，学生には学習テーマに関する問題点を把握し深く掘り下げて解明していく主体的な姿勢が求められた。また個別の主題を学んだ後に，それまでに蓄積された知識の熟達度がテストされた。テーマ研究は，図書館領域の専門家以外に講師として各分野の専門家が招かれ図書館に関係する知識を深めることを目的としていた（Ibid., p.118-120）。これらの教育方法はいずれも図書館界では初の試みである。とりわけゼミナール方式は当時アメリカで評価が高まりつつあった新しい教育方式でもあり，従来の講義のみの教育方法とは異なり，学生個人の研究への取り組みが問われる厳しいものであった[3]。

M.デューイがアメリカ大学界の新しい潮流のなかでライブラリー・スクールをつくりあげていったことは，その後の図書館学の方向を決定づけた。M.デューイのライブラリー・スクールについては，実務偏重が指摘されるものの，

図書館学教育に対する意識の高さは評価に値しよう。またスクールで高度な教育が目標として掲げられただけでなく実際に可能であったのは、ライブラリー・スクールに入学した学生のレベルの高さと無縁ではない。1887年にM.デューイが最初にスクールを開設した時の入学資格は、ハイスクール以上となっていた。しかし実際には入学者のレベルはそれよりも高かったので、1902年からニューヨーク州立図書館学校の入学資格を大学卒業以上とした。

　M.デューイのライブラリー・スクール以後、プラット・インスティチュート・ライブラリー・スクール（Pratt Institute, Library School）、ドレクセル工科大学ライブラリー・スクール（Drexel Institute of Technology, Library School）、アーマー・インスティチュート・ライブラリー・スクール（Armour Institute, Library School）などが設立される中で、コロンビア大学のライブラリー・スクールは教育方法では優位にあった。M.デューイは教育体系という側面では無に等しく、図書館諸技術とでも呼ぶべきライブラリアンシップを系統的な徒弟制度の構想を経て、独自の図書館学校での専門教育へと結実させた。ライブラリアンシップが現場中心の徒弟制度から専門分野へと移行されたことは、図書館学の大きな転換点として図書館史に記憶されることになった。

　M.デューイがライブラリアンシップを実践の場と密着した経験的技術から専門分野へと引き上げたことによって、図書館学は大きく発展した。デューイ型図書館学は、1921年に図書館研究と教育について抜本的な改革を提言するウィリアムソン・レポートが出されるまでアメリカ図書館教育で不動の位置にあった。しかしながらデューイの図書館学校の目的は学究的真理の追究にではなく、専門職務の向上におかれていた[4]。ウィリアムソン・レポート以降の図書館学はM.デューイの功績を土台としながらもその到達点から脱却し、むしろM.デューイの確立した図書館を批判的に乗り超えることによって発展していく。なかでもシカゴ大学の図書館学大学院は、M.デューイの図書館学を貫く実務至上主義への強い批判の結果、設立され、そこで図書館学は再構築されることになる。

第2節　図書館学大学院開設への動向

図書館学大学院の構想

　1923年にウィリアムソン・レポートが刊行され，大学と接合した形での図書館員の教育および大学院レベルでの図書館学研究の必要性が論じられるまで，アメリカの図書館界ではM.デューイの確立した実務重視の図書館学が主流であった。しかしウィリアムソン・レポート以前に図書館学研究の重要性を認識し，高度なレベルを持つ図書館学教育機関が必要であることを提唱したジョゼフソンという人物がいる[5]。財政的な支援を得ることができず図書館学大学院構想は実現にいたらなかったもののジョゼフソンの提言自体は重要である。1900年代という早い時期にジョゼフソンは図書館学の高度な研究の必要性を説き，図書館学研究に関する構想の一部分はシカゴ大学の図書館学大学院で現実のものとなったからである。

　図書館学教育に関してデューイ・モデルが不十分であると認識したアメリカ図書館協会は1901年に図書館学の専門教育に関する会議を召集した。その円卓会議の責任者に指名されたのが，図書館教育にとりわけ高い関心を寄せていたジョゼフソンであり，そこで大学院レベルの図書館学教育の構想を明らかにした。

　会議に先立つ1900年にジョゼフソンは図書館員教育についての論考を『ライブラリー・ジャーナル』に発表している。ジョゼフソンは，ライブラリー・エコノミーや書誌学といった分野は主題（substance）というよりは方法論（method）であり，方法論の背景には真の学識がなければならないと論じた。また図書館はコミュニティの知的生活の中心的存在であり，コミュニティの知的リーダーは研究調査の情報源を図書館に依拠している。こうした期待に応えるには，図書館学が彼らの要求に添うレベルで堅固な学問体系を持たねばならない。具体的に図書館員教育に関する図書館学の基礎コースと専門上級コースが想定される。上級コースでは科学史や科学的方法の理論的研究を含む広い領域を対象とし，目録と書誌，図書館の経営管理にかかわる歴史的，実務的な研究が行われる。また比較文学史，古文書学，手稿の保存方法，印刷・出版史な

どが研究テーマとして挙げられた（Josephson 1900）。

さらにジョゼフソンは1901年の図書館学の専門教育に関する現在と将来の重要性を討議するインフォーマルな円卓会議で「書誌学大学院」（Post-Graduate School of Bibliography）構想を発表している（"Professional instruction in bibliography" 1901, p.198-205）。ジョゼフソンは知識領域に関する専門職であるライブラリアンシップは，大学院レベルの内容を持つ領域として教授されるべきだと強調した。ジョゼフソンが考案した図書館学大学院は図書館学を主専攻，あるいは副専攻にすることが可能な柔軟なものである。この構想は図書館学を実務との結びつきだけでなく，研究対象として認識する立場を取る新しいライブラリー・スクールの考え方でもある。ジョゼフソンは構想の中心である広義の図書館学（bibliography）に関して自身の解釈を述べその重要性を説明している。それによれば図書館学は二段階に定義可能である。狭義に規定すればそれは図書の科学（the science of book）であり，製作された物理的形態として図書をとらえ，印刷や装丁，図書の流通に焦点を当てる領域である。もう1つは知識の記述や分類の見地から図書を研究するものであり，知識の分類に関する理論や図書記述の方法である目録の研究が含まれる[6]。

ジョゼフソンはこの大学院で2タイプの学生を想定している。まず主専攻を図書館学以外の領域に持ち，主専攻に関連した論文に必要な書誌を準備するために大学院に学ぶ学生，そして専門職として図書館員や書誌学者を目指す学生である。後者は図書館学を主専攻とし，他の学科（文学，哲学，アメリカ史，数学など）を大学で学ぶ必要があるため，大学院は大学に付設されることが条件となっていた。ジョゼフソンはライブラリー・スクールはこれまで図書館員の専門意識を高め，職務の技術的部分を発展させてきたが，さらに堅固な図書館学がライブラリー・スクールで展開されるべきであるとして，実務だけでなくその土台となる理論や方法論の重要性を説いた（"Professional instruction in bibliography" 1901, p.198-205）。

大学に付設されたライブラリー・スクールの構想は，ジョゼフソンがはじめて公にしたもので，後のウィリアムソン・レポートを先取する内容も一部に含まれる斬新な提案である。そこで提示された学術的なカリキュラムの内容は，

ライブラリー・スクールがテクニカル・スクールではなく知的専門職養成を目的とする研究主体の学術機関となるべきことを示唆していた (Vann 1961, p.82)。しかしながらジョゼフソンの意向は同時代の図書館関係者から認められず，ウィリアムソンが1917年のレポートでジョゼフソンの構想を取り入れた形跡もない (*Ibid.*, p.168)。こうして最初の高度なライブラリー・スクール構想はアイデアのまま立ち消えたのであるが，図書館学の学問としての自立性を認識していたジョゼフソンは重要な人物として図書館学史に記憶されなければならないであろう。

カーネギー財団のライブラリー・スクール調査

M.デューイがコロンビア大学にライブラリー・スクールを開校してから30年余りアメリカの図書館界ではこの偉大な先駆者の強い影響のもとで，専門職たる図書館実務の高度化をめざした教育が一貫して行われた。しかしながら1900年代に入りアメリカ図書館界を財政面で支援してきたカーネギー財団で，図書館慈善事業に関する見直しがはじまると，M.デューイが築き上げた実務中心の図書館学は徐々に再検討されるようになっていた。

財団は1919年頃から図書館援助のあり方を，従来の建物寄付から図書館スタッフや図書館サービスを向上させるための資金援助へ移行する政策転換に踏み切った（小倉 1977, p.129）。図書館員教育や図書館サービスに関する詳細な情報を入手するため財団は，1919年にニューヨーク・パブリック・ライブラリーの経済部門主任のウィリアムソンをライブラリアンシップの教育に関する研究責任者に任命し，関係機関の調査を依頼した[7]。財団の調査員となったウィリアムソンは実際にアメリカ国内のライブラリー・スクールを訪問し，指導的な図書館員と直接コンタクトを取りながら1919年から3年の歳月をかけて，図書館の教育と研究に関するレポートを作成した。『図書館職務の教育』(*Training for Library Work*) と題されたレポートは1921年に完成し財団に提出された[8]。

この時期アメリカでは専門教育の再編成が大規模に進行中であり，医学，工学教育，教員養成，法律分野でも同様の報告書が，専門教育を資金面で援助し

たカーネギー財団に提出されている[9]。ウィリアムソン・レポートもアメリカ専門教育再編のために進められていた調査の一端であったことに関して，福島寿男は次のように論じている。

> 図書館界の人々もまた，他分野における専門教育の変革とそれに対してCarnegie Foundation の一連の調査報告が果たした役割を認識しており，それらとのアナロジーから Williamson 報告の意義を理解し，その影響力を推察することができた（*Ibid.*, p.4）。

レポートのなかでウィリアムソンは図書館職務を専門職（professional）と事務職（clerical）とに峻別しており，ライブラリアンシップの教育が前者のためにあることを主張する。さらに当時のライブラリー・スクールでのカリキュラムのほとんどが，本来ならば事務職の教育としてオン・ザ・ジョブ・トレーニングで行われるべき分類・目録作業，図書選択，レファレンス・ワークに当てられていることを批判している。図書館員教育に必要なのは図書館で直面する実務だけでなく，ライブラリアンシップの研究面を切り開くことにあると考えていたウィリアムソンは，ライブラリー・スクールが大学のなかに独立した学部として存在すべきであると提言した。小倉はウィリアムソンがライブラリー・スクールと大学の関係を強調した主な要因として次の2つを挙げている。第1に図書館学の教育には広範囲の一般教育が必要であって，学術資料や研究施設の利用を通じて他の学部と密接な関係を保つことは大変有益であり大学の学究的環境も重要な要素である。第2に図書館学の学位授与の側面でライブラリー・スクールは大学の一部として存在しなければならない（小倉 1977, p.284-285）。

大学のなかに設置されたライブラリー・スクールこそが，専門職を向上させるとの主張に基づくウィリアムソンの提言は，レポート刊行後にライブラリー・スクールが大学に移管され学部として再編成されていく契機となる。レポートは，図書館職務における専門性向上のための提案を行うことでM.デューイ以降，続いていた実務偏重型のライブラリアンシップを，理論的体系に基づくライブラリアンシップへと移行するためのターニング・ポイントとなった。

アメリカ図書館協会図書館学教育委員会の設立

ウィリアムソン・レポートで勧告されたライブラリー・スクールの改革を実現化していくためには，ライブラリー・スクールを認可し統轄するための機関が必要であった。アメリカ図書館協会は財団の依頼を受けて1923年に臨時図書館教育委員会（Temporary Library Training Board）を設立した。

1924年に臨時図書館教育委員会は図書館学教育委員会と改称し，ライブラリー・スクールでの教育基準の設定とライブラリー・スクールの認定作業を進めつつ高度な研究機能を持つライブラリー・スクール（graduate library school）の準備に本格的に着手した。

ウィリアムソンがライブラリアンシップの専門教育を推進していくための調整機関の必要性を説き，アメリカ図書館協会に該当機関が設立されたことは，M.デューイが最初の正式なライブラリー・スクールを組織しライブラリアンシップに関して唯一の影響力を持った時代とは異なり，ライブラリアンシップの教育はもはや個人の力で変革していくことが不可能であるほどに大規模な企図になっていたことを示している（Vann 1978, p.189）。M.デューイの時代にも類似機関として図書館員養成委員会（Committee on Library Training）はあったものの，新設された図書館学教育委員会の執行能力は格段に高かった（小倉 1977, p.293）[10]。

臨時図書館教育委員会がアメリカ図書館協会に設置された当初から，図書館学博士号の授与機関となる大学院レベルのライブラリー・スクールの設置は懸案事項であり，1924年12月の図書館学教育委員会会議で高度な研究レベルを持つライブラリー・スクールについて具体的な協議が行われた。新設されるライブラリー・スクールは入学資格として大学卒業を挙げる既存のスクールよりも，さらに高い入学資格を要求する可能性が高まった。すなわち大学卒業後に1年間の図書館員基礎教育を終え，さらに専門教育を希望する者を募集対象とする大枠がまとまった。このような条件に該当するのはライブラリー・スクールの教員そして大学図書館の管理職であることが想定された。

この会議上，コロンビア大学図書館の図書館員ボワーマン（George F. Bowerman）はライブラリー・スクールの目的に関して次のような5つの提

言を行っている (Richardson 1982, p.15)。

(1) 図書館分野の実務経験から引き出される事実の定式化と組織化
(2) 高度な水準を持つ研究の遂行
(3) 図書館実務経験者のための研究機関としての役割
(4) 高度な専門教育のための教育課程の開発
(5) 図書館学教授者の教育

1925年にはアメリカ図書館協会が「ライブラリー・スクールの最低基準」(Minimum Standards for Library Schools) を設定した。基準ではライブラリー・スクールは入学資格として大学への1年以上の在籍 (Junior Undergraduate Library School), 大学への3年以上の在籍 (Senior Undergraduate Library School), 大学卒業 (Graduate Library School), 大学卒業とライブラリー・スクールでの1年間の修学 (Advanced Graduate Library School) の4タイプに分かれていた (ALA Board of Education for Librarianship 1926)。最高レベルのスクールの最低基準は, アメリカ大学協会によって認可された大学院課程に準拠した機関として大学内に設置されること, 修士号および博士号の授与機関であることなどの条件が含まれていた。

1925年から1926年にかけてアメリカ図書館協会はこの基準に基づき, ライブラリー・スクールの認定を開始した。最高レベルの基準に該当する認定校はなく, 最高水準はタイプ2にあたる, イリノイ大学, カリフォルニア大学, シモンズ・カレッジのライブラリー・スクール, ドレクセル工科大学ライブラリー・スクール, ニューヨーク州立ライブラリー・スクールであった (大佐 1954, p.70; 今 1973; 今 1988)。アメリカ図書館協会のライブラリー・スクールの基準設定, スクールの認可という一連の活動はアメリカ各地のライブラリー・スクールに影響を与え, 多くのスクールが新設あるいは拡張された[11]。

各地のライブラリー・スクールが教育システムやカリキュラム構成を見直す動きのなかで, アメリカ図書館協会による高度な研究レベルを持つライブラリー・スクール設立のための大学選びが開始された。候補大学の中からシカゴ大学が選ばれた理由を特定することは困難である。しかしシカゴ大学を強力に推薦したのはアメリカ図書館協会事務局長マイラム (Carl H. Milam) と彼の秘書

ボーグル (Sarah C. N. Bogle) であった (Richardson 1982, p.43)。協会は新しく設立されるスクールとの密接なつながりを当初から強く望んでいた。

第3節　図書館学大学院創設前史─開校への道程

図書館学大学院創設計画

　1900年にカーネギー財団内部ではじまったライブラリー・スクールの見直しはその後徐々にアメリカ各地に広がり，スクールの改革が進展し新たにライブラリー・スクールが開設される動きがみられた。こうした気運のなかでカーネギー財団が資金面を担いアメリカ図書館協会の協力を得てシカゴ大学に新しいタイプのライブラリー・スクールが設立されることが決定した。

　シカゴ地区へのライブラリー・スクールの誘致はシカゴ地区の図書館からなるシカゴ・ライブラリー・クラブが1921年夏にライブラリー・スクールのための委員会を発足させた頃から本格化した。委員会のメンバーはシカゴ公共図書館のローデン (Carl Bismarck Roden)，ノース・ウェスタン大学のコッホ (Theodore W. Koch) そしてハンソン (James Christian Meinich Hanson) の3人である。同委員会はシカゴ地区にある図書館の支援を得て『シカゴにおけるライブラリー・スクール設立のための覚書』(*Memorandum on the Establishment of a School for Librarians in the City of Chicago*) を準備しはじめた。委員会では，実務に即したライブラリアンシップとアカデミズムとしてのライブラリアンシップの両側面に取り組むライブラリー・スクールを提唱した (*Ibid.*, p.19-20, 178)。

　一方，1919年にシカゴ大学教授ノエ (Adolf Carl von Noé) が『スクール・アンド・ソサエティー』(*School and Society*) に大学図書館に関する意見を載せ反響を呼んだ。彼は図書館技術と組織化の発展により業務の絶対量が増加し図書館員の研究機会がなくなっていること，大学側は知識の生産を第一義に考え，知識の入手や実務的な処理を軽視していることを指摘している (Noé 1919)。シカゴ大学図書館長のバートン (Ernest DeWitt Burton) はこうした批判をふまえ，シカゴ大学にライブラリー・スクールが必要であることを学

長ジャドソン（Harry P. Judson）に進言した（*Ibid.*, p.24-25）。

1923年にはバートンが学長に抜擢され，1924年バートンはシカゴ大学図書館員のハンソンの援助を頼ってライブラリー・スクール設立に向けてプランを立てはじめる。こうしてシカゴ大学内部で新しいライブラリー・スクールのための準備が開始された1925年頃，カーネギー財団でも「図書館活動推進10年計画」の一環として，ライブラリー・スクールを創設する計画が進んでおり，その最有力候補地としてシカゴが挙がっていた。財団がシカゴを推していた理由としてシカゴがアメリカ図書館界中心地であること，図書館施設の充実，学長バートンの大学図書館での経験などがあった（Keppel 1931, p.23）。

ライブラリー・スクール設立準備委員会

ケッペルがシカゴ大学にライブラリー・スクールを設置する決定を行ってまもなくバートンは死去した。新学長のメーソン（Max Mason）はライブラリー・スクールのための委員会を組織し，スクールについて協議していくことを取り決めた。メーソンは人文学系大学院のディーンのレイン（Gordon J. Laing）を委員長に任命しスクールのあり方，カリキュラムについての討議を指示した。レイン委員会と名づけられたライブラリー・スクール設立準備機関は，シカゴ地区の指導的図書館関係者から広く意見を集めた（Richardson 1982, p.33-34）。

新設されるライブラリー・スクールに対する意見は多様でコンセンサスの一致をみなかった[12]。スクールが高度なレベルのカリキュラムを必要とすることは共通認識としてあったが，その具体的内容について結論は出なかった。寄せられた意見は「図書館研究とは何か」との問いに対して当時，複数の見解があったことを示している。結果的に委員会がまとめることができたのは，このライブラリー・スクールが特定の図書館に偏向した研究を行うことはないという原則だけであった（*Ibid.*, p.35）。

1926年カーネギー財団はシカゴ大学への100万ドルの援助を決定しシカゴ大学評議会もこれを受け入れ，ライブラリー・スクールがシカゴ大学に設置されることが決定した。同年にはスクールが大学院課程になること，学位を持った教授陣から構成されることの2点を含む勧告が出され，さらに図書館教育の

基礎教育課程は設けないことを決定した（*Ibid.*, p.36-37)[13]。

研究環境としてのシカゴ

当時のシカゴは移民集団の集まるアメリカ第二の大都市であった。都市化にともない多くの社会問題が表面化していたにせよ，全体として活力にあふれた街であった。またシカゴの図書館環境も新しいスクールにとって申し分ないものであった。まずアメリカ図書館協会の本部はシカゴにあり，協会の職員や図書館研究者とシカゴ大学図書館学大学院のコミュニケーションが容易であることが最初から予想できた。

またシカゴには特色ある専門図書館，公共図書館が数多く存在していた。ジョン・クレラー図書館は自然科学系コレクションを主としており，医学分野の傑出したコレクションを所蔵していた。ニューベリー図書館は英国文学，ヨーロッパ文献学，イギリス史，ヨーロッパ史，アメリカ史のコレクションが充実していた[14]。シカゴ公共図書館は当時にして年間貸出冊数が1,200万を超え，アメリカ史，イギリス史，音楽関係特殊資料，美術資料，視覚障害者のための特殊資料を中心とした豊富なコレクションを誇る大規模図書館であった。

シカゴ大学図書館は総合図書館と部局図書館に分かれていた。総合図書館は歴史学，社会学，経済学，政治学，言語学，書誌類，文学，学会会議録，雑誌を中心としたコレクションを保有していた[15]。部局図書館として教育学部，法学部，神学部に図書館が置かれていた。天文学，数学，物理学，科学，心理学などの比較的小規模な部局図書館は大学院生のためのレファレンス・ルームの役割を果たしていた。その他，ノース・ウェスタン大学図書館，シカゴ歴史学会の図書館，シカゴ法律学会の図書館などがシカゴ地区にあり，その豊富な情報源がスクールでの研究に役立つと考えられた（"The Graduate Library School 1928-29" 1928, p.3)。

図書館学史においてシカゴ大学図書館学大学院創設後の時代はしばしばデューイ時代と対比してとらえられ，この両者を区切るものとしてウィリアムソン・レポートが位置づけられてきた。レポートの前後で図書館学は大きな変貌を遂げた。図書館学大学院はウィリアムソン・レポートを媒介として，M.デュー

イが築き上げた図書館学とは訣別すべく，新しいライブラリアンシップの確立を目指して設立されたのである．

注

1 デューイについては次の文献を参照のこと（Garrison 1979; Wiegand 1996）．
2 この制度は，一定レベルに達した図書館員がトレーニングを目的とした助手を採用し，その図書館員のもとで助手は実践を積み，助手は報酬代わりに研修と教育のチャンスが与えられるというものである（小倉 1977, p.157）．
3 アメリカでゼミナール方式が取り入れられるようになったのは，1876年のジョンズ・ホプキンス大学設立以後のことである．同大学はアメリカで最初にドイツの大学理念に基づいて設立された大学院大学であった．当時のアメリカ大学界は大学院教育の改革期にあり，ゼミナール方式を含めドイツの大学をモデルとして取り入れる大学が増えていた．
4 技術的枝葉に過度に凝り，迅速かつ効果的な資料の分配技術の習得を主な目的にするライブラリー・スクールをつくりあげたM.デューイの資質についてギャリソンは，「理論的な考察を軽蔑し，管理運営と組織化に精力を集中した」と表現している（Garrison 1979,〈訳〉p.237）．
5 ジョゼフソンはニューヨーク州立ライブラリー・スクールを卒業後，シカゴのジョン・クレラー図書館の目録係主任となった．書誌学を専門領域とするジョゼフソンは1899年シカゴ書誌学会（Bibliographical Society of Chicago）が発足すると会長を務め，1904年にはアメリカ書誌学会（Bibliographical Society of America）を創設した人物として知られる．ジョゼフソンの図書館学教育思想については次の論文を参照のこと（平野 1989; 平野 1993a; 平野 1993b; 平野 1995; 平野 1997; 平野 1999）．
6 書誌学大学院で教授されるべき具体的内容としてジョゼフソンが挙げたのは，目録・分類，印刷史，図書の頒布，図書館史・科学史などの学術領域，そして専門業務にかかわる分野として図書館管理である．
7 ウィリアムソンは1904年にウェスタン・リザーブ大学を卒業しウィスコンシン大学とコロンビア大学で経済学を学び1907年博士号を取得した．1911年までにブリンマー・カレッジで経済学の准教授を務め，その後ニューヨーク・パブリック・ライブラリーに籍を置いている（Winckler 1978）．
8 財団提出後のウィリアムソン報告が修正を経て公表されたのは1923年のことであり，タイトルも『図書館サービスの教育』（*Training for Library Service*）と変更

された。

9　財団に提出された報告書はすべて，該当各機関訪問によって収集された実証的なデータを中心とし，専門分野の異なる研究者の手によりまとめられた。各分野の共通調査項目は教員，財政，入学資格などであり，いずれの報告書でも大学での専門教育の重要性が述べられている（福島 1982, p.4）。

10　図書館学教育委員会設置後の重要な変化としては，ライブラリー・スクールの教授陣の教授法や担当授業時間数，報酬などが大学の教員レベルになったこと，カリキュラムが他分野と密接なつながりを持つことでより充実したこと，入学基準が引き上げられたことなどがあげられる（Wilson 1932, p.4）。

11　たとえばニューヨーク州立ライブラリー・スクール，ニューヨーク・パブリック・ライブラリー・ライブラリー・スクールはコロンビア大学に吸収合併，アトランタのカーネギー・ライブラリー・スクールはエモリー大学に吸収された。1926年にはコロンビア大学内にスクール・オブ・ライブラリー・サービスが設立され，ウィリアムソンがディーンになった。

12　シカゴ公共図書館のローデンは，スクールがライブラリアンシップの理論に着目し，図書館経営を根幹で支えている歴史的文化的含意についても考慮すべきであると論じた。ニューベリー図書館のアトリー（George B. Utley）は，カリキュラムを図書館学と図書館学に関連した文化コースと研究コースから組織し，図書館学では技術的な問題を扱い，図書館学に関する関連領域では学生の関心に応じた各種図書館でのライブラリアンシップを学ぶ研究コースと一般教養のための文化コースを展開していくべきであるという意見を出している。ニューヨーク・ユニオン神学校（Union Theological Seminary in the New York）の図書館員ロックウェル（William W. Rockwell）は，ライブラリー・スクールの修士課程は書誌学，古文書学，目録，文書整理などのカリキュラムを通じて高度な専門知識を持つ図書館員になるための資質を養う場であるべきで，博士課程は図書館教育と結びついた心理学，分類についての研究や海外での図書館実務研修を含むさらに高度なカリキュラムが必要だという見解を示している。シカゴ大学のヘンリー（Edward A. Henry）は，図書館学は知識を欲している人に迅速かつ的確に情報を提供するための学問であって図書館学の定義を固定すべきでないと主張した（Richardson 1982, p.33-34）。シカゴ大学図書館副館長のハンソンは1925年に委員会に対し，言語学，歴史学，地理学，文学，芸術，哲学，教育，宗教学，科学史を含む教養コースと，図書館の経営・管理，図書の収集・選択，分類・目録を含む専門コースからなるカリキュラム・プランを提出した（*Ibid.*, p.183）。

13　基礎教育課程を設置しない理由は，すでに図書館に関する基礎知識を持っているこ

とが入学の条件とされたためである。
14 歴史と文学の資料収集に力点をおき，1877年ウィング（John M. Wing）のプライベート・コレクションを譲り受けると同時に，図書および印刷史関連の資料を購入するための基金の寄付を受けている。
15 特殊コレクションとして1750年から1870年のドイツ文学資料を中心とするヒルシューベルナイス・コレクション，アメリカ文学のムーディー・コレクション，バルザック・コレクション，アメリカ演劇のアトキンソン・コレクション，クロムウェルおよび清教徒革命のコレクション，都市問題コレクション，婚礼法・儀礼に関するノワード・コレクション，初期アメリカの教科書コレクションなどを所蔵していた。

第3章 シカゴ大学図書館学大学院の図書館研究

第1節 シカゴ大学図書館学大学院の歩み

　1926年にライブラリー・スクールをシカゴ大学に設置する決定がなされてから実際に開校する1928年10月までの間，レイン委員会を中心にして図書館学大学院の研究および教育内容について協議が重ねられたもののコンセンサスにはいたらなかった。しかしながら図書館にかかわる基礎理論の構築が新設大学院の目標として掲げられた。本節では，開校からスクールが軌道に乗るまでの創設期の歩みをディーンの変遷と重ね合わせて考察していく。

初代ディーン・ワークスの時代

　1926年6月3日にシカゴ大学評議会が，カーネギー財団からの資金受け入れの申し出を受理した時点で，図書館学大学院が設置されることが決定した。新しいタイプのスクールのディーンについて選考は難航し1年が経過する。1927年6月にワークス（George Alan Works）がディーンに任命され，これを受理してスクールはようやくその第一歩を踏み出すことになった(Richardson 1982, p.38)。

　初代のディーンに就任したワークスは図書館学出身ではなく教育畑の研究者であった[1]。スクール創設にあたって，スタッフを図書館学以外の領域から積極的に招聘し，図書館学を隣接領域との関係のなかで追究していくスクールの

最も大きな特色が初代ディーン・ワークスの時代に確立した。しかし図書館学出身者ではなかったことや，学際的研究プログラムに力を注ぎすぎたことから図書館界との軋轢が深まり，ワークスは結局2年足らずでスクールを辞任することになる。創設間もない時点でのディーンの辞任は，その後の図書館学大学院と図書館界との不和を象徴する事件ともなった。

ワークスは1928年に刊行された要綱『アナウンスメント：図書館学大学院1928-29』(Announcement : The Graduate Library School 1928-29) で，研究活動を主たる目的とする方針を明らかにし，なかでも専門職にかかわる研究を重視していくと発表している ("The Graduate Library School 1928-29" 1928, p.3)。つまり図書館学大学院の研究はその発展過程で現場を支えるべきであり，研究者と図書館員が相互関係を保つべく遂行される。研究者の研究のみが図書館学の成果ではなく，現場の活動に対して何らかの示唆を与えることが図書館学の進歩である。そして図書館学研究の最終目的は，図書館員すべてが科学的視点を持って日常業務に取り組むことにある (Works 1928, p.102)。ワークスは研究成果の公表が大学院の重要な責務であるとし，適切な媒体がない場合には研究公表の場を自ら設定しなければならないとも述べている (Ibid., p.103)。さらにワークスはライブラリー・スクールでの教員の研究の自由を重視し，研究者が研究以外の業務のために研究に多くの時間を当てられないという大学にありがちな問題点の改善に努めた。

教授陣を構成するにあたってワークスが想定した研究テーマは読書研究，特殊資料（手稿，楽譜，マニュスクリプト，地図）の研究，印刷史と図書館史，公共図書館経営など図書館学および周辺領域であった。ワークスはこうした専門領域にふさわしい人材を，自身が持つ図書館界の人脈を手がかりにしながら選出していった。開校時の教員は，書誌学研究者ハンソン，図書館学教育のハウ (Harriet Emma Howe)，読書研究のウェイプルズ，図書館史のバトラー，ジョン・クレラー図書館のベイ (J. Christian Bay)，ノース・ウェスタン大学図書館のコッホ，アメリカ図書館協会事務局長のマイラム，シカゴ公共図書館のローデン，ニューベリー図書館のアトリー，教育学研究者のチャーターズ (Werrett Wallace Charters)，教育心理学研究者のフリーマン (Frank

Nugent Freeman)である。

1928年時点でスクールは入学資格として大学卒業およびライブラリー・スクールへの1年以上の修学を挙げており，これは一定の図書館学の知識を持つ学生が，入学後すぐに研究に取り組む利点を考慮してのことである。学生に期待されていたことは，研究への関心とそれを維持するための研究能力であった[2]。

1期生にはユニークな人材がいた。エーカーズ（Susan Gray Akers）はウィスコンシン大学のライブラリー・スクールで図書館学を学び，その後ニューヨーク・パブリック・ライブラリー，ノース・ダコダ大学図書館などでの実務経験があった。大学院入学前はウィスコンシン大学ライブラリー・スクールの准教授を務め，すでに『簡易図書館目録』（*Simple Library Cataloging*）という著作もあった。ウィンズロウ（Mary Amy Winslow）はアイオワ州立カレッジでレファレンス・ライブラリアンを務め，その後ピッツバーグ・カーネギー図書館，インディアナポリス公共図書館の工学部門主任を経て大学院に入学した。アプトン（Eleanor S. Upton）はジョン・カーター・ブラウン図書館のカタロガーの経験があり，1930年に最初の博士号取得者となった。テイラーは（Margaret Crompton Taylor）は入学前にバンクーバ公共図書館の貸出部長を務めていた。このように初期の学生はすでに実務経験があったばかりでなく，図書館学分野で著作を持つ者も含まれ，開校時から高い水準の研究が展開されていった（Richardson 1982, p.60-61）。

ワークスの辞任

1928年10月の開校当時の講義はウェイプルズの「図書館学研究法」，バトラーの「印刷資料の起源と発展」，ハウの「図書館学教育の組織と方法」であった。一方，個別研究としては図書館の経営管理，印刷史，書誌学，分類・目録，児童文学，図書館の利用，地域社会論，成人教育，教育サービス，図書館学教育など11の主題が挙げられている（*Ibid.*, p.62）。

いくぶん過剰な期待のもとで誕生した図書館学大学院は，発足後まもなく外部からの酷評にさらされることになる。アメリカ図書館協会のマイラムとボー

グルは早くも1929年12月に図書館学大学院は当初期待された機能を果たしていないと批判した。これに対してワークスは新しいスクールに短期間で評価を下すことは不可能であると反論している（*Ibid.*, p.63）。開校直後にあらわれたこの対立は，図書館にかかわる専門プログラムを望む立場と大学院レベルの純粋な研究プログラムを望む立場との葛藤のはじまりともいえる事件であった。

つまりワークスはライブラリアンシップを学問として確立することを目標に掲げ，アメリカ図書館協会の方針をデューイ時代の実務偏重主義となんら変わることはないとして，彼自身は教授陣とともに研究主体のスクールを構築していくことに固執していた。一方，アメリカ図書館協会は図書館実務に即した高度な教育を図書館学大学院に望み，図書館活動に対し早急に役立つ成果を上げることを強く期待した。両者の間に和解はみられず溝は深まった。こうした亀裂は開校まもなくワークスが辞任するという結果を招いた。

1929年7月にワークスはコネチカット農学カレッジ学長への招聘を受け入れ図書館学大学院を辞職し図書館界に衝撃を与えた。ワークスの主張した図書館分野での専門知識の体系化や図書館学研究のプロジェクトは開始されたばかりであり，発足後間もない図書館学大学院はライブラリー・スクールの先導的な存在として認識されていたからである（Works 1929a, p.317）。この大学院に関心を寄せる関係者がワークス辞任の理由を知りたいと考えたことは当然であり，『ライブラリーズ』の編集部は直接辞職の弁を問い，ワークスからの回答を同誌に掲載した。

記事によればシカゴ大学経営陣と研究者は図書館学大学院に好意的であった。学生は小規模ながら高度な研究の資質を持つ者が多く，博士論文に向けた研究も順調に進行していた。シカゴ大学の研究の環境も図書館学大学院にとって好適であった。問題は図書館学大学院が専門職活動に直接貢献すべきだと考え，大学院の研究のあり方に批判的な外部関係者にあった。そうした人々は創設後1年にも満たない時点で研究成果を性急に求めていた。ワークスはアメリカ図書館協会をはじめとする図書館界が図書館学大学院に対し批判的な態度を取ったことを暗に示した。そして大学院はいかなる機関であろうとその付属物になってしまってはならないと主張した（*Ibid.*, p.319）[3]。ワークス辞任後，後継者選

びは難航した。ディーンには，研究を重視しかつアメリカ図書館協会からも受け入れられる人物が望まれたからである。

ディーン不在の時代

　スクールのディーンがシカゴ大学と図書館界の双方に受け入れられる人材でなければならないという困難な条件のため，図書館学大学院ではワークス辞任後，長期にわたってディーン不在の時代が続く。この間ディーン代行を務めたのが，シカゴ大学教育学部から大学院に招聘されたウェイプルズである。ウェイプルズは教育学を通じて当時シカゴ大学で行われていた社会科学の研究手法を積極的に図書館学に取り込み，後に図書館学シカゴ学派と呼ばれることになる調査統計処理を中心とした研究方法を定着させることになった。

　ワークス辞任直後にディーン代行を務めたのはハンソンであった。その後正式にディーンが決定されるまで，図書館学大学院では8期にわたり4人が代行を務める変則的な時期が続いた。2期にわたってディーン代行を務めたウェイプルズは1929年5月にアメリカ図書館協会年次総会の席上でワークスの代理として図書館学大学院の方針を述べるなど，スクール運営上重要な役割を果たしている。ウェイプルズは1928年度から1929年度の大学院の研究テーマとして以下の7点を発表している（"Professional Training Section" 1929, p.336）。

(1) 他分野での定量的研究の図書館学への応用
(2) 書誌学（歴史研究，目録に関する研究）
(3) 図書館利用者研究（読書興味についての研究，図書館への要求に関する研究）
(4) 学校図書館の研究
(5) 図書選択および蔵書構成に関する研究
(6) 図書館経営の研究
(7) 図書館学教育に関する研究

　1928年度に3人の教員によってスタートした講義は，翌年には7名の教員と16の講義へと拡大した。1928年度から1932年度までに開講されていたのはバトラー担当の「研究領域としてのライブラリアンシップ」，「印刷媒体の起

源と発展」,「書誌学史序論」,「書誌の方法」,「学識史」, ウェイプルズ担当の「図書館学の研究方法論」,「成人学習の課題」,「学校図書館」,「成人読書」,「海外の書籍流通」, ワイヤー (James I. Wyer) 担当の「主題書誌学」,「アメリカ政府資料」, ヴァン・ホーセン (Henry B. Van Hoesen) 担当の「書誌学」, トンプソン (James Westfall Thompson) 担当の「ローマ図書館, 初期キリスト教図書館, 中世図書館」,「500年から1450年までの写本室と図書の保存」,「ルネサンス期の大規模図書館と図書収集家」,「博学期 (Age of Erudition) の大規規模図書館と図書収集家」,「図書保存の歴史」, ハウ担当の「図書館学教育の組織化」, ハンソンとランドール (William M. Randall) 担当の「目録」, ランドール担当の「手稿目録」,「カレッジ図書館」, ジョッケル担当の「公共図書館の経営管理」, ウィルソン担当の「大学図書館」である (Richardson 1982, p.78-79)。

　教員の研究は講義と直結していた。1931年から1932年にかけてヨーロッパ視察を行ったウェイプルズは, その成果を翌年の講義「海外の書籍流通」に反映させた。インキュナブラを研究テーマとしていたバトラーの講義は, 書誌学関係の講義に直接活かされた。また図書館学の教育法について研究していたハウの指導を受けた学生の半数は卒業後直ちに教員ポストに就いた (*Ibid.*, p.85-86)。

　1932年までに博士号を取得したのは6名である。卒業生は図書館界の主要なポストに就職した。アプトンはエール大学の目録主任に, エーカーズはノース・カロライナ大学の准教授に, カーノフスキーはシカゴ大学図書館学大学院の講師に, ウィロビ (Edwin Willoughby) はウィリアムズ・メアリー・カレッジの図書館学の教授にそれぞれポストを得た。この結果は当初目標として掲げた図書館学の教育者養成という課題を, スクールが早期に達成したことを示している (*Ibid.*, p.85)。

　1930年にディーン代行のウェイプルズは開校以来の2年間の成果を明らかにした。まず図書館学大学院はライブラリアンシップに関する重要な局面に関してその問題点を明確にし, 図書館学を大学院レベルで研究していくための基礎を築いていた。また他学部, 特に歴史学, 社会学, 教育学との研究交流も予

定通り行われていた。ウェイプルズは新たな目標として以下の6点を挙げている（Waples 1930, p.4）。

(1) 大学院レベルの研究の維持と，学問分野としての図書館学の確立
(2) 図書館経営にかかわる科学的方法論の確立
(3) 公共図書館を専門領域とする教官の招聘
(4) ライブラリー・スクールの教員の養成
(5) 図書館にかかわる課題に対し解決の拠り所となりうる関連領域の同定
(6) 研究論文の執筆および出版

　ワークス辞任の後もディーン選考は続行していた。しかし大学関係者と図書館界の双方から受け入れられる人材を要件とするディーン選考は難航した。そしてシカゴ大学と図書館学大学院が主体になって行うべき選考は，実質上カーネギー財団主導のもとに進められた。ウェイプルズはディーン代行を務めその運営に深くかかわっていたにもかかわらず，専門領域が図書館学ではなかったことからディーン候補からははずされている。

　1932年夏，ノース・カロライナ大学のウィルソンが次期ディーン候補として浮上した。ウィルソンは図書館界で大学図書館の特殊コレクションの構築や図書館設計の分野でも知名度が高く，図書館学教育委員会のメンバーでもあった。すでにノース・カロライナ大学でのライブラリー・スクールの設立にかかわっていたこともあり，図書館学大学院のディーンとして最適任者と考えられた。さまざまな交渉の後，ウィルソンはディーンの就任を受諾し，図書館学大学院とシカゴ大学は3年間にわたるディーン選考から解放された。シカゴ大学学長ハッチンス（Robert Maynard Hutchins）は最終的にディーンの職に図書館界によりかかわりの深い人材を選出したのだった（Richardson 1982, p.99-104）[4]。

ディーン・ウィルソンの時代

　図書館学大学院の安定した発展期を支えた中心人物であったウィルソンは図書館学出身者であり，創設時から積み上げられてきた新しいライブラリー・サイエンスと図書館の現場から望まれるライブラリアンシップとを融合させよう

と試みた。その結果，スクールの方向性は全体として専門職に歩み寄りをみせることとなる。またウィルソンの時代には図書館の現場へ優れた人材を送り出し，図書館界から高い評価を受けた。

ウィルソンは1932年から10年間ディーンを務め，ワークス辞任後揺れ動いていた図書館学大学院の態勢を立て直した人物といってよい。ランドールはウィルソンの功績を大きく4つに分けて論じている[5]。第1の功績は研究発表の場として「シカゴ大学図書館学研究叢書」(University of Chicago Studies in Library Science) を発刊したことである。すでに研究雑誌として刊行されていた『ライブラリー・クォータリー』は，論文雑誌という制約上，分量が限定されていた。研究叢書の刊行により，まとまった分量の研究成果の公表が可能になった (Randall 1942, p.646-647)。同シリーズはウィルソンの時代に27タイトルが出され，平均すると年3冊出版された。1937年からは図書館研修会 (Annual Library Institute) の会議録も，このシリーズから刊行されるようになった。

第2の功績としては図書館学大学院の専門職養成機関としての部分を強化したことである。ウィルソンがディーンに就任して間もない1933年にアメリカ図書館協会はライブラリー・スクールの最低基準の改定を終えた。新しい基準「ライブラリー・スクールの最低必要条件」(Minimum Requirements for Library Schools) は1925年版に比較してカリキュラムの質に重点をおいていた。本来，シカゴ大学図書館学大学院はアメリカ図書館協会の定める最高レベルのライブラリー・スクールとなるべきだった。しかし実質的に協会が規定する基準と合致していなかったため，基準の枠外にある特殊な高度専門教育機関として位置づけられた[6]。

アメリカ図書館協会の基準は原則的にライブラリアンシップの基礎教育課程を持つスクールに適応されたのに対し，入学資格として図書館学の基礎知識を要求する図書館学大学院にはウィルソンの時代にいたるまで基礎課程が存在していなかった。ウィルソンは基礎教育プログラムの構想に着手してこれを実施し，その結果1934年に図書館学大学院はカリフォルニア大学，コロンビア大学，イリノイ大学，ミシガン大学とともにアメリカ図書館協会の定める最高レ

ベルのライブラリー・スクールとして認可された（Richardson 1982, p.118-119）。正規の図書館学教育を取り入れることによって，ディーン不在期にあったような図書館学大学院の軌道のずれは修正された。

第3にウィルソンは講師陣の拡充を図った。ウィルソンがディーンに就任した当時，公共図書館分野を専門とするスタッフが欠けていた。ウィルソンは，公共図書館研究者のジョッケルを教授陣に加え，その研究成果はウィルソン時代の大学院の評価に貢献した（Randall 1942, p.647）。

1936年に復活した図書館研修会の開催もウィルソンの手腕によるところが大きい。研修会には図書館研究者だけでなく，社会学者，政治学者，教育学者が招待講演を行い，各専門領域の最新の研究成果を発表した（Richardson 1982, p.136-137）。研修会は図書館関係者と他分野の研究者の研究交流をうながすものであり，研修会修了後刊行される会議録は，図書館界での重要な出版物の1つとなった（Randall 1942, p.647）。

ウィルソンは研究と教育のバランスに配慮し，図書館学大学院を図書館界の意向にそってしかも高度な研究機関へと導いた。とりわけ悪化していた図書館界との関係を修復したことは，その優れた経営手腕によるものであった。

第2節　初期シカゴ大学図書館学大学院の図書館研究

開校時資料にみる図書館学大学院の研究指針

1928年にスクール開校に向けて要綱となる『アナウンスメント：図書館学大学院　1928-1929年』が出された。この資料にはスタッフ，スクールの特色，図書館を中心とする研究環境，学位取得などについての情報が掲載された。要綱では，大学院レベルでの図書館研究を目的として設立される図書館学大学院は，通常のライブラリー・スクールで行われる図書館学基礎教育カリキュラム（first year curriculum）を設置していないことに言及している。さらに実務経験を持ちライブラリアンシップの特定の分野に関して，大学院レベルの研究遂行が可能な資質を持つ者を募集の対象とする旨も明記された（"The Graduate Library School 1928-29" 1928, p.3）。大学院は公共図書館，大学図書館関係者，

児童図書館および学校図書館関係者，ライブラリー・スクールの教員，大学やその他の教育機関で図書館学を担当する教員，図書館での部門責任者，成人教育関係者，あるいはすでに図書館実務を経験した者を学生として受け入れることを想定していた（Ibid., p.3）。

図書館学大学院で大学院の学位を取得するためには，学士号あるいは同等の学位を持ちかつ認可されたライブラリー・スクールでの1年の修学，図書館での1年間の経験が必要とされた。しかし規定の資格に合致しない場合も，ディーンが図書館学大学院での研究遂行にふさわしい資質を志願者に認めた場合は入学が許可された（Ibid., p.6）。

修士号取得の条件はシカゴ大学と同等の大学での在籍期間が3学期を超えること，図書館学大学院でのフルタイムの研究の遂行である。博士号取得は，フランス語とドイツ語の習得を前提とし，大学での3年間の修学とシカゴ大学での1年間（3学期間）の在籍，博士論文の領域にかかわる予備的な筆記試験の受験を条件とする（Ibid., p.6-7）。学位取得のための研究はディーンや指導教官の判断により，図書館学大学院以外の場所でも可能であった。

「図書館学研究方法」の講義は，社会科学分野での研究方法に依拠しながら，学生にテーマに関して，研究計画を実際に組み立てていく機会が与えられる。この講義では，図書館学に援用すべき他分野の研究方法が導入された。授業への参加には統計学と経験的検証手続きに関する予備知識が必要であったため，社会学，心理学，教育学の講義の受講が事前に義務づけられた。また「図書館学教授法の方法論」は，ライブラリアンシップの教育経験者と将来的にライブラリー・スクールの教員を目指す学生を対象に，図書館学教育の目的，課題，カリキュラムなどを講義するもので，受講条件としてライブラリー・スクールでの1年間の修学，図書館での3年以上の実務経験，教育学の履修を必要とした（Ibid., p.12）。

1928年度から1929年度には以下のような個人研究があった（Ibid., p.12-13）。

 (1) 公共図書館，大学図書館，レファレンス・ライブラリー，学校図書館の経営，図書館と法規，図書館の人事

 (2) 活版印刷術の史的研究

(3) 書誌と書誌作成法
(4) 大学図書館，レファレンス・ライブラリー，大規模図書館の目録の編纂とその維持
(5) 大学図書館，レファレンス・ライブラリー，大規模図書館の分類作業
(6) 児童の読書興味
(7) 初等教育，中等教育での図書館利用
(8) 図書館と地域コミュニティの研究
(9) 図書館と成人教育
(10) 図書館の教育サービス
(11) ライブラリアンシップの教育に関する課題

　開校時の要綱には，他学部の講義の聴講や研究活動への参加への言及もある。図書館学大学院で開講される講義だけで図書館研究全般をカバーすることは明らかに困難であったし，図書館学大学院の講義のなかには他学部で開講されている講義の受講を前提としたものがあった（*Ibid.*, p.13）。

ディーンによる図書館学研究論
　開校にあたり公式要綱が準備される一方で，初代ディーン・ワークスは自らの運営方針を発表した。ワークス辞任後，ディーン代行となったウェイプルズ，そして第2代ディーンに就任したウィルソンも自身の研究論と図書館学大学院の研究方針を積極的に外部に対して発表している。ディーンの研究論は個人的な研究観を示すと同時に，図書館学大学院の研究の方向性をあらわすものでもあった。以下，ディーンの研究論を検討する。

ワークスの研究論
　ワークスは開校に先立つ1927年12月にアメリカ図書館協会冬季大会の大学レファレンス部会で講演を行った。そこで成人教育の発展にともなって生じる課題を図書館学大学院の研究テーマに組み込んでいくことに言及している。また特殊資料（楽譜，地図，写本，版画）の分類と目録，印刷史，図書館史，公共図書館の運営管理をテーマとして挙げ，図書館学大学院で学生と教授陣が他

学部から多くの知識を摂取していこうとする決意を表明している。スクール外部との交流が，図書館学大学院の研究成果の公表を遅延させる可能性を認識しながら，長期的にはそうした知的交流がスクールでの研究の質の向上につながることをワークスは確信していた（Works 1928, p.100-103）。

開校翌年の 1929 年 4 月にワークスは，シカゴ・ライブラリー・クラブにて図書館学大学院の研究状況について講演を行った。講演のなかで大学院（graduate school）という概念が，シカゴ大学図書館学大学院ではどのように規定されているのかについて，以下のように論じている。

　　（アメリカ図書館協会）図書館学教育委員会では大学卒業を入学資格とするライブラリー・スクールをすべて大学院（graduate school）としているが，これが大学院という語の持つ意味を満たすのかは疑わしい。……シカゴ大学図書館学大学院での大学院課程とはすなわち研究を意味し，研究とは与えられた領域の知的境界を拡張することである。……図書館学教育委員会が定める大学院では学生に図書館にかかわる有用な原則と実践を教授することを主眼としている。しかし図書館学大学院はそのようなタイプのスクールの確立を目指すものではない。図書館学大学院は図書館とライブラリアンシップにかかわる知識体系を拡大することに主眼をおいている（Works 1929b, p.311）。

ワークスは図書館の実践活動のための研究が専門職の前進に寄与することを認めている。しかしながらシカゴ大学図書館学大学院は基礎理論研究を重視し，他分野も含めた幅広い知識を糧に図書館学の基盤を構築するパイオニア的存在を目指すべきだというのが，ワークスの基本的立場であった（Ibid., p.311）。

ウェイプルズの研究論

ワークス辞任後，ディーン代行となったウェイプルズは『ライブラリー・クォータリー』創刊号に，図書館学大学院の概要を報告した[7]。そこではスクールの基本方針として次の 9 つの項目が挙げられている（Waples 1931c, p.26-27）。

　(1)　シカゴ大学他学部の大学院の基準に達した研究の遂行
　(2)　図書館の諸側面とその価値にかかわる知識体系の拡張と研究方法の開

発
- (3) 基礎的な課題の設定と研究の遂行
- (4) 図書館運営と管理に有用な知識を必ずしも図書館学遂行の前提条件とはしないこと
- (5) 図書館学大学院は研究の資質を有し研究遂行のために図書館学の基礎教育と経験を持つ学生を求めること
- (6) 図書館の効率的な管理運営に資する研究の遂行
- (7) 図書館にかかわるテーマと関連領域の知識との統合を視野に入れた研究の遂行
- (8) 博士号候補者あるいは博士論文レベルに達する研究が可能である学生の育成
- (9) 研究成果の公表による図書館専門職への寄与

ウェイプルズは同論文で図書館学を明確にサイエンスとして規定し，その本質について「図書館学は書物のなかにあるのではなく，図書館での実験的な試みにあるのでもなく，またライブラリー・スクールの講義に見出されるものでもない。それは図書館学の研究と方針を導く過程での精神の向け方にある」と述べている（Ibid., p.30-31）。ウェイプルズは図書館学としての研究精神が欠けた試みは，その結果が科学的であったとしてもサイエンスとはみなされないとした。さらに図書館学は，その科学的研究成果を図書館の実践活動に適用し図書館の機能向上のために応用していくことで発展すると指摘している。

さらにウェイプルズは図書館学の基本原則を次のように表現した（Ibid., p.31-33）。

- (1) 先達者の確立した学問・知識体系の模倣を避け，事実の収集を丹念に行うこと。
- (2) 科学的に決定された事実が実践のルールを生み出すのではなく，科学的事実の価値は所与の状況理解を補助する。
- (3) ライブラリアンシップに対する定量的アプローチは未確立である。図書館をめぐる諸課題と社会的連座は複雑であり，経験的アプローチによる研究成果の実践への性急な還元は危険である。

(4) 図書館学に対する関連領域の援用に関して、その範囲と限界に留意すべきである。

ウェイプルズは最後に挙げられた図書館学に応用可能な他分野の援用について、図書館学大学院は初期の段階にあることを示唆している。そして図書館学の関連分野として書誌学、教育学、法学、文学および文芸批評、哲学、政治学、心理学、社会サービス論、経営論、社会学、統計学などを挙げ、これら既存の分野がすでに確立した研究方法、法則、事実を、図書館学はいかなる形で取り込むのか、その方法について検討が必要であるとしている。さらに研究と実践の結びつきを明確にすべきであるとして、図書館学の理論的孤立に注意を喚起した (*Ibid.*, p.33-34)。

ウィルソンの研究論

ウィルソンは 1932 年 1 月のディーン就任後、積極的に研究論を発表している。まず 1933 年『ライブラリー・ジャーナル』誌上で、ライブラリー・スクールが大学と結びつくことにより研究の重要性が強調されるようになってきたことと 1925 年から 1931 年の間に多くのライブラリー・スクールが創設、再組織化された状況をふまえ図書館学教育委員会設置後のライブラリアンシップにかかわる教育の変化を報告した (Wilson 1933, p.819)。図書館学の基礎部分にライブラリー・スクール内部で進められる特定主題についての基礎的な研究と、図書館サービスの実践課題の追究を位置づける一方で、ウィルソンは図書館学のアカデミックな研究と実践研究を区別してとらえていた。前者は図書館学の原理や科学的手続きにそって行われる高度な調査研究であり、後者は特定課題の解決を最優先とする研究である。シカゴ大学図書館学大学院は後者を特徴づけるライブラリアンシップの専門技術に纏わる問題解決にとどまることなく、図書館学の向上を目指した研究を行う場としてとらえられた (*Ibid.*, p.821)。

ウィルソンは 1934 年『ライブラリー・ジャーナル』に再び「『スクール』での図書館学研究プログラム」を発表した。ここではまず図書館学大学院の教員についての言及があった。ライブラリー・スクールの教員構成は、研究の方向づけと密接な関係にあり、その研究課題はライブラリアンシップの歴史的局面

と社会的局面におかれているとした。そして図書館学大学院での研究領域の広がりとして代表的な研究テーマである読書興味，図書選択，図書館運営管理，コミュニティ分析，分類・目録論，書誌学，図書館史を挙げている（Wilson 1934b, p.742）。またウィルソンは図書館学大学院とシカゴ大学他学部との交流に関して2つの方向性を論じた。まず1番目には図書館学全般に対して有効な方法論を他分野から摂取することである。2番目には個別テーマに対する問題解決を他分野の方法論に求めることである（Ibid., p.743）。図書館学大学院の学生は他学部の講義内容を自らの図書館学研究に積極的に取り入れることが奨励され，図書館学以外の領域に接触しその領域の研究手法や原則を図書館学の課題に応用する能力が問われた（Ibid., p.744-745）。

一方，図書館の実践活動にかかわる現場のデータの入手は図書館学大学院の直面する最も大きな課題となっており，この点を補うために実践を担う図書館員との協力体制が不可欠であった。図書館学研究は大学院内部で完結することはなく，教育文化機関として図書館が高く評価され図書館サービスが向上することでその完成をみるのである（Ibid., p.745）。

ウィルソンは社会の中での図書館の目的や位置づけが明確に理解されなければライブラリアンシップの向上は望めないことを認識していた。つまりライブラリアンシップの研究はライブラリー・スクールや図書館の実践活動から得られる考察にとどまることなく，教育や社会など広い文脈と関係づけられるべきであった（Wilson 1933, p.820）。社会的要求を満たすべき存在として図書館を規定した上で，ライブラリアンシップの研究はその焦点を図書館の社会的機能に当てる必要がある（Karetzky 1982, p.234）。

1900年から1920年代の図書館界は，ウィリアムソンの警告にもかかわらずライブラリー・スクール内部での自己充足的研究にとどまっていた。しかしウィルソン率いる図書館学大学院はシカゴ大学の他学部と接触することによって，自己完結型の学問的姿勢に疑義の目を向けるようになっていった（Shera 1979b, p.79）。

教授陣

　スクールの教員の構成は，大学院で行われていた図書館学研究が実際にどのようなものであったのかについて知るための手がかりとなる。初代ディーンのワークスは新構想のライブラリー・スクールにふさわしい人材を図書館学大学院に招聘しようと試みた。当時，増加の一途をたどっていた非図書資料（手稿，楽譜，版画，地図）の分類・目録，印刷史，公共図書館の運営管理など図書館学とその関連領域をカバーする教員が必要であった。1928年—1929年度の常勤スタッフはウェイプルズ，バトラー，ハウであった。その後，ハンソン，ランドール，ヴァン・ホーセン，ワイヤー，ジョッケルがウィルソンのディーンの時期に加わった。ここでは初期の専任教員の経歴について言及しておきたい。

　ハウは1902年にイリノイ大学で図書館学学士号を，1928年にハーバード大学から教育学修士号を取得した。ハウは図書館員としても図書館学教育者としても図書館教育プログラムの創案者としても傑出していた。図書館学大学院の教員として招聘されたのは1927年のことであり，ミネアポリス公共図書館目録部主任やシモンズ・カレッジ・ライブラリー・スクールの准教授としての図書館界での豊富な経験が高く評価され，図書館学教育者養成の面での活躍が期待されていた。初期の教員の中で唯一図書館学の学位を持ち，ハウの起用は図書館関係者の賛同と支持を得た（Boaz 1978）。

　ハンソンは1882年にルター・カレッジで文学の学士号を取得，シカゴの救世主教会（Our Savior's Church）の教区学校（Parochial School）の教職を経て1890年にコーネル大学大学院に入学し，同時にニューベリー図書館の目録係となった。ウィスコンシン大学図書館目録部主任を経てアメリカ議会図書館目録部門の主任となってからは，アメリカ議会図書館分類表の作成，新目録規則の制定，目録作業の再構築，印刷体目録カード頒布のためのフォーマットとシステムの創案など大規模なプロジェクトに取り組んだ。1910年に議会図書館からシカゴ大学図書館に移り副館長に就任している。1928年のシカゴ大学図書館学大学院の創設に伴い書誌学，分類・目録の専門領域の担当教授になった。1931年に創刊された『ライブラリー・クォータリー』では初代編集長を務めている（Immroth 1978）。

ランドールは1922年文学学士号を1924年に文学修士号を受けた。1923年から1924年にコネチカット州ハートフォードのケネディー・ミッション・スクールの音声学および一般言語学の教職に就いた。同時にハートフォード神学校のアラビア語資料コレクションのキュレイターも務め，1929年に同校で博士号を取得した。1928年1月から半年間バチカン図書館蔵書の目録作業に携わっている。研究内容は多岐にわたり，イスラム教図書館史から化学系図書館の分類システムにおよんだ。語学に堪能でフランス語，ロシア語以外にもマレイ語をはじめとする特殊言語にも通じていたため，1929年の10月からスタッフとして加わった図書館学大学院では，特殊主題の分類と目録に関する研究を担当した（"Personnel" 1947, p.451）。

ジョッケルは1908年にウィスコンシン大学を卒業しニューヨーク州立ライブラリー・スクールに入学，2年間の修学を経て図書館学学士号を取得し，セントルイス公共図書館に職を得た。翌年バークレーのカリフォルニア大学に移りレファレンス部門を経て貸出部長を務めた。1914年から1927年まで図書館に籍をおきながらカリフォルニア大学で教鞭をとった。1927年にミシガン大学ライブラリー・スクールの准教授になり，この間に政治学修士号を取得している。1933年図書館学の学位取得のために図書館学大学院に入学し短期間に集中して博士号に必要な課程を終え，1934年に博士号を取得した。1935年に教授として図書館学大学院のスタッフに招聘され，公共図書館の政策と管理運営に関する講義を担当した（Harding 1978）。

ウェイプルズはペンシルヴェニアのハヴァーフォード・カレッジを優秀な成績で卒業した後，キリスト友会（Society of Friends）の奉仕スタッフとしてフランスに渡り，ロンドン大学で教育心理学を学んだ。1919年に帰国しペンシルヴェニア大学で教育学博士号を取得し，タフツ・カレッジ，ピッツバーグ大学を経てシカゴ大学の教育学部で教鞭をとった。ライブラリアンシップに対する教育学の援用を視野に入れた初代ディーン，ワークスの人事によって教育方法論の教授に抜擢された。大学院では図書館と成人教育，諸外国での図書の流通，研究調査の方法論，図書館学の教授法などを担当した（Richardson 1980）。

ヴァン・ホーセンは1905年ホーバート・カレッジを卒業後にプリンストン

大学で古典学の勉強を続け1906年に修士号を，1912年に博士号を取得した。1907年から1908年にはローマにある古典研究のアメリカン・スクールに留学した。その間ミュンヘン大学でも修学している。帰国後1909年から1911年までプリンストン大学で，1912年から1915年までウェスタン・リザーブ大学で古典学を教えた。手稿や貴重書のキュレイターになるためにプリンストン大学に戻りアシスタント・ライブラリアンを経て，1928年にブラウン大学の司書になった。図書館学大学院やコロンビア大学でライブラリー・スクールの書誌学の講師をつとめる傍ら，ブラウン大学の司書職にあって書誌学研究者という立場を引退まで崩すことはなかった (Brown 1978)。

ワイヤーは1896年にオールバニーのニューヨーク州立ライブラリー・スクールに入学し，2年間のコースの最終年に州立図書館でのアシスタント・ライブラリアンの職を得て実務に入った。1898年に図書館学の学士号を取得して卒業し，ネブラスカ大学の図書館員と書誌学の教授を兼任している。1906年にニューヨーク州立大学のレファレンス・ライブラリアンそして同大学ライブラリー・スクールの副校長になった。1910年から1911年までアメリカ図書館協会の会長を務め，1913年から1914年までニューヨーク図書館協会の会長を務めている。『レファレンス・ワーク：図書館業務を学ぶ学生と図書館員のためのテキスト』(*Reference Work : A Textbook for Students of Library Work and Librarians*) の刊行により図書館学大学院の講師に招聘され，主題書誌やアメリカ政府刊行物についての講義を担当した (Paulson 1978)。

ウィルソンは高等学校卒業後にルノアール・アカデミーで2年間の学生生活を送り，同時期にメソジスト教会付設の図書館で働いたことが図書館職務の最初の経験となった。1895年にはハヴァーフォード・カレッジに入学し3年後ノース・カロライナ大学に移り1899年に学士号を受けた後，2年間私立学校で教鞭をとった。1902年に修士号を，1905年にチョーサーをテーマとする論文で文学博士号を取得した。1901年にノース・カロライナ大学の図書館員になって以来31年間の司書生活を通じて同館の蔵書を4万冊から20万冊以上に増加させた。1931年にはカーネギー財団の援助を受けノース・カロライナ大学にライブラリー・スクールを開校した。1904年にノース・カロライナ図書

館協会を結成し，1909年に協会会長に就任している。1932年9月に図書館学大学院のディーンに就任し，カレッジ図書館と大学図書館についての講義を担当した（Shera 1990）。

トンプソンは1929年度から1930年度に講師として図書館学大学院のメンバーに加わった。専門は中世史で，大学院では歴史関係の講義（初期ローマ図書館，中世図書館，ルネサンス期の図書館）を担当した。シカゴ大学図書館学大学院設立のためシカゴ大学に設置されたレイン委員会の初期メンバーを務めている（Richardson 1982, p.77）。

バトラーは1903年にデッキンソン・カレッジに進学し，古典学，中世ドイツ語を専攻した。1906年にカレッジを卒業しミリタリー・アカデミーの教職を1年間務め，その後1907年にユニオン神学校に再入学し中世史と神学の教職を志した。1910年に文学学士号と神学学士号を取得した。ここで2年間学んだ後にハートフォード神学校に移り教会史の研究を続けた。1912年に「イラネウスのキリスト論」で博士号を取得した。1916年にニューベリー図書館の受入部門にアシスタントとして採用され1931年まで同図書館に勤務し，同時にウィング財団の印刷史コレクションのキュレイターも兼務した。1927年の図書館学大学院の発足とともに印刷史の講義スタッフとして招聘された（Ash 1978; Butler 1933,〈訳〉p.17）。

図書館学大学院のスタッフが高度な専門的課題に取り組むことで，現場とのつながりが薄れる可能性を危惧したワークスは，ライブラリアンシップの専門家を一定期間，図書館学大学院に招いて学生やスタッフとの交流を図るプログラムを企画している。講師として招かれたジョン・クレラー大学のベイは医学の書誌と地域史について，ノース・ウェスタン大学のコッホはダンテ研究におけるロマンス語，大学図書館，外国の出版界について講義した。シカゴ公共図書館のローデンはシカゴ・ライブラリー・クラブの活動を通して図書館学大学院の発展を考察した。アメリカ図書館協会のマイラムは協会の読書推進活動やコミュニティのライブラリー・サービスについて講義を行った（Richardson 1982, p.58）。

ライブラリアンシップにかかわる幅広いテーマにそって招聘されたスタッフ

の構成は図書館学の学際的性質を表現していた。そして教授陣の専門テーマの多様性は，図書館学大学院の多彩な研究を形成していく原動力となっていた。

『ライブラリー・クォータリー』創刊

1931年には図書館学大学院が責任編集にあたり，図書館学の研究成果を発表するための専門雑誌『ライブラリー・クォータリー』が創刊された。同誌は図書館学の領域の研究論文を中心に編集された専門雑誌であり，創刊から現在にいたるまでアメリカ図書館学界を代表する学術雑誌として重要な役割を果たしてきた。

『ライブラリー・クォータリー』創刊の発端は図書館学大学院開校以前の1926年にアメリカ図書館協会の第50回記念大会で，アメリカ図書館協会の機関誌『アメリカン・ライブラリー・アソシエーション・ブルティン』(*ALA Bulletin*) の拡張が提案された時にさかのぼることができる。ジョンズ・ホプキンス大学のレーニー (Llewelyn Raney) はカーネギー財団のライブラリー・スクールの構想に言及し，スクールが現実化すれば高度な学術研究に相応する学術雑誌が必要となることを示唆している。2,3ページの短い記事を主体とする『アメリカン・ライブラリー・アソシエーション・ブルティン』は研究公表のメディアとしては不十分であった ("Council" 1926, p.341)。

『ライブラリー・クォータリー』創刊当時，すでに相当数の図書館関係雑誌が刊行されていた。図書館分野の索引誌『ライブラリー・リタラチャー』(*Library Literature*) の1921年から1933年版には78誌がリストアップされており，うちアメリカの雑誌は74誌であった。しかし半数以上は地方公共図書館をはじめとする図書館機関の刊行する雑誌であった。また州図書館協会の刊行物や専門図書館の刊行物がある。さらにアメリカ図書館協会関係の雑誌が7点，アメリカ議会図書館の雑誌が1点，国際図書館協会連盟 (International Federation of Library Associations : IFLA) の雑誌が1点，アメリカ図書館学会 (American Library Institute : ALI) の会議録が1点，他に『ライブラリー・アソシエーション・レコード』(*Library Association Record*)，『ライブラリー・アシスタント』(*Library Assistant*) の2誌があった。その

他出版関係の雑誌として『パブリッシャーズ・ウィークリー』(Publisher's Weekly),『ウィルソン・ライブラリー・ブルティン』(Wilson Library Bulletin)と図書館学に関する論文が掲載される他領域の雑誌があった[8]。

これらを除いた図書館領域の主要な雑誌,すなわち全国規模で図書館を対象分野とした学術雑誌は『アダルト・エデュケーション・アンド・ライブラリー』(Adult Education and the Library),『ブルティン・オブ・ビブリオグラフィー・アンド・ドラマティック・インデックス』(Bulletin of Bibliography and Dramatic Index),『ライブラリー』(Library),『ライブラリー・ジャーナル』(Library Journal),『ライブラリー・レビュー』(Library Review),『ライブラリー・ワールド』(Library World),『ライブラリーズ』(Libraries),『ライブラリアン・アンド・ブック・ワールド』(Librarian and Book World),『パブリック・ライブラリーズ』(Public Libraries),『スペシャル・ライブラリーズ』(Special Libraries),『イヤーズ・ワーク』(Year's Work)の11誌である。

この11誌に欠けている論文中心の学術雑誌を切望する声が高まると,アメリカ図書館協会は図書館学雑誌の創刊を準備するため,アメリカ教育学会など15領域を選びその機関誌の調査に着手した。調査を依頼されたウィリアムソンは,調査対象となったすべての機関誌がニュース記事掲載誌と学術論文掲載誌を明確に区別していると報告している。この時点でアメリカ図書館協会は『アメリカン・ライブラリー・アソシエーション・ブルティン』を拡張するのではなく,高度な論文を掲載するまったく新しいタイプの雑誌の創刊を決定した。新雑誌の創刊のための調査を中心になって行ったウィリアムソンが編集長に選出されたものの,辞退を受け図書館学大学院のハンソンが編集局長に就任した。編集メンバーとしてバトラー,ハウ,ワイヤー,ヴァン・ホーセン,ウェイプルズらが選出された。1929年12月下旬にハンソンは初の編集会議を開催し,席上で新雑誌をシカゴ大学図書館学大学院教授陣の責任編集とすることを決定した。1930年に誌名が『ライブラリー・クォータリー』に決定し,図書館学分野の研究専門学術雑誌が1931年に出版される見通しとなった。

図書館学大学院のメンバーに加え編集顧問としてミシガン大学のビショップ

(W. W. Bishop), 大英博物館のエスデイル (Arundell J. K. Esdaile), プロイセン国立図書館のクルス (Hugo Krüss),『ルビュー・ドゥ・ビブリオテーク』(*Revue de Bibliothèques*) の編集長ルメートル (Henri Lemaitre), アメリカ議会図書館のマイヤー (H. H. B. Meyer), アメリカ図書館協会事務局のマイラムとストローム (Adam Strohm), カリフォルニア大学ライブラリー・スクールのミッチェル (Sydney B. Mitchell), バチカン図書館のティスラン (Monsignor Eugéne Tisserant), ボルチモアのイノック・プラット図書館のホイーラー (Joseph L. Wheeler), ウィリアムソン, イリノイ大学のウィンザー (P. L. Windsor) など, アメリカにとどまらず国際的に専門家の意見を仰ぐことになった ("'*The Library Quarterly*'" 1930, p.600)。

新雑誌を財政面で支援したカーネギー財団は, 同誌が図書館界で一定の学術レベルを保持しライブラリアンシップの向上へと寄与することを期待した[9]。『ライブラリー・クォータリー』は創刊時より, 既存の雑誌との競合を避けることを明らかにしている。特に公共図書館とその関連分野については既存の雑誌にまかせ異なる分野に焦点を当てる方針をとった[10]。

『ライブラリー・クォータリー』には図書館学理論をテーマに掲げる論文が多く掲載された。1931 年 1 月刊行の創刊号に掲載されたウィリアムソン論文「ライブラリー・サービスにおける研究の位置づけ」("The Place of Research in Library Service") もその 1 つである。この論文は 1930 年 6 月にウェスタン・リザーブ大学ライブラリー・スクールで行った講演に基づいており, シカゴ大学図書館学大学院の研究理念をそのまま表現するものではないにせよ, 当時のアメリカ図書館学の方向性を示唆していた。

ウィリアムソンはこの講演の中で図書館学について明確に論じている。まず 10 年間の図書館学の歩みを振り返り, その発展が質よりも量で顕著であったと述べる。そして図書館に対する経済的援助が増加し図書館の現場での成人教育や読書プログラムの実施を中心に実践面での発展はみられるものの, 専門職の地位という側面での進展がみられないと指摘している (Williamson 1931, p.1-3)。

次にウィリアムソンは図書館研究に対しライブラリー・サイエンスという語

を用いることについて検討を加えた。コロンビア大学でライブラリー・スクールが開校した時，M.デューイはスクール・オブ・ライブラリー・サービスと呼称することでライブラリー・サイエンスという語を回避していた。ライブラリー・サービスとはライブラリー・サイエンスに基盤を持つ概念であるべきである。しかしライブラリー・サイエンス自体の定義の曖昧性が問題として残されていた（*Ibid.*, p.5）。

ウィリアムソンは図書館界で長期にわたって経験を重視する傾向が続いてきたと指摘し，ライブラリー・スクールがこの傾向を助長するものだと述べる（*Ibid.*, p.7）。そしてライブラリー・サービスの分野で研究が発展してこなかった理由として，図書館員が科学的手法を教授されてこなかったことに加え，現場の図書館員のなかに自分たちの活動を科学的調査と研究に委ねることへの反感が根強くあると指摘する（*Ibid.*, p.10）。

ウィリアムソンは科学的研究方法の習得と研究への姿勢を養うことが図書館員にとって不可欠であるとし，その重要性が認識され実現されるようになった時点で図書館学が確立すると主張した（*Ibid.*, p.11）。ウィリアムソンが想定する図書館員は図書館業務の特定分野のエキスパートではなく，心理学者，社会学者，統計家，技術者，書誌学者として複数の領域を横断し，これらを融合してライブラリアンシップを高めていく存在であった（*Ibid.*, p.12-13）。ウィリアムソンによる創刊号巻頭論文は，シカゴ大学図書館学大学院およびアメリカ図書館学の将来的方向性を明確に示す内容であったといえよう。

創刊号に掲載された図書館学大学院関係の記事は２本あった。１本はカーネギー財団のケッペルによる「カーネギー財団とシカゴ大学図書館学大学院：歴史的概観」（"The Carnegie Corporation and the GLS : A Historical Outline"）であり，シカゴ大学図書館学大学院の設立を図書館界に向けてアピールしていた。もう１本はウェイプルズの「シカゴ大学図書館学大学院」（"The Graduate Library School at University of Chicago"）であり，これは図書館学大学院の研究状況を公表したものであった。

寄稿者は図書館研究に携わる複数の領域の研究者にわたっていたため『ライブラリー・クォータリー』では毎号執筆者紹介の欄を設けて寄稿者の略歴を載

せた[11]。創刊号に掲載された書評は 19 本とかなり多い。図書館学分野の本格的な学術雑誌として『ライブラリー・クォータリー』は書評欄で意欲的に図書館学と隣接領域の新刊を紹介した。たとえばバトラーによるブリス (Henry Evelyn Bliss) の著書『知識の組織化と科学体系』(*The Organization of Knowledge and the System of the Sciences*) (1929 年) の書評やシカゴ大学教育学部のリーブス (Floyd W. Reeves) によるケント (Raymond A. Kent) 編集の『アメリカの高等教育』(*Higher Education in America*) (1930 年) の書評が掲載された。

創刊号に対してはさまざまな批評があった。そのなかには『ライブラリー・クォータリー』が学術雑誌にふさわしい内容を備えていないとする批判の声も混じっていた。学術論文を中心に構成する編集方針を掲げながら、実際の内容は図書館界の既存の雑誌と変わりがないことへの言及や、雑誌全体の方向性に対する批判もあった。また科学的方法論への過度の傾倒も批判の対象となり、実務に応用可能なテーマに焦点を当てるべきではないかという提案もあった ("Editorial Forum" 1931)。『ライブラリー・クォータリー』はさまざまな批判を受けつつも創刊時のスタイルを踏襲しながら、図書館学専門雑誌として発展を遂げた。

研究体制ならびに研究成果の発表媒体を整備した図書館学大学院は図書館学確立に向けて確実にその歩みを進めていった。そして自らをとりまくシカゴ大学の研究環境から刺激を受け独自の方法論を形成していく。以下、大学院での図書館学構築過程できわめて重要な影響を与えたアメリカ社会学の動向、特にシカゴ学派の研究に焦点を移して考察を進めたい。

アメリカ型社会学と社会調査の発達

アメリカ社会学の前史として、1865 年のアメリカ社会科学協会 (American Social Science Administration) の設立をもってはじまる公共精神の指導、犯罪の防止、貧困対策など社会問題を解決するための社会改良運動の存在を挙げることができる。やがて 19 世紀後半に個別分野の学会が次々と成立するなかで、アメリカ社会科学協会はその役割を終えて 1909 年に解散し、社会学が

その後継を担った[12]。

　社会改良運動から発展を遂げたアメリカ社会学は，その後も社会問題の解決という目的と離れることはなかった。アメリカ社会学は実用主義に根ざし，現実的問題に対処するためのものであった。その顕著な例は，社会的諸問題の実態をとらえ克服の方法を探る試みである社会踏査（social survey）の隆盛にみることができる。社会踏査は初期には労働賃金や住宅事情を対象に行われ，次第に家族関係，社会的態度をめぐる主題へと拡張されていった[13]。1920年代以降，アメリカの社会踏査および社会調査は社会科学の法則との照合結果を分析する領域を形成するようになる。

　初期の社会調査は社会学の研究者ではなく，社会事業団体が実施するものであった。やがて大学での社会調査がはじまり，シカゴ大学社会学科は社会改良家たちが創始した都市の社会調査を受け継いだ（秋元 1989, p.176）。社会調査の隆盛は社会研究における量的研究の増大を意味していた。定量的研究手法の多くはイギリスから取り入れられた。イギリスでは第1次世界大戦以前にすでに標本抽出法（sampling method）が用いられ，アメリカではこれを消費者の動向を探るための市場調査に応用した。そして調査結果を分析するために，測定（measurement）の技術が開発され，これが心理学研究手法に取り入れられ，1930年には心理測定学という領域が形成された。社会学の研究方法論としての記述の洗練化は，社会学の専門性を強化する方向に働いた。

シカゴ大学社会学部

　1920年代のアメリカにはすでに独自のカラーを持つ大学が創設され学問的水準もヨーロッパに比肩するレベルを保持していた。これは19世紀末に高等教育の抜本的な改革が行われたためである。1876年に設立されたドイツ型の大学院大学ジョンズ・ホプキンス大学はアメリカの大学史を大きく塗り替えた。また同校の設立が刺激となってハーバード大学，ミシガン大学，コロンビア大学が改革に乗り出した。これら高等教育機関改革の中で創設されたのがシカゴ大学である。

　シカゴ大学社会学部は1893年のシカゴ大学開学と同時に発足している。シ

カゴ大学図書館学大学院が創設された1920年代のシカゴ大学で最も隆盛を誇っていたのがこの社会学部であり，アメリカ社会学の中心的存在であった。シカゴ大学社会学部は現実に対する強い問題意識と，テーマを分析するための経験的アプローチによって特徴づけられ，都市化，人種，文化葛藤，同化といった社会問題を実証主義的な研究姿勢と質的方法を重視する方法によって解明していった点が特に評価されている[14]。初代学部長のスモール（Albion W. Small）は社会学の理論研究を重視しながらも，机上で構築される研究以上に社会問題に即した調査研究を奨励した。「社会学は哲学よりむしろ現実の一般生活の要求を充たすためのものである」というのがスモールの考え方であったからである（宝月＆中野 1997, p.20）。

実際にシカゴという大都市は，フィールドワークのためのさまざまな材料を提供する場でもあった。シカゴを研究対象とすることは，当時のアメリカ社会を研究することと同義であった[15]。シカゴ大学社会学部では人種，民族，家族，職業，宗教を対象にしてシカゴ地区での都市社会学に取り組み，都市生態学，社会病理学などを専門とする同学部の社会学者たちは，シカゴ学派と呼称されるようになる。シカゴ学派がその黄金時代を迎えるのはパーク（Robert E. Park），バージェス（Ernest W. Burgess），フェアリス（Ellsworth Faris），オグバーン（William F. Ogburn）らを代表とする経験的社会学を開花させた第二世代である。この世代は研究者がテーマとして選んだ社会集団の生活に入り込みそれらを内側から観察する参与観察法や，個人の詳細な生活記録からパーソナリティを社会学的に考察する生活史法を中心とした多彩な実証研究を行い，都市社会学とエスノグラフィーの領域で成果をあげている。

都市社会学の創始者ともいうべきパークは1910年から1930年にかけてシカゴ市を研究対象として積極的に調査を行った。パークが目指したのは，大都市内部の地域社会の諸現象を生物的社会的観点からとらえる生態学的方法の確立である。もう1人の代表的な都市社会学者はバージェスである。バージェスもまた生態学的方法を用いて都市発展に関する「都市同心円地帯理論」を導いた[16]。パーク，バージェスは近代都市の複雑な社会関係を人間生態学という新しい視点で分析することに成功した。社会学研究における社会調査の先駆者で

ある彼らはシカゴ大学社会学部最盛期のリーダーであり，それ以後の社会学者や隣接領域の研究者に多大な影響をおよぼすことになる。

この影響は図書館学にも当然のことながらおよび，河井はパークの社会観と個人観すなわち――個人は所属する社会集団によってある部分が規定されるという前提――のなかに，ウェイプルズらの読書調査の立脚点となった社会集団論の起源を見ることができると述べている（河井 1980a, p.91-92）。そしてさらにバージェスの都市理論は主として構造的生態学の発想の面で，ウェイプルズ，カーノフスキーらの都市の読書実態調査やジョッケルらのシカゴ公共図書館の総合調査に影響をおよぼしていると分析している（Ibid., p.92）。

都市社会学はその後コミュニティ研究へと移行し，社会実験室としての都市シカゴを研究対象としてさまざまなコミュニティ調査が行われるようになった。シカゴ学派によるコミュニティ調査の代表例として，トマス（William Issac Thomas）とズエニエッキ（Florian W. Znaniecki）による1918年のポーランド移民調査が挙げられる。そこで採用された方法とは生活史記述のための素材として，手記，書簡，日記など個人的記録を収集し，これらのデータを基に社会学的分析を進めるものであった。

事例研究法とともに参与観察法もシカゴ学派の主要な研究手法であった。観察者が非観察者の社会に参加し，非観察者の含まれる社会内部からその生活を記録し分析する参与観察の代表的研究は，アンダーソン（Nels Anderson）の『ホーボー：ホームレスの人たちの社会学』（The Hobo : The Sociology of the Homeless Man）（1923年），リンドら（Robert S. Lynd and Helen M. Lynd）の『ミドルタウン：現代アメリカ文化の研究』（Middletown : A Study in Contemporary American Culture）（1929年）がある。いずれも観察者は非観察者の社会に入り生活状況を詳細に分析している。アンダーソンらの参与観察は非統制的参与観察（non controlled participant observation）方式で行われ，特定のコミュニティの現実を浮かび上がらせることに成功した。

1920年代初期にシカゴ大学社会学部で行われていた多彩な研究をあえてまとめるとすれば，次のような点でその特色をとらえることができるであろう。第1に社会学研究における客観性の強調である。これはシカゴ大学社会学部初

代学部長スモールの社会学に対する基本的な考え方であり，ヒューマニスティックな態度を社会学から取り除こうとする厳しい姿勢を持っていたパークによってさらに強化された。シカゴ学派の研究テーマに対するアプローチは経験的調査によって特徴づけることができ，シカゴ学派のメンバーは自分たちの経験主義を仮説の重視，科学手続きに則った調査データの分析方法などの点で，それ以前の研究と明確に区別することを望んだ。

シカゴ学派のメンバーは，ロンドンの労働者階級の生活状況を調査したブース（Charles Booth）のロンドン調査（1892年）やピッツバーグの社会問題を分析したケロッグ（Paul U. Kellogg）のピッツバーグ調査（1914年）などに代表される社会踏査をその客観性の欠如によって批判し，彼らはこれらに代わる科学的手続きに基づく社会調査を行うことを主張した（宇賀1990, p.170）。シカゴ学派の解釈によれば，社会調査は一定の社会集団の社会事象を対象として，対象および対象とかかわる諸事象をフィールドワークにより分析し総合化するプロセスを通じて社会的な解明を目指すものである。シカゴ学派は社会調査の前段階での仮説設定と調査後の検証を重視するとともに，生データを収集することの重要性を強調し，あらかじめ存在するデータを分析，整理したものは社会調査と呼ぶことはできないとした。

2番目は参与観察や生活史法といった研究方法にあらわれる質的データ分析（qualitative data analysis）である。都市問題をはじめとするさまざまな社会問題を対象に行われた経験調査では，参与観察を通じて得られた観察データ，手紙や日記といった個人資料などのデータを用いて定性分析（qualitative analysis）が行われた。シカゴ学派の特徴ともいえるこの質的分析方法はシカゴ・アプローチと呼ばれるようになった。

しかしこのシカゴ・アプローチもその後徐々に変化していくことになる。この変化のきっかけとなったのは，1927年にシカゴ大学社会学部に統計的手法を専門とする社会学者のオグバーンが迎えられたことであった。オグバーンの出身校であるコロンビア大学社会学部は，シカゴ大学社会学部に拮抗するかたちで統計的方法を中心とする社会学を展開させていた。同学部の指導的存在にあったギディングス（Franklin Henry Giddings）は実証主義の立場で統計

学を重視し，統計的方法を用いた社会調査を率先して実行し，政策科学としての社会学を発展させており，オグバーンもこうしたコロンビア学派の思想を受け継いだ1人であった。オグバーンはシカゴ大学でも，統計を重視した講義や研究を積極的に進めたが，シカゴ大学では統計的方法を社会学のアプローチの柱とする考え方に対する理解が得られず，オグバーンの赴任は同学部での「統計手法対事例研究法」をめぐる一大論争のきっかけとなる。事例研究派（反統計派）の代表者はパークであった。パークは統計学の受容が高まる状況にあって，あくまでも統計手法は二次的なものであると主張し続けたものの，統計に対する批判的な態度は逆に1920年代からの社会調査に関する量的概念の重要性をきわだたせる結果となった（鈴木 1987, p.13）。

　こうした流れからも明らかであるように，シカゴ大学図書館学大学院が設立された1920年代後半には，シカゴ学派は実証的かつ経験主義的手法をすでに存分に開花させ，この学派の弱点ともいわれていた数量化研究の欠落を補正すべく新たに量的概念を重視したアプローチに転じようとしていた。この時期シカゴ大学全体に見られた社会科学の総合化をめざす動向は，政策決定に社会科学の知識を導入しようとしていた政府の要請とも合致していた。これ以後，シカゴ大学で社会学，心理学，政治学，人類学などによる研究者の共同研究が多く実施されるようになったことは，図書館学大学院の研究環境を考えていく上でも重要な転機として留意する必要がある（矢沢 1984, p.199）。

図書館学大学院と他学部の交流関係

　図書館学大学院は創設当初からシカゴ大学他学部との交流という課題を意識していた。1928年に出された図書館学大学院の公式の要綱には，すでに関連学部での研究を意図した以下のような記述がある。

> 図書館学大学院の学生はシカゴ大学他学部の研究に参加することができる。図書館学と関係がありながら大学院では開講されていない多くの学問領域について，大学院所属の学生はシカゴ大学他学部との交流によって研究を進めることになる（"The Graduate Library School 1928-29" 1928, p.13）。

当初は社会学，教育学，政治学などの研究方法が図書館学研究に関して援用

すべき重要な分野として選ばれたものの，研究の上での結びつきは開校初期から少しずつ変化していった。まず初代学部長のワークスは社会科学系統の研究を図書館学へ取り込むことを意識しながら教授陣の人事を進めた。ウェイプルズが学部長代行を務めた時期には，自らが教育学の領域から図書館学大学院に加わったという経緯もあって，他の分野の研究方法を率先して図書館学に応用するとともに，図書館学研究法の講義のなかで社会科学の研究手法の重要性について言及している。この時期の他学部との交流関係に関しては，1930年に発表された「研究活動記録：図書館学大学院」に詳しい。この資料によれば，歴史学部，社会学部，心理学部，教育学部との間で「学部間共同研究」(Inter-Departmental Research) が行われている。その成果はサーストン (Louis L. Thurston) の「読書効果に関する心理学的研究」，リーブス (Floyd W. Reeves) の「カレッジ図書館の経営とカレッジ経営の研究」，オグバーンの「図書館の社会的影響と社会変化の研究」，トンプソンの図書館史研究，バトラーの「ライブラリアンシップに関係する学問史の研究」，グレイ (William Scott Gray) の「公共図書館経営と成人読書に関する調査研究」に結実した (Waples 1930, p.2)。

ここで挙げられた研究者のなかでも，特にグレイはその後に図書館学大学院で多く行われることになるコミュニティの読書興味に関する研究を先駆けて行っており影響力が強い。またウェイプルズの指導したミラー (Robert A. Miller) の博士論文『読書特性と社会的指標の関連』(*The Relation of Reading Characteristics to Social Indexes*) は社会学部のバージェスとの共同研究の成果であり，『アメリカン・ジャーナル・オブ・ソシオロジー』(*American Journal of Sociology*) に発表された (Karetzky 1982, p.147)。

ウィルソンは開校当時から行われてきた他学部との交流を引き続き積極的に奨励し図書館学大学院に定着させた。たとえば印刷史や図書館史を研究する場合は歴史学を，読書興味に関する研究であれば心理学を，あるいは分類の研究に関しては特定主題を並行して学ぶといったように，研究テーマごとに特定分野の方法論を援用していくことが推奨された。例として挙げられたのは，シカゴ大学教育学部のグレイによる「読み易さ」(readability) の研究，心理学の

サーストンの「映画を使った児童の態度の発達」の研究などであった（Wilson 1934b, p.742）。また研究手法としては統計学を重視し，統計学が用いられる教育学，社会学，経済学，心理学，商学，数学などの学部の講義と演習を薦めている（Ibid., p.743）。こうして初期の学生は他学部の講義を聴講し，社会学の方法をはじめとする他の分野の研究手法を吸収したのである（河井 1980a, p.91）。

　図書館学大学院と他学部の交流は主に図書館学大学院が研究方法や研究を薦める上でのアプローチを他領域から援用するという形式が多かったものの，シカゴ大学他学部から図書館学大学院への評価も若干みられる。たとえばウェイプルズの著書『人々と印刷物：大恐慌期の読書の社会的側面』（*People and Print : Social Aspects of Reading in the Depression*）が出版されたとき，図書館界のみならずパークやリンドといったシカゴ大学社会学部の人々の書評に取り上げられた（Karetzky 1982, p.147）。パークは同書を『ジャーナル・オブ・ハイアー・エデュケーション』（*Journal of Higher Education*）の書評欄で「興味深いが，焦点がぼやけている」（interesting but obscure）と評した。パークは，社会学者には関係し合う個人からなる実在として社会を把握するタイプと，統計的，管理的単位として人間関係をとらえるタイプがあるが，ウェイプルズは後者であると指摘し，同書の内容は実質的には43の統計表であって，これらに現れた事実一つ一つは興味深いとはいえその解釈が曖昧であると批評している（Ibid., p.113）[17]。

　シカゴ大学はミシガン大学，イリノイ大学などと比べれば比較的規模も小さく，学部の枠を超えた共同研究は活発に行われておりそうした枠組みのなかに図書館学大学院もおかれた。ただし図書館学大学院の場合，扱うテーマの特殊性とも関係し，共同研究と呼ぶよりはむしろシカゴ大学で展開されていた最先端の研究と接することでそれを図書館研究の刺激にしていたとみるべきだろう。さらに他学部からの情報の吸収は大部分がウェイプルズを通じてなされた。ウェイプルズは研究上の知見や方法を図書館員からよりも，大学の同僚を通じて得ることが多かった。たとえば，政治学者のラスウェル（Harold Dwight Lasswell），ラザースフェルド（Paul Felix Lazarsfeld）といったマス・コミュニケーションの領域で活躍する研究者や，人類学者のレッドフィールド

(Robert Redfield)などとウェイプルズは個人的な親交があった(*Ibid.*, p.146-147)。

図書館学大学院における図書館研究の手法と成果

シカゴ大学図書館学大学院で最初の教授陣が組織されたとき,その焦点はライブラリアンシップ以外の分野からの教員の招聘に当てられた。それに加え図書館学大学院がシカゴ大学でライブリー・スクール以外の学部との交流を積極的に進め,社会学の研究手法がうまく図書館学に導入されたことにより,図書館学大学院は読書研究を中心とした数々のテーマを実証的手法で解明することに成功する。図書館学大学院はシカゴ大学社会学科の社会学における科学の概念を図書館学のアプローチのなかに取り込み,新しい図書館学を誕生させたのだった。1930年代にシカゴで行われた図書館学を大学院のメンバーたちはそれまでこの分野で使われてきたライブラリアンシップという広義の用語を却下して,ライブラリー・サイエンス(図書館学)と呼んだ(Richardson 1982, p.121)[18]。

図書館学大学院では多彩なメンバーが成人教育,成人読書,分類・目録,図書および印刷史,図書館運営論,図書館学教育などライブラリアンシップの関連領域をさまざまな方法論を用いて研究していた。創設時の教授陣の研究分野についてはすでに論じた通りである。図書館学大学院に新しい研究手法を持ち込んだ中心人物は,シカゴ大学教育学部から招聘されたウェイプルズであった。

ウェイプルズは読書科学とライブラリアンシップを社会科学の一領域としてとらえ,教育学や社会科学の概念や方法論を読書研究や図書館研究へ応用した。具体的には図書館利用サービスや利用者の読書傾向には社会科学の方法論を,また読書効果については心理学的手法を援用した(Karetzky 1982, p.51)。図書館学大学院での読書研究のテーマの基本的柱としてウェイプルズは次の3項目を挙げている(*Ibid.*, p.52)。

(1) どのような種類の読み物が存在しているか。

(2) どのような読み物をどのような読者集団が読むのか。

(3) 読書にはいかなる効果があるのか。

ウェイプルズが試みたのは，資料と読者の全タイプの抽出と資料を提供する機関についての総合的な分析であり，基本的にはシカゴ大学教育学部のグレイがすでに確立していた研究方法を踏襲したものである。グレイは読者の性別，職業別グループが持つ読書の特徴を読書量，読書内容，読書方法，読書の動機などの諸観点から調査し分析を行っていた。グレイの研究は「読書興味や読書行動は，読者の所属する社会集団によって強く影響され，同一集団に属する読者の読書傾向には，ある程度の共通性があることを明らかに」するものである（河井 1987, p.266）。ウェイプルズはこうした先駆的研究を基盤とした上で，従来の研究では不十分である部分について補完すべく，読書研究を図書館学へと本格的に導入し，図書館学固有の研究領域として確立させることになる。

　1934年にウィルソンが発表した図書館学大学院の研究成果報告書から，ウェイプルズの当時行っていた読書研究の概要を知ることができる。たとえばニューヨーク市を対象とした読書調査では，図書館の貸出記録を用いてコミュニティの読書人口の性別，職業別割合を明らかにし，集団間の読書量を概算して各集団のノン・フィクションのテーマ別読書量や，頻繁に読まれるフィクションの著者を集団別に明らかにした。そしてこの結果をステイト・アジャストメント・サービスが公共図書館，書店，貸本屋，ニュース・スタンドを対象に行った同様の調査と照合した（Wilson 1934a, p.338）。

　ウェイプルズは図書館利用者の読書傾向に関する調査にとどまらず，地域コミュニティを対象とする読書研究にも取り組んでいる。たとえば1933年から1934年にかけてシカゴ南地区の6,600人の住民を対象に読書傾向を探るために，公共図書館での読書と他の手段を用いた読書とを比較した。この調査では読み物の流通にかかわる諸機関のなかでの公共図書館の位置づけが明らかにされた（*Ibid.*, p.338）。

　ウェイプルズは社会集団の読書興味をさまざまな形で調査し，各社会集団は特定の読書興味を持つことを明確にした。シカゴ大学教育学部のグレイを中心に行われてきた従来の読書研究は，集団間の読書行動パタンの違いは明らかにしていたものの，読書興味まで掘り下げた研究はなされず，読書行動は読書興味を直接反映したものであるとの前提があった。しかしウェイプルズは読書調

査を通じて読書興味と読書行動の間にあるギャップを導き出した。そして図書館での図書選択や図書館サービスのあり方が，読書興味と読書行動との乖離の原因の一部となっていることを指摘した（河井 1987, p.282）。ウェイプルズの研究は「人々が潜在的に読みたいと思っている主題に探りを入れて，これに合致した図書を収集提供することこそ，図書選択の第1の課題であること」を明らかにしたのである（河井 1980b, p.115）。

またウェイプルズは大恐慌と図書館利用の関係性を解明するために調査を実施し，これを『人々と出版：不況時の読書の社会的側面』にまとめた。この調査では大恐慌を理由に図書費の大幅な削減があったにもかかわらず，図書館利用者が著しく増加した事実を明らかにした。ウェイプルズの読書研究は，従来その対象を図書館内部に限定してきた読書調査をコミュニティ全体に広げ，読書の社会的動向を追究するところに特徴があり，読書研究を媒介として図書館学と社会学の接点を広げた点に功績が認められる。

ウェイプルズの研究の生産性は，図書館学大学院のなかでも群を抜いて高かった。ウェイプルズの読書研究を受け継いだカーノフスキーの博士論文『読書興味の満足度要因に着目した典型的な学生グループの読書ニーズ』（*The Reading Needs of Typical Students, with Special Attention to Factors Contributing to the Satisfactions of Reading Interests*）は，読書研究の領域に精緻な数学的手法を適用している（Haygood 1968, p.424）。ウェイプルズは統計的手法による調査分析を重視し，1931年に刊行されたタイラー（Ralph Tyler）との共著『人々が読みたいと思うもの』（*What People Want to Read About*）では，統計分析やチェック・リストを使用した社会科学の手法が多用されている（Karetzky 1982, p.93-95）。図書館学大学院は，アンケート調査や問題解決のための分析や統計処理に関して他のライブラリー・スクールの先進的立場にあった（Richardson 1982, p.124）。分析の中心となるデータを抽出して検討を加えるなかから特定の結果を導く統計調査中心の研究手法は，この時期から読書研究で主流となった。

こうした手法のうちアンケート調査および質問票法（questionnaire method）に関しては批判もあった。あらかじめ質問文と回答文によって組み

立てられた調査項目にしたがって被調査者からデータを収集する質問票法は，整った形式の回答を一度に得ることができ大量データの統計的処理に適していたため，1920年代から1930年代には質問票法から得られたデータに基づく研究が増加していた。しかし質問回答のパタンは固定的なもので，被調査者からより詳細なデータを得ることはできない点が問題として指摘されるようになった。

　図書館学大学院ではコミュニケーション手段としての読書の位置づけを検証した研究や，社会変動と出版動向の関係性を追究する読書の社会学的研究も行われていた。しかし統計的手法による定量的アプローチに比べると研究数は少なかった（Karetzky 1982, p.154-155）。ウェイプルズをリーダーとする読書研究を中心とした新しい図書館学の流れは，この時期の図書館学界で圧倒的な優勢を誇り，ウェイプルズら図書館学大学院の研究者たちはマッコルヴィン（Lionel Roy McColvin）が（図書館学）シカゴ学派と呼ぶような図書館界で最も影響力の強い研究集団となった（河井 1987, p.253）。

第3節　シカゴ大学図書館学大学院における研究の概念

　シカゴ大学図書館学大学院が設立された当初，図書館学はまだ確固たる体系を持っていなかった。そのため図書館学大学院はサイエンスとしての理論基盤の形成と，その上に積み上げるべき個別研究とを平行して進める形で研究をスタートさせている。また図書館学大学院において研究の概念そのものが繰り返し問われ，図書館学理念の確立に向けた試みが繰り返された。本節ではまずはじめに図書館学論争として図書館学専門雑誌の誌上にあらわれた図書館学研究の概念をめぐる議論を考察する。次に図書館学大学院内部に存在していた図書館研究に関する社会科学派，人文科学派の2つの視座を取り上げる。そして初期の図書館学大学院での研究の概念について総括し，最後に図書館学大学院の図書館学研究を批判的視点からとらえ直しそこから図書館研究の持つ課題を抽出したい。

図書館学論争

　アメリカ最初の図書館学専門大学院として図書館研究の開拓者となったシカゴ大学図書館学大学院には，図書館学の認識と解釈をめぐる問題が対外的にも内部的にも存在していた。まず初期の研究体制がアメリカ図書館協会の事務局によって批判されたことはすでに述べた通りである。初代ディーンのワークスは，図書館学大学院が基礎的研究に力を注ぎ，図書館学の科学的基盤を確立することをスクールの最大の目的に掲げていた。しかしアメリカ図書館協会が図書館学大学院に対して望んだのは科学的企図ではなく，図書館の実務に直接貢献しうる実質的な成果であった。専門教育に則したカリキュラムと図書館学の研究プログラムとの対立は開校直後にあらわれた（Houser 1978, p.45-47）。シカゴ大学図書館学大学院に対する批判は，アメリカ図書館協会だけからでなく図書館の現場からも上がった。「図書館学は科学たりうるか」という問題をめぐって争われた図書館学論争はその代表的なものであった。この論争には研究と実践において拮抗する諸要素が端的に現れている。

　1931年6月アメリカ図書館学会（American Library Institute）でペンシルヴァニア大学の図書館員トンプソン（C. Seymour Thompson）が行った講演「我々はライブラリー・サイエンスを望むか？」（"Do We Want a Library Science?"）によって，図書館学大学院と図書館界の論争の口火が切られた。トンプソンはコロンビア大学がその名称をスクール・ライブラリー・サービスとし，サイエンスという言葉を用いなかったことを指摘し，ライブラリアンシップの科学はいまだに存在しないと述べた。図書館界ではさまざまな知識やテクニックや評価の体系が蓄積されてきたものの，多くは実践経験に依拠するもので，方法論として定式化されえないこと，したがって図書館学はサイエンスになるための基盤を持つとしても，図書館管理や図書館サービスをサイエンスと称することはできない（Thompson 1931, p.582）。そしてウェイプルズが『ライブラリー・クォータリー』創刊号でライブラリアンシップを社会的企図と規定したことについて，すべての営為は社会的企図であり，図書館は狭義の教育的企図としてとらえられるべきであるとした。図書館学は「良書についての知識の伝播とそれらへのアクセス方法の拡張」であり，図書についての

知識こそが図書館員にとって最も重要であるというのがトンプソンの主張の主旨であった（*Ibid.*, p.582）。

　トンプソンは図書館員がビジネスを主体とした社会進展に影響を受け，図書そのものの価値を忘却してビジネスにおける効率性との類似性を図書館の場に持ち込んでいると指摘した。図書館専門職に必要なのは図書館精神（bibliothecal spirit）の復活であるとトンプソンは述べ，図書を中心とする図書館学を提唱した（*Ibid.*, p.583）。ライブラリアンシップがサイエンスか否かを問う以前に，ライブラリアンシップの質の向上と充実を図るべきであるというのがトンプソンの立場であった。

　さらにトンプソンはウィリアムソンが図書館で読書アドバイザーが利用者の適性検査を行い，各個人にふさわしい読書プログラムが提供される時代を予期している点にも異議を唱えた。利用者は心理分析や科学的検査の対象物ではない（*Ibid.*, p.585-586）。

　トンプソンはライブラリアンシップに科学的研究方法が持ちこまれることによって，専門職のまなざしが図書に関する知識以外の場に向けられてしまうことを危惧していた（*Ibid.*, p.586）。そして科学的要素を持ちつつ総体的には専門技術として存在する領域に図書館学を位置づけ，サイエンスが研究室でのみ行われる心理社会学的企図として存在するならば，ライブラリー・サイエンスは必要ではないと結論づけた（*Ibid.*, p.587）。

　トンプソンはライブラリー・サイエンスを批判しただけでなく，将来的に発展が見込まれていた実証的方法論に基づく図書館学研究に対しても懐疑を投げかけ，経験主義からの脱却をめざす図書館学大学院とは完全に対立する立場を明らかにした。トンプソンは必ずしも科学を否定したのではない。しかし図書館学が科学として確立するまでの道程は遠く，その差を埋めていくための労力を従来のライブラリアンシップの方法の充実に振り向けるべきだと考えていた。特に図書館実務の持つ経験的要素は，科学的方法論とは合致しえないものであった。

　トンプソンの批判に対して，ウェイプルズが図書館学大学院を代表して『ライブラリー・ジャーナル』誌上でこれに応えた。そこでは図書館学に対する社

会科学的アプローチの正当性に言及するとともに，トンプソンの科学に対する個人的嫌悪が図書館学大学院に向けられている姿勢を問題にした。特にトンプソンから集中的な批判を受けた読書研究について，自らの研究の立場を次のように表明している。

図書館員は個々の読者に対し，そのニーズが文化的，娯楽的，宗教的要求のいかなる理由によるものであれ適正な図書を提供してきた。しかし印刷物の急激な増加により良書の選択は困難なものとなっている。読書研究は選書時に発生する問題解決に寄与するものである。トンプソンの提唱する図書館精神とは図書についての物理的形態と内容の概略を把握するレベルにとどまっている。良書とは何であるかを知るためには，特定の図書がいかなる目的をもって読まれるのかという問題を明らかにしなければならない。つまり読書目的は，読書要求に影響を与える性別，年齢，職業などの諸条件の観点から分析されるべきである。書誌学研究者が資料を熟知するように，図書館員は読書要求を適切に理解するために，読書行動にかかわる社会集団を把握する社会科学研究者であるべきである。また実践への応用への見通しが立たなくとも理論レベルでの貢献によって研究は正当化されうる（Waples 1931a, p.745-746）。

ウェイプルズは図書館界では研究者と実践に携わる専門職の両方が必要であると述べ，図書館学大学院が両タイプの人材を育成する機関として構想されたと論じる（Ibid., p.745-746）。

こうした論争に対してベイは「真摯な意見はすべて傾聴に値する」（"Every Serious Voice Deserves a Hearing"）と題して，この問題を総括し解決を試みた。ベイは図書館の機能が明確に説明づけられることなく，目的を限定して実践を優先してきたと述べる。そして図書館学とは印刷物と記録物の同定，組織化，利用に関する総合的研究を行う領域であり，そこには哲学，歴史，教育学，社会学，言語学の手法が含まれているとした（Bay 1931, p.748）。

またライブラリー・サイエンス，ライブラリー・サービスの科学，書誌学など微妙にニュアンスの異なる用語が存在してきたことについて，ベイは用語の違いはあってもこれらの目指すところが最終的に社会的，教育的要求に基づい

て図書を認識し組織化することであって、そのためには科学的思考法と方法論が必要であると主張した。すなわち科学的方法の図書館学への適用は、ライブラリー・サイエンスの根幹的な目的である啓蒙へと接合される（Ibid., p.749）。

ベイは科学的方法論を支持する立場にあったものの、科学的アプローチが直ちに図書館学に援用可能であるとは考えておらず、図書館学を科学、非科学の二元論に還元してしまうことに疑問を投げかけた。そして実験に基づくライブラリー・サイエンスの成果を認めながらも図書館学に対する方法論への幅広いとらえ方を採用すべきだと結論づけた（Ibid., p.750）。

ウェイプルズの提示する、実証的方法論を用いた科学的研究のみを図書館学と呼ぶべきなのかは議論を必要とする。一方、図書館専門職を技術（art）としてとらえ、図書および図書館に対する精神性を強調するトンプソンの説明からは感情が先行する印象を受ける。両者の立場は平行線をたどり、特に実りある結果を産み出さないまま議論は終わり、逆に図書館学論争はシカゴ大学図書館学大学院と図書館界に存在していた研究に対する認識の相違を明るみに出した事件となった[19]。

図書館研究の2つの視座

設立の際に複数の領域から教員が招聘されたシカゴ大学図書館学大学院では、各研究者は異なる研究アプローチと研究理念を持っていた。その立場は社会科学派と人文学派に二分することができる。社会科学派の研究者の代表的な人物はシカゴ大学教育学部から図書館学大学院に招聘されたウェイプルズであり、人文学派の代表は神学と歴史学を修めニューベリー図書館での実務経験を持つバトラーである。二派の存在は、図書館学大学院での研究方法論についての2つの異なる視座を示している。

リチャードソンは二者の立場を次のように分析している。ウェイプルズは還元主義的立場のみがライブラリアンシップの問題を解明していくことができるとし、定量的なアプローチの有効性を確信している。一方のバトラーはライブラリアンシップにかかわる問題解決へのアプローチは、人文学的なとらえ方と科学的思考法とのバランス関係のもとで成立するという立場を取る（Richardson

1992, p.91-92)。シェラもまたウェイプルズとバトラーの図書館学に対する立場の相違を指摘し，図書館学大学院にはこの2つの志向が混じり合わないままにあって，決して融合されることはなかったと論じている（Shera 1972, p.408）。こうして2つの学派は図書館学大学院という1つの研究集団のなかに併存していくことになる。

シカゴ大学社会学部の研究手法の研究手法に影響を受けた図書館学大学院は，データ処理を中心とする実証的方法論を図書館学に援用し，シカゴモデルともいうべき新しい研究方法を構築することに成功した。確かに図書館学のある部分は数量的測定法や計算法になじみ，図書館に関するあらゆる問題を細かい要素に解体し，そこから一定の法則や理論を導くことが可能である。図書館学ではM.デューイ以後，実践的，直感的，経験的アプローチに頼る時期が長く続いており，これを打破すること，つまり科学的手法の確立が図書館学を創造することと同義であると思われていたため，図書館学大学院で行われたこれらの研究方法はすぐさま図書館学研究において主流になっていった（Harris 1986a, 〈訳〉p.20-21）。

ウェイプルズを中心に行われた読書研究は図書館学大学院での図書館学の代表的存在であった。しかしながら大学院では他にも多彩な研究が展開されていた。たとえば図書館史研究について川崎は，「シカゴ学派の場合……図書館を社会的な存在として把握し，その起源と発展を社会的脈絡との関連で解明していくという意味での図書館史研究を重視したのである」と述べ，その成果を評価している（川崎 1991, p.230）。図書館と社会の関係を射程に入れた図書館史研究は，アメリカ図書館史の代表的研究となったシェラの『パブリックライブラリーの成立』を生み出す基盤ともなった。

1932年にウィルソンがディーンに就任してから図書館学大学院は図書館研究の「黄金時代」を迎えた（Haygood 1968, p.424）。ウィルソンは1934年の『ライブラリー・ジャーナル』誌上で進行中の研究プロジェクトを明らかにしている。同年に計画されていた人文学系の研究のなかには，1900年から1915年に出版された学術資料を，同時代の学問史と重ね合わせて討究を試みるバトラーの「学術資料の歴史」があった。これは学術図書館でのレファレンス・ワー

クや図書選択にとって基盤となるべき研究であった。同じくバトラーによって「欧州での印刷の起源」の研究が行われた。これは印刷術発明と図書の歴史について，イギリスやヨーロッパの印刷史の研究の成果を取り入れながら進められた。ランドールによる「イスラム図書館史」や「分類原理と主題目録」，トンプソンによる「古代ローマ，中世，ルネサンス時代の図書館史」，ハンソンによる「目録規則の国際比較の研究」といったテーマが計画されていた。ウィルソン自身も，図書館あるいは図書，雑誌，新聞といった媒体物がコミュニティに与える影響について研究を進めていた。その研究は図書館の発展を促進しあるいは遅延させる要因をコミュニティの社会的，経済的背景に求め図書館の社会的位置づけを解明しようとするものだった（Wilson 1934a, p.337-341)[20]。

以上のような成果からも明らかであるように，図書館学における人文科学的研究が本格的に行われたのもやはりシカゴ大学図書館学大学院が初めてであり，書誌学，図書館史，古文書学，博物館学などの研究は，創設当初から行われていた。しかしながら図書館学大学院を資金面で支えるカーネギー財団の関心は主として社会科学系の研究にあったため，研究支援の際それがはっきりとあらわれた。すなわちこの時期，財団から図書館学大学院に与えられた補助金のうち人文科学系の研究に使われた額は全体の10パーセントにとどまった。バトラーやトンプソンが財団に提出した印刷に関する研究や中世図書館の研究は財団から支援が受けられなかった（Richardson 1982, p.124)。社会科学系の研究と人文科学系の研究に対する援助の差は，その当時，研究に関して実用性が重んじられる傾向が顕著であったことを示しており，シカゴ大学の図書館学研究に対しても実用に耐える学問が要求されていた。そういった意味でウェイプルズが図書館学大学院を代表する研究者としてみなされていたのは自然なことであった。

社会科学的研究と人文科学的研究は，図書館学が本質的に実践的な側面と理念的な側面を合わせ持つものであったことを示す形で，図書館学大学院の内部に併存していた。この二派に関してシェラは「1930年代の図書館学大学院ではウィルソン以下の教員が社会科学的研究と人文科学的研究を統合するような学説を作り上げようと努力していたが，そうした努力にもかかわらず両者の真

の統合はなしえなかった。もしウェイプルズとバトラーが同じ認識基盤に到達していたら，シカゴでのライブラリアンシップの教育や図書館学研究に対する貢献度はもっと高くなっていたであろう」と述べて，大学院内部で人文学派と社会科学派の見地に差異があったことを描写している (Shera 1972, p.408)。

しかし見解の相違はあったにせよ，初期の段階でこの両者の間に学問上の論争がおきた形跡はみられない。その理由として，もともと大学院設立の際，複数の領域から教員が集められたことから明らかであるように，異なる諸相を持つ図書館学の個別のテーマを個別に解決していくことが大学院で最初に掲げられた目標であったこと，また内部の論争が起こる以前に外部の批評に立ち向かわねばならない立場におかれていたことなどが考えられる。外部からシカゴ大学図書館学大学院に向けられた批判と中傷と常に対峙する状態にあっては社会科学の研究者も人文科学の研究者も「見解の相違」を口にする余裕はなかったといえよう。つまり創設期の教授陣は一丸となって大学院を防衛する側にまわり，「図書館の科学的研究」という研究精神に関する共通目標が彼らを堅固に結びつけていたのである。

シカゴ大学図書館学大学院における研究の概念

シカゴ大学社会学部創設当初，社会学は社会改良主義運動や社会事業的活動と重なる部分を持つものであり，これに対しシカゴ大学社会学部初代学部長のスモールは，社会学での客観性と実証性を強調した。スモールが描いた科学としての社会学を実質的に確立したのはパークである。パークはそれまで社会学が主に実践活動のもとにおかれていた事実への批判に立って，社会学を科学としてとらえ実践活動とは切り離そうとした (秋元 1989, p.118)。パーク自身，長い間黒人教化事業に携わっており，社会改良主義そのものを否定する立場にはなかった。しかし「逆に現実社会にあって深く活動に身をおいてきたパークであったからこそ，それだけ科学と実践との安易な交わりに危機感をもった」のである (Ibid., p.117)。

科学としての社会学を確立するためにパークはシカゴ大学社会学部にあって社会学理論の構築に力を傾け，その試みは 1921 年に出版された『社会学序説』

(*Introduction to the Science of Sociology*) に結実する[21]。同書はシカゴ大学社会学部だけでなく，当時のアメリカの社会学界に強い影響をおよぼした。しかし社会学の実際面での研究方法については，第1章の「社会学と社会科学」でわずか16ページがさかれただけであった。「序章」と題されているものの，この書物は研究方法よりも社会学の底流にある理論的意義に焦点を当てていた (Bulmer 1984, p.95)。パークは『社会学序説』のなかで「社会原理を社会の実践の場に応用するためには，社会問題に関する徹底した研究と体系的な社会研究と経験的な社会科学が必要である」と述べている (Park 1969, p.57)。ここで「社会」という語を「図書館」という語に置き換えることによってシカゴ大学図書館学大学院の研究目標を表現することが可能である。

シカゴ大学社会学部でパークが果たした役割，すなわち研究の概念に着目し図書館学の理論を組み立てようとする試みを図書館学大学院で果たしたのはバトラーである。バトラーは社会的，心理学的，歴史的な視座のもとで図書館学思想の構築に着手し，その成果は『図書館学序説』(*An Introduction to Library Science*) に結実した。この書物は図書館学大学院の公式の方針声明ではなかったが，そこにあらわれた見解は図書館学大学院での研究プログラムや大学院での図書館学研究の目的や意義を，独自の視点に立ち総合的に表現していた (Butler 1933)。パークらによる著書が「序説」と題されていながら入門書というより社会学を構成するさまざまな要素を解説していったように，バトラーもタイトルに「序説」とあるこの書で，図書館学の研究手法を説いたのではなく図書館学は科学たりえなければならないという宣言を行ったのである。

バトラーは「感情の価値に関心を寄せるあまり，図書館員は自分のいる場が，聖なる文化を個人に伝授する，この世の神聖な僧院であるかのごとく思い至ることとなった」と述べて，図書館員たちは必要以上に科学を恐れ嫌悪していることをまず示した (*Ibid.*,〈訳〉p.24-25)。そして図書館員がこれまで自己の経験のみに基づいて職務を行ってきたことに対し，そうした状態は改善されるべきであってそのためにも少数の図書館の科学を研究する者が必要であると論じた。また科学的手法と図書館学に関してバトラーは次のような考えを示した。

特に図書館学は，近代人の気質にある思考の習性に本質的にそうことによっ

て，初めて科学的となりうる。知的な総合をめざす道はすべて客観的現象から出発せねばいけない。そして現象は厳密な科学的観察により吟味される。構成要素が一つずつ分別され，それぞれの機能が決定されてゆく。活動をそれぞれ独立したものと見なして，その計量を行うためには，あらん限りの方法が利用されることになろう（*Ibid.*,〈訳〉p.50）。

一方でバトラーは図書館の扱う文献というものが人間の精神活動の賜物であり，その評価は主観的になりがちで，そのことが図書館学を科学の領域になりにくくしている事実を挙げ，図書館学に対する科学の適応の限界にも言及している（*Ibid.*,〈訳〉p.52-53）。

バトラーはライブラリアンシップの3つの視点すなわち社会的問題，心理学的問題，歴史的問題からとらえている。社会的問題を扱った章でバトラーは「文字として書き表すこと」を「概念の社会への定着」として規定し，記述によって知識は個人を越えて社会に記憶されると述べる（*Ibid.*,〈訳〉p.59）。そして「知識が社会的に蓄積されて存在するということは，社会とその一人一人の構成員を結ぶ関係の上で大きな意義をもっている」として，社会学的な考え方が図書館を考察する上で重要である点を指摘している（*Ibid.*,〈訳〉p.60）。

心理学的問題を論じた章では，読書研究の対象として読書にいたる心理的衝動をあげ，「これが読書の科学的研究にあってもっとも重要なもののはずである」と述べた（*Ibid.*,〈訳〉p.91）。またバトラーは読者の精神におよぼす読書効果を図書館学における課題と位置づけたものの，分析は困難だと認識していた。バトラーは読書行動に関して，科学的手法によって検証しきれない課題があることを意識しており，その立場は読書行動にかかわる諸問題をすべて科学的に解明しようとする信念を持つウェイプルズの立場とは異なるものである。

歴史の問題を扱った章で，バトラーは図書館が扱っている学識（scholarship）の歴史を中心概念として扱っている。バトラーは「知性の歴史は哲学史に先取りされてきた概念だが，現象そのものの質からいえば，図書館学により説明されなければならない」と述べている（*Ibid.*,〈訳〉p.111）。そして図書館員たちが持つ学識に関する特殊な方法である書誌について，たんに図書を記述することは知的活動といえず，図書館員は要約された記入について明確な歴史

意識をもたなければならないと主張した（*Ibid.*,〈訳〉p.118）。

バトラーは最終章で，図書館専門職に関する哲学はライブラリアンシップの実践に対し行動の指針を与えること，図書館学の発達は図書館専門職の目的や図書館員の専門性を明確化すること，図書館学の確立により図書館専門職としての連帯感を強めるものであると結論づけた。バトラーは図書館とライブラリアンシップを社会的，知的影響力によって形づけられた現象としてとらえ，図書館の枠内で行われてきた従来の研究と，そこから導き出される理論を超えた新しい図書館学を提唱したのである。

詳細に分析するならば，バトラーとウェイプルズの図書館学に対する研究観は異なっていた。それは先に述べたような社会科学者と人文科学者の相違やそこから派生する研究アプローチの差異によるものである（Karetzky 1982, p.66）。しかしながらバトラーの『図書館学序説』は，シカゴ大学図書館学大学院の方針声明となるにふさわしい内容を持っており，ライブラリアンシップを学問へと引き上げるための思想の拠り所を表現する役割を果たした。つまりこの図書館学の哲学書の出現によって，図書館学大学院は改めて研究を支える思想的基盤を持つことができたのである。つまり図書館学大学院ですでに確立していた個々の研究手法に関する理論的枠組みの統合を行ったのがバトラーであった。図書館学の理念的の基盤が出現したことは，図書館学大学院の図書館学研究のなかでも特に評価できる成果といえよう。

しかしここでバトラーの思想がデューイ時代のライブラリアンシップから始まった図書館学の最終的な到達点と言ってしまうことには問題があるだろう。なぜなら実践的知識の体系としての「ライブラリアンシップ」，図書館に関する科学的研究領域としての「ライブラリー・サイエンス」そしてこの両者を支える「ヒューマニスティックな図書館学思想」はシカゴ大学図書館学大学院でそれぞれ並列して存在していたからである。この三者は簡単に統合することのできない図書館学の構成要素であり，こうした異質のものを抱えこみながら学問を発展させていかなければならなかったところに創設期の困難さがあった。2代目のディーンであるウィルソンによって，この三者は方向性を揃えて図書館学発展へと向かっていったように見える。しかしながら本質的に異なった性

質を持つ三者を完全に融合することは不可能であった。この三者の異質性から生じる矛盾を図書館学の重要なテーマとして掲げ，実践と離反することなく研究を進め1つの思想を組み立てて行こうとする試みがなされた場として，シカゴ大学図書館学大学院をとらえることができる。

シカゴ・モデルの課題

シカゴ大学図書館学大学院はシカゴ大学のなかに設置され，その結果，社会学シカゴ学派から学問的影響を受けたことはすでに述べた。しかし図書館学大学院と同学派の間には相違点が多々見出され，最大の違いは研究手法にある。シカゴ学派の社会学は実証主義手法を確立した研究集団としての面を強調されることが多いものの，実際には参与観察や生活史法の中で用いられる個別記述的な定性的なアプローチと統計的手法を用いる定量的なアプローチを柔軟に組み合わせていた[22]。これに対し図書館学大学院は測定やデータ処理といった実証的手続きによる問題解決を主たる方法論としていた。図書館学大学院で行われたような統計処理に比重をおく研究手法の中心は，そもそもコロンビア大学であった。そして同大学社会学部のスタッフであったオグバーンがシカゴ大学へ赴任することで，シカゴ学派は統計的方法を重視するアプローチへと方向性を変化させている（鈴木 1987, p.12-15）。

つまり図書館学大学院はシカゴ学派が定性的研究から定量的研究へと移行し，それとともに大量のデータ処理を扱いながら政策科学の一端を担おうとしはじめた時期に同学派と接触していたことになる。さらに図書館学大学院が組織として安定し，研究活動がピークにあった同時期に，アメリカでは大量データを統計的処理によって解析する社会調査が隆盛期を迎えていた。

シカゴ大学図書館学大学院のメンバーや卒業生を含む1930年代以後の図書館学研究者たちの多くは，自らのテーマを量的測定法に基づく「自然科学の方法論的手続き」によって解明していくようになった。こうした状況に関してハリスは広義の意味での実証主義が図書館学大学院の研究の中心となる思想であったと論じる（Harris 1986a,〈訳〉p.20-21）。

図書館学でハリスのいうところの実証主義がこれほどまでに優勢となった原

因の一つとしては，図書館領域での実践の存在が挙げられる。図書館学は図書館という現場を抜きにしてはありえず，したがって現場を支える理論や思想を持つことが図書館学の最大の使命であった。そして従来この領域は直観的で神秘主義的アプローチが主であって，図書館学研究にかかわる大多数が科学的な理論を求めていた。そこに現れたのが実証主義寄りの科学思想であった。図書館の実務を支える思想は実証的な考え方と非常になじみ易く，実証主義寄りの思想は図書館学に対して望まれていた理論としてふさわしいものであった。

そうしたなかで図書館学に対する科学的方法の適用の懐疑は，バトラーからあらわれた。バトラーは創設期には，図書館学への科学的方法の適用の重要性を主張していた中心人物である。創設当時の図書館学大学院は外部からの批判にこたえるための思想的支えを科学的なものに求めており，その結果バトラーのような人文主義者でさえも科学的であることを研究の上で強調しなければならない状況にあった。確かに1930年代の初めは図書館学自体が未熟で，従来この分野において主流であった経験的アプローチを学術研究レベルに引き上げるために「科学的な方法論に根ざした思想」を持つことが大きな課題であり，バトラーもその一端を担っていた。しかし図書館学が学問分野として確立した1950年代になって，バトラーは科学的方法に批判を呈している。

1951年に「専門職としてのライブラリアンシップ」("Librarianship as a Profession")という論文のなかでバトラーは科学に対する懐疑を次のように表現している (Butler 1951, p.238-239)。

　一番危惧されるのは，図書館員の間に科学に対する幻想——思い違いがあることだ。ライブラリアンシップはそれが科学であるときだけプロフェッションであるというまちがった認識があるようである。しかしこのような誤った解釈の背後にある思潮は何も図書館員だけのものではなく，時代的な傾向でもある。長い間われわれは科学というものが自分たちに恩恵を施してくれるものと思っていた。しかしこの結論は非現実的である。というのも科学的思想と人間の経験の性質とは著しい対照をなすからである。

バトラーは科学的な考え方を図書館学に持ち込むことを全面的に否定したのではない。むしろ図書館学の問題すべてが定量的な方法に還元されることはな

いにせよ，合理的に観察され，記述され，分類され，評価されることは可能であると考えていた。そして1920年代から1950年代にいたる30年間のライブラリアンシップの最も大きな知的達成は，いくつかのテーマで構築された堅固な基礎に基づいたライブラリー・サイエンスの確立であったことを認めている（*Ibid.*, p.239）。

　バトラーはライブラリアンシップを構成する3要素として，研究主題を科学的に処理するための原則としての「サイエンス」，特定の機器を取り扱うための「テクノロジー」，そして人間の文化的，社会的営為がどのような動機を源として生起するのかを研究する「ヒューマニティー」を挙げた。そして多くの研究者は堅固なサイエンスと効率の良いテクノロジーを希求していると論じ，実証主義に依存しすぎた図書館学に対して警鐘を鳴らした（*Ibid.*, p.240-242）。しかしこうした実証主義に過度に依存する図書館学への懐疑や批判がバトラーから提示された以後，図書館学をめぐる認識論上の問題が図書館学研究者の間で論じられることはあまりなかった。そして人文学的図書館学を志向するバトラーと実証主義的方法論を支持するウェイプルズの離反は，1940年代半ばまでに明らかなものとなった（Richardson 1992, p.92）。

　シカゴ大学図書館学大学院の図書館研究は，専門職にかかわる実践的知識や専門職的信条を科学的方法論によって検証しようとする試みであった。ウェイプルズの主導した読書研究はまさにライブラリアンシップの核となる営為である「読書」について，専門職のアイデンティティを強化する特定の知識体系を提供することによって専門職に貢献することを目標としていた。しかし，その読書研究にしても，実証的記述を重んじる同時代の社会科学の動向を反映し，「読書をめぐる諸現象」を定量化する方向へと進んだ[23]。このことは実践との乖離を強めることになった。

　研究に対する現場からの批判的態度は，図書館活動の理念が定量的方法論に基づくコミュニケーション研究とは別の理論によって支えられるべきであるという信条を図書館員が持っていたことを示している。たとえば人間の営為の多様性がより直接的な形で反映される公共図書館の現場には，計測不可能な要素が多く存在する。実践の場でも公共図書館の理念的基盤が常に模索され，実践

を支える信条が形成されていた (Raber 1995, p.52-53)。しかしながらそうしたイデオロギーはあくまでも経験レベルにとどまり理論化にはいたらなかったため，実践から研究への批判は論理的に記述されなかった。一方，シカゴ大学図書館学大学院の図書館研究は，図書館員の専門職的アイデンティティに直接，結びつくことはなく現場での専門職的信条はアカデミズムによって変化させられることなくそのまま保持されることになった (Karetzky 1982, p.3)。

バトラーの1951年の批判論文が提出された時点で，シカゴ大学図書館学大学院の図書館学研究が自然科学的手法へと傾倒していることは明らかだった。図書館学大学院が確立した科学的方法を重視する図書館学はますます優勢を誇るようになり，シカゴ大学図書館学大学院を含むライブラリー・スクールは「図書館学を明確な一つの分野として定義しようとする強い願望の結果として……完結した（図書館学の）大学院プログラムを提供することで自らの権利を失うまいとするようになっていった」(Harris 1986a, 〈訳〉p.22)。こうした傾向はシカゴ大学図書館学大学院にはっきりとあらわれた。すなわち最初に大学院に集められた講師陣は多彩で，ライブラリアンシップ以外の領域の教員が多くの研究を行っていた。しかし初期の方針は，卒業生が教員に加わるようになってから徐々に変わっていった (Ibid., 〈訳〉p.22)。

シカゴ大学図書館学大学院は研究体制を内部で確立していくほどに，関連分野の知的動向から孤立していく傾向を持つようになっていった。しかも知的孤立のタイミングは実に悪かった。なぜなら初期の研究者たちが図書館学を向上させると確信し，学問上の手本にしていた社会科学者たちは，シカゴ大学図書館学大学院が学問上孤立しはじめたときに，自らの学問を問い直すことをはじめたからである (Ibid., 〈訳〉p.23)。社会科学者たちは「研究の本質や役割について」自分たちの考えを再検討しはじめた (Ibid., 〈訳〉p.24)。こうした見直しは，1962年に刊行されたクーン (Thomas S. Kuhn) の『科学革命の構造』(*The Structure of Scientific Revolutions*) をきっかけとしてはじまり，研究者たちは自分たちがそれまで信じてきた社会科学にかかわる「社会に関する科学的知識の着実な進歩」や「客観性の獲得」を再考しはじめた (Ibid., 〈訳〉p.23)。

社会科学における研究概念にかかわる再検討の動きは1970年に入ってから

も続き「自己の存在についてラディカルに問いを立て，それと答えることができなければ，社会学者自身の存在の根拠が否定されるかもしれぬという，社会学者のアイデンティティの危機ともかかわる危機意識」といった厳しい姿勢を社会学者に要求していた（新&三沢 1988, p.268）。このようなテーマはその後も社会学を中心に繰り返して論じられ現在にいたる。社会学の場合，学問の理論的基盤が繰り返して問われていく過程で学問の意義が明らかにされてきた状態に比べ，図書館学で認識論上の問題や図書館学理論の見直しにあまり発展が見られない事実は，大きな問題点として挙げられなければならない。出発点で隣接領域の新しい研究成果を取り入れていたシカゴ大学図書館学大学院が学問的に孤立するようになっていった理由を分析することは，図書館研究において自己反省のあり方について問うことでもある。

　最初の正式な図書館学教育の場であったM.デューイのライブラリー・スクールは長期間にわたって図書館界に影響を与え続けたにもかかわらず，その後ウィリアムソン・レポートをはじめとする新たな図書館研究教育への要請により批評の対象となった。そしてM.デューイのライブラリー・スクールを乗り超えることを目標として設立されたシカゴ大学図書館学大学院が図書館学の向上に貢献し，ライブラリアンシップの歴史の大きな転換点となった。そのシカゴ大学図書館学大学院に対して批評的な視座を持つことが図書館研究の大きな課題といえる。

　本節では20世紀初期に確立をみた図書館学という新しい学問領域がその初期の段階でいかなる形成過程をたどったのかを追いながら，図書館研究をとりまく複数の影響力について論じてきた。シカゴ大学図書館学大学院はアメリカのライブラリー・スクールの1つにすぎないものの，最も影響力のある研究集団として20世紀初めの図書館研究のモデルケースとして見ることができる。

注

1　ワークスはウィスコンシン大学で1912年に哲学修士号を，1925年にハーバード大学で教育学の博士号を受けた。シカゴ大学図書館学大学院に招聘される前はコーネル大学の教育学の教授であった。1927年夏にシカゴ大学よりディーンの指名を受け，秋

からその職務に就いた。図書館学の教育は受けていなかったものの，図書館学大学院のディーン就任以前，大学図書館調査を行い『大学図書館の課題』(College and University Library Problems) という著作がすでにあった。この調査を通じてワークスは学術図書館について研究を進めると同時に主要機関の指導的図書館員と知り合い，その時の人脈が大学院の人事で大いに役立つことになった。

2　実質的な学生募集案内は2回のみ，つまり2ページの『摘要：シカゴ大学大学院ライブラリー・スクール』(Memorandum : The Graduate Library School of the University of Chicago) が1928年3月に図書館界に回覧され，同年6月20日に公式の入学要綱が発行されただけであった。また教員は各専門領域では著名であったものの図書館界での知名度はさほど高くなかった。

3　ワークスは自由な立場での研究を図書館学のアカデミズムにおける最も重要な要素だと考えていた (Works 1929a, p.318)。

4　ウィルソンのディーン就任のニュースは図書館関係者を安堵させた。ウィルソンがノース・カロライナ大学で発揮した経営手腕を，シカゴ大学図書館学大学院で研究方針の決定を含むスクール運営に幅広く活かしていくことが期待された (Richardson 1982, p.105-106)。

5　ディーン時代のウィルソンの活動については，ウィルソンのディーン引退記念号として出された『ライブラリー・クォータリー』の中のランドール論文に詳しい (Randall 1942)。

6　アメリカ図書館協会のライブラリー・スクールの規定については次の文献を参照のこと ("Council" 1933; Richardson 1982, p.108)。

7　この記事はウェイプルズの個人的見解も含まれていたものの，大枠としては図書館学大学院の教員のコンセンサスとしてみることができる。

8　『ナショナル・エデュケーション・アソシエーション』(National Education Association)，『アドレス・アンド・プロシーディングス』(Addresses and Proceedings)，『スクール・アンド・ソサエティー』(School and Society)，『ジャーナル・オブ・アダルト・エデュケーション』(Journal of Adult Education) といった教育学系の雑誌が該当する。

9　カーネギー財団は1931年1月から『ライブラリー・クォータリー』の助成資金として年間500ドルを支出し刊行を支援した。

10　編集長ハンソンによる『ライブラリー・クォータリー』の目的については，次の文献を参考のこと (Richardson 1982, p.82)。

11　創刊号の寄稿者はコロンビア大学ライブラリー・スクールからウィリアムソンとリー

ス (Ernest J. Reece), アメリカ議会図書館のパトナム (Herbert Putnam), カーネギー財団のケッペル, シカゴ大学からリーブス, ラッセル (John Dale Russel), ドリンクウォーター (Geneva Drinkwater), スウォースモア・カレッジのショー (Charles B. Shaw), 図書館学大学院のランドール, ウェイプルズであった。

12 アメリカにおける社会科学の成立から社会学への展開については, 次の文献を参考のこと (宇賀 1990, p.52-105)。

13 1912年にラッセル・セージ財団 (Russell Sage Foundation) は調査情報部門を設立し, 1928年から2,000を超える社会調査の情報を収集している。

14 初期シカゴ学派については, 次の文献に詳述されている (Bulmer 1984; 宝月 & 中野, 1997)。

15 当時のシカゴは移民の大量流入により人口が急増し, 異質の生活習慣を持つ都市の構成員によって混沌状態にあった。都市の爆発的な成長は多様な社会問題を引き起こしていた。このような都市の状況を最も直接的な影響として研究に反映させていたのがシカゴ大学社会学部であった。シカゴは「新しい科学の展開に必要な素材と活動をひきつけるのに十分な刺激によって満たされていた」からである (秋元 1989, p.17)。

16 「都市同心円地帯理論」とは, 都市が拡大過程で, (1)中央ビジネス地区, (2)土地利用が不定であり絶えず住民が移動し土地機能が変化する遷移地帯, (3)労働者地帯, (4)労働者地帯, (5)中流階級移住地帯, (6)通勤者移動地帯, へと同心円状に広がっていくことを示すものであった。

17 ただしこの研究はウェイプルズの他の研究に比べ, 統計への依存度は高いとはいえない。パークが読書研究の分野での研究状況を理解していなかったという点を考慮に入れたとしても, 読書研究そのものが発展段階にあって, 社会学に比べればこの時点での学問的完成度の面で差があったことは, 事実として認めざるを得ないであろう (Karetzky 1982, p.113)。

18 ライブラリー・サイエンスは必ずしもシカゴ大学図書館学大学院ではじめて使われた語ではないが, その言葉を定着させたのは図書館学大学院であるといってよい。

19 他にも大学院に対する批判は存在していた。ピッツバーグ・カーネギー図書館館長のマン (Ralph Munn) は, 1936年に実務家の立場から, 大学院の打ち出した研究主体のカリキュラムを批判した (Richardson 1982, p.110)。これに対してカーノフスキーが『ライブラリー・クォータリー』に「なぜライブラリアンシップに大学院レベルの研究が必要なのか」("Why Graduate Study in Librarianship ?") という論文を執筆して, 実践への適用に固執するマンに反論している (Carnovsky 1937b, p.246-261)。

20 ウィルソンの時代に行われたコミュニティの読書に関する関係,規模の異なるコミュニティの図書館の貢献についての研究,学生寮付属図書館を対象に行われた大学生の読書傾向の研究は,シカゴ大学社会科学部研究委員会（Research Committee of Social Science Division）,アメリカ成人教育協会の成人読書委員会（The Committee on Adult Reading）,カーネギー財団の助成を受けている（Wilson 1933, p.820）。
21 パークとバージェスの共同執筆によるこの書物は「緑の聖書」（グリーン・バイブル）と称され,シカゴ学派を代表する理論書として支持を得た（秋元 1989, p.118）。
22 シカゴ学派の社会学研究については,次の文献で詳しく分析されている（宝月＆中野 1997）。
23 図書館学大学院の読書研究は,読書行為を科学的にとらえようとするあまりに,読書によって喚起される人間の主体的な情動を無視した平板なものとして読書行動を表現していたとの指摘がある（Wiegand 1999,〈訳〉p.14-15）。

第 2 部
20 世紀前半期の公共図書館論の展開

　第 2 部では，1920 年代から 1940 年代の公共図書館論について討究していく。ここで分析対象とする 5 つの図書館論は，公共図書館史研究では頻繁に言及されてきたにもかかわらず，その扱いは重要な論点の参照と引用にとどまり，各著作全体を通して考察した先行研究はなかった。これらの公共図書館論を個別に深く掘り下げ，理論的意義や実践への影響関係を分析することが第 2 部の目的である。個別著作の分析に際してその著作の成立要因を公共図書館の実践活動との関係，同時代の社会的状況，同時代のアカデミズムの状況などを視野に入れながら，総合的に検証することを目指す。

　第 4 章では「コミュニティの中での公共図書館の役割」を図書館界に着目させる契機となった，ラーネッドの『アメリカ公共図書館と知識の普及』を取り上げる。同時代の公共図書館が行っていた高度なコミュニティ・サービスを手がかりに構築された公共図書館モデルであるコミュニティ情報センターを中心に，ラーネッドが強調した知識の普及と公共図書館の役割についての考察を進める。

　第 5 章では，アメリカにおける成人教育の高まりに呼応して，図書館界で活性化した図書館成人教育を中心テーマに掲げたジョンソンの『公共図書館：市民の大学』を考察する。公共図書館をコミュニティの成人教育の継続機関として発展させていくことを中核としたジョンソンの図書館成人教育の理念は，今日公共図書館で行われている成人サービスを支える思想的基盤ととらえることができる。

第6章では，戦時下のきわめて特殊な社会状況のなかでコミュニティを鍵概念として公共図書館をとらえ直そうとする試みを行ったカーノフスキーの公共図書館論を検討する。シカゴ大学で行われた研修会「コミュニティのなかの図書館」に発表された論考「国家と図書館」を中心に，コミュニティの特質をふまえた公共図書館サービスの重要性，コミュニティのボランタリー・アソシエーションと公共図書館の関係など，研修会での討議テーマを取り上げる。

第7章では1947年からアメリカ図書館協会の委託プロジェクトとして社会科学研究会議が実施した「公共図書館調査」の報告書であるベレルソンの著作『図書館の利用者』を考察の対象とする。ベレルソンの著作は，コミュニティのすべての住民に対する平等なサービスを標榜してきた公共図書館の伝統的認識を打ち崩し，コミュニティの図書館の現実の姿を提示した。ベレルソンは高収入と高学歴によって規定される少数の利用者が公共図書館の利用者の中核であり，ゆえに公共図書館はコミュニティ全体へのサービスからオピニオン・リーダーへとサービス対象を転換すべきであるとの結論を出している。コミュニティの図書館の位置づけという視点から，ベレルソンの図書館利用者論について詳しく検討する。

第8章では，リーが「公共図書館調査」の総合報告書として発表した『アメリカ合衆国の公共図書館』を取り上げる。同著作はコミュニティ住民の知的生活を促進する機関として公共図書館を規定し，図書館の重要性に相応する社会的基盤を導き出そうとしている。1940年代の公共図書館とコミュニティにかかわる総合的な研究成果である報告書を詳しく検討し，1940年代の公共図書館論の思想的到達点を示す。

第4章 ウィリアム S. ラーネッドのコミュニティ情報センター構想

　カーネギーが19世紀末から20世紀初頭にかけて行った図書館への慈善事業によって，全米の公共図書館数は飛躍的に増加し，その数は1917年までに約1,700館に達している。慈善活動を引き継いだカーネギー財団は1920年代に入ってから，図書館事業の重点を図書館建設から図書館サービスとサービスに携わる人材の育成へと移行した。カーネギー財団の図書館事業方針の変化は1920年代のアメリカの成人教育の隆盛と結びついている。財団はこの時期に，アメリカ社会での成人教育の重要性を認識し，財団の事業として成人教育活動にかかわっていく過程で，図書館を成人教育の中心的機関の1つとして位置づけた。1921年から1923年まで財団の会長代行であったプリチェット（Henry S. Pritchett）は成人教育機関としての公共図書館の可能性を探るため，カーネギー教育振興財団（Carnegie Foundation for the Advancement Teaching）の研究員ラーネッドに図書館調査を委託した。内部資料として財団に提出された調査結果は1924年に『アメリカ公共図書館と知識の普及』（以下，ラーネッド・レポート）（Learned 1924）として出版された。

　本章はラーネッド・レポートが，現在のアメリカ公共図書館活動を特徴づけているコミュニティ志向型サービスを，最初に理論的に明示した著作であることに着目し，レポートの論旨を分析しながらラーネッドの公共図書館思想を考察することを目的としている。

　公共図書館に高度な情報提供機能を求めたラーネッドはレポートの中で公共

図書館の理想モデルを提示し,「コミュニティ・インテリジェンス・センター」(community intelligence center) という名称を与えた。既存の図書館の状況を検討しながら,ラーネッドはコミュニティ情報センター構築の可能性を追究した。従来の図書館論が図書館側から情報サービスの改善と発展を探っていたのに対し,ラーネッドの図書館論は図書館の本質的機能である知識普及という概念から図書館サービスにアプローチしていた。

1920年代の公共図書館には,ラーネッドの提言した高度な情報サービスを実践に移すためのノウハウと人材が不足していた。レポートの中でラーネッドが掲げた理想的な図書館モデルと現実の図書館にはかなりの距離があったことは否めない。また当時,図書館界が最も熱心に取り組んでいた「読書相談サービス」(reader's advisory service) への記述が相対的に少なかった点は,ラーネッド・レポートに対する図書館員の反発を招いた。しかしながらラーネッドのレポートが同時代の図書館界に強い刺激を与えたことは事実であり,ラーネッド・レポートの内容は公共図書館史研究で高く評価されている。ダグラス (Paul Douglass) は (ラーネッド・レポートは)「図書館学に新しい視座をもたらした。ラーネッドは,個人の情報ニーズを的確に把握した専門スタッフによって機能的に組織化された……文化普及のための情報センターとしての図書館の概念を提示した」(Douglass 1960, p.24) とラーネッド・レポートの意義を述べている。公共図書館史研究者は,知識普及の問題に鋭く切り込み,図書館との関連づけを行ったラーネッド・レポートにしばしば論及してきた[1]。

本章では,ラーネッド・レポートが成立した背景を同時代の図書館界の動向と重ね合わせながら明らかにした上で,ラーネッドが構想した図書館モデルの概要とラーネッド・レポートで紹介されている1920年代の先進的図書館サービスについて論じる。最後にラーネッド・レポートや先行研究を手がかりに,ラーネッドの公共図書館論を考察する。

第1節 『アメリカ公共図書館と知識の普及』成立の背景

1920年代のアメリカ成人教育と図書館成人教育サービス

　第1次世界大戦後のコミュニケーション・メディアの発展は情報流通を加速させ，アメリカ社会でマス・メディアを通じて文学，音楽，芸術を受容する新しい生活スタイルが徐々に広がった。成人教育活動にもそれまでの職業教育に加え，歴史，文学，科学，芸術などのテーマを継続的かつ系統的に学習する場が求められるようになっていた (Stubblefield 1988, p.27)。

　1920年代にアメリカ社会での成人教育の重要性を認識し，成人教育の制度的基盤の形成に乗り出したのはカーネギー財団である[2]。なかでも1923年に財団会長に就任したケッペルは成人教育を重視した人物で，カレッジや大学の教育活動，医学研究，図書館活動を中心とする財団の事業に，成人教育と芸術関係の領域への援助を加えるよう働きかけた。ケッペルはアメリカの成人教育の実態を把握するために，1925年11月から1926年3月までに4つの地域会議を開催し，成人教育関係者を招いて成人教育発展の方向性を探った。その結果，1926年の会議でアメリカ成人教育協会（American Association of Adult Education）が設立され，以後この協会がアメリカ成人教育の領域を統括するようになる (Stubblefield, p.25)。

　カーネギー財団は成人教育政策における目標の1つを「異なる分野間の知識コミュニケーションの円滑化」に定めた。1921年から1923年まで財団の会長代行であったプリチェットの意向により，この方針は学術情報のなかでも特に自然科学系の情報流通に重点をおいて実施されることになった (Kett 1994, p.334-335)[3]。成人教育に対し明確なイメージを持っていたプリチェットは，成人教育の中心課題を自己教育の方法確立のための個人の精神的訓練と習慣の形成に加えて，知識の普及と情報の円滑な流通においていた (Ibid., 1994, p.335)。プリチェットは財団の成人教育政策を進めるにあたって，知識流通に対する公共図書館の役割に着目し，財団会長代行の任にあった1921年から1923年にかけて，図書館の問題を研究し財団の図書館政策を再検討するためにラーネッドを成人教育研究アシスタントに任命した。ラーネッドはプリチェットの要請に

応じて図書館調査を実施し，調査結果を報告書として財団に提出した。

　1923年にカーネギー財団の会長になったケッペルは，専門家間の知識コミュニケーションの円滑化と情報の普及に関するプリチェットの意向を財団の方針として受け継ぐ。知識普及のサービス・ステーションとして公共図書館を描き，成人教育の課題に鋭く切り込んだラーネッドの報告書をケッペルは高く評価し，ラーネッド・レポートに対し2,000ドルの補助金を出して刊行をうながした。こうした経緯を経て公刊されたのがラーネッド・レポートである。

ラーネッドの略歴[4]

　ラーネッドは1876年にミシガン州に生まれた。ブラウン大学に学んだ後，1909年から1911年までベルリンとライプツィヒに留学し，ベルリン滞在中にカーネギー教育振興財団からの要請によってプロイセン教育省（Prussian Ministry of Instruction）の交換教授となる。ラーネッドはこの経験を『プロイセンのギムナジウムでのアメリカ人教員としての日々』（*American Teachers' Year in a Prussian Gymnasium*）にまとめた。この著作が評価され，ラーネッドはカーネギー教育振興財団研究員に抜擢された。1912年にハーバード大学での研究を終えたラーネッドは，ニューヨークでライフワークともいうべき継続教育の基盤を構築する研究に着手した。1913年から1946年の引退までカーネギー教育振興財団の教育研究部（Division of Education Enquiry）のスタッフを務めた[5]。

　ラーネッドは学習者の能力，興味，ニーズに教育機会と教育の段階的手続きを適合させるための理論構築をめざした。テーマは自己教育（self education）の概念と深くかかわっていた。ラーネッドの研究目的は知的活動として生涯にわたり継続する自己教育習慣の向上にあり，自らの研究テーマを自己教育のための教授方法の改善に定めていた（Douglass 1960, p.9）。

　ラーネッドは自己教育について討究していく過程で，教育にかかわる専門職に焦点を当てた研究を行うようになる。ダグラスはラーネッドの専門職研究を，教育者の専門性，ライブラリアンシップの専門性，学習者の専門性という3つの段階に分けている（*Ibid.*, p.20-27）。教育者の専門性については1920年の著

書『アメリカ公立学校教員の専門職的準備：ミズーリ州公立学校での検証に基づく研究』（*The Professional Preparation of Teachers for American Public Schools : A Study Based Upon an Examination of Tax-Supported Normal Schools in the State of Missouri*）（Learned 1920）で検討している[6]。教育にかかわる専門職の研究として次に行われたのが図書館員の専門性にかかわるもので，これが1924年のラーネッド・レポートである。つまり1924年のレポートはラーネッドの研究歴のなかでは，ライブラリアンシップという専門職の探究として位置づけることができる。次いでラーネッドの専門職の研究は教育を受ける側である学習者の討究へと展開された。この研究の結果が1927年に出された『アメリカおよびヨーロッパでの教育過程の特質』（*The Quality of the Educational Process in the United States and in Europe*）（Learned 1927）である[7]。教員，図書館員，学生と進められた知的専門性の研究を通してラーネッドは，三者が教育プロセスの中で相互に支えあうものであることを認識した（Douglass 1960, p.27）。

　カーネギー財団の会長代行プリチェットが，カナダの教育体制について研究していたラーネッドに図書館調査を依頼した時点まで，ラーネッドは図書館とはまったく無縁であった（*Ibid.*, p.15-23）。しかしながら知的活動に携わる人材の専門性について研究を重ねていたラーネッドは，カーネギー財団の図書館調査に適任であった。成人はいかにして日々の生活のなかで学んでいくのか，いかにして自分の関心に合った資料へ到達しうるのかといった問題意識を持って図書館調査に臨んだラーネッドは，知識の普及と流通を中心にして図書館を論じていく。このような議論展開は，常に図書館を中心に情報サービスを討究してきた図書館界に新鮮な刺激を与えることになった。

第2節　『アメリカ公共図書館と知識の普及』の分析

「コミュニティ・インテリジェンス・センター」構想

　ラーネッドはカーネギー財団の活動方針として掲げられた「知識の普及」について考察することからはじめた。ラーネッドは児童，青年，成人といった固

有の知的背景を持つグループごとに知識の問題を分けて考えるべきであると主張し，知識普及にかかわる広範囲にわたる組織化と専門的な方法論の必要性を説いた（Learned 1924, p.3-4）。

ラーネッドが特に成人をめぐる知識を問題化した理由は，大多数の成人が学校卒業後に系統的なプログラムによる学習活動を継続していないという現状認識による。宗教団体，ショートカ，女性クラブ，勤労者協会，コミュニティ討論会を通じた成人教育活動は行われていたものの，既存の成人教育活動は目的を欠き，活動の多くは継続に価する蓄積効果が期待できない状況にあった。成人がリラックスした雰囲気の中で，学習テクニックや学習ツールを教授されるための適切な機関が存在せず，成人教育の方法が軽視され設備も不足していた（*Ibid.*, p.6-7）。日常生活の興味と活動に密接に関係した自己教育は，生涯にわたって継続する精神的成長の自然なプロセスとして認められなければならない。そのためには成人の学習目的に適した学習方法の開発が必要である。また選択，編成を必要とする情報の大量発生によって，知識の合理的，経済的組織化はさしせまった課題であった。情報の量と複雑さゆえに熟達した研究者でさえ，専門外の領域のトピックを調査するのに時間を要し，実際に必要な情報源に到達できないという状況がすでに1920年代にはじまっていた（*Ibid.*, p.7-8）。

ラーネッドは成人教育を討究する上での比較対象として学校教育を例に挙げ，2つの教育モデルを考察した。学校教育には知識獲得理論に基づいた学習体系に関する特定の規範が存在しているのに対し，成人教育にはそのような制約はなく，指導者は学習者の興味に応じて学習システムを組み立てていくことができる。さらに学校教育は年齢で分けられ，その内容が均質的である一方，成人教育はコミュニティの多様なメンバーを対象とし，成人教育の興味範囲と教育の可能性は学校教育より幅広いものであり，2つの教育システムは学習に際し異なった方法論を要求している（*Ibid.*, p.7-8）。

知識流通に携わる社会機関の検討に移ったラーネッドは，アメリカでさまざまな社会機関が専門的な情報を生産し資料化しているにもかかわらず，適切な伝達手段がないためにそれらが必要とする利用者へ到達していないという事実を重く受けとめた。しかも利用者側でも情報要求を満たす解決方法が見つから

ず，情報収集に関して無駄なエネルギーが費やされるなど知識流通過程には課題が山積していた（*Ibid.*, p.11-12）。

　ラーネッドはアメリカ社会での知識流通の現状と諸問題を提示した上で，情報機関のあり方について議論を進めた。情報機関は郵便局のごとく身近にあって印刷資料にとどまらず，職業や商業にかかわるあらゆる情報を収集すべきである。しかしながら現状は，人口5,000人規模のコミュニティでは新聞，教会，映画館，女性クラブ，日に数時間開く図書館を除いて知識と情報を扱う機関はなく，しかも新しい情報は大部分がコミュニティの外部で生産され地域の関心と一致していない（*Ibid.*, p.12-13）。ラーネッドはコミュニティが知識と情報のための活動単位となりうることを示唆して，活字情報の豊かな鉱脈に利用者を体系的に導くリーダーシップの必要性を説いた。コミュニティでの成人教育のための方法論とプロセスは，学校教育の場で採用されている方法の模倣であってはならず，成人に向けた実質的な教育サービスを成功させるためには固有のアプローチが必要なのである（*Ibid.*, p.13）。

　ラーネッドはコミュニティの専門的な情報サービスを，コミュニティ・インテリジェンス・サービス（community intelligence service）と命名した。ここで提起された知識情報サービスの目的は，情報探索の動機づけを高め情報を供給することによって，利用者の興味を維持させることにあった。情報サービスは，特定領域の専門知識，特定のテーマに関する分析力，情報組織能力を必要とする専門職的業務であるとラーネッドは述べ，既存の図書館が行うレファレンス・サービスの方法に疑問を投げかける。知識領域の全範囲をレファレンス・ライブラリアンが担当する方法では専門的なサービスは期待できないからである。

　コミュニティ・インテリジェンス・サービスの拠点となる情報センターのレファレンス・スタッフには特定領域の専門家で，なおかつ利用者のパーソナリティ，知識，利用者のおかれた状況を読み取って直感的に利用者の持つ個人的ニーズを把握する資質が必要である（*Ibid.*, p.13-14）。またコミュニティ分析を実施して，個人およびグループの知的興味を掘り起こしながら，コミュニティの教育問題へかかわっていくような能動的な姿勢が求められる（*Ibid.*, p.15）。

情報サービスのスタッフはコミュニティの社会的，知的，経済的生活にかかわる水先案内人であって，たんに特定領域の専門家であるだけでなく，情報を求めている人間を深く理解できる存在であらねばならなかった。ラーネッドは彼らにコミュニティの情報を総括的に選択し調整する知識カウンセラーとしての役割も期待している（*Ibid.*, p.17）。

　重要な知識の再編成の方法に論及するなかで，知識というものがある特定グループのみを対象とする専門的知識体系と，経験や知識の差に応じて繰り返し再加工されるべき一般的知識体系とに分けられることをラーネッドは指摘する（*Ibid.*, p.17-19）。また成人教育の現場での知識普及は適切なツールなしに行うことは困難であり，情報センターで初心者が各主題を概観することが可能なシラバス・シリーズの作成と提供が提案された。このシリーズには専門家による執筆，レファレンス機能，特定分野への適切な導入といった条件とともにオーソリティー，明確さ，存続性，簡潔性も要件として挙げられた。ラーネッドは，成人教育の学習と教授にかかわる材料の95パーセントまでが印刷媒体によってカバーできると主張し，図書館員が資料の組織化にかかわる専門的手腕を発揮することで成人教育に貢献しうることを強調した（*Ibid.*, p.19-20）。

　図書以外の有用な情報源としてラーネッドが挙げたのは，情報機関が主催する講義であった。公開講座と講義は大学の制度として実施されているのに対し，コミュニティ・インテリジェンス・センターの講義は試験や学位といった認定制度とは無関係に，知識への純粋な興味のみによって支えられた知的好奇心を満たすための場である。ラーネッドは知識普及に有用な情報源として博物館，映画，美術，ラジオなどを挙げて各メディアの持つ特性を論じながら，多様なメディアを扱う情報機関について「（コミュニティ内の情報機関は）従来，運営面で相互に関心を持つことがなかった。博物館，図書館，美術館は個別に存在していた。……しかし，学問分野にかかわるすべてのコミュニティ機関を相互に関係しあった存在として理解し表現していくことが重要である」と述べてあらたな協同関係を提唱した（*Ibid.*, p.21-25）。

「コミュニティ・インテリジェンス・センター」としての公共図書館

　ラーネッドは情報サービスの理想モデルとして輪郭を描いてきたコミュニティ・インテリジェンス・センターを，公費運営による公共図書館を基盤として実現すべきであると主張した。実際に先進的な図書館員は組織化すべき情報の増加を認識し，広範囲にわたる知識を効率的に利用者へと伝達するシステムの構築の必要性を理解していた（Ibid., p.26）。

　具体的な図書館サービスへと議論を移すにあたり，ラーネッドが最初にとりあげたのは80万冊の蔵書を持つクリーヴランド公共図書館である。同図書館は特定分野について専門教育を受けた主題専門図書館員を起用し，高度な情報サービスを行っていた。ラーネッドはレファレンス・ライブラリアンと主題専門図書館員に関して，前者は図書に関する一般的な援助者であるのに対し，後者は特定分野を修めた研究者であり，利用者の要求の範囲と性質を的確に把握した上で情報サービスを遂行する専門職であると説明し，両者の差異を明らかにした。クリーヴランド公共図書館で主題専門図書館員が行っていたサービスは，(1) 直接的な情報サービス，(2) 読書リストの作成，(3) 読書コースの作成，(4) 図書館広報活動，(5) 講義の主催，(6) 出版のための資料提供，(7) 情報サービスのためのコミュニティ調査など多岐にわたった（Ibid., p.27-29）。クリーヴランド公共図書館の1923年の貸出数は延べ520万冊に達して住民1人当たり6冊に相当する高い利用率を示し，図書館は市民から高い信頼を得ていた。しかしながら学校教育に比較すれば市のクリーヴランド公共図書館に対する資金面での支出額は非常に低かった（Ibid., p.31-32）[8]。ラーネッドはクリーヴランド公共図書館のサービスについて「クリーヴランド市の向上は，市民の良書の吸収と大いにかかわっている。この種の無形の資産こそ，市を良き方向へと導く最も確実な保険である」と評価している（Ibid., p.32-33）。

　次に専門的サービスを活発に行っていたいくつかの図書館が紹介された。ニューアーク・ビジネス図書館は工業，商業，商取引，銀行業に関する資料を収集しており，情報の種類は人事，電話番号帳，商業ダイレクトリー，雑誌，地図，パンフレット，クリッピング，株式情報，経済レポート，投資データ，貿易情報，統計，商法，法規に及んだ[9]。インディアナポリス図書館は教員専門図書

館（Teacher's Special Library）を学校本部に設け，教員養成教育を受けた専門図書館員が管理にあたっていた。教育関係の図書，雑誌，パンフレット，連邦政府および州の資料，他の市の教育課程，教科書，視聴覚資料が用意され，教員のためのレファレンス機関となっていた（Ibid., p.33-34）。

ラーネッドは利用者側からの自発的なアクセスだけに図書館の利用をゆだねる限り，図書館側から利用者への働きかけは図書館資料の整理や書架の整備といった基本的段階にとどまることになると判断した。知識普及は利用者の情報入手に関する物理的便宜に依存しているがゆえに，図書館員は潜在的利用者への図書の普及を考慮すべきである，つまり図書館機能を分散させるためにアクセスポイントの増加に取り組まなければならない（Ibid., p.36）。実際に図書館が図書サービスの拠点を図書館の外部に設置しサービスを実施している例として，シアトル公共図書館の移民への図書サービスと公設市場への図書の配本，スーシティ公共図書館の病院への図書館サービス，ブルックリン公共図書館の刑務所への図書サービス，フラミンガムのデニスン・マニュファクチャリング・カンパニーのための分館設置，マサチューセッツ州の地下鉄駅の停本所，デイトン公共図書館やセントルイス公共図書館の図書のワゴンサービス，ウォールサムでの在宅療養者への宅配サービスなどがあった（Ibid., p.36-37）。このような図書館サービスの拡大は，図書館が市民生活と離反した記念碑のごとき機関から日常的な情報サービス機関へと転換しつつあることを示していた（Ibid., p.38）。

次に公共図書館の成人教育を目的とした個人サービスに関して，読者担当部門（Reader's Bureau）を設けて個人向けの読書カリキュラムの作成を行っていたシカゴ公共図書館，読書援助システムを持つデトロイト公共図書館，図書館利用者の研究活動を図書館が支援する体制を整えサービスを実施していたニューアーク公共図書館が紹介された（Ibid., p.38-39）[10]。クリーヴランド公共図書館の図書館クラブやシカゴ公共図書館の講義，講演，読書会活動のように青少年の図書館の利用への動機づけを意図した企画もあった。デイトン公共図書館では新図書館建設にあたって研究者のためのクリアリングハウスとしての機能を考慮している。

ラーネッドは図書館にかかわる成人教育の現状を，ミルウォーキー公共図書館での調査結果に基づいて分析している。ミルウォーキーでの成人教育は次の5種類に分類されていた。(1) アメリカナイゼーションのためのクラス，(2) 労働組合関係の教育クラス，(3) 商店や工場の教育部門，(4) 教育関係のクラブと教会の組織，(5) 大学の公開講座と高校の夜間コースである。ミルウォーキー公共図書館は(1)(2)の成人教育クラスに積極的にかかわり，図書館を活用した学習が進められるよう各コースで図書館の利用を促進し，資料コレクションを準備し便宜を図った（Ibid., p.40）。

個人サービスの類型として特に強調されたのはアメリカナイゼーションと図書館のかかわりである。アメリカナイゼーション・プログラムはこの時点ですでに図書館サービスとしての蓄積を持ち，アメリカ社会と市民生活の安定に貢献するサービスとして認められていた。ラーネッド・レポートではシアトル公共図書館の外国人担当課（Foreign Division）による母語と英語図書のサービスが取り上げられ，アメリカナイゼーションにかかわる公共図書館の役割が強調された（Ibid., p.40-45）[11]。

またクリーヴランド，ロサンゼルス，グランド・ラピッズ，ニュー・ベッドフォード，カナダのレジャイナの各図書館で行われていた図書討論会，ブック・トーク，図書評論会，文学討論会が紹介されている。外国人クラブ，女性クラブ，母親クラブ，学会，宗教団体，ダンスクラブ，政治クラブ，音楽団体などコミュニティの各種の団体と図書館の関係についての言及もある（Ibid., p.46-47）。

既存の図書館活動の中から特に先鋭的なサービスとして紹介されたのは(1)個人情報サービス，(2) コミュニティ情報サービス，(3) 図書館広報活動である。1番目は利用者の情報ニーズに基づいたパーソナルファイルを作成し，個人サービスを行うもので，ピッツバーグ公共図書館，ポートランド公共図書館，インディアナポリス教員図書館などが，このサービスを実施していた。ラーネッドは住民の情報ニーズを探るコミュニティ・インタレストの分析が図書館で積極的に行われるようになると考えていた。コミュニティの特定の関心とコミュニティの住人にとって個人的な価値を持つ情報ニーズとが結びつけられることで，

図書館の知識伝達機関としての影響力が高まっていくからである（Ibid., p.51-52）。

　2番目のコミュニティ情報サービスは，図書館をコミュニティの普遍的な情報資源として位置づけるものである。このサービスには，図書館が地域情報をもれなく把握し，コミュニティについての便覧のような資料を作成するといった方法が考えられた。コミュニティの催し物について情報を提供していたセントルイス公共図書館，コミュニティ内のクラブ組織の委員や活動状況について情報提供していたニューアーク公共図書館がコミュニティ・インテリジェンス・センターとして機能している公共図書館として紹介された（Ibid., p.52）。ラーネッドはコミュニティの図書館の新しいイメージを次のように表現している。

> 図書館は単に図書の保管庫ではなく，各々のコミュニティが持つ特定のニーズに合わせた情報交換のための「マーケット」となるであろう。つまり図書館はたまに訪れる学習のための孤立した場所から，コミュニティの実用的な情報センターへと移行する。図書館はコミュニティ住民が持つべき情報を効率よく提供することで住民を魅了する場となっていく（Ibid., p.53）。

　第3の方向性として示されたのは「図書館は何ができるか」をアピールすることであり，多様な手段による広報活動が求められた（Ibid., p.53-54）。

　さらに図書館サービスの範囲をめぐる問題に言及したラーネッドは，アメリカの総人口の半数以上が適切な図書館サービスを受けていない事実を明らかにする。小規模図書館は予算上，図書館専門スタッフを配置したり最低限の設備を整えたりすることさえ困難な状況にあり，特に人材不足が図書館の質を低下させていた（Ibid., p.54）。また地方の図書館の持つ問題点に対し，ラーネッドは各地域ではじまっていた実験的試行に解決への手がかりを見出した（Ibid., p.55）[12]。

　ラーネッドは公共図書館サービスの調査結果をふまえ，コミュニティの情報流通に関する将来的な展望を以下のようにまとめた。

> 利用者のニーズにあわせて情報サービスを行う専門スタッフが中心となり，活力ある情報センターを通じてコミュニティ内の図書流通が展開されるようになる……というイメージは，75年前に無料図書館が想像できなかっ

たのと同様，現時点では不確かなものとしてしか感じられない。しかし高度な情報流通機能が特定の機関に集約されることによって，その機関は情報を体系的かつ説得的に導く「真のコミュニティの大学」となるであろう。そしてこの機能が町，地区，カウンティへ拡張されることによって，普遍性を持つ知的，文化的進歩への主要な手段となっていくことだろう（*Ibid.*, p.56）。

ラーネッドはカーネギー財団による公共図書館設立と図書館発展にレポートの1章を当て，近代公共図書館を概観している。カーネギーは「あらゆる年齢層の利用が見込まれる包括的な教育のためのコミュニティ・センターを設立する」というビジョンを抱いていた。その目標の実現過程で，カーネギーが図書館を重要視した理由は，図書が市民の知的向上に関して最も有益なツールであり，図書館は市民の大学（popular university）であるという信念を持っていたからであった（*Ibid.*, p.69-70）。

ラーネッドは図書館がすでにアメリカの知的生活に密着した存在であり，図書館をめぐる課題はその存在の是非を問うというより，今後の方向性にあると述べる。図書館がアメリカ民主主義社会を構築していく過程で，知識と情報の普及にかかわる重要な機関であることは揺るぎない事実であった。ラーネッド・レポートで提示してきた優れた図書館サービスの事例から，図書館の高度な情報サービスは専門的能力を持った人材に拠るものであり，人的援助が図書館サービスの発展の方向性を握っていることが結論として示される（*Ibid.*, p.76）。

ラーネッドは専門教育を受け専門のトレーニングを積んだ図書館職員を図書館に配置して，図書館サービスの再組織化を図ることを提起した。つまり図書館専門職は図書館の事務的なルーチンワークとは区別されるべきであり，その教育は大学での専門カリキュラムと結びつけられなければならないとして図書館教育の改革を提唱した（*Ibid.*, p.78-79）。

公共図書館は住民のニーズにあった教育的サービスを段階的に進めていく機関となるべきである。ラーネッドは他機関との協力やアメリカ図書館協会が提供する図書館サービスのためのツールを利用することで，小規模図書館にもまたコミュニティ・インテリジェンス・サービスの中心的機関となる道が開かれ

ていることを示唆してレポートを締めくくった (*Ibid.*, p.79-80)。

第3節　考察

知識の普及と専門職

　ラーネッド・レポートは知識普及という立場から図書館を論じていた。モンロー (Margaret E. Monroe) は「ラーネッドは重要な知識を成人の多様な知性に適合させていくことの必要性を認識していた。そして知識，情報サービスの理論的枠組みを『成人教育』にではなく『知識普及』という概念においていた」と分析している (Monroe 1963, p.29)。ラーネッドが図書館調査およびレポート執筆にあたって，知識の普及と情報流通を常に念頭においていたことは，ラーネッド・レポートを考察する上で留意すべきポイントとなる。

　ラーネッドはレポートを執筆した1924年の時点ですでに「明確な目的意識を持って教育に携わる専門職」と「専門職によって組織化された図書コレクション」の両者が教育活動全般に共通する重要な要素となっていることを十分に認識していた (Douglass 1960, p.24)。専門職への関心は，ラーネッドの成人教育研究者としての研究テーマと密接にかかわっている。専門職研究は「教育者」の専門職としての資質を考察するものであり，ラーネッドがドイツ留学時代から手がけてきたテーマである。ラーネッド・レポートでは検討の対象を「知的活動に携わる人材」へと拡張し，成人教育での図書館員の専門性を探っている (Learned 1924, p.15-17)。図書館サービスを向上させる条件として，専門教育を受けた図書館員の必要性を繰り返し説くラーネッドの姿勢は，専門職研究に根ざしていた[13]。また組織化された図書コレクションの重要性については，ラーネッド・レポートのなかで知識の普及と関連づけて論じている。公共図書館の最も中心的な要素は「専門職」と「組織化された資料コレクション」であるとラーネッドはとらえている。

1920年代のアメリカ成人教育

　ラーネッド・レポートの同時代の図書館界への影響に関する考察を進める前

に，1920年代の成人を対象とした図書館サービスの状況に少し言及したい。成人教育研究者カートライト（Morse Adams Cartwright）は1920年までの図書館成人教育サービスを次のように描写している。

> 図書館界は公共図書館設立以来，「成人教育機関としての公共図書館」という理念が保持されていると主張してきた。しかし成人教育が理念から活動方針を定めて実践へと移行したのは（アメリカ図書館協会に成人教育委員会が設立された）1924年からである。図書館員たちは50年間，自らの教育的使命を語ってきたにもかかわらず，コミュニティで成人教育サービスを実行するための努力をしてこなかった。その原因はヨーロッパのライブラリアンシップにあった。図書館は第一に図書や資料のコレクションの場であり，同時代の知的財産の蓄積場所であった。ゆえに図書館員は収集家でありコレクションの管理者であり，その使命は図書館の財産を不適切な利用から守ることであった。……この保管者的任務（custodianship）の伝統が長い間，教育的場面での図書館と図書館員の行動を抑止してきた（Churchwell 1975, p.141-142）。

状況が変化しはじめたのは1920年代半ばからである。1924年7月にアメリカ図書館協会は図書館と成人教育に関する委員会（Commission on the Library and Adult Education）を設立した[14]。1926年に委員会は『図書館と成人教育』（*Libraries and Adult Education*）と題する研究報告書を刊行している。委員会は報告書でラーネッド・レポートの1節「（成人教育）活動の多くは目的を欠き，活動の大部分は継続的価値が認められるような蓄積効果をもたらしていない。……アメリカでは成人の大多数は自己教育に欠かすことのできない『図書からの知識受容』に関する知的訓練を受けていない」という部分を引用し，アメリカの成人教育に関して多様な活動があるものの，確固たる活動方針もないままに行われていることを指摘している（ALA The Commission on the Library and Adult Education 1926, p.19-20）[15]。

ラーネッド・レポートの評価

ラーネッドのレポートに対する同時代の図書館員の反応はどのようなもので

あったのだろうか。モンローは，ラーネッドの構想の一部を実際に図書館サービスに取り入れていた人物として，イーノックプラット公共図書館のホイーラーを挙げている。ホイーラーは1926年の『イーノックプラット公共図書館年次報告書』（*Enock Pratt Free Library Annual Report*）で3項目の目標，(1) 図書館のメイン・コレクションの主題別部門化，(2) コミュニティの関心を反映した蔵書構築，(3) 専門教育を受けた図書館員の起用，を明示した。これらの計画はコミュニティ・インテリジェンス・センター構想でラーネッドが強調した諸点と重なっている（Monroe 1963, p.142-143)[16]。

ラーネッド・レポートに関する図書館員の意見は賛否が入り混じった状態にあった（*Ibid.*, p.29-30）。図書館員は，ラーネッドが描き出した図書館の理想モデルは教育的傾向が強すぎると感じていた（Cartwright 1935, p.87）。図書館員のラーネッド・レポートへの賛同はコミュニティ・インテリジェンス・センターの構築という大きな枠組みにではなく，図書館サービスの事例として紹介されたシカゴ公共図書館やデトロイト公共図書館の読書相談に寄せられた。1920年代は図書館員が成人教育の意義と成人教育に関して図書館が果たすべき役割を意識しはじめた時期であった。しかしながらラーネッド・レポートに対する反応は，多くの図書館員が図書館での成人教育の役割を読書アドバイスという一点に集約させて認識していたことを示している（Monroe 1963, p.30; "Editorial" 1924）。

モンローは図書館員のレポートの反応のなかにラーネッドと図書館員の成人教育に対する考え方の隔たりを見ている。たとえば，図書館員が共感を寄せた読書相談サービスのあり方にラーネッドは完全に賛同していたわけではなかった。ラーネッドはシカゴ，デトロイト，ミルウォーキーの各図書館の読書相談部門を高く評価する一方で，読書相談を独立した部署で行うことを理想とはしていない。読者と接する図書館員すべてが読書相談の役割を果たしていくことがラーネッドにとって望ましいあり方だった（Monroe 1963, p.29)[17]。

ラーネッドと図書館界のサービスに対する認識の隔たりは，1920年代に図書館界が公共図書館をいかなる場所としてとらえていたのか，あるいはとらえようとしていたのかを考察する上で重要な手がかりになる。すなわち図書館員

はラーネッド・レポートの価値を認識した上で，みずからを「印刷媒体」を扱う専門職と規定し，読書を中心としたサービスに図書館館固有の成人教育活動領域を見出し，サービスを展開していった。これに対しラーネッドは図書という媒体に固執せず，知識全般の流通ならびに普及や情報サービスの向上を説く立場を取った。既存の図書館サービスの枠組みにとらわれないラーネッドの自由な発想と現実の図書館活動との間には明らかに隔たりがあった。

ラーネッドのコミュニティ・インテリジェンス・センター構想は，現場の図書館員に拒否されただけではなかった。ラーネッドに報告書を依頼したカーネギー財団もコミュニティ・インテリジェンス・センター実現に向けた支援を拒んでいる。財団会長のケッペルはラーネッド・レポート刊行に尽力したものの，成人教育に関する財団の政策は研究と調査を中心に進めていく方法を選択した。この決定により既存の公共図書館をコミュニティ・インテリジェンス・センターへと作り替えるというラーネッドの勧告は，成人教育に関する企図とはいえ，研究や調査の範囲を超えて物理的施策が必要とされ政策から除外された(Stubblefield 1988, p.25-26)[18]。

しかしながらラーネッド・レポートの内容はアメリカ公共図書館サービス理論として今日でもなお価値を失っていない。公共図書館史研究者は「アメリカ公共図書館活動の今日の発展を引き出した重要な著作」(Rayward 1992, p.62)，「ライブラリアンシップに新しい哲学をもたらす内容」(Bobinski 1978, p.305)，といった表現でラーネッド・レポートを高く評価している。公共図書館の成人教育サービスの史的展開を論じたR.E.リー（Robert Ellis Lee）は，ラーネッド・レポートが教育機関としての公共図書館を緻密に描写し，その可能性について最初に体系的な見通しを与えるものであったと評価する（Lee 1963, p.47）。またモンローはラーネッド・レポートで提示された情報センター構想は現実と離反したものではなかったと述べる。ラーネッドが情報センターでのサービスとして挙げたものは，すでに一部の図書館では日常業務のなかに存在していたからである。たとえば主題別部門の設置と主題専門家による情報サービスはクリーヴランド公共図書館によって実施されていた。またニューアーク公共図書館ではさまざまな講演が企画され博物館や美術館と連携したサービスが行われ

ていた (Monroe 1963, p.29)。

　公共図書館研究で現在なおラーネッドのコミュニティ・インテリジェンス・センターに言及があるのは，ラーネッドの構想が図書館の持つ自己教育のためのさまざまな機能を示し，コミュニティという単位をまとまりにサービスを展開するという公共図書館の基本的方向性を明示したこと，さらに公共図書館は柔軟性に富んだコミュニティの教育的機関であって，資料提供サービスに限定されない多様可能性を持つことを明確に示唆したものだったからである。ラーネッド・レポートは大部分の公共図書館の実践よりも先行した理論を示すことで，図書館の成人教育サービスの活動の方向性を指し示した。

公共図書館と知識の流通

　ラーネッド・レポートは，1920年代の急速な情報増大とその結果もたらされた知識普及に関する切迫した問題の発生とを背景として書かれている (Stubblefield 1988, p.24)。ラーネッドはコミュニティの図書館と情報流通の間に緊密な関係性を作り上げていく可能性を導き出したことで，カーネギー財団の目指す知識流通の整備に対し示唆を与えた。ラーネッドの公共図書館論では，19世紀後半から近代公共図書館を理念的に支えてきた教育的機能を重視する伝統的な考え方よりむしろ公共図書館での情報収集と情報処理機能の強化が最前に掲げられ，公共図書館はコミュニティ内の情報の効率的な流通の中心機関としてみなされている。

　こうしたラーネッドの姿勢と，伝統的な理念に依拠しながら図書館活動を展開していた多くの公共図書館が保持していたサービス理念との間にあったずれは明らかである。また，実践面からみてもラーネッド・レポートの提言を実行するためには情報サービスにかかわる環境整備や専門スタッフの配置が必要であり，その条件を満たすことのできる図書館は現実にはごく少数であった。結果的に，コミュニティ情報センターは公共図書館の理想型として高い評価を得たものの構想の段階にとどまった。しかしながらラーネッドが1920年代に同時代の情報流通をめぐる現実を鋭くみきわめ，公共図書館をコミュニティの知識普及の中心機関として描くことで，公共図書館が取り組むべき高度なサービ

ス理論を図書館界に提示したことは重要である。

　ここでラーネッド・レポートが書かれた1924年という時期に再び着目してみよう。アメリカでは1920年代初頭から成人教育運動が全国的な隆盛をみている。職業教育，アメリカナイゼーション教育，女性教育，レクリエーションといった既存の活動は拡大化し，活動を支えるための制度的基盤を形成しようとする気運が高まっていた。全国的な成人教育組織の形成に着手したカーネギー財団は，全米の成人教育の実態把握と将来的な方向を探るために成人教育関係者を招聘して会議を開催し，1926年にはアメリカ成人教育協会が発足する。また財団はアメリカ成人教育に対する図書館の役割を重視し，ラーネッドの図書館調査は成人教育機関としての図書館の可能性を追究していた財団の政策の一環として遂行された。

　一方，図書館界では1900年代から急増したアメリカへの移民を対象とする言語教育サービスや1920年代初頭から開始された公共図書館での読書相談サービスなどを通じて，図書館独自の成人教育活動を展開していた。そして図書館界でもまた成人教育の実践を図書館活動のなかに明確に位置づけるために，「図書館と成人教育に関する委員会」が1924年にアメリカ図書館協会に発足した。ラーネッド・レポートはアメリカ成人教育が一つのムーブメントから社会的制度として確立されようとしていた時期に産み出された。

　ラーネッド・レポートで示されていたのは大多数の公共図書館の実践に先行する先端的なサービス例であって，レポートの提言は同時代の図書館の実践活動に結びついたわけではない。むしろアメリカ図書館協会を中心とする図書館界のリーダーに成人教育の重要性を自覚させ，コミュニティへの公共図書館の役割をめぐる議論を生起させた点をラーネッド・レポートの意義としてとらえるのが妥当であろう。

　ラーネッドがレポートで提示した新しい情報サービスである専門的なレファレンス・サービス，読書アドバイス，学習援助サービスなどは現在，公共図書館が実施している成人サービスに含まれている。またコミュニティに着目した情報サービスに関しては，1970年代に展開されたコミュニティ情報センターの理念と重なるものである。1920年代という早い時期にこうしたサービスを

提唱したラーネッドの先取の精神は高く評価されるべきであろう。ラーネッド・レポートで提起されたさまざまな構想が現実と即座に直結することはなかったとはいえ、ラーネッドは公共図書館の情報サービスの新しい可能性についてのモデルを提供したといえる。そして図書館界はこうした新しいサービス論と現実のサービスとの距離や実現可能性を見定めながら今日の多様な公共図書館サービスにつながるサービス理論を構築していった。次章では、ラーネッド・レポートより約15年後に、再びカーネギー財団によって行われた公共図書館調査と調査を行ったジョンソンがまとめた成果レポートを検討する。

注

1 次のような文献がある（Lee 1966; Monroe 1963; Williams 1988）。

2 1919年のカーネギーの死去後、助成の優先度を見直しながら成人教育領域への資金援助を検討しはじめていた財団は、1924年に成人教育に関する専門家会議を主催し、10年間にわたって300万ドルを成人教育事業に寄付することを決定した（Kett 1994, p.334）。

3 カーネギーは自らの慈善の基点を誠実性、倹約精神、道徳心といった価値におき、自らの寄付が社会全体の知識の向上のために使われることを望んでいたものの、知識普及を行う側で知識の中身を規定することには反対していた。しかしながら財団の成人教育担当者であったルート（Elihu Root）とプリチェットは知識の流通に関して一定のコントロールの必要性を認識し、これを財団の政策課題と重ね合わせた。そして一般市民への直接的な知識の普及よりは、専門家を介在させた情報流通体制を理想としていた（Stubblefield 1988, p.23）。

4 ラーネッドの経歴については以下の資料を参考にした（Douglass 1960; Boaz 1978）。

5 教育学研究者としてのラーネッドの名前は大学院進学適性検査（Graduate Record Examination）の発案者として知られている。

6 同書はミズーリ州を対象としたアメリカ公立学校の教員養成について論じたもので、教育者の専門性、教授法、教育者養成の問題を取り上げている（Douglass 1960, p.21-23）。

7 同書はイギリス、フランス、ドイツの初等中等教育での生徒の学習過程に関する調査に基づいた研究である。調査を通じてラーネッドはヨーロッパ諸国の学生の持続的学習態度の保持という点に強く引きつけられる。ヨーロッパの学生に関する調査を通じてラーネッドは学習過程の質は、学生の学習に対する真摯な精神的態度と知的生活

への活力によって決定され，自己教育へのとりくみの姿勢が知識獲得と緊密にかかわっているという確信を得た (Douglass 1960, p.24-27)。

8 クリーブランド市の場合，小学校，中学校の学生1人当たり17ドル支出しているのに対し，図書館に対しては住民1人当たり1.54ドルの支出に留まっていた (Lerarned 1924, p.32)。

9 ニューアーク・ビジネス図書館でのレファレンスの数は1日400件に達し，質問の大部分は電話で寄せられた。

10 読書相談業務は「適切な読書計画の提供によって，目的を持った体系的な読書を可能にし，計画実行にあたっては，助言と奨励を行い学習のプロセスを積極的に援助する」サービスである。個人の読書傾向を探り出すインタビューからはじまり読書計画の作成と必要資料の提供へと段階的に進む。読書相談業務は館内に特別のスペースを設けて，利用者個人に対するカウンセリングのような形で行われることが多かった。助言者は各個人に適した読書計画を提案し，利用者は規定のコースにしたがって読書を行った (下村 1990, p.50)。

11 アメリカナイゼーション・プログラムについては小林論文に詳しい (小林 1993)。小林はアメリカナイゼーションを「アングロ・サクソン系の血統，民族，文化を強調する立場から行われる」狭義のものと「民主主義等を身につける『市民性』習得を強調する立場から行われる」広義のものに分け，1910年から1920年の間に行われたアメリカ公共図書館のサービスの多くが広義のアメリカナイゼーション運動を標榜していた点を評価している (小林 1993, p.26-27)。ラーネッドはレポートでシカゴ公共図書館のサービス事例を紹介するにとどまり，アメリカナイゼーションと図書館のかかわりについての自身の見解を明らかにしていない。したがってラーネッドが図書館でのアメリカナイゼーション・プログラムを広義のものとみていたのか狭義のものとみていたのかについては，レポートの記述のみから判断することはできない。

12 たとえばウィスコンシン州では州単位の図書郵送サービスに関する実験的試みがはじまっていた。またカリフォルニア州では42の中央図書館が4,000分館を統括するような相互協力のための体制を整備していた。

13 チャーチウェル (Charles D. Churchwell) はラーネッドの図書館員の専門教育と継続教育についての提言がカーネギー財団の図書館教育政策に影響を与えたことを指摘し，ラーネッドの図書館学教育に対する貢献を論じている (Churchwell 1975, p.63-66)。

14 設立に際しカーネギー財団は24,500ドルの寄付を行い，委員会は財団からの補助金によって図書館と成人教育の研究に着手した。

15　レポートの該当箇所は次の通り（Learned 1924, p.6-7）。

16　モンローはラーネッドの提唱する「真正なコミュニティの大学」(genuine community)という概念が「真の大学」(Real University)という言葉でイーノックプラット公共図書館の計画の中にとりこまれていたと分析している（Monroe 1963, p.142-143）。

17　両者の認識の差はウィリアムズによっても指摘されている。ウィリアムズはアメリカ図書館協会会長でシカゴ公共図書館館長のジェニングズ（Judson T. Jennings）が1924年の講演で，図書館が図書および読書を中心にしたサービスを行っていくことを明らかにし，ジェニングズの主張が図書館界の方針として採用されたとき，ラーネッドの構想は図書館界からはっきり否定されたと論じている（Williams 1988,〈訳〉p.62-63）。

18　ケッペルは図書館が利用者の読書内容まで踏み込むことはできず，したがって知識の形成にかかわることができないという理由から，公共図書館が成人教育機関になることには疑問を持っていた（Cartwright 1935, p.87）。そのためケッペルは図書館を成人教育のための情報センターにするというラーネッドの構想を財団の事業に取り入れることはなかった（Stubblfield 1988, p.25-26）。

第5章　アルヴィン S. ジョンソン
の図書館成人教育論

　前章ではラーネッドのコミュニティ図書館論を中心に，成人教育への制度的枠組みが整備された1920年代の公共図書館界の状況を考察してきた。続く1930年代はアメリカ公共図書館界で成人教育への意識がさらに高まった時期であり，読書カウンセリングを中心とする多様な成人教育サービスが試行された時期でもあった。アメリカの経済学者ジョンソンは，この時代の図書館成人教育の状況を『公共図書館：市民の大学』（以下，ジョンソン・レポート）として一冊の著作にまとめた（Johnson 1938）。ジョンソンはレポートの執筆に先立ちカーネギー財団から資金援助を受けて公共図書館調査を行い，その成果レポートは1938年にアメリカ成人教育協会から出版された。ジョンソンは経済学を専門としており図書館界と直接のつながりがなかったこともあり，レポートは図書館関係者が指摘しえない既存の図書館サービスに対する鋭い批判や図書館界への大胆な提言に満ちていた[1]。特に，公共図書館はコミュニティの成人教育の中心機関「市民の大学」（people's university）として機能していくべきであるというジョンソンの主張は，図書館界に議論を巻き起こした。

　ジョンソンが図書館界の外側からいわば「外部の視点」を持って図書館活動を観察し，公共図書館の成人教育サービスへの役割を明確に位置づけた点は特に高く評価することができる。アメリカ公共図書館はカーネギーの慈善活動による公共図書館設立をきっかけとして，活動の方向性や運営の指針が図書館界の外側から与えられるようになり，その影響は図書館の理論形成にもおよんだ。

とりわけアメリカ公共図書館での教育的サービスの発展過程でこの傾向が顕著であり，常盤繁が指摘するように「外的な力が図書館を閉じたシステムとすることから防いできた」（常盤 1977, p.117）側面がある。ジョンソン・レポートもこうした系譜に位置づけることができる。ジョンソンは図書館成人教育という新しい可能性を示し，このサービスを遂行するために公共図書館が「純粋図書館業務」（pure librarianship）から脱却する必要性を説いた。

ジョンソン・レポートは，コミュニティの成人教育活動における公共図書館の役割と成人教育サービスの可能性を明確に提示しており，公共図書館の成人教育理論書としての価値がきわめて高い。図書館成人教育をテーマとする多くの文献がジョンソン・レポートに言及し[2]「市民の大学としての図書館」とは，公共図書館での成人教育理念を表現する時にしばしば引用されるフレーズとなった。しかし先行研究はいずれもジョンソン・レポートの概要を紹介するにとどまり，レポート全体を対象とした詳細な分析はなされていない。

本章ではジョンソン・レポートの成立の背景を同時代の成人教育の状況とともに明確にし，レポートの内容について分析を行う。さらにレポートで論じられていた「コミュニティの成人教育の先導者としての図書館員」「市民の大学としての図書館」などの概念を手掛かりにしながら，ジョンソンの図書館成人教育論を考察する。

第1節　『公共図書館：市民の大学』成立の背景

アメリカ成人教育と図書館成人教育の史的展開

アメリカ成人教育の歴史は植民地時代までさかのぼることができ，ライシアム運動，ショートカ運動など実験的な試みを体験しながら発展してきた。20世紀初頭には大学，夜間学校，奉仕団体，図書館，博物館，宗教団体などによって職業教育，アメリカナイゼーション教育，女性教育など多彩な活動が展開されるようになる。しかしながらこれらの活動は個別に行われ，さまざまな活動団体を統括する組織はなかった。混沌とした状況にあった成人教育の制度的基盤の整備に乗り出したのはカーネギー財団である。カーネギー財団は 1920 年

代に入ってからアメリカ社会での成人教育の重要性を認識し，成人教育関連事業に目を向けるようになっていた。

　図書館成人教育もまた書物を通じた自己研鑽を重んじた植民地時代にすでにその萌芽が見られる。ライシアム運動やショートカ運動を通じて実施されてきた教育的意味合いが強い図書館サービスは，第1次世界大戦後に「成人教育サービス」という名称が与えられる（Williams 1988,〈訳〉p.59-60）。一つのムーブメントと呼ぶべき成人教育活動の高まりのなかで公共図書館は，1900年代初頭に急増したアメリカへの移民に対する英語教育，母語資料提供サービスや読書相談サービス[3]を開始した。この時期の図書館成人教育の状況をまとめた著作がラーネッドの『アメリカ公共図書館と知識の普及』である。ラーネッドは高度な読書相談サービスや学習プログラムの作成など公共図書館での個人を対象とするサービスから図書館主催の講演会，文学討論会，読書会，アメリカナイゼーション・プログラムにいたる幅広いサービスを検討し，コミュニティの成人教育活動が公共図書館で集中的に展開されることで，図書館はコミュニティの大学としての性格を持つようになると結論づけている（Learned 1924）。ラーネッドの報告書は，アメリカ図書館協会を中心とする図書館界の指導者に成人教育の重要性を自覚させ，公共図書館のコミュニティに対する役割をめぐる議論を生起させた。

　1924年にアメリカ図書館協会は図書館と成人教育に関する委員会を発足させた[4]。1926年に委員会は図書館成人教育に関する2年間の研究成果を『図書館と成人教育』にまとめ，公共図書館の成人教育サービスの柱となる3項目として，(1) 自主学習を進めている利用者に対する読書カウンセリングの実施と適切な図書の推薦，(2) 地域の成人教育に関する情報の提供，(3) 成人教育機関への資料の供給，を挙げた（ALA The Commission on the Library and Adult Education 1926, p.9-10, p.103-107）。さらに1933年にアメリカ図書館協会が作成した「公共図書館基準」（Standards for Pubic Libraries）では，公共図書館が自己教育のための資料提供機関として明確に規定され，1934年の「図書館全国計画」（A National Plan for Libraries）でも公共図書館の成人教育への積極的かかわりが明示された。

この時期の成人教育への取り組みをカートライトは「1920年代の図書館員は熱心な読者の発見と指導に傾倒し、1930年代に入ってから自らをコミュニティの教師として責任ある立場に位置づけることを意識しはじめた」と描写している。成人教育運動の広がりが図書館の成人教育の指導者層だけでなく、一般の図書館員に図書館成人教育の重要性を意識させる契機となっていた。カートライトがこうした状況をふまえて「図書館成人教育は黄金時代を迎えた」と述べたのは1935年のことであった（Cartwright 1935, p.141-143）。しかしながら1930年代後半になると大恐慌による経済的逼迫を理由に1920年代を通じて公共図書館界で最も熱心に推進された読書相談業務が少数者へのサービスとして問題視されるようになっていった（Williams 1988,〈訳〉p.66-68）。

ジョンソンの略歴[5]

ジョンソンは1874年にネブラスカに生まれた。修士号をネブラスカ大学で、経済学博士号をコーネル大学で取得した後、ネブラスカ、シカゴ、スタンフォード、コーネルの各大学の経済学教授を歴任した。1901年の博士号取得後ジョンソンは「社会科学的アプローチによる日常的な問題の解決」を自らのテーマの1つに据えるようになる。この姿勢が成人教育への関心につながり、人生の後半を政治評論家、教育家、社会科学界のオーガナイザーとしての仕事に費やしている。コーネル大学の教授を務めていた1912年頃には、経済学が知的関心を持つ一般市民から距離をおいた所で展開されていることに不満を抱き、経済学が世論や市民の知識に貢献するものならば、それは市民にとって手に届く知識であるべきとの考えから、一般読者向けの経済資料の執筆に取り組んでいた。1914年にはカーネギー財団からの依頼により公共図書館の調査を行った。この調査は内容的に1938年のジョンソン・レポートとも深くかかわる。1917年から1923年までは『ニュー・リパブリック』（New Republic）の編集に携わっている[6]。

第1次世界大戦後、ジョンソンはコロンビア大学関係者からなる大学の単位や学位とは独立した学術機関設立を企図するグループのメンバーに加わった。このグループは1919年にニュー・スクール・フォー・ソーシャル・リサーチ

(New School for Social Research：NSSR) をニューヨークに設立する。ジョンソンは1923年から1943年まで会長を務め，ニュー・スクールを独創的な成人教育機関へと育て上げた。同時代の成人教育機関が初歩的な学習カリキュラムの実施や専門技術の取得に焦点を当てていたのに対し，このスクールは社会科学と他の領域との統合を計り，さまざまな教養課目をカリキュラムに組み込むことで，アカデミズムを強く意識した成人教育を目指した[7]。また1927年から1933年まで『社会科学百科事典』(*Encyclopaedia of the Social Sciences*)の編者となったほか，1939年から1940年までアメリカ成人教育協会の会長を務めた。以上のような経歴はジョンソンが経済学の専門家というよりもジェネラリストと呼ぶにふさわしい人物であったことを示している。

　ここでジョンソンが1916年にカーネギー財団に提出した公共図書館調査報告書 (Johnson 1919) についてみておきたい。1886年から1917年にかけてカーネギーが1,412のコミュニティに寄付した4,100万ドルによって1,679館の公共図書館が建築されたことは図書館史では最も重要な出来事の1つとなった。1915年に寄付金の使用状況について見直しをはじめたカーネギー財団は，当時コーネル大学教授であったジョンソンに既存のカーネギー図書館の調査を委託し，ジョンソンは100館を超えるカーネギー図書館を視察して報告書をまとめた (Bobinski 1969; p.144, Bobinski 1978; p.276)。

　レポートでジョンソンは，公共図書館が公的支援を強く要求すべき市民のためのサービス機関であり，市民の知的向上に重要な役割を果たす施設であると論じて公共図書館の存在意義を明確にした (Johnson 1919, p.12)。ジョンソンは図書館が利用者の要求に応じて図書を供給するだけでは不十分であるとして，読書促進のための読書指導や講演会の企画を提案した (*Ibid.*, p.21, 22)。またコミュニティに密着したサービスを実現するために，図書館員はコミュニティの社会的，経済的状況についての知識を持つべきだと説いた (*Ibid.*, p.25)。調査段階では図書館員養成機関はその多くが入学対象者を高等学校卒業にしており，教授内容は図書館実務への偏重が甚だしく，図書館員のための専門教育の再編と強化が求められていた (*Ibid.*, p.46-47)。ジョンソンは報告書で次の3点すなわち (1) カーネギー図書館設立のための専門調査員による事前調査，(2)

専門教育を受けた図書館員の派遣，(3) モデル図書館の設立による図書館のアピールを勧告している（*Ibid.*, p.56-68）。

ジョンソンは報告書をカーネギー亡き後，財団の秘書を務めていたバートラム（James Bertram）に提出した。バートラムは，カーネギーが図書館運営をコミュニティに全面的に任せる意向を持っていたこと，図書館専門職に対して長期にわたる教育に価するような専門性を見出していなかったことを理由にレポートの勧告を拒絶した（Johnson 1952, p.238-239）[8]。しかしながらバートラム以外の財団のメンバーは報告書の重要性を十分認識し，既存のカーネギー図書館と図書館サービスの改革に乗り出すことを決定する。1917年に財団は図書館建築への寄付金を停止し，図書館関連事業の寄付内容についてジョンソンの報告書に添った見直しに着手し，総合的な図書館調査をはじめた（Bobinski 1978, p.278）[9]。ジョンソンの報告書は，財団の図書館政策方針を図書館の物理的要素である図書館建築から内部的要素である図書館員と図書館サービスへと転換し，これを契機としてアメリカ図書館界のさまざまな局面を再考していくきっかけをもたらした点で図書館史上，きわめて重要な価値を持つ[10]。1916年にカーネギー財団に提出された報告書と1938年のレポートの間には直接のつながりはないとはいえ，図書館サービスとサービスを支える図書館員を重視する視座は1938年のレポートに引き継がれた。

第2節 『公共図書館：市民の大学』の分析

ジョンソンが1938年のレポートをまとめるにあたり訪問した図書館は23館，資料による調査を行った図書館は7館である[11]。図書館調査での分析ポイントは，成人教育活動の全国的な隆盛を背景にして図書館の機能，図書館員のサービスに対する姿勢，図書館の将来的役割を明らかにすることにあった（Johnson 1938, p.v-vi）。ジョンソン・レポートは，図書館成人教育の概観（1章〜3章），公共図書館における成人教育サービスの分析（4章〜6章），図書館成人教育論（7章〜9章）の3部構成であり，以下レポートの記述にそって論旨をまとめたい。

公共図書館の成人教育

　ジョンソンは図書館での成人教育サービスを検討するにあたり，まず娯楽図書サービスや家系図調査サービスなどを教育的図書館サービスから除いた。また職業上の調査研究の支援については教育的業務であるとしながらも，一般調査のための情報提供サービスにとどまっている限り，図書館は教育機関ではなく実務的ツールを提供するコミュニティの共同施設としてしかみなされないと警告した（*Ibid.*, p.1-3）。さらに公共図書館の成人教育上の役割をめぐる情報提供の内容に関してテーマは政治経済および文化の分野に集中し，図書館はこれらの領域の読者を積極的に導くべき存在なのか，あるいは求められた資料の価値にはかかわりなく要求されるものを供給すべきか，という大きな問題に直面していると指摘している。ジョンソンの目には図書館員の多くが文化的中立性という立場から市民の読書の方向づけに関して責任を引き受けることを拒否しているかのように映った（*Ibid.*, p.4）。

　ジョンソンは多くの図書館が特定業務として成人教育サービスを実施する余裕がないとしても，図書館の情報管理そのものが利用者を高度な文化レベルへと導くことができるシステムであると認識していた（*Ibid.*, p.9）。ジョンソンは，貸出業務の合理化や開架式書架の採用により公共図書館のサービスに新生面を開いた人物として知られるデイナ（John Cotton Dana）がその手腕を十分に発揮したニューアーク公共図書館の貸出業務を分析した[12]。同館の貸出記録を例示しながら，公共図書館での継続的，段階的読書が個人の文化的成長に与える影響を詳細に報告している（*Ibid.*, p.9-18）。そしてすぐれた図書館サービスは特に成人教育と意識されることなく成人教育効果を発揮するものであり，実際には教育的業務の多くが一般業務に内在していることを明らかにした（*Ibid.*, p.20-21）。

　次に図書館成人教育の史的発展を概観しながら，ジョンソンは19世紀後半のアメリカでの初期成人教育ムーブメントが図書館の成人教育の基盤となっていることを指摘した。当時のアメリカの大学はヨーロッパとの比較では設置数や教授内容に関して貧弱な状況にあった。さまざまな社会思想が生み出されていたヨーロッパの思想的影響は，アメリカの大学にはほとんど波及しなかった。

このような状況で，知的向上心に富む中産階級の大多数が書物のなかに豊穣な思想の世界を見出すようになった。ジョンソンは特定の市民層による文化的欲求が大学発展への基盤を形成し，現在の公共図書館活動への推進力になったと分析している（Ibid., p.23-24）。図書館成人教育の歴史的経緯を踏まえ，ジョンソンは公共図書館が成人教育の基底部を支え，市民に対し教育的刺激を与えてきたと結論づけた（Ibid., p.27）。

公共図書館全体を通観したこの章の終わりに，ジョンソンは図書館員が過度に教育的な立場をとらず図書の管理者としてこれまで実践してきたことが，思想の普遍的普及の面で意義深いことであったとまとめた。つまり多くの図書館員は急進的な思想書を書架から取り除きたいという思いにかられるものであるが，実際にはそうした行動をとらなかったからである。真の成人教育にはすべての思想を許容する度量が求められているとジョンソンは述べた。公共図書館もまたこの寛容の精神によって特徴づけられるべきであり，そのことが公共図書館の民主主義的価値につながっているとジョンソンは主張した（Ibid., p.27-28）。

図書館成人教育サービス活動

ジョンソンは公共図書館で行われていた成人教育サービスを「開架書架と図書リスト」「読書アドバイザー」「公開討論会，講習会，講座，講義」の3つのテーマに分け詳細な分析を試みている。まず，これらのうちの主要なサービスに焦点を当てて1930年代の図書館成人教育サービスを考察してみたい。

ジョンソンは読書リストについて質の評価が困難であるとしながらも図書館成人サービスの重要なツールとみなした（Ibid., p.31）[13]。公共図書館が成人教育プログラムのために独自に作成した図書リストは，図書選択の適切さと情報のアレンジの面で優れたものが多かったからである（Ibid., p.32）。ジョンソンは図書リストを資料紹介の機能しか持たない固定的図書リスト（agglutinative list）と教育的効果が期待しうる発展的リスト（developmental list）に二分し，固定的リストは読者層の拡大には役立つとしても成人教育のためのツールではないと述べた（Ibid., p.32-34）[14]。学習意欲を持った読者は個々の読書パ

タンを持ち，初歩的な読書から発展的な読書へと移行するものであり，こうした読者に必要なのは個人を対象とした読書相談サービスである（Ibid., p.37）。ジョンソンはこれまで経験を積んだ図書館員が読書相談サービスという名称を与えられなくとも読書サービスを行ってきたことを評価する一方で，それらのサービスがともすれば図書館員の経験的直感に頼ってきたことを指摘している（Ibid., p.38）。ジョンソンは読書相談サービスの目的を成人教育におくのならば，読者アドバイザーは読者と図書についての知識に加え，教育的な目標に対し眼識を持った教育者であるべきだと訴えた。そして読者相談業務を向上させるため，読書カウンセリングからデータを収集し分析することの有効性と読書相談アドバイザーに対する専門教育の必要性を説いた（Ibid., p.41-43, 45）。

　次にジョンソンが論じたのは，私的財源による図書館の時代から伝統的に行われてきた講演会や公開討論会（forum）といった図書館でのインフォーマルな成人教育である。集会活動の妥当性について検討したジョンソンは，(1) 集会活動は純粋な図書館活動ではない，(2) 恩恵を得る利用者が限定される，(3) 図書館が企画する集会活動が，社会的争点を含むテーマに抵触することによって，資料収集の自由を保持してきた図書館に検閲が及ぶ可能性が高まる，という3つの課題を挙げている。しかし実際には図書館の講演活動は中立性の高いテーマが中心であり，コミュニティ内の教育への意識の高い住民を図書館の支持者にするのに役立っていた（Ibid., p.48-50）。ジョンソンは図書館主催の講座としてミネアポリス公共図書館の創作講座（Creative Writing Course）を例示しながら，このような講座を大学ではなく図書館で主催する理由について次のように分析している。参加者の多くを占める主婦たちは大学主催の講座を受動的に受け止める一方で，図書館の講座に対しては参加者側の自主性を感じ取っていた。このような理由から市民の主体的な学習要求を最大限に活かすような柔軟性の高い教育サービスは，公共図書館によってこそ提供が可能である（Ibid., p.51）。

ジョンソンの図書館成人教育論
　ジョンソンが構想した最も活力ある成人教育組織は講演会，討論会，父母会，

児童学習会合，読書クラブ，文学とお茶の会，有権者協会などが1つの地域的成人教育組織としてまとまったものである。ジョンソンはこの統括的な成人教育組織が成人教育活動の重要な補助機関として図書館を位置づけるような，コミュニティ内の成人教育機関の有機的構図を提示する（Ibid., p.59）。ジョンソンは成人教育改革のなかで，図書館がこれまで以上に重要な場として位置づけられることになると予測した。図書館員が成人教育活動の責任を自発的に引き受けることはないにせよ，図書館がこれまで行ってきた多彩な活動をつなぎあわせることで，成人教育へのニーズとともに高まる図書館の機能について青写真が浮かび上がってくる（Ibid., p.60）。

　ジョンソンは公共図書館の成人教育プログラムが強い印象を与えたことを認めながらも，サービスとしては初期の段階にあると指摘している。図書館員は自分たちを図書管理者として認識しているため，成人教育サービスが貸出数を増加させたり貸出の質を上げるものであればその仕事は自分たちの本来の仕事だと認め，逆に貸出数を減少させるものならば成人教育サービスに疑念を抱くようになると分析し，成人教育サービスに対する図書館員の姿勢を批判した（Ibid., p.61）。さらにジョンソンは「自己の著作に責任を持ち，著作の永続性を希求する著者によって書かれた思想性豊かな学術書なくして成人教育の名にふさわしい教育は成り立たない」と述べて，民主主義社会制度のなかで公共図書館の本質的役割はきわめて重要であると図書館成人教育の存在意義を強調した（Ibid., p.67-68）。

　レポートの最終章「市民の大学」でジョンソンは図書館成人教育を総括し，成人教育の効果的システムを発展させるための可能性として，(1) 公立学校，カレッジ，大学での成人教育活動の拡張，(2) 既存の個別教育システムの開発，(3) 公共図書館を成人教育の永続的機関すなわちインフォーマルな市民の大学へと発展させること，という3点を提起した（Ibid., p.71）。ジョンソンはここでも再び成人教育活動に必要なのは指導力であり，公共図書館がその役目を担う必要がある理由は，図書館は成人教育の重要な要素である書物の提供機関であるからだという論拠を繰り返した（Ibid., p.72-73）。最後にジョンソンはアメリカ公共図書館の実践が注目すべき偉業で，傑出した社会貢献の1つであると

述べた。さらに図書館員は有能な専門職団体で，その仕事は時代を越えて生き残り有用性を維持し続けるものだと称賛した。図書館員が成人教育に関して自らの指導力な役割を果たした上で，図書館を市民の大学――民主主義国家の確固たる防波堤――に組み替えて，将来性のある機関として確たる基盤を持つことへの期待を明らかにしてジョンソンはレポートを締めくくった（Ibid., p.79）。

第3節　考察

ジョンソンの図書館観

　ジョンソンは図書館を形作るのは建物でも蔵書でもなく，一定の知的秩序のもとで展開される独創力のある図書館サービスであることをレポートで繰り返して論じた。1930年代には産業的変化のなかで職業上の再訓練と再教育の必要性が増加すると同時に，社会生活に必要な正確な知識を養いバランスのとれた判断力を身につけることが成人教育の目的として求められるようになった。ジョンソンはこうした要請のなかで，図書館をたんに有用な施設というよりきわめて重要な社会機関としてとらえている（Rose 1938, p.450）。レポートでは公共図書館の成人教育サービスの問題点が数多く指摘された。しかしジョンソンはコミュニティの公共図書館の持つ教育的可能性をはっきりとみきわめ，公共図書館が市民の知的向上を導く上で中心機関になることを想定し，図書館の将来に大いなる期待を寄せていた。

　レポートで展開されたジョンソン独自の概念について考えてみたい。まず「純粋図書館業務」を検討してみよう。ジョンソンは図書整理を中心とした従来の図書館業務を純粋図書館業務と呼び，図書館成人教育サービスと峻別した。ジョンソンは当時の図書館サービスが純粋図書館業務にとどまっていることをレポートのなかで批判し，これを脱しないかぎり図書館は真の成人教育機関たりえないと主張する（Johnson 1938, p.68）。しかし図書館の現場は，伝統的な図書館職として実践を重ねてきた図書中心の成人教育サービスに固執していた。またジョンソンは読書相談サービスのような利用者への個人サービスを重視し，そこから成人教育をより高度なレベルへと発展させる必要性を説く。一方，図

書館員は「一般に，読書相談業務におけるその役割を伝統的なライブラリアンシップの延長線上で捉え，助言者としての役割の範囲にとどまった」(下村 1990, p.56) のだった。

このような図書館界との思想的隔たりは，ジョンソンが打ち出した「成人教育のリーダーとしての図書館」という構図に対する両者の考え方に端的にあらわれた。図書館界はこの図式をきわめて大胆で実行不可能な構想として受け取った。図書館の既存の活動範囲内で可能な成人教育サービスを考える図書館界と，自由な発想で図書館の機能を成人教育機能に結びつけようとするジョンソンの見解には明らかにずれがあった。

次にジョンソンの図書館思想を最も端的に表現する「市民の大学としての図書館」について検討してみたい。ジョンソンは図書館をコミュニティの成人教育の中心機関として位置づけ，そこで図書館の果たすべき役割を「市民の大学」と表現した。レポート刊行後「市民の大学」という言葉は図書館が成人教育の場であることを明確に表現するフレーズとして，広く用いられることになる[15]。近代公共図書館の成立以後，図書館界は民主主義社会を支える公共図書館という理念を標榜してきた。この理念に含まれる「公共図書館の教育的役割」がジョンソンによって「市民の大学」という，より明快な言葉に置き換えられたのであった。

ジョンソン・レポートに対する評価

ジョンソン・レポートへの評価を同時代の書評からみていきたい。シカゴ大学図書館学大学院のディーンであったウィルソンは，ジョンソンの公共図書館の教育的役割に関する批判的な評価は，大多数の図書館員から受け入れられ刺激になるだろうと評する一方で，ジョンソンが個別の図書館やライブラリー・スクールが取り組んできた成人教育活動への取り組みを見落としていること，そして図書館研究者によって研究が進められてきた成人の読書興味や成人の学習行動についての有益なデータの蓄積にほとんど言及がないことを指摘した。しかしウィルソンはそれらが細かい欠点にすぎず，ジョンソンが知的市民性を維持するための最も有益な機関として公共図書館を位置づけ，図書館の成人教

育の可能性を明示したことを評価している（Wilson 1938a, p.503）。アメリカ図書館協会のチャンセラー（John Chancellor）は『ライブラリー・クォータリー』の書評で、レポートが成人教育に関する個別の論点ではなく成人教育の理念の確立に重点をおいて書かれている点に着目すべきだと述べる（Chancellor 1938, p.542）。チャンセラーは批判的な研究でありながらジョンソンの記述には図書館に対する賛同が感じられると述べた。チャンセラーは図書館員が発見しながらも実現にいたらなかった成人教育という図書館にとって最大のチャンスを射程に入れた図書館サービスの構図をジョンソンが復活させたと結論づけ、レポートを高く評価している（Ibid., p.544）。ローズ（Ernestine Rose）はジョンソンのレポートはライブラリアンシップと図書館員の精神的つながりを貫く鋭い知的刺激であり、レポートの内容は図書館員の新しい方向性を示唆しているとする（Rose 1938, p.450）[16]。

　こうした同時代の評価についてウィリアムズは、レポートがかなり広範囲の図書館員によって読まれ議論を巻き起こしたにもかかわらず「公共図書館界において、公共図書館は教育グループを組織するリーダーシップをとるべきであるという、彼の提案はほとんど支持されなかった……図書館員たちは、民衆の大学としての図書館というジョンソンのヴィジョンに喜び触発された――しかし、彼が提案した方法は、あまりに過激であるように見えた」と論じている。つまり図書館における成人教育は重要であるものの、図書館が主導権を握る必要はないと図書館員達は考えた（Williams 1988,〈訳〉p.71-72）。モンローによれば、アメリカ図書館協会成人教育委員会はジョンソンの調査結果の影響を強く受けている。しかしながらジョンソンと委員会の見解には「コミュニティの成人教育について、図書館の役割をどのように位置づけるか」という点で唯一相違があった。両者とも補助的な役割は否定する。しかしながら委員会は図書館のリーダーシップを関係機関との調整と協力を通じて展開することを望んでおり、ジョンソンは図書館が単独で成人教育をリードしていくことを想定していた（Monroe 1963, p.46）。

1930年代の公共図書館を取り巻く背景

1930年代の公共図書館を検討する上で見落とすことのできない要素が，大恐慌とニューディール政策である。経済恐慌はアメリカの成人教育全体の動向に大きく影響をおよぼした。1920年代が成人教育が制度的に整備され1つの運動体としてアメリカ社会のなかで大きな力を持つ時代であったのに対し，1930年代は不況という深刻な社会背景のなかで現実の問題を解決するための手段として成人教育が認識されていった時期である。図書館にあらわれた変化としては，失業者による図書館の利用が急増し，公共図書館に再就職のための情報を提供したり技術変化へ備える再訓練の場としての機能が求められるようになったことが挙げられる (Johnson 1938, p.62-63)。一方，ニューディールの一連の復興対策のなかには図書館をめぐるさまざまなプロジェクトが含まれ，不況によって緊縮財政での運営を余儀なくされていた多くの図書館が雇用対策局 (Working Progress Administration : WPA) プロジェクトによって経済的に救済された[17]。

マクロな視点からみると1930年代はニューディール政策という大きな枠組みのなかで，連邦政府が成人教育ならびに図書館政策に関与していった時期として浮かび上がってくる[18]。村上美代治は図書館界と連邦政府の関係について「1933年のルーズベルト大統領就任以降，アメリカ図書館協会と連邦政府，図書館専門職との関係樹立，更には戦後の連邦政府の本格的支援システムであるLSA（連邦図書館サービス法）が誕生する土壌が形成されていった」と論じている（村上 1993, p.46）。ニューディール政策はアメリカ成人教育界ならびに図書館界に対して具体的な政策面での影響にとどまらず，両者の活動の制度的根幹部分にも強い影響を与えた。

1930年代の大きな社会的変化による公共図書館と成人教育の変容について，レポートではほとんど言及されていない。それゆえレポートを1930年代の成人教育に関する網羅的報告書とみなすことはできない。書評から読み取れるように，レポートは公共図書館の成人教育サービスの将来像を描くことに重点をおいている。ジョンソンのレポートの価値は，これまで行われてきてはいたものの明確な位置づけを与えられていなかった図書館成人教育サービスの輪郭を

示し，図書館がコミュニティの成人教育機関であることを改めて主張した点にあるといえよう。特に図書館界では，資料提供以外の付加的サービスとみなされてきた読書相談サービス，図書館での集会活動といった多様な試みに公共図書館の教育的可能性を発見し，これらのサービスを理論化した所にレポートの意義を見出すことができる。こうしたサービスは1940年代以降，成人サービスとしてより広い概念へ溶け込んでいき，情報要求が多様化する現在，アメリカ公共図書館サービスに欠かせない要素となっている。

　図書館成人教育を図書館史のなかに位置づけるためには，図書館成人教育の意義や役割についての理論史的研究と，同時代の社会，政治，経済的背景と図書館の動向を結びつけていく制度史的研究の両方が必要である。ジョンソン・レポートは前者にとって示唆的内容を持った1930年代の理論的成果であると同時に，今日の図書館成人サービスにも有効な論点を含むことから，普遍的な図書館成人教育サービスの理論書としてとらえることができる。

　ラーネッドとジョンソンの公共図書館論では，公共図書館は資料提供にとどまらず，多様なレベルでの教育的サービスを提供することが可能な柔軟な機関として論じられている。両者に共通するのは公共図書館をコミュニティの知的求心力としてとらえる視点である。次章では公共図書館の存在に本源的にかかわるコミュニティ概念を中心に図書館論を展開し，図書館が持つ知的求心力を理念的に解明しようと試みたカーノフスキーの図書館思想について検討してみたい。

注

1　レポートの刊行は「平穏な図書館界にとってきわめて衝撃的なできごと」(Monroe 1963, p.44) と表現された。
2　代表的な文献は次のものである (Bobinski 1969; Monroe 1963; Williams 1988)。
3　読書相談サービスの展開については，下村が詳しく論じている (下村 1990)。
4　図書館と成人教育に関する委員会は1926年に常任委員会 (ALA Board on the Library and Adult Education) となった (常盤 1977, p.111-112)。
5　ジョンソンの経歴については以下の資料を参考にした (Bobinski 1978; Colm 1968; Johnson 1952; Stubblefield 1988)。

6 『ニュー・リパブリック』は『アメリカ的生活の約束』（*The Promise of American Life*）で進歩的自由主義を主張しローズヴェルト（Theodore Roosevelt）に大きな影響を与えた政治評論家クローリ（Herbert Croly）によって1914年に創刊されたリベラリズムを標榜するオピニオン・マガジンである。編集者にはジャーナリストで公論や大衆に関する批判的な論考によってマス・コミュニケーション関係者に影響を与えたリップマン（Walter Lippmann）もいた。同誌は台頭しつつあった進歩的自由主義の思潮のなかで生まれ，全米各地に散らばっていた思想家たちを1つのリベラル・ムーブメントへと結束させる役割を果たした。

7 ニュー・スクールは1930年代にドイツから亡命してきた社会科学研究者を積極的に受け入れている。

8 バートラムは親友としてカーネギーの意志を守ることに固執するあまりに図書館政策への考え方が硬直化していたと考えられる。

9 この時期にカーネギー財団がかかわった調査は，図書館教育変革のきっかけとなった1918年のウィリアムソン・レポート，1924年のラーネッド・レポートなどに結実している。

10 ジョンソンの1916年のレポートについては，平野がすでに詳しく論じている（平野 1989）。

11 訪館したのはニューヨーク，ニューアーク，ボルチモア，ワシントン，アトランタ，バーミンガム，ニューオリンズ，ヒューストン，ロサンゼルス，サンフランシスコ，オークランド，ポートランド，シアトル，デンバー，カンザスシティ，セントルイス，ミネアポリス，セントポール，ミルウォーキー，デトロイト，インディアナポリス，クリーヴランド，ピッツバーグの各図書館である。資料提供を受けたのはシカゴ，フィラデルフィア，ブルックリン，バッファロ，シンシナティ，ロチェスター，ボストンの各図書館である（Johnson 1938, p.v）。

12 デイナの公共図書館活動については次の文献を参照（Mattson 2000）。

13 この時期最も普及していた図書リストはアメリカ図書館協会作成の『目的のある読書』（*Reading with a Purpose*）であった。このリストは利用者の読書に役立つと考えられる8冊から12冊の関連図書を紹介する冊子で1933年までに約85万部が売れた（Williams 1988, 〈訳〉p.63）。

14 この固定的リスト／発展的リストは1920年代からの読書相談サービスについて分析した下村の訳語にしたがっている。下村はジョンソンの論じる固定的リストは「ある種の図書に意を向けさせるために有効でしばしば利用される手段であるが，大抵は体系的な読書のガイドを意図したものではない」これに対して発展的リストは「重要

な問題への広範かつ適切なアプローチを提供する」と分析し両者の相違を明らかにしている（下村 1990, p.54）。

15　ローズは『アメリカ人の生活と公共図書館』（*The Public Library in American Life*）の中で「市民の大学」という章を設け，ジョンソンの成人教育理念を手掛かりに図書館と成人教育の関係を考察している（Rose 1954, p.177-186）。

16　成人教育の領域からは1938年にフィッシャー（Dorothy C. Fisher）が『ジャーナル・オブ・アダルト・エデュケーション』に「図書館の窓を開く」（"Opening Library Windows"）と題した書評を発表した。フィッシャーは「図書館職員は神聖な図書館業務が大雑把に扱われることに憤慨するかもしれない」としながらも，同時にジョンソンによって外界から新鮮な空気を入れられたような気持ちになるだろうと指摘した。フィッシャーは，ジョンソンがフィクションの提供，貸出重視といった図書館のおかれている現実を把握した上で，図書館と民主主義について強い信念を維持していることを強調した。フィッシャーはレポートを貫いているのは状況についての厳しいが冷静な現実主義であるとその印象を述べた（Fisher 1938, p.303-304）。

17　ニューディール政策と図書館については，次の文献を参考にした（村上 1993）。

18　こうした傾向に関して小堀勉は「20世紀初頭からしだいに強められてきた連邦の成人教育への公的関与はこの社会的体制的危機に直面して，一挙に公然化し，社会政策として成人教育を位置づける連邦の先導的権限を，理論的にも実質的にも不動のものにしたのである」と分析している（小堀 1978, p.336）。

第6章　レオン・カーノフスキーの
　　　　　コミュニティ図書館論

　アメリカの公共図書館は現在，講演，集会，コンサート，タウン・ミーティング，グループ学習など多様なコミュニティ・サービスを実施しており，図書提供サービスにとどまることなく，コミュニティ構成員の情報活動と学習活動に関する総合支援機関として機能している。こうした多彩なコミュニティ活動を公共図書館界全体の方向性として定着させたのは，アメリカ図書館協会の図書館政策による部分が大きい。協会は1955年から1960年にかけて，コミュニティに関する基礎的研究である「図書館——コミュニティ・プロジェクト」に着手しており，こうしたコミュニティ分析作業は，1920年代から継続的に行われてきたコミュニティをめぐる多様な実践とコミュニティ研究の成果に基づくものである。

　図書館界ではすでに1920年代から1930年代にかけて，コミュニティをテーマとした複数の研究書が刊行されている[1]。しかしこの時期のコミュニティ論は，サービス対象の背景としてコミュニティを把握するにとどまり，図書館とコミュニティのかかわりを，両者が拠って立つ社会，経済，政治的基盤からとらえるような視点が希薄だった。そのなかでシカゴ大学図書館学大学院が1943年に開催した研修会『コミュニティのなかの図書館』ではコミュニティと図書館の影響関係が，図書館関係者を中心に社会学者，教育学者らによって多面的に討議された。同研修会は図書館界における最初の本格的なコミュニティ概念の討究の場であった。

本章の分析の中心となる論考は，同研修会の内容をまとめた論文集に収められたカーノフスキーの「国家とコミュニティの図書館」("The State and the Community Library") である。カーノフスキーはラーネッドとジョンソンの公共図書館論で自明の存在とされたコミュニティの概念そのものを検討し，戦時体制下にあったアメリカの公共図書館とコミュニティの関係を国家という存在を見据えながら追究した。

次のような構成で議論を進めていきたい。はじめにカーノフスキー論文以前の，公共図書館領域でのコミュニティ論の展開をみていく。さらに研修会開催の時代背景について言及した上で研修会での議論をまとめる。次にカーノフスキーの論文「国家とコミュニティの図書館」へと焦点を移し，同時期に発表された関連文献を参照しながらカーノフスキーの論考を分析する。最後にカーノフスキーのコミュニティ論の意義と公共図書館論での位置づけを検討する。

第1節　「国家とコミュニティの図書館」成立の背景

図書館研究におけるコミュニティ論の系譜

コミュニティ研究でしばしば指摘されるように，コミュニティという術語の多義性は議論の曖昧さに結びつきやすい。実際にコミュニティ概念が討究される領域も社会学，政治学，哲学，歴史学，思想史など広範囲にわたる。はじめにアメリカ社会学におけるコミュニティ論の理論的系譜を参照しながら図書館とコミュニティについての議論の展開をみていきたい。

アメリカのコミュニティ研究は20世紀初頭の農村社会学の地域的集団調査からはじまり，そこでは工業化の影響による農村社会の変化をとらえ，農村生活圏を同定するための実証的な研究が行われた。その後，農村を対象とする地域的集団研究は共同体の構成員と学校，教会，図書館などの施設との結びつきをみる生活圏分析アプローチへと発展していく（松原 p.55-56）。

1920年代にはシカゴ大学社会学部で近代都市の社会関係を人間生態学という新しい視点で分析する都市社会学が創始された。シカゴ学派は現実に対する強い問題意識を持ち，産業化や移民による人口集中，都市膨張によってもたら

された社会問題を実証主義の精神と質的方法を重視する研究手法によって解明していった。フィールドワークの場として最適な要素を備えていた1920年代のシカゴを対象にしたエスニック・マイノリティや特定の社会集団に関する研究を通じて都市コミュニティ理論が構築された（矢崎 1987）。

図書館とコミュニティについての研究がはじまったのは1920年代である。コミュニティ・サービスのためのパブリック・リレーションズの手法を討究したホイーラーの『図書館とコミュニティ：コミュニティ調査に基づく図書館広報活動を通した図書サービスの拡大』（The Library and Community: Increased Book Service Through Library Publicity Based on Community Studies）（Wheeler 1924）や，公共図書館をコミュニティ情報センターへ再構築することを提起したラーネッドの『アメリカ公共図書館と知識の普及』（Learned 1924）はこの時期の代表的著作である。公共図書館がコミュニティのなかで知的リーダーとしての役割を果たすべきであるというラーネッドの主張は，1938年に刊行された『公共図書館：市民の大学』（Johnson 1938）でも同様に強調されている。ラーネッドとジョンソンの著作は，公共図書館をコミュニティの成人教育システムの中心機関と認識したものの，図書館とコミュニティのかかわりを社会，経済，政治的基盤からとらえるような視点は希薄であり，むしろ図書館界をコミュニティのなかで公共図書館の果たすべき役割という問題へと着目させるきっかけとなった点で意義があった。

また図書館界では1910年から1920年代にかけて急増する移民のためにアメリカナイゼーション・プログラムを中心としたサービスがはじまり，移民サービスを確立するため図書館界ではエスニック・マイノリティをめぐる議論が高まった。アメリカナイゼーション運動は公共図書館がコミュニティの学校や移民関係団体との結びつきを強める契機となる（小林 1993）。

図書館界でのコミュニティ論のもう一つの流れは，シカゴ大学図書館学大学院の読書調査である。シカゴ大学図書館学大学院ではシカゴ大学教育学部で行われていた読書調査を1930年代から図書館学研究に取り入れ，読書行動のバックグラウンドとなるコミュニティを視野に入れた読書研究を発展させた。図書館学大学院では開校当時から他学部（社会学部，教育学部，歴史学部，心理学

部）との間で共同研究が行われており，図書館学大学院は後期シカゴ学派の都市研究の手法を援用しながら，図書館学独自の読書調査方法を開発していった。

　図書館学大学院の読書研究はシカゴ大学教育学部から招聘されたウェイプルズを中心に進められた。ウィプルズの読書研究は「主題別に読書興味の程度が比較され，読書行動と読書興味の関係が追求され，また集団別の興味主題の比較も含まれる」ものであった（河井 1987, p.277）。ウィプルズらを中心とする「シカゴ学派の読書研究は読書興味の実験・分析的研究，利用者のアンケート調査の域にとどまらず……読書興味の背景となるコミュニティ構造の研究，いわゆる地域調査（community survey）に進み，読書興味のバックグラウンドを研究しようとした」(*Ibid.*, p.269-270)。具体的にはウェイプルズの「ニューヨーク南東部の貧困地帯の読書実態調査」，カーノフスキーの「シカゴ市郊外の読書実態調査」が挙げられる。こうした研究はシカゴ大学社会学部の方法論的アプローチと社会調査に対する姿勢から強く影響を受けたものである（*Ibid.*, p.271）。

　読書行動という視点からのコミュニティ研究は，1930年代から図書館学大学院が進めてきた調査を通じかなり進展していたのであり，研修会がシカゴ大学ならびに図書館学大学院でのコミュニティ研究をベースにしていることはいうまでもない。1943年の研修会は図書館学大学院とシカゴ大学社会学部を中心とするコミュニティ研究，さらに公共図書館のコミュニティ実践活動から導き出されたコミュニティ論が初めて1つの場で議論された学術的機会ととらえることができる。

研修会の時代的背景

　アメリカでは1940年代までに，テネシー渓谷開発公社（Tennessee Valley Authority : TVA）に代表されるような社会改良を目的とした社会政策を通じて，地方開発型政治形態の効果を体験した。このことは地域社会の向上を目指し積極的な社会活動の展開を試みる「コミュニティ・デベロップメント」への関心を呼び起こし，コミュニティの図書館の役割についての議論が高まった（Broom 1976, p.385）。

一方，第2次世界大戦の開戦は公共図書館サービスに大きな影響をおよぼす[2]。図書館のすべての活動は戦勝に向けたプログラムへと目的づけられていったからである。公共図書館は戦争に関する情報センターへと再組織化され，公共図書館はコミュニティに根ざした情報提供機関として戦争にかかわるさまざまなプログラムを組み市民に戦時情報を提供した（Hart 1944）[3]。

戦時下のコミュニティの動向は，研修会でも主要なテーマとして取り上げられた。シカゴ大学教育心理学研究者のコリー（Stephen M. Corey）は戦時下の高等学校教育について，戦時労働委員会（War Manpower Commission）のスペンサー（William H. Spencer）は戦時体制下の労働組合の組織化について報告した（Corey 1944; Spencer 1944）。民間防空局（Office of Civilian Defense）のロイ（Walter Roy）と戦時情報局（Office of War Information）のハート（Clyde W. Hart）は市民防衛と戦時情報についてそれぞれ論じた（Hart 1944; Roy 1944）。戦時下の生活様式がコミュニティという単位を再び強調し，民主主義の牙城としてコミュニティがとらえられるようになっていったことも，この時期の図書館コミュニティ論の特徴である。

研修会概要

論文集は民主主義社会と公共図書館の存在意義について，ライブラリアンシップの理念を総合的に討究したカーノフスキー論文が巻頭におかれ，続く17の論文は各論者が専門領域からコミュニティ論を展開したものとなっている。

シカゴ大学図書館学大学院の主催で開催された研修会ということもあり，シカゴ大学から多くの研究者が参加している。なかでもシカゴ学派として知られる社会学研究者は，自らの研究テーマに基づきコミュニティの諸相を明らかにした。都市生活について検討したワース（Louis Wirth）は都市的生活様式を地域構造，社会組織，社会心理の3つの側面からとらえアーバニズム理論を確立した社会学者である。論文集でワースは伝統的なコミュニティの崩壊に伴う新しい地域社会の特徴を指摘するとともに，都市をめぐる諸問題を検討しながら大恐慌のもたらした社会変化について分析を行っている（Wirth 1944）。またナショナル・ハウジング・エージェンシーのアッシャー（Charles S.

Ascher) が都市近郊について, シカゴ大学の宗教社会学研究者であるキンシェロ (Samuel C. Kincheloe) が小都市について, 農務省のウィルソン (M. L. Wilson) が農村社会について各コミュニティの特徴を論じた (Ascher 1944; Kincheloe 1944; Wilson 1944)。

社会学者を中心とするコミュニティ研究者らがコミュニティの輪郭を社会学的に明らかにしていったのに対し, 図書館関係者は多様なコミュニティ・タイプと図書館の関係性に着目して議論を展開している。たとえばデトロイト公共図書館のアルベリング (Ralph A. Ulveling) は大都市の図書館サービスについて議論した (Ulveling 1944)。アルベリングの所属するデトロイト公共図書館はミシガン大学, ウェイン大学, メリルパーマー・スクール, デトロイト美術協会などに図書館のコミュニティ・プログラムのための協力を仰ぎ, 講演, 就学前児童のためのプログラム, 幼児を持つ母親のためのプログラム, 音楽観賞講座, 高校生のための時事問題講座, テーマ別講座を実施していた (*Ibid.*, p.36-37)。

イリノイ州リバーサイド公共図書館のギルマン (Grace W. Gilman) は中規模都市にある公共図書館のコミュニティでの役割に論及している (Gilman 1944)。ギルマンは大都市にない中規模都市の図書館のユニークな利点として図書館と利用者との緊密性を挙げた。一方で中規模図書館が抱える問題として, スタッフが不足しているために成人教育にとって有効な図書館コミュニティ・プログラムを実施する時間が不足している点を指摘した。成人教育に多くの時間を費やすことで目録や分類といった基本業務の時間が削られる危険性があった (*Ibid.*, p.91-92)。ギルマンは図書館が学校や成人教育グループの補助的存在としてインフォーマルな学習プログラムの企画にかかわってきたことを示しながら, コミュニティ・フォーラムなどを通じて図書館が成人教育に関して指導力を発揮していく必要性を説いた (*Ibid.*, p.96)。

テネシー渓谷開発公社図書館サービスのロスロック (Mary U. Rothrock) は非都市地域の図書館の発展について検討している (Rothrock 1944)。1943年にテネシー州の図書館担当部門は13の東テネシー地区の図書館活動を促進するためにノックスヴィルに図書館本部を設置した。州による支援プログラムは

中央集権的な管理方式をとらず，各地区の図書館活動の部分的な援助を行っていた（Ibid., p.110-111）。非都市地域の図書館の特性として，資料面では知的刺激に結びつくような資料が少なく，新聞，雑誌あるいはドラッグストアで売られるような軽い読み物が多い点，利用に関しては読書に興味を持って図書館を訪れるグループが限られている点が挙げられた（Ibid., p.112）。ロスロックは，学校と図書館の連携をうながし地方の図書館事業を興隆させていくためのリーダーシップをもたらした点で公社の助成を評価し（Ibid., p.115），公社の政策による図書館サービスを発展させていく上での課題を次のようにまとめている（Ibid., p.116-117）。

(1) 農村コミュニティでの図書館の利用を促進するためには，身近なテーマについての図書，映画，ラジオ脚本などさまざまな情報を利用者に届けるための資料流通システムを形成することが最も重要である。

(2) 農村地域の図書館には教育的役割が強く求められる。社会変動による教育範囲の拡大と職業状況の大きな変化は，適応のための再教育を要求している。農村地域では図書館が成人教育にかかわる情報伝達の主要な手段となるべきである。

図書館が農村コミュニティで中核的な役割を果たしていくためには，図書館員はコミュニティのなかで生じる特定の問題に対し関連情報を提供しかつコミュニティの組織化に携わる専門職となることを期待されているとロスロックは述べる。これに応えるためには地域に根ざした問題解決を可能にする農村地域型の図書館サービスについて現職教育の場が必要だった。ロスロックは図書館員のために大学院レベルの講習会やワークショップを開催して農村地域の図書館の発展可能性を高めていく必要性を説いた。図書館員は現職教育を通じてコミュニティのおかれた状況や地域社会の構造上の特徴，コミュニティ発展への障壁とその解決策を専門家の指導のもとで研究する機会を持つことになるとロスロックは考えていた（Ibid., p.117-118）。

研修会では公共図書館が主催する講演会，討論グループ，地域評議会（community council）についても論議があった。クリーヴランド公共図書館のマン（R. Russell Munn）は図書館主催の地域評議会について，シカゴ公共図

書館のヴォーリンスキー (Edith Wolinsky) がコミュニティ討論会について，それぞれの図書館での実践例に即して図書館のコミュニティ・プログラムの現実を報告し，図書館にとっての意義を検討した (Munn 1944; Wolinsky 1944)。またそうしたプログラムの実施にあたって予備的作業となるコミュニティ・サーベイについては，シカゴ大学の社会福祉を専門とするマクミリン (Wayne McMillen) とシカゴ大学図書館学大学院のマーティン (Lowell Martin) が考察を行っている (McMillen 1944; Martin 1944)。

第2節　「国家とコミュニティの図書館」の分析

　本節でとりあげる「国家とコミュニティの図書館」("The State and the Community Library") は，論集『コミュニティのなかの図書館』の巻頭論文 (Carnovsky 1937c) である。カーノフスキーはこの論文集の責任編集者であり，その論考は研修会での他の論文と方向性が若干異なっている。すなわち，他の論文がコミュニティと図書館実践のかかわりについて，あるいは両者の関係をより深めていくための方法論について述べているのに対し，カーノフスキーはコミュニティの図書館の理念それ自体を掘り下げて論じている。
　すなわちこの論文は，民主主義社会における図書館と国家の位置関係を示しながら，図書館活動の理念的背景と民主主義への貢献を目的とするコミュニティの図書館の存在意義の解明を目指していた。以下，カーノフスキーの経歴について言及し，その公共図書館思想を検討する。

カーノフスキーの略歴[4]

　カーノフスキーは1903年11月28日ミズーリ州セントルイスに生まれた。ミズーリ大学では哲学と社会学を専攻した。卒業後セントルイス公共図書館のアシスタント・ライブラリアンとなり，コンプトン (Charles H. Compton) のもとで図書館の各部門で働いた。その後ワシントン大学図書館に移り，1929年にカーネギー財団の奨学金を得てシカゴ大学図書館学大学院に入学した。1932年にウェイプルズの指導で博士論文を執筆している。同年シカゴ大学図

書館学大学院の教員となり，1971年まで教鞭をとった。研究者としてのスタートを切った直後から多くの図書館調査に取り組んでいる。1936年にワイト (E. A. Wight) とともにウェストチェスター・カウンティの調査を行い『都市近郊部の図書館サービス』(*Library Service in a Suburban Area*) にまとめた。1939年にはクリーヴランド公共図書館調査の責任者を務めた。1940年には同僚ジョッケルと『活性化する大都市図書館：シカゴ公共図書館調査』(*A Metropolitan Library in Action : A Survey of the Chicago Public Library*) を刊行した。

また一方で1943-44年度，1944-45年度の2期にわたってアメリカ図書館協会の知的自由委員会 (Intellectual Freedom Committee) 委員長を務めている[5]。1950年に『ライブラリー・クォータリー』に発表された論文「検閲にかかわる図書館員の義務と責任」("The Obligations and Responsibilities of the Librarian Concerning Censorship") では，図書館員が検閲の圧力に対して取るべき態度を明確に論じている (Carnovsky 1950)[6]。海外での図書館発展活動にも積極的に参加し，1942年-43年度にはアメリカ図書館協会の国際関係特別委員会 (International Relations Board) のメンバーになり，1946年にはアメリカ教育使節団の一員として来日した[7]。シカゴ大学図書館学大学院を引退するまで『ライブラリー・クォータリー』の編集長を務めるなど，アメリカ図書館学界の中心的存在であった。

論文「国家とコミュニティの図書館」の分析

カーノフスキーは図書館を構造と機能のみから考えるだけでは，理論的発展に限界があると指摘した上で，論文の目的を (1) 図書館運動の理念的背景と民主社会における図書館と国家の位置関係，(2) 民主的理想の維持に貢献する社会的機関としてのコミュニティ図書館の役割，という2点を明らかにすることにしぼった (Carnovsky 1937c, p.1)。カーノフスキーは国家機関である図書館を論じていくためには国家を理解することが欠かせないと述べた上で，行動規範者，行動監視者として否定的にとらえられてきた国家のイメージは，公共図書館と国家を考えていく上で妥当な解釈とは言えないと指摘した。人間が社会

的,政治的存在である限り,国家は高度な社会的発展や生活を形成する媒介的機能を果たす。国家という組織化された社会のなかで個人は高められるのであり,国家は人間のモラル,知性,精神力をより高めていくために存在している。ゆえに図書館員は国家を法や秩序で制限するものとしてではなく,個人の発展を可能にする機構として認識すべきであった(*Ibid.*, p.2)。

カーノフスキーは民主主義国家を個人の自由を最大限に実現するための装置であり個人を最高位と認識する価値としてとらえた。民主主義における個人の自由は,政府によって提供される特定の制度と制度が市民にもたらす恩恵によって現実となるのであり,コミュニティの図書館は民主主義社会の持つ自由達成を目指すきわめて優れた機関の1つである(*Ibid.*, p.5-6)。続いてカーノフスキーは,ジェファーソン(Thomas Jefferson)の民主主義の概念にさかのぼり民主主義思想における市民教育の重要性を指摘した。そしてジェファーソンの思想のなかに「市民に対して自由をもたらすために,国家は教育という手段を用意するのであり,教育を通じてのみ人は理性に従って自由を達成することができる」とする民主主義思想の原点を見出している。さらに市民教育を自由や真の民主主義へ続くプロセスととらえ,精神の自由化を目的とする教育には人類の思想的源泉である著作物へのアクセスが含まれると指摘して,図書館の存在理由を明示した(*Ibid.*, p.6-7)。

図書館の本質的機能は,社会的問題や議論についてさまざまな角度から書かれた資料を利用者のために用意することにある。図書館は啓蒙の源泉であり,誤ったプロパガンダや虚偽,不正と戦う場所であった。公共図書館は多様な政治,経済,社会的主張を排除することなく有用な真実を伝播することによって,民主主義に対して積極的な貢献をしている。静的で平和で無害な場所という従来の図書館のイメージは否定すべきであり,図書館はアメリカ文明で最も重要な知識集積にかかわる動的な場所ととらえる必要があった(*Ibid.*, p.8)。

マス・メディアの隆盛とともに,真実の伝達や知識を深めていく社会機関としての図書館の潜在的役割はかつてないほど重要なものとなり,公共図書館が市民の知識への真の覚醒に対して責任ある機関として認識されるべき時期が来ていた(*Ibid.*, p.8-9)。コミュニティの図書館が果たしていく役割としてカーノ

フスキーは，(1) 公共図書館はコミュニティの関心事や興味点を理解し，コミュニティの意志を図書館活動に反映させる，(2) 多様な意志が混在するコミュニティにあって図書館員は知的リーダーとして衝突しあう意志の前で批評的態度で臨むことも含めより積極的な行動をとる（*Ibid.*, p.9），という2点を挙げている。

　カーノフスキーは図書館がすべて同質的存在としてみなされていることに批判的であり，基盤となる政策ばかりか政策理解の方法でも図書館は個々に異なっていると主張する。公共図書館活動に標準モデルと呼べるものは存在せず，各コミュニティは独自の図書館像を構築していく（*Ibid.*, p.10-11）。国家の在り方は個々のコミュニティの在り方に依存するものであり，その傾向は戦時下ではますます顕著になり地域の独立性が高まっていた。こうした状況を受けてアメリカのライブラリアンシップが社会に対して行う崇高な貢献は，各館での集団的努力によってもたらされる。規模の大小にかかわらず各図書館がコミュニティにあって人々への真実と啓蒙の中心的機関として機能することで，アメリカのライブラリアンシップは民主主義の伝統の維持に寄与していくことになるのである（*Ibid.*, p.11）。

第3節　考察

カーノフスキーの公共図書館論

　カーノフスキーは1930年代初頭から指導教授のウェイプルズらと行ってきた公共図書館調査を通じてコミュニティ分析の経験を重ねた[8]。カーノフスキーはコミュニティ調査から得た研究成果を図書館学理論へと取り込み，図書選択論で選択の基準に対し資料自体の価値と利用者要求という2つの軸を設定し，自らは価値論を擁護する立場から図書館サービス理念を論じた（Carnovsky 1937a）[9]。

　カーノフスキーは1940年に「コミュニティ分析と選書の実践」（"Community Analysis and the Practice of Book Selection"）と題する論文を発表している（Carnovsky 1940）。この論文はコミュニティ調査での経験を反映する

とともに「国家とコミュニティの図書館」論文で中心的なテーマとなる公共図書館と民主主義の問題が議論されている。カーノフスキーはこの論文で、コミュニティの要求のみでは維持されえない価値判断のための評価を保持する存在として公共図書館を、また批評のための拠り所にしたがって図書選択を行う専門職として図書館員を規定している。カーノフスキーの公共図書館論は、コミュニティの知的リーダーとしての図書館専門職と彼らが行う図書選択を基盤としたコミュニティへの図書サービスとして表現された（Ibid., p.27-28）。

河井がすでに指摘するように、カーノフスキーの図書選択理論の背景には独自の民主主義についての解釈が存在している[10]。カーノフスキーは民主主義を人間の自己実現や自己発展に対する完全な自由としてとらえる。そして民主主義における自由を他者からの物理的自由ではなく人間の自己の情動に対する優位性と規定し、その成立条件を理性によるコントロールにおく。ここで公共図書館の役割は、利用者を民主主義における自由の達成へと導くことにある（Ibid., p.38）。

「国家とコミュニティの図書館」論文と同年に執筆された「図書館員の専門職務への準備」（"Preparation for the Librarian's Profession"）と題した論文では、民主主義の達成に向けた図書館員の役割がさらに具体的に議論されている（Carnovsky 1944b）。図書館利用者であるコミュニティ構成員とサービス提供者である図書館専門職についてのカーノフスキーの認識はきわめて明確であり、図書館員は知識の媒介者であると同時にコミュニティの知的リーダーとして位置づけられている（Carnovsky 1940, p.29-30; Carnovsky 1944b, p.405）[11]。カーノフスキーは図書館業務が民主主義と直接かかわる専門職であることを強調し、図書館員は隠蔽されている問題群と対峙すべきであると説く（Carnovsky 1940, p.29）。

カーノフスキーは、ライブラリアンシップをコミュニティに照準を合わせた文化サービスから公共善の追究へと広がる社会的営為とし、個々のコミュニティから市民社会の概念までを視野に入れたライブラリアンシップの射程を示している（Ibid., p.39）。この視点は「国家とコミュニティの図書館」論文で深められ、コミュニティと個人を基底的な理念として持つアメリカ社会の公共図書館

の意義に関するより精緻な議論として展開された。

　図書館とは知的成長を育むことによって個人の自由を積極的に擁護する場所であり，そのことは2つの側面から規定されている。第一に図書館は住民のニーズを汲み取って資料を提供することによって，住民の意思を反映する役割を持つ。ここで図書館は各住民の総合的意思を持つ存在としてとらえることができる。ただしこの総合的意思は多様なだけでなく矛盾する多くの意思から構成される総体であり，そこから2番目の役割が導出される。すなわち図書館は混在している意思に対して，資料提供を通じた批評的活動を行って異なる意思の調整を試みる存在として規定される（Carnovsky 1944c, p.9）。カーノフスキーは，個人の意思をより広い社会へ反映させていくための社会的機関として図書館に確かな位置づけを与えている。それは同時に，個人とコミュニティと国家を媒介するために，コミュニティの図書館によってなされなければならない知的批評活動のめざすべき方向性を示唆したものでもあった。

　カーノフスキーの視点は国家とコミュニティと図書館についての理念的な関係性におかれており，研修会の他の論文が図書館とコミュニティの実践面での新しい関係性を探究する議論を展開しているなかでは異質な論文であるようにみえる。しかしながら他の論文が議論の前提とするコミュニティと図書館の結びつきを根本から問い直す論考であり，図書館コミュニティ論の思想的基盤としてきわめて重要な位置づけにあるといえる。

研修会への評価

　論文集の責任編集者であったカーノフスキーは研修会の成果を以下の8項目にまとめている（*Ibid.*, p.iv-v）。

　(1)　公共図書館は情報伝達と啓蒙のための機関である。

　(2)　公共図書館が情報伝達と啓蒙を達成していくための最も効果的な手段は図書の供給である。

　(3)　図書館は図書提供だけでなく図書利用を奨励する責任がある。

　(4)　図書という物理的形態よりも，その中身――知識――が重要である。

　(5)　図書館が組織してきた公開討論会，討論グループ，地域評議会はコミュ

ニティ，国家，国際レベルの問題に対する理解をうながし，コミュニティの課題を解決することを目的としている。

(6) 図書館が企画するプログラムは読書促進を意図している。しかしながらそれらの諸活動が読書に結びつくとは限らない。

(7) 図書館のサービス・プログラムの効果を高めるために，コミュニティ理解が不可欠である。図書館は人種構成や経済レベルなどの一般的統計データの背後にあるコミュニティの文化的伝統やコミュニティ内の公式，非公式組織を把握すべきである。

(8) 各コミュニティはそれぞれに異なった存在であり，図書館の活動プログラムを定型化することはできない。

以上の8点は多様な学問的背景を持つ研修会参加者の論点を総括した結論といえる。これらのポイントを念頭に置いて，研修会について考察を進めていきたい。

まず，研修会に対する評価からみていくことにしたい。シカゴ公共図書館のローデンは研修会について次のような意見を述べている。アメリカ公共図書館は図書館の社会的基盤を模索し続けている。公共図書館の初期の理想は市民教育のための機関となって読書活動を振興させることにあった。この初期の目標がある程度まで達成された現時点で公共図書館が次になすべきことが問われている。その答えが，公共図書館の企画する討論会，地域評議会，映画，ラジオ，リサイタル，グループ活動などにある。研修会は図書館運営と図書館サービスに対する新しい方法論と新しい理想についての展開を示している。ローデンは公共図書館が自らの社会的責任を明確にしたい，そしてその責任を果たす中で図書館の可能性を示したい，という願望に支えられた長年にわたる探求に対し，研修会は価値ある貢献をしているとした（Roden 1945, p.115-116）。

公共図書館と成人教育の発展についてまとめたストーン（Walter Stone）は図書館界が戦勝サービスに打ち込んでいる状況で，研修会が戦争への具体的な政策と同時にコミュニティ理解の重要性を図書館員の責務として強調している点に着目している。ストーンは，コミュニティに密着したサービスの姿勢を貫くことで社会的責任を果たしていくべきであるという図書館界の強固な意志

を研修会の議論から読み取っている（Stone 1953, p.444）。

R.E.リーによれば図書館界のコミュニティへの着目は，1880年代から1890年代に図書館とコミュニティとの関係を密にするために導入された3つのサービス，(1) 読書相談サービス，(2) 娯楽を目的とした読書のためのサービス，(3) レファレンス・サービス，とかかわっている。1897年までにアメリカ公共図書館はコミュニティの社会機関として確立し，図書館員の個人読者に対する関心とコミュニティの成人の自己教育を奨励する図書館の役割を明らかにしたいという図書館員の願いが，図書館サービスの方向性を決定していった（Lee 1966, p.29）。1940年代に入ると図書館の教育的役割に関する認識も高まり，公共図書館は独自の成人教育プログラムを主催してコミュニティの活力ある成人教育機関になりうるという考え方が浸透していく（Lee 1963, p.80-81）。またコミュニティ・サービスへの移行の背景には，戦時体制の下で資金上の問題や職員不足などにより個人サービスが困難になったという理由もあった（*Ibid.*, p.82-83）。このような経緯ともあいまって公共図書館界は成人教育という抽象的な目標を，コミュニティという具体的な対象を定めることでより的確にとらえ活動として深めていくべく，1940年代を境にサービス対象を個人からグループへと転換した。

　1940年代以降，公共図書館は討論会，コミュニティ会議，映画，ラジオ，リサイタル，グループ活動などを企画し実施するようになった。論文集でクリーヴランド公共図書館のマンが図書館の主催するタウン・ミーティングについて，シカゴ公共図書館のヴォーリンスキーが図書館の主催するコミュニティ討論会について論じ，両者ともプログラムの効果を高く評価している。同研修会は公共図書館成立当初から目標としてきた成人教育機関としての図書館活動をコミュニティに引きつけて実現していくための実践方法や実践を支える理念を提示し，図書提供サービス以外の図書館サービスに対する新しい方法論とその方向性を示唆することになった。公共図書館が図書を中心としたサービス以外のさまざまな試みを実践することについては1930年代以来，伝統的サービスの維持という観点から保守的な図書館員を中心に批判があった。しかしながら公共図書館がコミュニティを意識しながらその社会的責任を果たしていくことの重要性

が，この時期に図書館界全体の共通認識として浸透し，研修会はこれを確認する場となった。

研修会の意義

図書館とコミュニティをめぐる多層的なかかわりを提示している研修会の意義は，次の3点としてとらえることができる。

まず1番目に戦時下のきわめて特殊な社会状況にあって「コミュニティ概念」を手がかりに公共図書館というものをとらえ直そうとする試みがあった。これはカーノフスキー論文に顕著にあらわれている。カーノフスキーは個人，コミュニティ，国家がいかなる関係で結ばれているかを整理し論じた上で，この三者によって形作られているアメリカ社会に公共図書館を明確に位置づけた。カーノフスキー論文では，個人と共同体の微妙なバランスの上に成立するアメリカ社会のあり方を反映し，公共図書館が矛盾する2つの理念の掛け橋となるような構図が提示されている。

公共図書館論においてコミュニティの概念が重要であるのは，19世紀半ばまでアメリカではコミュニティが社会生活を支える基本的枠組みであったからに他ならない。1870年以前のコミュニティの様子を能登路雅子は次のように描写している。

> 各自治体の地理的境界はそのままコミュニティ意識の境界と重なりあい，地域内の新聞社，学校，博物館，ホテルなどの文化施設も……地域の必要性と価値観に対応して機能し，牧師，政治家，医師といったリーダーたちも，その資格を外部社会に通じた専門能力というよりは地域住民に認められる人格に負っていた（能登路 1993, p.179）。

住民にとってコミュニティは政府に先行する存在であり，生活基盤はコミュニティの自発的活動によって構成されるものだった。政府による施策はそうしたコミュニティ自治の上に重ねられていくことで達成され，コミュニティと政府の基本的な関係性のなかでコミュニティの優位が認められた（*Ibid.*, p.179)[12]。

コミュニティを重視する一方で，アメリカは個人主義によって特徴づけられてきた国家である。本間長世はアメリカの個人主義とコミュニティの関係性を

分析する中で，個人主義の持つ2つの側面を指摘している。第1の側面は開拓者精神に見られる自己発展の希求に支えられた積極的な個人主義であり，第2の側面は個人主義が持つ個人的願望を実現しようとする態度が他人との協調性を損なってきた点であり，これは個人主義の否定的な面としてとらえられる。しかしながらフロンティア精神に代表される開拓生活は，相互扶助を基礎とする共同体での共同作業によって成立していた。そのため第1の側面は集団主義的な特質をも内包していたことになる。このことを本間はアメリカ人の組織力の強さとして指摘する（本間 1993a, p.12-14）。

研修会の意義の2番目に挙げられるのは，コミュニティの特質をふまえた図書館サービスの重要性が示唆された点である。コミュニティの規模別に図書館サービスのあり方が論じられ，コミュニティ理解の前提となるコミュニティ調査に対して，より詳細な分析項目を付加する必要性が提唱された。

各コミュニティはそれぞれ異なる特質を持ち，公共図書館のコミュニティ・サービスの固定的なモデルを決定することはできないという結論は，大都市，中都市，小都市，農村地区といったコミュニティの規模別にコミュニティと図書館について考察した複数の論文によって導かれた。たとえばマーティン論文は1950年代以降のコミュニティ・プランニングにかかわる実践理論を提唱している。ロスロックはテネシー渓谷開発公社という大規模な連邦の社会政策が，地方コミュニティでの図書館のあり方にいかなる影響を与えたのかについて詳細に検討し，図書館活動をコミュニティ・デベロップメントという立場からとらえている。

3番目にコミュニティのボランタリー・アソシエーションと公共図書館の関係が多面的に分析された。トクヴィル（Alexis de Tocquevill）がアメリカ社会の特徴として指摘した自由団体（free institution），結社（association）はすでに17世紀からアメリカ社会に存在しコミュニティを特徴づけてきた。アソシエーションを特定の目的を持って一定の関心を追求する集団としたマッキーバー（Robert Morrison MacIver）の定義は，アソシエーションをコミュニティの対置概念とすることでその社会的性格を明確にした。コミュニティの地域的特性が薄れるにしたがいアソシエーション——なかでも自発的意識によっ

て結びつく「ボランタリー・アソシシエーション」——はアメリカ社会のなかできわめて重要な位置づけをしめるようになった。

　ボランタリー・アソシエーションは初期の地域的組織から全国規模組織へと機構的変化を遂げたが，その実質的な活動はコミュニティを基盤として行われ，地域住民を横断的に結びつけている（能登路 1993, p.181-190）。ボランタリー・アソシエーションを特徴づける自発性，国家と個人の中間集団，成人教育的機能などの概念は公共図書館活動と重なりあうところが多く，コミュニティの図書館を考えていくとき両者のかかわりが非常に重要になってくる。実際にコミュニティに存在する有志のグループ，宗教団体，労働者団体などのボランタリー・アソシエーションが図書館ですでに活発な活動を展開している例もこの時期にはみられ，両者のかかわりはコミュニティと図書館を結びつける鍵となっていた（Wolinsky 1944）。

　研修会では都市社会学を確立した社会学シカゴ学派に属する社会学研究者も交え，図書館を中心としたコミュニティ論について，学際的な議論が行われた。ただし，シカゴ学派のメンバーはこの研修会ではあくまでも社会学を中心とするコミュニティ理論の最新の成果を示しながら，アドバイザーとしての役割を果たしたととらえるべきであろう。一方，図書館関係者のコミュニティ論は各図書館の活動経験から導き出されたものであり，研修会全体として見れば公共図書館の成人教育活動をコミュニティ・サービスという方向性を持たせて実施していこうとする図書館界の動向を強く反映したものとなった。

　シカゴ大学図書館学大学院の研究者が両者を融合するような理論を展開していたとはいえ，シカゴ学派の社会学的アプローチが研修会の議論のベースになっていたとは考えにくく，この点が研修会の開かれた1943年時点での図書館コミュニティ論の方法論的限界を示している。しかしながら1920年代にホイーラーやラーネッドによって指摘されたコミュニティに着目した図書館サービスという概念がこの研修会で多様な領域から検討されることでより精緻化されたことは，成果として十分に認められよう。研修会で提示された論点が1950年代に本格的にはじまるアメリカ図書館協会のコミュニティ政策にさまざまなレベルで吸収されていったことも含め，研修会は1920年代から討究されてきた

公共図書館サービスの基盤としてのコミュニティをあらためて方向づけした重要な節目として公共図書館史上に位置づけることができる。

また1920年代にホイーラーやラーネッドによって図書館サービスの対象として着目されたコミュニティは，カーノフスキーによって明確に図書館の理念のなかに位置づけられた。この段階でコミュニティは図書館サービスの評価のための物理的単位であると同時に，公共図書館の存立理念のための拠り所となった。

次章からはアメリカ図書館協会と社会科学研究会議の共同プロジェクトとして進められた「公共図書館調査」の2つの成果報告書を検討する。その調査はアメリカ図書館協会の指揮のもとに行われた公共図書館の社会的，政治的，経済的位置づけを検証する大規模な試みであり，カーネギー財団から20万ドルの助成金を得て進められた。取り上げる報告書はベレルソンの公共図書館利用者論とリーの公共図書館調査総合報告書である。ベレルソンは1940年代の公共図書館の利用状況を浮かび上がらせるために，コミュニティの公共図書館以外の情報源を射程に入れて公共図書館の分析を行い，オピニオン・リーダーへのサービスという主張を導いた。一方，調査代表者であったリーの報告書は調査成果を総括し評価を行ったもので，多様なメディアによって構成されるアメリカの文化コミュニケーション全体を視野に入れて公共図書館の位相を検討することによって，公共図書館活動の針路を見定めようとしたものである。

注

1 次のような研究がその代表である（Wheeler 1924; Learned 1924）。
2 第2次世界大戦中の図書館サービスについては次の文献を参考のこと（村上 1989）。
3 『ライブラリー・ジャーナル』では「図書館と戦時プログラム」常設特集記事の掲載がはじまった（Williams 1988,〈訳〉p.72-75）。また研修会が開催される前年の1942年，図書館界は第1次世界大戦時と同様，戦地への図書サービスを開始した。全国の図書館が中心になって寄贈図書が集められた。その多くはフィクションであり，陸軍キャンプや海外に送られた（*Ibid.*, p.127-128）。
4 カーノフスキーの経歴については次の資料を参考にした（Haygood 1968; Winger 1978）。

5 知的自由委員会委員長としてのカーノフスキーについては, ロビンズの著書に詳しい (Robbins 1996,〈訳〉p.28-30)。ロビンズは, カーノフスキーは知的自由の立場が図書館専門職に意味することを最初に現実的展望を持って提示した人物であり, 知的自由に関してアメリカ図書館協会における最初の真の指導者であったと評価している (Robbins 1996,〈訳〉p.30)。

6 検閲に関するカーノフスキーの姿勢については, 次の文献も参照のこと (ゲラー 1984,〈訳〉p.218-219, 232-233)。

7 カーノフスキー来日の経緯については次の文献を参照のこと (根本 1999a)。

8 とりわけ同僚ジョッケルと実施した1938年のシカゴ公共図書館調査は重要なコミュニティ調査であった。

9 価値論, 要求論については次の文献を参照のこと (河井 1987, p.216-226)。

10 カーノフスキーの民主主義についての議論は, 選書論とのかかわりからも詳しく論じられている (*Ibid.*, p.224-226)。

11 カーノフスキーの図書館専門職への認識については次の文献も参考のこと (*Ibid.*, p.216-226)。

12 能登路は血縁的相互依存関係を中心とする地理的コミュニティが, 交通技術の発展などによって崩壊していく過程にあっても, コミュニティ関係そのものが崩れることはなかったと指摘する (能登路 1993, p.180)。

第7章　バーナード・ベレルソンの公共図書館利用者論

　1947年から開始された「公共図書館調査」は，公共図書館の社会的，政治的，経済的位置づけを検証する大規模な企図であった。本章では公共図書館利用者に関する調査報告書である『図書館の利用者』（以下，ベレルソン・レポート）を検討する（Berelson, 1949a）。ベレルソンは報告書で公共図書館の利用実態が示す利用者グループの偏りを，複数の調査データを用いて図書館関係者に明確に提示している。

　ベレルソン・レポートについてはすでに多くの先行研究が存在する。ウィリアムズは『アメリカ公共図書館史　1841年-1987年』で「公共図書館調査」に1章を当ててこの大規模な企図について批判的に論じ，ベレルソンの著作についても言及している[1]。『ライブラリーズ・アンド・カルチャー』は1994年に「公共図書館調査」に関する特集号を組んだ（Maack 1994b）。ここに収められたレイバーとマーク（Mary Niles Maack）による論文は，ベレルソン・レポートを「公共図書館調査」全体で最も議論を呼び起こした著作と位置づけている（Raber & Maack 1994, p.30-31）。また同誌のマークの別の論文では，公共図書館界が同レポートを批判の対象として意識することで，自らの運営方針を模索してきた過程が論じられている（Maack 1994a, p.75-94）。1997年には，レイバーが「公共図書館調査」をめぐる政治的イデオロギーに焦点を当てた論考を発表し，ベレルソン・レポートについて言及している（Raber 1997, p.76-78）。わが国でも川崎良孝が，ベレルソン・レポートを詳細に検討し，ベレル

ソン調査以降に行われた公共図書館調査を参照しながら,この著作が図書館調査の一つの系譜を形成していることを指摘している(川崎 1985)[2]。

先行研究は,いずれもベレルソンの図書館論が公共図書館の実践に対し実質的には影響をおよぼさなかったことを指摘するものである[3]。しかし公共図書館論が実践に与える影響は,図書館活動への実質的な示唆にとどまらず,理論そのものが批判の対象として存在することで実践活動に与える刺激を含めて検討すべきであろう。

本章では,図書館研究と並行してコミュニケーション研究の領域に深くかかわっていたベレルソン個人の研究背景から,ベレルソン・レポートの特徴を探りだすことを試みる。とりわけベレルソンがマス・メディアを含めたコミュニティのさまざまな情報源を公共図書館分析のための比較対象として重視し,コミュニケーション研究の手法を図書館分析に適用していた点に着目して考察を進めていきたい。ベレルソンが図書館研究をスタートさせたシカゴ大学図書館学大学院で盛んに行われていた読書研究は,1940年代にはマス・メディアを視野に入れたメディアの比較研究へと発展していた。シカゴの読書研究を先導していたウェイプルズの指導を受けたベレルソンは,研究テーマとしてパブリック・オピニオンの比較研究を選択し,その後,本格的にコミュニケーション研究に着手したのであった(Raber & Maack 1994, p.40)。

ベレルソン・レポートとその母体である「公共図書館調査」に,マス・コミュニケーション研究の枠組みが援用されていたことは,すでにレイバーとマークが指摘している[4]。レイバーらの先行研究は,ベレルソン・レポートがコミュニケーション研究とかかわっていたことを示すだけでなく,「公共図書館調査」が同時代のマス・コミュニケーションの構造を視野に入れ,新しいコミュニケーション・メディアが市民生活へ浸透していく状況を考慮しながら公共図書館を分析していたことを明らかにするものである(Raber 1997, p.53-55)。本章ではレイバーらの指摘を立脚点とし,レポートに対するコミュニケーション研究の影響を明らかにする。この試みによってベレルソンの公共図書館論とコミュニケーション研究の関係を究明することができるであろう。

構成は以下の通りである。まずレポートの調査方法を概観する。続いてレポー

トの内容を検討し，ベレルソンの公共図書館利用者論の全体像を明らかにする。次にベレルソンのもう1つの専門領域であるコミュニケーション研究の方法論と研究成果が，レポートにどのようにとりこまれていたのかという点をレポートの論点とともに考察する。

第1節 『図書館の利用者』成立の背景

ベレルソンの経歴[5]

ベレルソンの研究領域は，図書館学をはじめとしてマス・コミュニケーション科学，社会心理学，行動科学に及ぶ。多様な研究関心がレポートにどのように投影しているのかを探るために，研究者としての出発点からベレルソンの軌跡をたどってみたい。

ベレルソンは1936年にワシントン大学ライブラリー・スクールを卒業後，英語学で修士号を取得した。修士論文は『チョーサーの書誌　1908-1935年』（*A Bibliography of Chaucer, 1908-1935*）である。1936年から1938年までワシントン大学図書館収書部で図書館実務に携わった後，シカゴ大学大学院で図書館研究を再開した[6]。シカゴ大学図書館学大学院では読書研究の第一線で活躍していたウェイプルズに師事し，読書行動を中心としたコミュニケーション研究に没頭する。1941年に博士論文『内容的強調と認知および同意：世論決定でのコミュニケーションの役割についての分析』（*Content Emphasis, Recognition and Agreements : An Analysis of the Role of Communication in Determining Public Opinion*）を提出し，シカゴ大学から博士号を受ける。この論文は世論の形成過程でのコミュニケーションの役割を，社会心理的側面から明らかにした研究であった。マス・コミュニケーションの発展により，世論が人々のラジオや新聞など各種メディアの接触によって構成されていくことを，ベレルソンはインタビューによる検証を重ねて明らかにしている。

1941年にロックフェラー財団研究員になったベレルソンは，コミュニケーション科学を中心とする社会学領域に研究の重点を移す。第2次世界大戦中は

連邦通信委員会外国放送情報活動分析部 (Foreign Broadcast Intelligence Service of the Federal Communications Commission) のスタッフとして，ファシズム国家の情報流通の分析に従事している。1944年にアメリカのコミュニケーション研究で代表的業績を数多く生みだしたコロンビア大学応用社会調査研究所 (Bureau of Applied Social Research) に移り，ラザースフェルド (Paul F. Lazarsfeld) らとともに本格的にコミュニケーション研究に取り組むようになった[7]。

ラザースフェルドらとの共同研究を終えたベレルソンは1946年にシカゴ大学に戻り，シカゴ大学図書館学大学院および社会科学部 (Division of Social Science) の教授に迎えられた。1947年には図書館学大学院のディーンと大学コミュニケーション委員会 (University's Committee on Communication) のメンバーを務めた。「公共図書館調査」が行われたのはこの時期にあたり，調査報告書『図書館の利用者』が刊行されたのは1949年のことである。1951年にはフォード財団 (Ford Foundation) の行動科学部 (Behavioral Sciences Division of the Ford Foundation) の部長を務め，1952年にはスタンフォード行動科学研究センター (Center for Advanced Study in the Behavioral Sciences in Stanford) に赴任し，選挙行動や世論形成過程の研究を続けた。1957年に行動科学の教授として再びシカゴ大学に戻り，1960年にはコロンビア大学の応用社会調査研究所所長に就任した。1962年には人口問題調査会 (Population Council) のコミュニケーション研究プログラム (Communication Research Program) に最高責任者として加わっている。

「公共図書館調査」

次にベレルソン・レポートの母体となった「公共図書館調査」の概要を紹介しておこう。調査の目的はアメリカ公共図書館の現実の姿を明確にし，将来に向けてその役割と活動についての指針を得ることにあった。調査にあたってカーネギー財団は20万ドルの助成を行っている[8]。マス・メディア，社会政策，職業問題といった社会問題に根ざしたテーマが，公共図書館の抱える問題と関係づけられ分析課題として設定された。研究成果は図書館活動，図書館資料とメ

ディア，総合レポートと関連基礎研究という3つの系統に分けられ，各系統内の調査ごとにレポートがまとめられた。

　公共図書館調査では公共図書館分析にあたって，社会機関の目的，構造，プロセスを明らかにするための社会学的分析手法の適用が試みられ，多くの社会科学者が調査プロジェクトに起用されている。とりわけ1940年代のアメリカ市民生活の深部にまで入り込んでいたマス・メディアの影響と図書館の関係について調査するため，さまざまなメディア分析アプローチが用いられた。こうした手法の援用により，「公共図書館調査」は分析視点が図書館内部にとどまる過去の調査とは一線を画し，調査結果はアメリカ社会での公共図書館の位置を市民の現実の情報行動と関係づけて明らかにした。

調査方法

　ベレルソン・レポートは，公共図書館での利用者行動に関する先行研究と，「公共図書館調査」のために行われたオリジナルな図書館利用調査のデータをベレルソンが総括し，公共図書館の利用の概況を論じたものである。先行研究には1930年から1947年にかけて実施された図書館調査が含まれていた。レポートで頻繁に参照されたのは，以下の4つの調査データである。

(1) 1947年に152館の公共図書館を対象に行い，110館から回答を得たベレルソンによる「公共図書館調査」

(2) アメリカ教育局図書館サービス部（Library Service Division of the U.S. Office of Education）による『公共図書館統計　1944－1945年』（*Public Library Statistics 1944-1945*）からのデータ

(3) ニュージャージー州モントクレア公共図書館の1945年および1947年の貸出記録データ

(4) ミシガン大学調査研究センター（Survey Research Center of the University of Michigan）による公共図書館調査

　なかでもミシガン大学調査は1947年10月から11月にかけて行われた全国調査でインタビューの対象者は延べ1,151人におよんだ。この調査によって成人の公共図書館の利用と新聞，ラジオ，雑誌，映画など図書館以外のメディア

の利用との比較データが得られた。なおこの調査結果は1950年にキャンベル (Angus Campbell) が『図書館と図書館以外の情報源の利用』(*Public Use of the Library and of Other Sources of Information*) にまとめている (Campbell 1950)[9]。これら複数の調査データを分析材料として，ベレルソンはアメリカの公共図書館と図書の利用に関する総合的な状況を明らかにしようと試みたのであった[10]。

第2節 『図書館の利用者』の分析

　ベレルソン・レポートの特徴は，公共図書館の利用行動というものが他のコミュニケーション・メディア（図書，雑誌，新聞，映画，ラジオ）の利用と対比しつつ検討された点にある。ベレルソンは公共図書館をコミュニケーション・プロセスの一部としてとらえ，メディア利用についてマクロな状況の把握が，公共図書館の社会的位置づけを見定めていく上で適正な視座となりうると考えていた (Berelson 1949a, p.5-6)。

公共図書館の利用状況

　1947年のミシガン大学調査は，他のメディアの利用と比べて読書人口（読者層）が相対的に限定されていることを顕著に示していた。読書を行うグループは非読者層よりも各種メディアの利用が高い。つまり読者層はメディア全般に対して関心が強く，高い意識を持つ人々である (*Ibid.*, p.6-10)。一方，公共図書館を1ヶ月に1回以上利用するのは成人で10パーセント，児童で33パーセントであった。公共図書館利用者は多様なコミュニケーション手段を駆使してメディアへの接触を積極的に試みるコミュニケーション・エリートであることが，図書館以外の情報源利用についてのデータから導き出された (*Ibid.*, p.10-15)。またミシガン大学調査からは，特定の情報を得るために公共図書館を利用する傾向は弱いことが示され，公共図書館を情報源としてとらえることは現実的でないことが判明した (*Ibid.*, p.17-18)。

　公共図書館の利用状況について概要を提示したベレルソンは，より具体的な

データ分析へと議論を進めた。登録者の中核は児童，青少年であり，貸出数の50パーセント以上をこの層が占めており，利用者の4分の3は35歳以下で，アメリカの公共図書館は実質的に若年層のための機関として存在していた（*Ibid.*, p.19-24）。また公共図書館の利用が教育レベルと深くかかわることも明らかになった。まず図書館への登録そのものが学歴と密接に関係していた。読書習慣の確立および読書技術の向上も教育に依存する要素が強い（*Ibid.*, p.24-30）。黒人よりも白人の利用率が高く非都市地域よりも都市の方が公共図書館利用率が高い理由は，教育環境に起因していた（*Ibid.*, p.40-46）。

　さらにベレルソンはコミュニティに存在するオピニオン・リーダーと図書館利用者の関係性に言及し，図書館利用者がこのグループと重複していることを指摘する。オピニオン・リーダーの意見や判断はコミュニティで尊重されることから，図書館利用者はコミュニティの他のメンバーへ影響力が強いグループとしてみなすことができる。ただしベレルソンは政治的関心の高さよりもコミュニティ内の広範囲におよぶ文化活動への積極的な取り組みによって特徴づけられる社会意識の高さに，オピニオン・リーダーの要件を見出していた（*Ibid.*, p.46-49）。

公共図書館の機能

　調査の結果から，公共図書館の主な業務が貸出とレファレンスにあることが判明した。貸出資料の60パーセントから65パーセントはフィクションであった。一方，貸出率こそ低かったもののノンフィクションは幅広い領域から平均的に借り出しがあり，一定量の貸出数が維持されていた。しかもノンフィクションの借り手はある程度固定的であり，その内訳は学生，高学歴者，専門職グループである。貸出データは公共図書館がノンフィクション資料の供給で一定の役割を担っていることを示すものの，実際の貸出数を分析すると所蔵の約半数がノンフィクションでありながら，貸出の3分の2がフィクションであった。これは図書館蔵書の中でフィクションの利用率が高いことを示すもので，全所蔵数に占めるノンフィクションとフィクションの割合が，貸出数の割合とは合致していないことが判明した（*Ibid.*, p.51-61）。

伝統的な図書館サービスに加えて公共図書館では1920年代から職業上の昇進，自己研鑽を目的として読書カウンセリングをはじめ，1940年代には市民の読書活動に有益な指針を与えるサービスとして定着する。好景気には教養一般を高めるためのアドバイスが求められ，不景気には職業教育にかかわる相談が増加するなど，読書カウンセリングへ寄せられるテーマは社会動向を直接反映していた。ベレルソンは，このような図書館員による図書選択のためのアドバイスが実際には，市民の読書行動へほとんど影響を与えていないと分析している。ただし影響力がないにもかかわらず，図書館員に対して図書および情報アドバイザーとしての役割が強く期待されていることを調査データは明確に示していた（*Ibid.*, p.74-76）。

調査時点で図書館は図書提供以外のサービスとして映画会，映像資料やレコードの貸出，学習グループの組織化，集会などの企画を試みるようになった。そして図書館員はこうした新たなサービスが図書館利用者を開拓する手段になることを期待していた。だがベレルソンはこのような実験的サービスは新規の図書館利用者の獲得には結びついていないと述べる。公共図書館の新しい企画は，現実には非利用者を図書館へと引きつけるというよりはむしろ，既存の利用者のための補助的サービスとなっていることを調査データは明らかにしたからである（*Ibid.*, p.79-82）。

1946年の世論調査センター（National Opinion Research Center）の行った調査は，公共図書館に対する市民の認識に問題があることを浮かび上がらせた。公共図書館の財源について回答者のうち33パーセントのみが理解していたにすぎず，図書館が貸出サービス以外のサービスを行うことを知っていたのはわずか40パーセントにすぎなかった。市民には公共図書館に対する基本的知識がなく，そのことが公共図書館利用のさまざまな場面に深刻な影響をおよぼしていた。ただし図書館の機能やサービス内容への理解とは別のレベルで，市民はコミュニティの図書館の存在そのものについては支持していた。同調査の「図書館の存在の有無は個人にとって影響があるのか，あるいはコミュニティにとって影響があるのか」という問いに，80パーセント近くの回答者が「公共図書館の不在は，個人にではなくコミュニティに影響を与える」と答えてい

る。公共図書館はコミュニティが持つべき象徴的存在として肯定的にとらえられていた（*Ibid.*, p.84-85）。

メディアの利用特性

　1947年のミシガン調査は新聞，ラジオ，雑誌，映画には多くの受け手がおり，これらのメディアへの接触に集中傾向はみられないのに対し，読書に関しては70パーセントの読書を総人口の10パーセントが行っており図書が受け手の総数の少ない集中度の高いメディアであることを明らかにしている（*Ibid.*, p.96-99）。図書館の利用に関しては，借り手の5パーセントが全貸出の40パーセントをしめ，さらに20パーセントの借り手が全貸出の75パーセントをしめており少数の利用者に集中している。つまり公共図書館はその資源とサービスを潜在的利用者のうちでも特定グループにしか提供していないことが明らかになった。ベレルソンは公共図書館の実質的な利用者をヘビー・ユーザーと呼称して，女性，30歳以上，カレッジ卒業以上，専門職といった要素によって特徴づけられるその存在を特定化した（*Ibid.*, p.99-106）。

　ベレルソンは公共図書館の利用をめぐる議論の前提となる社会的背景について，余暇時間の増大がマス・メディアへの接触時間を増加させた事実を強調した。メディアのなかでもラジオと新聞がより身近な存在となり，読書は知的で専門的な活動として少数派が支えるメディアとなっていた（*Ibid.*, p.123）。その一方で公共図書館はコミュニティのなかで住民が誇る公共機関であり，住民は公共図書館を利用しないにもかかわらず是認し，積極的に支持している。公共図書館は住民の知的活動の中心的機関として認識されていたし，教育機関としての図書館の存在意義は確たるものだった。学校，教会，会社などコミュニティの他の機関と比較しても公共図書館は高い支持率を保持していた（*Ibid.*, p.124）。しかしながら実際に自主的に図書館を利用しているのは，コミュニティの情報源全般に関心を寄せるコミュニケーション・エリートと呼ぶべきコミュニティの他のメンバーに対し強い影響力を持つオピニオン・リーダーである。こうした現実から浮かび上がってくるのは少数グループへのサービス機関として存在する公共図書館の姿であった（*Ibid.*, p.124-129）。

ベレルソンは，成人の図書館利用者はコミュニティの少数の特定グループであるという認識から図書館サービスをはじめるべきだと主張した。すなわちコミュニティに存在する機関はすべて同じように多くの利用者を引きつけているわけではないとした上で，公共図書館の役割はコミュニティ全構成員にサービスをいきわたらせることではなく，文化意識の高い住民にサービスを提供することにあると結論づけた。ベレルソンは図書館がサービス対象を少数の確固たる利用者へと移行することは，図書館の存在意義を真の図書館の実践活動に向け再定義することであるのに対し，コミュニティ構成員すべてを対象にサービスを行おうとすることは，図書館界に失望とサービスの質の低下をもたらすものであると述べた。そして少数の利用者に質の高いサービスを供給することで，図書館の威信が失われることはなく，長期的にみればコミュニティの図書館への関心を高めることになると主張した（*Ibid.*, p.129-131）。

公共図書館と娯楽資料のサービス

　次にベレルソンは公共図書館が娯楽資料の供給機関になるべきか否かを論じている。この問題については，公共図書館が公的財源によって運営されている事実を重視し住民の要求を最大限に受け入れる方向と，娯楽資料入手ルートをコミュニティの別の供給源に求め，図書館ではこれらの資料を受け入れないという立場がありえる。ベレルソンは仮に後者の考え方を適用して公共図書館から娯楽図書を全面的に引き上げることになれば，図書館はその利用者の多くを失うことになろうと述べた。しかしそれでもなお公共図書館は，図書館の真の利用者であり続けようとする人々に対してサービスの質を改善していくことによって，失われた利用者の代償を得ることができるとして，公共図書館は利用者の増大よりも蔵書の質を重視すべきだと指摘した（*Ibid.*, p.131-132）。

　またベレルソンは公共図書館がマス・メディアと競合する可能性を示唆する一方で，図書館は文化資料の保存を目的とするコミュニティ唯一の場所であって，その収書の範囲は他の情報源がおよばないレベルを保持していることを強調する。そして軽読書のための資料供給は商業メディアにまかせ，公共図書館はあくまでも堅実な文化的コミュニケーションを担うべきであるとした（*Ibid.*, p.132-133)。永続的に文化的価値を保持し続ける資料を扱い，これらを通じたコミュニケーションを担う点で，コミュニティでの図書館固有の役割が減少することはない。公教育の発展による教育レベルの確実な上昇もまた公共図書館利用者を増加させ，質の高い資料の利用を相乗的に高めていくことも予測しうる（Ibid., p.134-135)。

　レポートの結論部でベレルソンは公共図書館の方向転換を唱えた。コミュニティの知識コミュニケーションのなかで，特定の影響力を与えることができれば，公共図書館は文化的環境の発展と充実に効果的な貢献をすることになる。ベレルソンは公共図書館がこれまで自らを規定してきた図書館像を打ち破り，コミュニティの中で独自の位置づけを確保する必要性を主張しながら，公共図書館の変革をうながした（Ibid., p.135)。

第3節　考察

　第1節で紹介した経歴からも明らかであるようにベレルソンの研究のスタートは図書館学であったが，その後，複数の領域で横断的に研究を行っている。多領域にわたる研究を進めていく中で，ベレルソンは研究対象への実証的アプローチを研究スタイルとして確立した。公共図書館を機能的側面から位置づけていこうとするベレルソンの姿勢は一貫していた。レポートが執筆されたのは，時期的にはコロンビア大学応用社会調査研究所でのラザースフェルドらとの共同研究以降であることから，レポートにはコミュニケーション研究の成果が反映している可能性が考えられる。具体的な影響について明らかにするため，まずベレルソンのコミュニケーション研究がどのようなものであったのかという点を詳しく分析し，さらにそれらがレポートのどの部分に反映しているかを検討したい。

ベレルソン・レポートとコミュニケーション研究

　ここでベレルソンの研究を，図書館研究からメディア研究への移行期，コロンビア大学応用社会調査研究所でのコミュニケーション研究期，図書館研究再

開期にわけ，研究の変遷を時系列に沿ってみていきたい。

ベレルソンのコミュニケーション研究の出発点は，シカゴ大学での指導教授ウェイプルズとの共同研究である。ウェイプルズはすでに1930年代から読書研究を土台にメディアの比較研究を行っていた。研究の焦点は読書が読者におよぼす影響を社会心理学的に探ることにおかれ，そのためのアプローチは内容分析と呼称された（河井 1987, p.295-298)[11]。初期の内容分析は，コミュニケーション領域でのさまざまなメディア分析への応用可能性を含んだ研究方法として存在していた。アメリカのコミュニケーション研究を1940年代後半から強く特徴づけていくことになる定量的方法に収まりきれない多彩なメディア研究が内容分析アプローチのもとに展開されていた[12]。

ベレルソンは1944年にコロンビア大学応用社会調査研究所の研究員として，ラザースフェルドらコロンビア大学のグループとの共同研究を開始している。この共同研究は大統領選挙での情報の流れについて解明した『ピープルズ・チョイス：アメリカ人と大統領選挙』(*People's Choice : How the Voter Makes up his Mind in a Presidential Campaign*) (Lazarsfeld & Berelson & Gaudet 1968) に結実する。同書は1940年の大統領選をめぐる投票者行動を，社会心理学的アプローチから分析したものであり，特定の社会集団が持つ重要問題に対し常に敏感に反応し意見を明らかにするオピニオン・リーダーの存在と，オピニオン・リーダーを通じた一般市民への情報の伝播を立証し「コミュニケーション二段階の流れ説」を導き出した[13]。コミュニケーションの二段階の流れ説を導き出したラザースフェルドらとの共同研究を終えたベレルソンはシカゴ大学に戻り，マス・コミュニケーション研究の成果をもとに図書館研究を再開する。

ベレルソンは徐々に図書館とコミュニケーションの両分野へと活動領域を広げていった。しかしながらベレルソンの研究者としての出発点は図書館研究にあり，しかもそれがシカゴ大学図書館学大学院でウェイプルズを中心とした読書研究が徐々にメディアの比較研究へと広がりを持ちはじめた時期と重なっていたことに着目しておきたい。図書館学大学院でのメディア研究はあくまでも図書館研究の延長線上に存在していた。このような経緯を考慮するとベレルソ

ン・レポートは，社会と図書館の連関を重視し社会的文脈の中で図書館の機能を解明しようとするシカゴ大学図書館研究の伝統を継承した研究ととらえることができる。

ベレルソン・レポートの中心的論点

　ここからベレルソンの研究背景がレポートの内容にどのように反映しているのかを具体的に検討するために，レポートの中心となる論点として，(1) コミュニティのコミュニケーション機能としての公共図書館，(2) オピニオン・リーダーへのサービス，(3) 公共図書館存在の象徴的価値，の3点を抽出し，以下で個別に考察を進める。

コミュニティのコミュニケーション機能としての公共図書館

　まずベレルソンがレポートで公共図書館をコミュニティのコミュニケーション機能という観点から分析を試みた点について検討してみたい。図書館研究とコミュニケーション研究を並行して進めていったベレルソンは，公共図書館を特定の役割を持ったコミュニティの情報源として認識し，その発展の可能性をコミュニティのコミュニケーション全体を視野に入れた総合的な構図のなかに描き出そうとしていた。そうした視座はベレルソンの図書館利用者論を，図書館の内部的な議論にとどまることのないマクロなコミュニケーション研究へと導いていた。

　ベレルソンはコミュニケーション研究者として，マス・メディアがアメリカ人の生活に深く入り込み市民の生活を変革しつつあることにとりわけ敏感であった。また「公共図書館調査」自体がマス・メディア時代の公共図書館のあり方を解明していくことを重要な課題として掲げ，コミュニケーション研究者を起用して研究を進めていたことは，すでに述べたとおりである。

　ベレルソンはレポートと同時期に『農村社会学』(*Rural Sociology*) に「図書館研究における社会科学者の役割」("The Role of the Social Scientist in Library Research") という論文を発表する (Berelson 1949b)。この論考は社会科学者の図書館研究への貢献について述べたものであると同時に，ベレ

ソン自身が自らの研究姿勢を表明したものととらえることもできる。すなわちレポートをまとめた時期のベレルソンが，図書館を対象とする社会科学研究について，方法論上の枠組みを提示した論文といえる。

ベレルソンはこの論文で，マス・メディアを含めたさまざまな情報源から構成されるコミュニティのコミュニケーション全体に公共図書館を適正に位置づけるための背景と文脈を整理するために，図書館研究に対し社会科学の方法論と成果を導入する必要性を訴えている（Ibid., p.244-245）。同論文では社会学的方法論の貢献として，問題状況の明確化，図書館専門職に関する問題の定式化，社会学における一般原則の図書館への適用，特定問題への方法論の提供の4点が挙げられ，個々の枠組みについて図書館研究への応用可能性が具体例とともに論じられた。

ベレルソンは1番目に挙げられた問題の状況の明確化の点で，社会科学が公共図書館をとらえるための社会的文脈を設定し，特にコミュニケーション過程に関して一定の体系的枠組みを提供することを指摘する。このような枠組みの中で図書館はコミュニティのコミュニケーション機関として認識され分析されるべきであるとベレルソンは認識していた。公共図書館をコミュニケーション機能からとらえる分析視角は，ベレルソン自身が図書館分析に臨む時の基本的な立場とも重なる（Ibid., p.245-246）。

一方，実践に携わる図書館員は，この時点で新しいメディアによって形作られるコミュニティのコミュニケーション環境全体を視野に入れた総合的な構図を描くことよりも，新しいメディアを図書館サービスのための手段の拡張としてとらえていた。すなわちメディアについての議論の焦点は，新しいメディアを図書館にいかに導入するかという点に当てられていた[14]。

オピニオン・リーダーへのサービス

次に図書館利用者をオピニオン・リーダーとしてとらえる論点を検討する。ベレルソンは，図書館利用者がコミュニティのオピニオン・リーダーであることを突き止め，公共図書館は少数の堅実な利用者に向けたサービスを行うべきであるとして，図書館界に新しいサービスの方向性を提示した。ベレルソンに

よれば，公共図書館は図書館員が想定していたように利用されてはいなかった。アメリカの市民は体系的な自己学習の取り組みの中で計画的に図書館を利用することは少なく，図書館のサービス方針は利用の実態にそって再定義されるべきであった。

すでに述べたように，ベレルソンはラザースフェルドらとの共同研究によって，コミュニティのオピニオン・リーダーシップの重要性を実証的に裏づけ，オピニオン・リーダーから一般市民への影響力を具体的な調査データとともに示していた。こうしたコミュニケーション研究の成果が，公共図書館でのオピニオン・リーダーへの集中的サービスを主張する際の拠り所となった[15]。

先に言及した『農村社会学』でもベレルソンは図書館利用者とオピニオン・リーダーの関係について議論を展開し，コミュニティの多様なレベルのリーダー・グループの構成を扱う研究が，図書館の実践に密接にかかわっていることを指摘して，図書館利用者としてのオピニオン・リーダーの役割や，彼らへのサービスの重要性について論じている。ここでベレルソンは社会科学研究でのオピニオン・リーダーの概念を展開して図書館サービスに対する論拠となるよう理論化することを主張している（Berelson, 1949b, p.248-249）。

ベレルソン・レポートで勧告の柱となったオピニオン・リーダーへのサービスは，エリート主義的な立場からではなく，コミュニケーション理論を基盤として提示されていたのである[16]。しかしベレルソンは報告書でコミュニケーション二段階の流れ理論に言及しなかったため，オピニオン・リーダーについて読者の不正確な解釈を招く結果となった[17]。

公共図書館存在の象徴的価値

3番目の論点として公共図書館存在の象徴的価値について考察する。ベレルソンが図書館利用者をオピニオン・リーダーとして，図書館をコミュニティ・メディアとしてとらえることで，新しい公共図書館像を確立しようとしていたことが，これまでの2つの論点から明らかにされた。レポートのもう1つの重要な概念が，コミュニティの公共図書館が持つ象徴的な価値についてである。

ベレルソンは，住民が図書館を利用しないにもかかわらず，積極的にこれを

支持しようとする感情を持つのは，知識を重視するアメリカ社会で，図書館が教育的役割を担う施設であることを理由に発せられる威光効果によって生じたものだと分析している（Berelson 1949a, p.124）。その上で実際の図書館の利用と異なるレベルで，コミュニティが公共図書館を持つことの象徴的な意味をアメリカ市民が重要視していることを明らかにし，そのことをコミュニティでの図書館の位置づけと存在意義を解釈していく上での重要な要因ととらえている。

こうした市民の図書館への肯定的感情は，アメリカ人の自己改善（self-improvement）への希求に裏づけられるものである。アメリカ市民の図書館に対する意識は，たんなる知的機関への賛同を越えて，自己学習の場をコミュニティに確保すべきだとするピューリタニズムに支えられ，個人の精神の深いレベルに根を下ろしている[18]。「公共図書館調査」をアメリカ図書館協会から委託された社会科学研究会議の会長ヘリング（Pendleton Herring）の次のような発言は，公共図書館のコミュニティでのシンボリックな位置づけを的確に表現している。

> 文化的伝統に根ざすコミュニティの図書館は，教育機会の均等や思想，コミュニケーションの自由といった，我々の慈しんできた伝統を象徴している。学校や教会とともにそれはアメリカの風景の一部となっている（Leigh 1950, p.vii）。

ベレルソンは公共図書館の象徴的価値の重要性がコミュニティの構成員によってすでに意識の深いところで共有されていることをレポートで確認すると同時に，公共図書館のコミュニケーション機能に着目して公共図書館固有の領域を明示した。つまりレポートは，コミュニティの知的活動の拠り所としての図書館の象徴的な意味合いを提示しながら，堅実な資料サービスを中核とするコミュニケーション・システムとしての公共図書館のあり方を明確に規定するものだった。コミュニティ構成員の自己学習を導く社会機関という伝統的な公共図書館理念は，コミュニケーション理論に基づいて提示された資料供給機能を担う実践として方向づけられたのである。

ベレルソン・レポートの課題

　従来の図書館調査が図書館側から見た利用者のタイプ（性別，年齢）あるいは貸出図書のタイプ（フィクション，ノンフィクション）の量的な評価にとどまっていたのに対し，ベレルソンはメディアをとりまく外部の社会的要因も含め，分析成果としてあらわれたデータの原因に着目している。利用者の情報行動と図書館の利用の動機に焦点を当ててデータを評価する姿勢を，ベレルソンは社会心理学的アプローチと呼び，図書館研究での重要なアプローチとみなした（Berelson 1949a, p.113）。この立場はレポートのなかで図書と他のメディアの比較を重視する分析方法に強くあらわれている。結果としてレポートは従来の図書館調査にはみられなかった分析の広がりと深さを持つこととなった。

　しかし一方でベレルソンの公共図書館分析では，分析の焦点はあくまでも図書館のコミュニケーション・プロセスにおかれている。ここでは既存のマス・コミュニケーションの枠組みは自明のものとされた上で，公共図書館活動が論じられていた。公共図書館は図書を中心としたメディアを通じてサービスを行う機関であり，マス・メディア自体が含む問題は，図書館の媒介により社会に対しネガティブな影響を与える可能性をも持っている。しかしながらベレルソンの図書館論ではそうした問題への言及はなされていない。それは社会的営為であるメディアと人間の関係を調査情報源の分析の精度を上げることによってのみ解明しようとしていた，同時代のコミュニケーション研究自身の持つ弱点でもあった。一方，ベレルソンが籍を置いたコロンビア大学応用社会調査研究所では 1940 年代にフランクフルト学派によって，メディアの効果についての批判的研究が展開されていたことに注目すべきであろう[19]。

　次章では「公共図書館調査」総合報告書として刊行されたリーの公共図書館論を取り上げ，ベレルソン・レポートを含む「公共図書館調査」の全体像について検討していきたい。

注

1　ウィリアムズは「公共図書館調査」が公共図書館の成人教育にかかわる役割を明確にし重要性を引き出すものとして期待されていたにもかかわらず，これに反して公共

図書館が教育的機関であることを主要な目標とすることは困難であるとの結果を導き出したと分析している。そしてベレルソンの調査データが公共図書館の実際の状況を明らかにする一方で，公共図書館に対する大胆な改革を提唱していたために，実践の場から批判された経緯を詳細に描き出している（Williams 1988,〈訳〉p.91-117）。

2 川崎は図書館調査の歴史的系譜として，ベレルソン・レポートを代表とする「調査結果を事実とし，その事実をあるがままに受け入れることで，図書館サービスの目指すべき方向を設定しよう」とする第1の系譜と，「調査結果を批判的に受けとめ，そこから図書館サービスの目指すべき方向を設定しようとする」第2の系譜を指摘した（川崎 1985, p.68, 74）。

3 川崎はベレルソンが「顕在化された要求」を重視する立場をとったがゆえに，「地域住民全体の情報ニーズ」を重視していた図書館員に対して説得力をもたなかったものの「公立図書館の理念を十分に理解しており，その上で，理念と現実の区別から論を展開している」と述べて，第1の系譜と実践との距離を明らかにした（川崎 1985, p.75-76）。

4 公共図書館調査とコミュニケーション研究について論じた以下のような先行研究がある（Raber 1994a, p.55-58; Raber 1997, p.53-55; Raber & Maack 1994, p.38-44）。レイバーとマークは「公共図書館調査」とマス・コミュニケーション研究との関係性を複数の要因から指摘している。直接的なかかわりとして「公共図書館調査」へのマス・コミュニケーション研究者の起用があった（Raber & Maack 1994, p.38-39）。また調査責任者のリーは，マス・メディアとのかかわりのなかで公共図書館分析が実施されるよう「公共図書館調査」全体を設計していた（Raber 1994a, p.53-54）。リーはコロンビア大学応用社会調査研究所のクラッパーに，マス・コミュニケーション研究の詳細なレビュー作成を委任した。その成果は総合報告書第3章"The Business of Communication"の中に取り込まれた（Leigh 1950, p.25-52）。

5 ベレルソンの研究歴と業績については主として次の文献を参照した（Asheim 1980; Asheim 1990）。

6 ワシントン大学時代のベレルソンは「図書館における公平性の神話」という論文を発表している。ベレルソンはこの論文で，図書館員が積極的に教育的役割を果たすべきであると繰り返し主張する。後にベレルソン・レポートで展開されることになる「図書館が持つ固有の機能」への着目がすでにこの論文にみられる（Berelson 1938）。

7 コロンビア大学応用社会調査研究所でのコミュニケーション研究については次の文献に詳しく解説されている（Lazarsfeld 1973, p.181-267）。

8 カーネギー財団はアメリカ図書館協会に総合的な指揮を，社会科学研究会議に実質

的な調査を委任した。
9 川崎はキャンベルの調査報告書について，常連による図書館利用率の高さを示すベレルソン調査と類似した結果を導き出しているにもかかわらず，限定された利用者へのサービスを提唱するのではなく潜在的利用者の掘り起こしを示唆する点で，ベレルソン・レポートとは異なった方向へ結論づけられていると分析している（川崎 1985, p.71-72）。
10 (1) から (4) までの調査は独自の目的と背景を持ち，統計的手法も調査ごとに異なっていた。また調査時点で全米公共図書館のうち約 70 パーセントが予算 4,000 ドル以下の厳しい状況におかれる中で，調査対象となったのは予算レベルが高い都市部の図書館が多く，非都市地域の図書館は少なかった。このような理由からベレルソンには，限定された調査館から抽出された調査結果を全米図書館の実態として提示し，図書館活動を一般化して論じることについての危惧もあった。しかしより正確な数値データよりも，調査時点での公共図書館サービスの状況を示すことを選んだのであった（Berelson 1949, p.143-146）。
11 内容分析はラスウェルによる宣伝や世論についての政治イデオロギーの研究を出発点としており，1930 年代にラジオをはじめとする各種メディアの分析に適用されるようになった（Berelson 1952,〈訳〉p.5）。
12 この時期にドイツからアメリカに亡命したフランクフルト学派の研究者によって，ラジオを研究対象とした内容分析が，質的方法論と量的方法論を融合した形で進められていた（広井 1977, p.61）。ただしアメリカ・コミュニケーション研究はその後，初期の質的研究を含むメディアに対する社会的分析から離れて，政策管理的な側面を重視する経験的なアプローチを主たる手法とする量的研究へと発展していく。そして内容分析もまたベレルソンが「表明されたコミュニケーション内容だけをふつうは扱い，原則として，内容が表現しているかもしれぬ隠れた意図や，内容がひきおこすかもしれぬかくれた反応は直接には問題としない。……内容分析で根本的に重要なのは，分析用のカテゴリーが内容中に出現する度合，すなわちカテゴリーが相対的に強調されたり，無視されたりする度合である。……内容分析は表明されたコミュニケーション内容の客観的・体系的・数量的記述のための調査技術である」と述べるような定量的アプローチへと変化を遂げ方法論として確立した（Berelson 1952,〈訳〉p.4-5）。
13 「コミュニケーション二段階の流れ説」は 1920 年代から 1940 年代にかけてマス・コミュニケーションの効果理論で主流であったメディアの強い影響力を説く弾丸理論を否定して，マス・コミュニケーションの効果の限定モデルを打ち出すことで，1940 年代のアメリカのマス・コミュニケーション受容理論の方向性を決定づけた。1960 年

代後半に，この限定モデルに代わって新たに一定の社会環境下でのマス・コミュニケーションの強力な効果を説く新しい受容理論が出されるまで，二段階説は最も影響力のある理論であった（佐藤 1990, p.4-15）。

14　ラジオの発明からテレビジョンの出現にいたるエレクトリック・メディア隆盛期に，公共図書館は積極的にこのニュー・メディアを図書館サービスに活用し，また新しいメディアの功罪についてもさまざまな議論を行っている。しかしこうしたメディア活動に携わっていたのはごく少数の公共図書館に限られていた。

15　ただしベレルソンはレポートのなかで自らのコミュニケーション理論について説明することはなく，コミュニケーションの二段階の流れ理論と図書館利用者によるオピニオン・リーダーについて直接的な関係を示すこともなかった。

16　レポートでオピニオン・リーダーは「コミュニケーション・エリート」という術語でも表現された。ベレルソンはこの語をコミュニケーション・メディアに対する高度な活用能力を有するグループとして定義づけている。したがって一般的な使用において意味されるような政治的，経済的に優位にある社会集団を指すものではなかった。ウィルソン（Pauline Wilson）は，ベレルソンによって示された高度な情報利用能力を持つグループであるコミュニティ・エリートの存在を前提として，リーダーがどのような情報行動をとるのかを公共図書館利用と関連づけて実証的に調査している（Wilson 1977, p.22-59）。

17　この誤解はコミュニティ全体へのサービスを信条とする図書館関係者からベレルソンに対して寄せられた激しい非難の中にもあらわれている。たとえばアイダホ州ポカテロ州立カレッジの図書館員オボラー（Eli M. Oboler）はベレルソンを，公共図書館をコミュニケーション・エリートのための象牙の塔にしようと企てる非民主主義者だと批判した。そしてエリートではない納税者は，エリートのみを対象としたサービス機関である図書館に税金を払うだろうか，と強い調子でベレルソンを糾弾した（Oboler 1950）。

18　自己改善の重要性とコミュニティでのそれらの達成はアメリカ成人教育史および公共図書館思想史において一貫して重要視されてきた。次の文献を参照のこと（Ditzion 1947,〈訳〉p.60-62; 河井 1987, p.29-37; 小堀 1978, p.287-288）。

19　コロンビア大学応用社会調査研究所で行われたフランクフルト学派のメディア研究については次の文献を参照のこと（Lazarsfeld 1973）。

第8章　ロバート・D.リーの
　　　　公共図書館論

　リーは1947年から「公共図書館調査」全体の企画と実施に携わり，調査後は19のプロジェクトにまたがる膨大な調査結果を，資料，サービス，政策過程，専門職，予算，管理に分割し，テーマごとに調査成果を総括し評価を行った[1]。その成果が公共図書館総合報告書『アメリカ合衆国の公共図書館』(以下，リー・レポート)(Leigh 1950)である。本章ではこのリー・レポートを討究する。

　マス・メディアとコミュニケーションの発展に着目し，公共図書館の役割を再検討したリーは，公共図書館がサービスを展開すべき固有の領域の広がりと，専門職によって遂行される活動とを提示することによって，公共図書館存立の論拠を導き出した。個別プロジェクトの完成度の高さを反映したリー・レポートは，公共図書館をとりまく社会的，政治的，経済的側面に論及するきわめて示唆に富む著作となっている[2]。

　レポートに関する先行研究は，「公共図書館調査」についての研究も含め非常に多い。『ライブラリーズ・アンド・カルチャー』は1994年の「公共図書館調査」特集号で，リーの経歴とともにレポートの第1章を掲載した(Maack 1994b)[3]。この特集号で，レイバーとマークは「公共図書館調査」の中心的なプロジェクトについて主要な論点をまとめており，ここからリー・レポートの概要を把握することができる(Raber & Maack 1994, p.37-38)[4]。またレイバーの別の論文では，公共図書館の目的と図書館専門職に関する理念的枠組みとして

存在してきた，図書館の信条が内包する意味に焦点を当てて，リー・レポートを分析している（Raber 1994a）。また「公共図書館調査」では図書館員についてのプロジェクトを担当し，報告書『公共図書館員』（*Public Librarian*）を執筆したブライアン（Alice I. Bryan）は，「公共図書館調査」の拠点となったコロンビア大学のスタッフ時代を回顧し，リー・レポートの内容に言及するとともに，レポートが産み出された当時の調査全体にかかわる知的環境を描き出している（Bryan 1952, p.13-17）。公共政策論としてのリー・レポートの意義を論じたモルツ（Redmond Kathleen Molz）は1948年の「全国計画」を参照しながら，この計画の立案メンバーであり図書館政策研究の先駆者ともいうべきジョッケルの公共政策論をリーが継承していることを指摘する（Molz 1994, p.65）。そしてリーが優れた政策決定者であり，その勧告は現代の公共図書館政策に対しても示唆に富むことを論じている（*Ibid.*, p.68）。

レイバーの『ライブラリアンシップの正当性』は，「公共図書館調査」をライブラリアンシップに対する総合的検証作業として位置づけた上で，リーの公共図書館論の基層に民主主義に内在する価値対立の議論が含まれていることを明らかにした著作である[5]。ウィリアムズは，リーが調査を開始する時点で，既存の公共図書館の目的を整理，統合した点に着目し，再提示された目的を示しながらリー・レポートの論旨との関連に言及している（Williams 1988,〈訳〉p.91-117）。モンローは，リーが成人教育を図書館の専門職務の中心的な活動領域に位置づけていた点を成人教育研究の立場から分析している（Monroe 1963, p.57-58）[6]。

先行研究は，いずれもリーが公共図書館の娯楽機能を批判し，公共図書館の中心的な機能を成人教育に結びつけたことを，勧告の特徴として指摘している。本章の関心は，こうしたリーの結論がどのように導き出されたのかというプロセスにある。図書館の外部の領域から「公共図書館調査」に加わったリーは，伝統的な図書館の目的と専門職理念をいかなる解釈によって，時代性を考慮した新しい図書館論へと再構築していったのであろうか。本章では先行研究では検討されてこなかった，リーの公共図書館論の形成過程を明らかにしてみたい。

この研究目的を達成するために本章では，リーが公共図書館プロジェクトを

総括する時に用いた分析視角であるパブリック・コミュニケーションにおける公共図書館の位置づけという側面に着目し，この角度を手がかりにリーの公共図書館論を検討していく。マス・メディアも含めた知識と情報のコミュニケーションの総合的な構図のなかで公共図書館のあり方を検証するリーの立脚点は，パブリック・コミュニケーションの概念におかれていたからである。

本章の構成は以下の通りである。最初に「公共図書館調査」の総合報告書としてのリー・レポートの概要をレポートの流れにそって論じる。次に本章の分析の中心となる第3章「コミュニケーション産業」を，この章のために基礎データを提供したコミュニケーション研究者クラッパー（Joseph T. Klapper）の報告書（Klapper 1949）を参照しながら詳しくみていく。最後にリー・レポートの意義について総合的に検討を行う。

第1節　『アメリカ合衆国の公共図書館』成立の背景

リーの経歴[7]

リーは1915年にコロンビア大学で政治学の修士号を取得した。リード・カレッジの助教授を経て1917年から1919年まで米国公衆衛生総局（United States Public Health Service）で教育局長補佐として初の行政任務に就任した。1927年に『連邦政府の衛生行政』（Federal Health Administration in the United States）で博士号を取得する。1928年にはベニントン・カレッジの設立スタッフとしてカリキュラム作成，人材登用，学生選抜といった大学経営のさまざまな管理運営業務を経験した。1941年に50歳でベニントン・カレッジを退き，ニュージャージーのプリンストン大学高等教育研究所（Institute for Advanced Study at Princeton）のスタッフとなった。

第2次世界大戦とともにワシントンD.C.に移り，公衆衛生総局の連絡担当官になる。同時に国立資源計画局（National Resource Planning Board）の局長代理補を務めた。1942年から1944年までは連邦通信委員会外国放送情報活動分析部の部長であった。1944年には国連外国放送聴取委員会（United Nations Monitoring Committee）に参画し，同年シカゴ大学政治学の客員

教授となり、この年から1946年までプレスの自由委員会（Commission of Freedom of the Press）[8]の理事を務めている。1946年に同委員会の研究レポート『大衆に話しかける大衆』（*Peoples Speaking to Peoples*）をホワイト（Llewellyn White）との共著で刊行している。

調査の実質的な遂行をアメリカ図書館協会から委託された社会科学研究会議が調査代表者を委任した当時、リーはシカゴ大学政治学部の客員教授であり、図書館界との直接のかかわりはなかった。しかし学術研究機関でのさまざまなプロジェクトの統率者としての豊富な経験と、社会科学領域に関する幅広い学識を見込まれ、「公共図書館調査」の責任者を委任されたのであった。

「公共図書館調査」の最高責任者を務めた期間、リーは母校のコロンビア大学に戻り、スクール・オブ・ライブラリー・サービスを拠点に調査を取り仕切った。調査終了時点で、リーはカリキュラム改正や資格認定基準などの点で、変革期にあった図書館学教育に本格的な関心を寄せるようになっていた。コロンビア大学からライブラリー・スクールの客員教授への招聘を受けたリーは正式に移籍し、心理学者のブライアンとともにパブリック・コミュニケーションと図書館学の講座を担当した。1950年から1952年までは、ラッセル・セージ財団のコミュニケーション研究部門の最高責任者を務めた。その後、コロンビア大学にパブリック・コミュニケーション・セミナーを設立し初代所長となった。1956年にコロンビア大学ライブラリー・スクールのディーンに就任した。

「公共図書館調査」に至る経歴は、リーが研究・教育・行政の各方面でバランスのとれた手腕を発揮していたことを示している。「公共図書館調査」をきっかけにかかわりを持つようになった図書館の領域に、リーは調査後も研究者としてとどまった。「公共図書館調査」が人生に重要な転機をもたらしたのであった。

『アメリカ合衆国の公共図書館』の構成

レポートは11章から構成され、第1章では調査の目的と範囲、分析アプローチ、公共図書館に関する「公共図書館調査」の基本的認識を論じている。公共図書館はコミュニティで学校、教会などと同様、確固たる位置づけを得ていた

ものの，公共図書館を同時代の社会に対する潜在的な貢献可能性の観点から再検証する必要があった。

「公共図書館調査」全般を通じ，社会機関の目的，構造，プロセスを解明するために開発されていた社会科学領域の分析手法が積極的に導入された（Leigh 1950, p.5-6）。リーははじめに調査のための仮説的条件を抽出した。それは公共図書館が他の社会機関とともに民主主義社会のなかで機能していく際，物理的枠組みとイデオロギー上の枠組みに挿入されている 6 つの概念，(1) 学習の機会，(2) コミュニケーションの自由，(3) 民主主義における専門職による政策と，一般市民からの批判的見解，(4) コミュニティの特定の社会集団間の相互作用，(5) 中央対地方の政治的調整，(6) 技術変化と制度的伝統，として提示されている（Ibid., p.6-10）。これらの仮定条件は，図書館の目的，機能，構造，組織，サービス，人事の各側面にわたる調査プロジェクトが，公共図書館分析の過程で常に参照していく背景として規定された。「公共図書館調査」はまた図書館政策と実践の間に立ちあらわれる葛藤を和解させようとする図書館の試みのなかに，ライブラリアンシップの問題点をみきわめていく作業でもあった（Ibid., p.11）[9]。

2 章では図書館専門職がライブラリアンシップの実践を通して構築してきた，「図書館の信条」と公共図書館活動の目的が論じられている。リーはガルソー（Oliver Garceau）の報告書『公共図書館と政治過程』（*The Public Library in the Political Process*）から，図書館組織の基盤について論じた「公共図書館運営の基盤」（"The Foundations of Library Government"）の部分を参考にしながら，この理念について検討している（Leigh 1950, p.12-14; Garceau 1972）。ガルソーは公共図書館の理念的基盤を，信仰に根ざした宗教教育が行われていた 17 世紀までさかのぼって追究している。アメリカ社会で知識がどのように育まれ伝達されてきたのか，それは公共図書館制度といかなる関係にあったのかを詳細に追うことによって，ガルソーは公共図書館の歩みが民主主義社会の展開と密接に結びついていることを提示した（Garceau 1972, p.3-52）。

一方，公共図書館の目的に関してリーは，1943 年の「公共図書館の戦後基準」（Post-War Standards for Public Libraries）と 1948 年の「全国計画」

(A National Plan for Public Library Service）および「4ヶ年目標」（Four Year Goals）を整理し統合する作業を行った。具体的には，全国60の公共図書館，州立図書館，大学図書館および図書館関係者に対してアンケート調査が行われ，目的の妥当性を検討している（Leigh 1950, p.15-16）。公共図書館の達成目標であり，図書館員が共有する職業的責任として提示されたのは，(1) 図書を通じた市民の啓発，(2) 情報センターとしてのコミュニティ・サービス，(3) 継続的な学習のための機会提供，の3点である（*Ibid.*, p.16-26）。

第4章から第10章までは，個別に行われたプロジェクトの総括部分である。第11章では全プロジェクトの成果を概観し公共図書館の発展の方向が論じられている。著作の最後には付録として「方法と情報源」が設けられ，「公共図書館調査」全体の作業プロセス，「公共図書館調査」の構成，データ収集の対象となった公共図書館についての詳細が報告されている（*Ibid.*, p.247-263）。

第2節 『アメリカ合衆国の公共図書館』の分析

リーは連邦通信委員会およびプレスの自由委員会のメンバーを務めた経歴を持ち，コミュニケーション政策の第一線で活動してきた研究者である。この経験は公共図書館の検証作業に直接反映することとなった。とりわけレポート第3章「マス・コミュニケーション産業」には，コミュニケーションを中核として公共図書館を論じていこうとするリー独自の視点が明確に現れている。

パブリック・コミュニケーションと公共図書館

リーは公共図書館の適正な役割を確定していくための手がかりは，公共図書館をパブリック・コミュニケーションの全体的構図のなかでとらえていくことにあると主張する（*Ibid.*, p.25）。ここで「パブリック・コミュニケーション」という概念を，リーの解釈にそって規定しておきたい。パブリック・コミュニケーションとは，オリジナルな言説，音声，画像が人工的な媒介により受け手に到達するための装置全体を指す。そしてラジオ，新聞，図書などのマス・メディアの流通が，パブリック・コミュニケーションにおける基礎的機能を構成

している。公共図書館はパブリック・コミュニケーションのなかにあって，独自の方法によりマス・メディアの媒介的機能を担う社会機関として規定することができる（*Ibid.*, p.25）。

クラッパー報告

リーはまずメディアとその受け手に関する状況を分析するために，コロンビア大学応用社会調査研究所のメディア研究者であったクラッパーに，最新のコミュニケーション研究のレビューを依頼した。その成果レポート『マス・メディアの効果』（*The Effects of Mass Media*）（以下，クラッパー報告）は，「公共図書館調査」の報告書の1つとして1949年に刊行された（Klapper 1949）。

クラッパーはコロンビア大学応用社会調査研究所，CBS放送社会調査局でマス・コミュニケーション研究に従事したマス・コミュニケーションおよび世論研究者であり，マス・コミュニケーションの限定効果論の提唱者として知られる。報告書作成当時はアメリカ・コミュニケーション研究のリーダー的存在であったラザースフェルドのもとで，メディアの効果研究に取り組んでいた。クラッパーは報告書をまとめるにあたって，マス・メディアに関する250の先行研究をレビューの対象として選択した。分析対象となった先行研究には，フランクフルト学派のアドルノ（Theodor W. Adorno）のラジオ音楽に関する批判的研究から，ベレルソンやウェイプルズら図書館研究者による読書研究まで多様なメディア研究が含まれている。

クラッパー報告はリーが作成したマス・メディアに関する課題に対し，クラッパーが該当領域の研究成果に関するレビューを作成するという形式を取った。リーの提示した課題は，(1)受け手の嗜好（taste）に対するマス・メディアの影響，(2)コミュニケーション・メディアの種別による効果の比較，(3)現実逃避を目的とするコミュニケーションの効果，(4)マス・メディアと説得，であり，クラッパーはこれらの問いに沿って4部構成で報告書を作成した（*Ibid.*, p.2）。

以下，この設問にしたがって報告書の内容をみていこう。マス・メディアが受け手の嗜好を向上させるのか否かについて問う第1の課題に対して，クラッ

パーは嗜好という概念そのものを問題にし，この術語が未定義のままに用いられていることを指摘する（*Ibid.*, p.1）。嗜好とは審美的かつ知的内容を含んだ複合的概念でありながら，メディア研究でこの概念に対する価値基準については議論されていなかった。クラッパーは嗜好の定義が欠落していることを理由に，マス・メディアによる嗜好の向上についての判断を留保している（*Ibid.*, p.6-7）。そしてメディアに含まれる内容は，個人の嗜好に直接変化を与えるのではなく，受け手側で既に確立している先有化傾向（predisposition）に影響をおよぼすことが強調されている。またマス・メディアが大量に生産する低質な情報に比較すると量的には少ないものの，良質なメディアの存在が先行研究の中で明らかにされていた。これらが受容者の嗜好を向上させる可能性を持つことを示唆する先行研究が，リーの公共図書館論で，利用者のメディアの受容と知的向上に関する有力な論拠となった（*Ibid.*, p.30-31, 37-38, 42)[10]。

　第2のリーの質問は，図書と非図書資料の効果の比較であった。クラッパーは出版物をラジオや映画などのメディアと比較し，(1) 図書は受け手側の主体性への依存度が高いメディアであること，(2) 受け手はその内容と深くかかわる傾向が強いこと，(3) メディアとしての長い伝統が，図書に特別な威光効果を与えている，という3点を特徴として挙げた（*Ibid.*, p.17-20）。

　第3のリーの質問は，現実逃避を目的とするコミュニケーションの効用に関するものであった。クラッパーは現実逃避のためのコミュニケーションは，固有の内容を持つものではなく，効果の観点から規定されることを明らかにした（*Ibid.*, p.5-6）。現実逃避を目的としたコミュニケーションの心理的効果は，(1) 精神的解放，(2) 補償（compensation），(3) 社会的無関心，(4) 社会的有害性，の側面から実証的に検証していくことが可能な領域であった（*Ibid.*, p.7-15）。さらにこの種のコミュニケーションでも，メディアの影響は供給の量や強度にあるのではなく，受け手側の関心と嗜好性に依拠することを示す先行研究が存在した。これはメディアの限定効果論が，現実逃避的コミュニケーションにも有効であることを示唆していた（*Ibid.*, p.17）。

　最後の質問はマス・メディアと説得についてであった。マス・コミュニケーション研究での心理実験は印刷物，ラジオ，映画を通じたプロパガンダが，効

果的に受容者の態度を変化させることを実証していた（*Ibid.*, p.3）。しかしプロパガンダによる態度の変化は，受容者が強力な意見を持たない場合に生じやすく，すでに特定の意見を持っている個人にとって，プロパガンダは態度の変革に対して働くのではなく，意見の支持率の強弱に関係する間接的作用因にすぎない（*Ibid.*, p.4-5）。一方，プロパガンダが最大の効果を発揮する状況は，それが独占状態で機能する時である。クラッパーは独占状態にあるアメリカのマス・メディアが，現状維持を図りながら特定領域で絶え間なくメディア受容者の態度の補強と強化を行っていることを強調している（*Ibid.*, p.38）。

クラッパーは，マス・メディアがすでに確立している個人的嗜好に対して補強を行うことを結論とする「マス・コミュニケーションの限定効果説」を報告書で提示した。この限定効果モデルはマス・メディアが受け手の意識に直接影響をおよぼすとする皮下注射型モデルに変わって，1940年代後半から1960年代までメディア効果研究の最も有力なパラダイムとなった（児島 1993, p.15-16）[11]。

クラッパー報告は，マス・メディアと公共図書館に関するリーの議論の基盤となった。リーはアクセスの容易なラジオや映画などのマス・メディアへの接触時間が増加し，図書は相対的にマイナーな存在になっていることを指摘した。しかしその一方で，メディアとしての価値を保持する時間が長いこと，また他のメディアの素材となる柔軟性は図書に固有の特徴であり，公共図書館にとって図書は最も基本的な資料源であるとの認識を示す（Leigh 1950, p.29-31）。図書館利用者はごく限られていたものの，そのことがパブリック・コミュニケーションの総体の中で，図書館利用者と公共図書館サービスの重要性を否定する根拠にはなりえないとリーは論じた（*Ibid.*, p.33）。

公共図書館とマス・メディア

公共図書館に対する資料要求が，マス・メディア機関による商業主義的な宣伝の影響を受けていることにリーは批判的な立場を取った。教育機関を標榜する公共図書館では，図書選択は図書の内容の信頼性と文学的価値によって決定されるべきである（*Ibid.*, p.35）。市場に流通する資料の中で，商業的な目的の

ために出版される図書ではなく，利用者にとって有意義な図書に図書館員が目を向けるべきであるとのリーの主張は，ミラー（William Miller）の報告書『出版産業』（*The Book Industry*）の論旨を受けたものでもあった。ミラーは報告書で商業出版物に対する図書館の購買シェアは非常に低いと指摘している。しかしながら商業主義とベストセラー志向が強い出版産業で，図書館界はそれ以外の堅い図書に着目し，そうした資料の流通に集中することによって，マーケットに影響を与えることが可能である。そのためには，専門職たる図書館員が著作物の社会的価値を総合的に判断できる資質を持っていなければならない（Miller 1949, p.130-131）。

公共図書館が商業的に見込みのある出版物以外の資料にも焦点を当てていかなければならない論拠は，公共図書館と民主主義思想の関係性からも導かれる。つまり民主主義社会の基本的前提は，多様な思想の存在を認め合うことである一方で，そのなかには静穏な空気を乱す批判的な意見が必然的に含まれることになる。しかしながらマス・メディアにおいてそうした少数派の見解を媒介する実践は軽視されていた（Leigh 1950, p.37）。リーはパブリック・コミュニケーションにおける公共図書館の存在理由は，商業メディア機関が光を当てない領域を補完していく点にあるとして，成人の興味，意志，能力を個人の知的向上へと方向性づける役割のなかに，公共図書館の主要な活動領域を位置づけた（*Ibid.*, p.46-48）。

また公共図書館が媒介する資料の受け手として，リーはコミュニティのオピニオン・リーダーの存在を重視している。すでに「公共図書館調査」の図書館利用者プロジェクトの報告者であったベレルソンが，オピニオン・リーダーのネットワークがコミュニティに存在し，彼らにサービスを提供することによって，公共図書館の機能がコミュニティ全体に浸透することを示唆していた。リーはこの成果を全面的に支持し，公共図書館発展の推進力としてオピニオン・リーダーを位置づけた（Berelson 1949a, p.46-49; Leigh 1950, p.46-50）。

レポートの最終章では，「公共図書館調査」で実施された各プロジェクトの成果に基づき，公共図書館の発展の方向性を検討している。リーはこの章で，公共図書館固有の活動領域について再び言及する。ここで強調されたのは，民

主主義社会の保持にとって知的基盤となる資料を扱う活動が，商業的なコミュニケーション機関によって十分に展開されることはなく，公共図書館がこれらの媒介の拠点となるべきであるという点であった。すなわち文化的，教育的，公共的価値を持ちながら，パブリック・コミュニケーションにおいてその流通が十分とはいえない批判的資料，実験的かつ前衛的文化活動の成果や古典資料は，図書館が中心となって扱うべき資料である。「信頼すべき情報センターとしてコミュニティにサービスを行い，コミュニティの幅広い年齢層の利用者に，継続的な自己学習の機会を与える」とする公共図書館の伝統的目的は「公共図書館調査」の各プロジェクトを通じて検証され，リーはこれらを公共図書館の発展の方向性として再提示した（Leigh 1950, p.222-223）。

「公共図書館調査」討議集会とリー・レポートへの批判

　1949年に「公共図書館調査」についての討議集会が，シカゴ大学ライブラリー・スクールで開催された。ここではリー・レポートの方法論を中心に批評を行ったシカゴ大学社会学部ディーン，タイラーのコメントに焦点を当てる。タイラーはレポートで提示された学習機会の均等，コミュニケーションの自由，図書館の調整機能，コミュニティでの政治参加，技術革新と図書館などの論点が，民主主義社会における基本的価値を押さえていることを評価し，問題の検討にあたって社会心理学的手法を採用したことに意義を認めている。一方，リー・レポートで表明された図書館の目的が，専門職による実践活動からのみ導かれている点には疑問を呈している。目的が公共図書館理念と密接に結びついている以上，それはライブラリアンシップの理念的基盤となる教育的機能を参照しながらマクロな視点から定められていく必要があるとタイラーは指摘した。さらに図書館と学習動機のかかわり，利用者の学習と関連づけた図書館の利用満足度，段階的学習とそのための図書館の組織化，といった諸課題について実証的な解明が必要とされていた。そして図書館の教育的方向づけのために，公共図書館の教育活動の明確な図式を描き出すことの必要性が論じられた（Asheim 1950, p.242-252）。

　「公共図書館調査」は，アメリカ図書館協会主催の7ヶ所での地域会議で実

践家からの批評を受け，また図書館専門雑誌にも書評が掲載された。図書館員は各プロジェクトが1940年代後半時点での公共図書館の実践の広がりを示した上で問題点を抽出したこと，リーによる総括がプロジェクトの結果をふまえ，今後の公共図書館の活動針路を照らし出していたことを「公共図書館調査」の成果として受け止めた。特に，図書館専門職の理念的基盤の確立や図書館ネットワークの構想については，専門職からの評価が高かった (Schenk 1951)[12]。しかしながら，リーが政策面での勧告を導き出すために設定した，パブリック・コミュニケーションと公共図書館の分析枠組み自体に対する批判や議論はほとんどなかった。レイバーは専門職からの反応について概観し「図書館活動が展開される社会的背景への視点は排除され，批判の焦点は図書館と特定の実践に当てられていた。図書館員は狭義に定められた職務遂行上の関心を越えたがらなかった」と論じ (Raber 1994b, p.37)，ライブラリアンシップの理念的枠組みを討究する総合プロジェクトとして「公共図書館調査」をとらえる視点が欠如していたことを指摘した（Ibid., p.35-43)[13]。

第3節　考察

　リーの公共図書館論の特徴は，アメリカ社会におけるパブリック・コミュニケーションの所在を明示し，その機能を検証するなかから公共図書館の独自性を引き出そうとするアプローチにある。

　リーの公共図書館論を考察するにあたって，まず公共図書館分析の際，リーが基本的枠組みとして設定した，パブリック・コミュニケーションの概念について確認しておこう。アメリカ社会で文化的なコミュニケーションが行われる空間は，パブリックな場として認識されてきた。メディアにかかわる文化機関は，知識と情報の交通の制御を担うことによって，文化コミュニケーションの主体としての役割を果たす。このような空間にあって，メディアは常に公共性を帯びたものとして意識され，「公共の知識の媒介」がメディアの第一義的な存在理由となっている。パブリック・コミュニケーションの広がりのなかにあって公共知識を伝達するメディアである公共図書館は，新聞，ラジオ，映画，図

書などのマス・メディアと同一空間に存在する要素間の関係に還元される。これがリーの描くパブリック・コミュニケーションの基本的構図である。

初期コミュニケーション思想とパブリック・コミュニケーション

　マス・メディアが公共的知識を効率的に伝達し，市民の知的向上を促すツールであるとする考え方は，マス・メディアが出現しはじめた20世紀初頭，メディアとコミュニケーションについて論じたタルド（Gabriel Tarde），クーリー（Charles Horton Cooley），パーク，デューイ（John Dewey）らによって提示され，アメリカでのコミュニケーション理念の源流を形成した（吉見 1994, p.8-14)[14]。

　たとえば1920年代に出現したラジオは当初，パブリック・インタレストを満たすためのメディアとなることが意識されていた。ラジオ関係者が全国的な商業放送と並行して，コミュニティのニーズに合わせた公共放送を開始した経緯は，新しいメディアの構築に携わった関係者にパブリック・コミュニケーションへの強い自覚があったことを示すものであろう。そして1950年代のテレビジョン出現期には，やはりこのメディアが公共的な知識の伝達媒体となり，民主主義のツールとしての役割を果たすことが強く期待されたのである（有馬 1997, p.11-24; 水越 1993b, p.135-137）。

　しかしながらラジオとテレビ産業の全国ネットワークへの成長と商業的成功は，パブリック・コミュニケーションのあり方に転換を迫った。ラジオ・テレビなどのエレクトリック・メディアは地理的距離を瞬時に越えて情報を伝達していくことが可能であった。しかもマス・メディアは知識や情報を商品として扱うことを大きな特徴としていた。公共図書館を含め，コミュニティ空間を対象に地域のニーズに密着したコミュニケーション様式を描くパブリック・コミュニケーションのあり方と，メディアを扱う巨大産業の作り出した現実の隔たりはきわめて大きなものだった。

　ただし，マス・メディアの公共性を強調する初期コミュニケーション思想は現実との乖離を見せはじめていたとはいえ，その理念が消失したわけではなかった。ラジオ・メディアを例にとれば，オリジナルな放送内容によって小規模な

がら確実な受け手を得たオルタナティブな放送形態は，初期に比較してその数は減少したとはいえ，文字通り別の道を着実に歩み地域に根づいていたからである。こうした非商業目的のメディアの存在を支えていたのは，メディアが公共的な道具であり，公共的知識を共有し育んでいくために利用されなければならないとするコミュニケーションの基本理念である。公共図書館もまた公共的知識を市民に伝達するコミュニティの基本的文化装置として位置づけられていた。

批判対象としてのマス・コミュニケーション

パブリック・コミュニケーションの理念的原則に相反する形で展開されるマス・メディアによる情報の大量生産と消費は，図書館がその一部を担うパブリック・コミュニケーションのバランスをゆがめ，情報を均質化させる危険性がある。これは自由な発想と価値の多様性を標榜する民主主義の後退を意味していた。つまりマス・メディアの肥大化は，知識を共有するための公共の場を市場へと変換する要因となって，公共図書館に脅威を与えることになるのである (Raber 1997, p.87-90)。

1944年から1946年までプレスの自由委員会のメンバーでもあったリーは，マス・メディアについて批判的な立場を明確にしていた。アメリカ図書館協会のアトランティック・シティ年次大会で行った知的自由の問題をめぐる議論の場でリーは，ライブラリアンシップの発展を妨げるマス・メディアの問題点を具体的に取り上げている (Leigh 1948, p.363-369)。リーはコミュニケーションをめぐる状況が複雑化し，選択と制御の構造化がうながされる一方で，知的自由の焦点も変化していると指摘する (*Ibid.*, p.366)。知的自由とは困難な選択作業であり，それはコミュニケーションにおける公的コントロールを完全に排除することを意味するのでもなければ，コミュニケーション産業に対し無制限な実践を許容するものでもない。問題の中心は，真摯な表現そのものの存在をあらゆる方法によって確保することにあるとリーは述べる。また知的自由の問題は，コミュニケーション産業が批評に対し常に開かれた知的コミュニケーションの意味と媒介される多様性と葛藤とを認識した上で，コミュニケーションを

めぐる責任を遂行していくことでもあった（Leigh 1948, p.367）。

「公共図書館調査」が行われた 1940 年代後半に，公共図書館のあり方をマス・メディアとの関係性を討究することなく議論していくことは現実との離反を意味した。つまりライブラリアンシップの検証作業は，図書館内部のみで行うのではなく，パブリック・コミュニケーション全体を射程に入れながら，自らをそのなかに位置づけていくような方法を取る必要があった。コミュニティの図書館がマス・メディア時代に存続していくためには，パブリック・コミュニケーションのなかに独自の領域を確立しなければならないのであり，それは商業メディア機関との差異を見定めていく作業から明らかになる。リーが批判対象としてマス・コミュニケーションの分析を集中的に行った理由は，公共図書館のオリジナリティを引き出していくための方法論的戦略によるものといえる。

パブリック・コミュニケーションにおける公共図書館の役割と機能

リーが提示する，パブリック・コミュニケーションにおける公共図書館の役割と機能についてみていこう。はじめに公共図書館固有の活動領域について取りあげたい。公共図書館を含む非商業メディア機関の重点的な活動領域としてリーが挙げたのは，次の 4 点である（Leigh 1950, p.50-51）。

(1) 専門家の適切な評価を通過した最新の資料，および批評の手続きを経て価値が認められた芸術作品の収集と利用サービス
(2) 評価が定まらず，必ずしも多数派の支持を期待し得ない，実験的，前衛的資料の収集と利用サービス
(3) 普遍的な価値を保持し続ける資料の選択，収集と利用サービス
(4) 図書に限定されない多様な資料の選択，収集，組織化

これらの活動領域は，商業メディア機関と公共図書館の目的について比較検討を行い，「公共図書館調査」プロジェクトの実証的データを分析することによって総合的に導き出されたものであった。またこうした作業では，公共図書館固有の領域を確定していくための経験的アプローチの高次にあって，常に参照された理念的枠組みがあった。それがレポートの第 2 章で論じられたアメリ

カ公共図書館界が伝統的に保持してきた専門職理念である。リーは公共図書館の伝統的信条の中心部分には，読書の価値が深くかかわっていると分析する。アメリカ社会に一貫して存続してきた読書の価値は，ライブラリアンシップの理念的基盤であり，公共図書館活動のオリジナリティを確定する時の拠り所となった（Ibid., p.12-14）。

次に公共図書館の機能について検討してみたい。コミュニケーション研究者であったリーは，公共図書館にかかわる機能を送り手，コミュニケーションの内容，受け手からなるコミュニケーション・モデルに準拠したプロセスとして把握している。この場合，送り手は公共図書館であり，コミュニケーションの内容は図書館が伝達する知識であり，受け手は図書館利用者である。この図式に対しコミュニケーション研究の受け手理論が適用された。

ここで受け手理論の論拠となったクラッパー報告にもう一度戻ってみたい。同報告のコミュニケーション研究に対する成果は，メディアの限定効果を明らかにした所にある。しかしライブラリアンシップに対する重要な示唆は，メディアの影響力が個人のなかにすでに確立している嗜好を補強する方向に働くことを明らかにした点である。すなわち図書館利用者が情報に対する適切な受信能力を持っていれば，その後の情報選択と情報利用を適正に行うことが可能であり，情報に関する理想的な構図を想定することができる。こうした解釈にもとづき，クラッパーのコミュニケーション・モデルは，個人の情報活動を適切に方向づけ支援する専門職的活動として，ライブラリアンシップを定義するための論拠となった。

情報の受信者に関しても，リーは明確な規定を行っている。1949年に出された利用者に関する調査報告書『図書館の利用者』でベレルソンは，図書館利用者がコミュニティでの活発なコミュニケーション活動によって特徴づけられるオピニオン・リーダーであることをレポートの結論とした（Berelson 1949a）。リーはベレルソンがオピニオン・リーダーと定義したグループを公共図書館の「本来の利用者（natural audience）」と言い換えて，公共図書館の利用者を再規定している（Leigh 1950, p.46-50）。公共図書館サービスは，知識を積極的に求め他者への寛容精神を持ち社会問題を解決しようとする意志のある適切な受

け手に向けられたとき，民主主義装置としての力を最大限に発揮できる。リーが公共図書館の利用者として想定したのは，これらの条件を満たす知的活力ある市民であり，そういったコミュニティ・エリートへの情報サービスは商業メディア機関から十分に提供されていなかった（Raber 1997, p.97,107）。

以上の議論から明らかであるように，リーは公共図書館機能の検証に，図書館，知識，利用者をコミュニケーション・プロセスの要素としてとらえるコミュニケーション受容研究の枠組みを用いたのである。

リーの公共図書館論の意義

リーの公共図書館論の形成過程をもう一度整理すると次のようになる。まずライブラリアンシップの活動空間であるパブリック・コミュニケーションが規定された。次に商業メディアの目的および活動の方向性と，公共図書館の保持してきた専門職的理念を対比するなかで，ライブラリアンシップ固有の役割を引き出そうと試みる。こうした作業を通じてリーは，アメリカ市民社会を民主主義的に維持するための教育機関として図書館の価値を定める伝統的な公共図書館の理念の正当性を確認し再提示した。

リーの公共図書館論の中心には，メディアが基本的に市民生活を向上させるツールであり，適切な利用法によって最大限の文化的効果が生じるとする楽観的な認識がある。このような理解はコミュニケーション研究において自由主義的メディア論と呼ばれる認識論であり，メディアの適切な媒介と供給が公共的価値の向上と自律的個人の発展を支えるとするアメリカの初期コミュニケーションの理念を継承している。メディアに対する信頼感とコミュニケーションの改善可能性を軸とする自由主義的メディア論は，メディアの適正な利用によって市民の知的向上をうながす公共図書館にとってきわめて親和性が高い解釈の枠組みとなり得た。またコミュニケーション政策者としてのリーは，自由主義的メディア論の理念を政策へと展開していく立場にあった。

パブリック・コミュニケーションの概念的確立を研究面でリードしたラザースフェルドがクラッパー報告に寄せた序文は，こうした自由主義的メディア論を基盤とするコミュニケーション研究を，公共図書館研究に適用させていこう

とする立場を明確に示している (Klapper 1949, p.1-9)[15]。この序文を手がかりに，公共図書館分析へのコミュニケーション研究の準拠枠の有効性が，どのように論じられているのかをみていきたい。

ラザースフェルドは文化コミュニケーションにかかわる機関の分析に関して，単一の制度や事象のみをとらえた研究から脱却することを説き，経験的アプローチによる研究の総体から特定の現象を解明する方向性を強調した。具体的には心理学，歴史学，社会学，経済学などの社会科学の方法論を用いて，文化コミュニケーションの分析が行われるべきだとする (Klapper 1949, p.4)。ラザースフェルドはコミュニケーション機関がかかわる成人教育の役割を重視し，成人学習のプロセスと公教育の差異を指摘した上で，そこで行われる学習プロセスの分析をうながしている。これらの機関は公教育以外の場での市民の学習にとって豊かな可能性を持つにもかかわらず，その効果に対する科学的研究が欠如していたからである (Ibid., p.6-7)。

またラザースフェルドは，アメリカの公共的な文化機関と文化制度はいかなる特定の立場をも持たないことを強調する。つまり文化コミュニケーションでの特定の営為に関して，達成目標の設定と批評の枠組みはあらかじめ定められたものではなく，研究の過程で議論されていく (Ibid., p.7)。ラザースフェルドが示したのは，文化機関をコミュニケーション機能に即して把握し，社会に対する効果を実証的に導く方法論的枠組みであった。リーの公共図書館分析も含め，コミュニケーションをテーマとする経験的研究は，ラザースフェルドの提示するような認識論を共有していた。

リーの図書館論は，民主主義思想を阻む思想的抑圧への対抗理論でもあった。抑圧の顕著な例として1950年代から本格的に図書館界に影響をおよぼした反共政策が挙げられる。さらに，利潤のみを目的に市民に送り出されるマス・メディアもまた，市民の健全な精神的向上を歪める点で，思想的抑圧の新たな形態とみなされた。リーはこれらの抑圧に対し，知的自由を保持してきた専門職的理念を対抗のための理念的基盤とした上で，解決の実質的な手がかりをパブリック・コミュニケーション構造の解明のなかに見出そうとした。

知的自由の問題への関心は，リーのプレスの自由委員会での経験に強くかか

わっている[16]。公共図書館論では，プレスの自由が発展していくなかで生起した社会的責任論が争点となっている。社会的責任論とは，メディアの公共的役割について，メディアにかかわる機関が自らの行動指針を，パブリック・コミュニケーションにおける公共的な役割に焦点を当てて自発的に規定していこうとする考え方である[17]。

商業的マス・メディアの台頭によってプレスの自由は，知的自由の擁護の範囲を越え，自由を無制限に適用することの是非をめぐる問題となっていた。社会的責任論はこうした状態を克服することを目的とし「メディア自体による自主規制を維持しつつ，より高水準の活動を実現するための手段として，プロフェッションをさらに発展させること」(McQuail 1983,〈訳〉p.102) を中心的課題に掲げた。コミュニケーション専門職には，「社会の多様性を認知する多元主義と社会的問題に対する中立性を維持しつつ，メディアをコントロールする役割が与えられているのであり」(*Ibid.*,〈訳〉p.103) 当然ながら図書館専門職はこうした役割に最も敏感な存在である。

リーの図書館論で，文化コミュニケーションは多層的構造としてとらえられ，公共図書館の実践活動は特定の文化領域に対する制御機構として位置づけられている。そして公共図書館が蓄積してきた図書メディアにかかわるさまざまな専門的技術と実践を補強する専門職の理念から構成されるライブラリアンシップ全体が，その制御を支える基盤となっている。

1940年代のコミュニケーション政策研究者が共有していた自由主義的メディア論は，コミュニケーション活動を民主主義思想実現のための行動として，メディアをそのための道具として規定していた（船津 1999, p.58-59）。こうした理念を媒介にしてリーは，コミュニティの情報の民主的な供給と利用を促進する公共図書館と，伝統的な教育施設としての公共図書館を両立可能なものと確定するにいたった。リーの公共図書館論は，パブリック・コミュニケーションやオピニオン・リーダーといったコミュニケーション研究の概念装置を援用しながら，知的活動にとって有意義な資料と図書館利用者を再規定し，教育的機関としての役割を公共図書館の目的として重視する伝統的理念を再確認し理念的に強化していたといえる。

文化コミュニケーションをとらえる視座

最後にアメリカの文化コミュニケーションをめぐる総合的視点から，リーの公共図書館論を検討してみたい。マス・メディアの発展にともなう大衆文化の隆盛は，アメリカのコミュニケーション全般をめぐる議論を生起させた。マクウェール（Dennis McQuail）はコミュニケーション研究における文化コミュニケーションについての議論を，メディアを分析対象として総合的な社会観を打ち出すマクロ・アプローチに位置づけ，さらにその視点と分析角度によってさらに大衆社会論，マルクス主義的アプローチによる批判理論，構造機能理論へと分けた[18]。

大衆社会論は，一時的な消費のみを目的として生産される情報の増加やそれらによって引き起こされる文化レベルの低下に対し，ペシミスティックな社会認識を明らかにする立場であり，実証的な研究として展開されるというよりは，むしろグランド・セオリーとして提示される。2番目の批判理論は，社会の表層部にあらわれる大衆文化の構造を，イデオロギー形成の観点から明らかにしていく文化理論である。3番目の構造機能理論は，関連ある活動要素から構成される社会と，そのなかで有機的な働きをする要素（コミュニケーション研究においてはメディア）を前提とし，社会全体を解釈していく分析の枠組みである（McQuail 1983,〈訳〉p.58-60, 66-67）。リーの文化コミュニケーションに関する立脚点は，多元主義を是認しメディアを民主主義社会を維持するためのツールととらえていく，3番目の構造機能理論にあるといえる。

メディアとコミュニケーションにかかわる文化をとらえる視座の差異は，受け手理論のレベルまで掘り下げていった時に，いっそう明確になる。すなわち批判理論アプローチでは，メディアをイデオロギー抗争のツールとして把握し，支配階級の優位性を前提に受け手が設定される。一方，構造機能理論では，知識の民主的コントロールの可能性と，公衆のメディアの利用能力に対する信頼に基づいた自由主義的多元論の立場から，メディアの受容についての議論が展開される（Ibid.,〈訳〉p.72-73）。1940年代から1950年代のアメリカ・コミュニケーション研究では，後者のアプローチが優勢であり，そうした理念的立場からラザースフェルドが「行政管理的研究」（administrative research）と呼ん

だ政策志向の強い研究成果が産み出されていった[19]。

　リーはアメリカの文化コミュニケーションが問題を抱えていることを認識し，大量生産と大量消費のサイクルを繰り返すマス・メディアのあり方に批判的な立場をとった。しかしながらコミュニケーション政策家として，同時に現状の課題に対する改善可能性を確信し，その解明の手がかりをメディアの公共性を基盤とする多元論モデルに求め，図書館の分析に臨んだ。その結果リーの公共図書館論は，ライブラリアンシップを民主主義的活動の一部として位置づけ，民主主義思想を維持するための公共図書館の実践がパブリック・コミュニケーションの特定部分をしめることを指摘し，ライブラリアンシップを理念的にも実践的にも方向づけることができた。実践的政策論としてみた場合，リーの公共図書館論は「公共図書館調査」の目標に到達していたといえよう。

　ただし多元論モデルの認識論自体を批判的に分析した場合，自由主義的メディア論に内在する課題が浮かび上がってくる。すなわち，コミュニケーション研究の第二の立場である批判論的アプローチでは，行政管理的研究が前提とする，メディアにかかわる社会機関の目的および役割の中立性が問われ，メディアに関する自律的市民の成立といった理念的枠組みそのものに，疑義が唱えられていたからである[20]。

　つまりリーの公共図書館論では，同時代の文化構造を自明とした上で，資料提供サービスとそれにかかわる図書館員の資質と専門職的知識が議論されていた。そこではサービスを構成する資料選択行為そのものが意味する理念上の問題や既存のマス・メディアの枠組み内で行う図書館活動が社会に還元する際のネガティブな側面については議論されていない。批判アプローチをとるなかで最も徹底的な文化批判を展開したフランクフルト学派のホルクハイマー（Max Horkheimer）とアドルノは，マス・メディアがもたらす文化的退廃を指摘し詳細に記述した。しかもそこにとどまることなく，文化産業による大衆文化の再生産のメカニズムをマス・メディアのなかに見出し，最終的に文化を生産する理性そのものに批判的視点を向けていた（Horkheimer 1990,〈訳〉p.183-262）。彼らの議論にこそ公共図書館にかかわるすべての現実的営為を批評していくための枠組みに必要な深度が提示されていたのであるが，「調査」で提示された

図書館の議論はそうした深さにまで達していなかった。

注
1 主なプロジェクト名と成果報告書を紹介する。
   a) 公共図書館職員プロジェクト　Alice I. Bryan.『公共図書館員』(*The Public Librarian*)
   b) 公共図書館政策プロジェクト　Oliver Garceau.『公共図書館と政治過程』(*The Public Library in the Political Process*)
   c) 公共図書館資料プロジェクト　Robert D. Leigh.「図書及び雑誌所蔵に関する『公共図書館調査』のサンプリング」("The Public Library Inquiry's Sampling of Library Holdings of Books and Periodicals")
   d) 公共図書館業務プロセス・プロジェクト　Watson O'D. Pierce.『公共図書館の業務評価』(*Work Measurement in Public Libraries*)
   e) 公共図書館財務プロジェクト　Charles Armstrong.『図書館予算』(*Money for Libraries*)
   f) 図書館利用プロジェクト　Bernard Berelson.『図書館の利用者』(*The Library's Public*)
   Angus Campbell and Charles A. Metzner.『公共図書館の利用と他の情報源の利用』(*Public Use of the Library and of Other Sources of Information*)
   g) 出版流通プロジェクト　William Miller.『出版産業』(*The Book Industry*)
   h) 政府刊行物プロジェクト　James L. McCamy.『市民のための政府刊行物』(*Government Publications for the Citizen*)
   i) 映像資料プロジェクト　Gloria Waldron.『ニュース映画』(*The Information Film*)
   j) 音楽資料プロジェクト　Otto Luening.『音楽資料と公共図書館』(*Music Materials and the Public Library*)
   k) マス・コミュニケーション・プロジェクト　Joseph T. Klapper.『マス・メディアの効果』(*The Effects of Mass Media*)
2 調査結果の総括にあたってリーは、プロジェクトごとに問題の所在を明らかにし、将来的な方向性を提示していた。なかでも、公共図書館の広域ネットワーク化の可能性と連邦および州政府に対する図書館政策の要請についての勧告は、資料面や予算面での課題を克服し公共図書館が発展の道筋を切り開いていくための示唆に富んでいた。ウィリアムズは、1948 年にアメリカ図書館協会から出された「公共図書館の全国計画

（*A National Plan for Public Library Service*）」で提示されていた政策を，リー・レポートが理念的に裏づける内容を持っていたことを指摘する．(Williams 1988, 〈訳〉p.97)

3 同特集号の文献レビューは，全報告書の概要と関連文献を網羅しており，「公共図書館調査」の全体像をつかむのに役立つ (Shull 1994)．

4 次の論文はリー・レポートの中でマス・コミュニケーション研究の枠組みが用いられたことを指摘しており，本書に対して有効な視座を与えた (Raber & Maack 1994, p.38-44)．

5 レイバーはリーが民主主義に固有の価値対立の問題を直視し，図書館の実践がその和解に寄与する可能性を期待すると同時に，民主主義の生み出す矛盾を図書館専門職にあらわれる課題の基点としていたことを指摘する (Raber 1997, p.104-105)．「公共図書館調査」でのライブラリアンシップをめぐるイデオロギー的葛藤については，レイバーの次の文献でも論究されている (Raber 1994b)．

6 リー・レポートでの公共図書館と成人教育については次の文献も参照のこと (常盤 1977, p.113)．

7 リーの経歴については次の資料を参考にした (Bryan 1978)．

8 プレスの自由委員会は，シカゴ大学学長であったハッチンスと彼と親交があり『タイム』の創刊者であったルース (Henry Robinson Luce) の創案によって発足した．この委員会においてプレスという語はマス・メディア全般を含めた広義の意味で使用されていた．委員会は，マス・コミュニケーションの表現の自由をめぐる諸問題の議論を目的として，1943年12月から1946年9月にかけて合計17回の会議を開催している．委員会は表現の自由の確保とあらゆる表現へのアクセスに対する権利の確保をプレスの自由の基盤においた上で，マス・メディアの倫理的責任について討究した．1940年代には巨大産業へと発展していたアメリカのマス・メディアに関してその社会的責任が差し迫った課題となっていた (McIntyre 1998)．

9 レイバーはここで示された仮説的条件は，民主主義が存続していく上で課題として立ちあらわれる対立点であるとし，リーがこうした民主主義に固有の本質的問題を公共図書館論の議論のテーマに掲げていたことを指摘している．リーの民主主義論は，相互に責任を果たしあうことで成り立つ個人とコミュニティの継続的な緊張関係を重視したものであり，ここから公共図書館が緊張関係の平衡にとっていかなる調整機能を果たすのかという議論を発展させていったとレイバーは分析する (Raber 1997 p.107-108)．

10 クラッパーはメディアの価値についての議論の欠落を指摘しているものの，実際の

メディア研究では質を表現する用語が意味上の議論を保留にしたまま用いられていた。

11 クラッパーはこの報告書をベースに1950年代の効果研究のレビューを含め, 1960年に『マス・コミュニケーションの効果』(*The Effects of Mass Communication*)を発表した (Klapper 1960)。この著作でクラッパーはマス・メディアの限定効果論を「マス・コミュニケーションを, 受け手側で生ずる効果の必要かつ十分な原因として考える傾向から, 全体的状況で他の諸影響力のなかで作用している一つの影響力として, メディアを考える傾向への推移である」(Klapper 1960, 〈訳〉p.21) と説明し, 自らのモデルを「現象論的アプローチ (phenomenistic approach)」と名づけた。この規定により, クラッパーの提示したマス・コミュニケーションの限定効果理論が, アカデミズムに認知されるようになった。しかしながら限定効果論の中心概念は, すでに1949年の報告書で明らかにされ, その成果がリー・レポートに全面的にとりいれられていた事実が重要である。1949年と1960年の研究書の相違点については, 1960年の著作に詳しい解説がある。

12 公共図書館サービスのための広域単位を規定することによって, 図書館システムのモデルを示しその実施に関して州と連邦の援助を求めた勧告は, リー・レポートの政策面での重要な柱となっている (Leigh 1957, p.226-231)。

13 専門職の「公共図書館調査」に対する反応については, 次の文献を参照のこと (Asheim 1950, p.272-281)。

14 アメリカ初期コミュニケーション思想については, 次の資料を参照のこと (児島 1993 p.8-10; Rogers 1986, p.81-88)。

15 アメリカ・コミュニケーション研究におけるラザースフェルドの位置づけについては, 次の文献で詳しく論じられている (Rogers 1986, p.111-114)。

16 マス・メディア論におけるプレスの自由についての議論は, 次の文献に述べられている (McQuail 1983, 〈訳〉p.97-101)。

17 知的自由に関するリーの立場に関しては, 次の文献に論じられている (Robbins 1996, 〈訳〉p.48)。

18 マクウェールによるマス・コミュニケーション研究の3分類は次の通りである。
 a) メディアと社会の関連性を総合的に考察するマクロ・アプローチ。
 b) メディアの内容・意味を考察するテクスト分析アプローチ。
 c) メディア伝達の反応と影響を考察する効果分析アプローチ。(McQuail 1983, 〈訳〉p.56-57)

19 ラザースフェルドはコミュニケーション研究を, 行政管理的研究 (administrative research) と批判的研究 (critical research) に分けて比較検討し, 両者の融合の可

能性を探っている。その論考は批判的研究の拠点であったフランクフルト学派の雑誌『スタディーズ・イン・フィロソフィー・アンド・ソーシャル・サイエンス』(*Studies in Philosophy and Social Science*)に掲載された (Lazarsfeld 1941)。論文のなかでラザースフェルドは,1941年時点で最も活発にコミュニケーションの効果研究に取り組んでいる機関として,シカゴ大学のライブラリー・スクールを挙げている (p.3)。1930年代から50年代にかけてのコミュニケーション研究の展開と,ラザースフェルド個人の研究史については,次の文献に詳しく書き込まれている (Lazarsfeld 1973)。

20　阿部潔は,行政管理的研究について価値多元主義 (value pluralism) を暗黙の前提とし,自らの知的営為を価値的コミットメントを排除した『科学性』に限定することによって,対象がおかれている社会的,政治的権力関係を考察の対象から排除する傾向が強いと説明している (阿部 1998, p.12)。

第3部
20世紀前半期の公共図書館論形成への影響力

　第3部では,公共図書館論形成と深いかかわりを持つ同時代の実践および関連研究領域について討究する。はじめに実践における理念の変化をアメリカ社会の時代的変遷のなかに位置づける作業を行う。次に公共図書館界での専門職理念の展開,公共図書館界と同時代のアメリカ社会のメディアの社会的発展,公共図書館研究への社会科学的方法論の適用などの分析視角を通じて,20世紀前半期の公共図書館論の形成基盤を総合的に検討する。

　第9章では公共図書館論の時代的変遷を同時代の図書館界の動向と重ね合わせながら考察する。図書館専門職の確立とその理念,公共図書館のメディア・サービスおよび戦時情報サービスなどのテーマを掘り下げながら,思想的萌芽期から成熟期に到る公共図書館論の史的背景を浮き彫りにする。第10章では20世紀前半期の公共図書館のメディア実践活動を取り上げる。エレクトリック・メディアを利用した図書館活動を検討することによって,1920年代から1940年代の公共図書館活動全体がマス・メディア形成の場に含まれ,メディアの発展とともに動態的に変化していたことを実証的に明らかにしていく。第11章では,公共図書館の実践にかかわる諸課題が,どのようなプロセスを経て図書館学にかかわる社会科学的研究へと形づけられていったのかという点を,公共図書館論とコミュニケーション研究との関係性に着目して考察する。最終的に1940年代後半には両者が部分的に融合した形で,公共図書館論が構築されていったことを明らかにしたい。

第9章　公共図書館の実践活動と公共図書館論

　本章では第2部で個々に検証した公共図書館論を，公共図書館の実践と図書館界の時代的変遷のなかに位置づける作業を行い，思想的萌芽期から成熟期に到る公共図書館論の史的背景を浮き彫りにする。そして19世紀後半から1940年代までの公共図書館活動の流れを，成人教育機関から文化活動にかかわる多目的なメディア・センターへの変化としてとらえ，社会的変化の中での図書館専門職の実践理念を描写していきたい。

　第1節では図書館専門職がどのような理念のもとに確立したのか，理念を実践へと実現させていく取り組みのなかで，専門職の枠組みがいかに形成されていったのかを論じる。第2節では公共図書館活動の焦点が成人教育からコミュニティ・サービスへと転換していく時期の図書館の実践活動について，大恐慌をはさんだ公共図書館サービスの変化をアメリカ社会全体の動向と重ね合わせてみていく。第3節ではアメリカ公共図書館の戦時メディア政策とその理念を論じる。ここでは第2次世界大戦期の公共図書館の戦時情報サービスを取り上げ，1940年代までに公共図書館が蓄積してきたコミュニティへの情報サービスが，戦時態勢の下でどのように再組織化されたのかを明らかにする。第4節では1940年代後半の公共図書館論を検討する。図書館成人教育関連のプロジェクトや公共図書館理念を再検討するために企画された「公共図書館調査」を通じ，公共図書館界はライブラリアンシップの存在意義をいかなるものとして認識し，将来的な方向性を見定めて行ったかを論じる。

第1節　図書館専門職の確立

　20世紀初頭から現在にいたる公共図書館の実践と理念の歩みを跡づけたウィーガンド（Wayne A. Wiegand）は，図書館学の起点を19世紀末に見出し，その時期に図書館専門職は社会秩序，啓蒙，教育，見識ある市民の創出といった概念を図書館の存立理念として共有するようになったと述べている。これらのコンセンサスにはアメリカ社会の秩序維持と進歩に対する図書館の貢献が暗示されていた。図書館学の創始者とも呼ぶべきM.デューイが図書館の信条と呼ぶ理念が，この時期に専門職の意識の深層に浸透する。そして「最善の読書を最低のコストで最大多数の人に」（The best reading for the largest number at the least cost）を実現することが，図書館の信条を実践へと転換することと同義とみなされた。ただし「最善の読書」については図書館の信条として，すでにライブラリアンシップに内包された前提条件と認識されたため，それ自体は議論の対象とはならず，専門職にかかわる問題の焦点は「最低のコストで最大多数の人に」という点にしぼりこまれるようになった（Wiegand 1999,〈訳〉p.5-7）。

　図書館員は実際には「最善の読書」の判定を行わず，民間の出版社が刊行する書評誌を選書のためのガイドとして利用し，良書選定の仕事は有力な出版者をはじめ外部機関へと委託された。選書にかかわる専門職務の一部を図書館の外部機関へ依拠したことで，図書館専門職とアメリカの出版界とが密接な関係を保持していく体制が生まれた（Ibid.,〈訳〉p.8-10）。そして20世紀に入ると専門職は自らの専門領域を「『中立的』サービスによって，『最善の読書を最低のコストで最大多数の人』に提供する」ことと規定した（Ibid.,〈訳〉p.10）。

　しかし第1次世界大戦での積極的な戦時体制への協力は，図書館界が中立的な図書館サービスを放棄せざるをえない状況を作り出した。この時期に図書館サービスはナショナリズムと密接な関係を持つようになったからである（Ibid.,〈訳〉p.12-13）。また図書館界は第1次世界大戦中に戦線への図書サービスを積極的に行った[1]。そこで提供された資料は圧倒的にフィクションが多く，公共図書館は伝統的な教育理念とは必ずしも一致しない資料サービスへとその活動

方向を転換せざるをえない状況におかれた。

　しかしながら良書の読書の唱道者であることを放棄しなかった図書館員は，利用者の読書生活への個人カウンセリング活動に熱心に取り組むようになる。同時期にレファレンス・サービスが成熟期を迎えていた。どちらのサービスも成人教育に密接にかかわっており，全国規模で成人教育の機運が高まるなかで行われていた（*Ibid.*,〈訳〉p.13-14)。娯楽のための読書は公共図書館を利用する最も一般的な形であったにもかかわらず，専門職は，軽読書を目的とする資料提供よりも，読書案内やレファレンスなどのサービスを専門職務とみなしてこれを重視した（*Ibid.*,〈訳〉p.14)。

　図書館論形成の萌芽は，図書館信条が実践へと転換されたことに加え，専門職の間からライブラリアンシップを図書館と社会の接点からとらえようとする視点があらわれた点にも見出すことができる。19世紀までの図書館員のまなざしは，利用者よりも図書館が所蔵する資料自体に向けられていた。しかし図書館にかかわる信条を実践活動として展開していく過程で，図書館員の視点は徐々に資料から利用者へと移行していく（Karetzky 1982, p.4)。図書館を利用する主体である利用者を重視し，図書館を社会機関として評価する議論が活発になった。これらの議論は実質的に，貸出調査を中心とする図書館調査と図書館でのパブリック・リレーションの2つの観点に集約された。

　20世紀初頭には全米の公共図書館は貸出数の統計調査を積極的に行って，調査結果を図書館活動のための基礎データとして利用していた。ただしカレッキーは，公共図書館の教育的役割に関する基礎データを入手するための貸出調査が，初期の段階では誤用されていたと分析している。軽読書資料と貸出数との高い相関関係が調査データから導き出されると，貸出数を増加させるために娯楽資料を重視する方針へと調査結果が用いられる傾向が見られたのである（*Ibid.*, p.4)。

　一方，ニューヨーク州の公共図書館運動リーダーであったウィンクープ（Asa Wynkoop）のように，図書館員が利用者に対し教育的影響力を持つためには，利用者の関心の所在を知るべきであるという考え方を打ち出す人物もあらわれた。ウィンクープは利用者の読書選好，読書要求や読書レベル，関心

テーマについて体系的な研究の必要性を訴えた。他にもエバンスビル公共図書館のマックロウ (Ethel McCollough) のように，図書館の貸出記録を主題ごとの図書購入費のための基礎データに用いることを提唱した図書館員もいた (*Ibid.*, p.4-5)。また1920年代に入ると図書館の貸出記録は，読書相談サービスでの利用者の興味と結びつけてとらえられるようになる。この時期の図書館員は利用者の読書の動機について分析していたわけではなかったものの，人々が読書をする理由はきわめて多様であることは認識していた。そのため図書館員は利用者を読書に誘うためのさまざまな試みを展示，ブック・モービル，読書ガイド，ブラウジングのための工夫などの実践活動として展開した (*Ibid.*, p.5)。

また1920年代には図書館サービスの対象であるコミュニティに対する図書館側からの働きかけが，パブリック・リレーションという形を取るようになった (*Ibid.*, p.5-12)。ヤングスタウン公共図書館でコミュニティ・サービスを積極的に模索した図書館実務家のホイーラーは，図書館サービス向上のためのコミュニティ分析を試み，その成果を『図書館とコミュニティ』という著作にまとめている (Wheeler 1924)。調査対象はコミュニティを構成する人種，職業分布，政治的構図，図書館以外の文化機関，クラブに代表されるコミュニティの各種団体におよんだ。調査から得たコミュニティ認識に基づき，ホイーラーは公共図書館でのパブリック・リレーションの重要性を訴え，具体的な方法を提示した。ホイーラーの議論の基盤はあくまでも自らの実務経験にあったとはいえ，コミュニティ・サービスのあり方をはじめて体系的に記述した実践論があらわれたことになる。

こうして20世紀初頭の25年余りの間に，公共図書館にかかわる理念と実践についての議論が図書館界に次々とあらわれた。そこで生起した多様なテーマは実践の場で継続的に討究されていくと同時に，社会科学の研究対象としてアカデミズムに引き継がれた (Karetzky 1982, p.13)。

第 2 節　コミュニティ・メディア・センターとしての公共図書館

コミュニティの成人教育機関としての公共図書館（1920 年代～1930 年代）

　1920 年代以降，新聞，雑誌，ラジオなどのマス・メディア隆盛を背景にアメリカの市民生活は大きく変化している。教育水準の向上や余暇時間の増加とあいまって成人教育活動が高まり，市民教育の概念が再認識されそれらが政策的に展開されるようになった。個別に行われてきた成人教育活動が相互に連絡と調整を計りながら発展していくための制度的枠組みがこの時代に整備された。そのような状況で成人教育に制度的基盤と有機的な活動形態を与える試みに乗り出したのはカーネギー財団であった。財団の総裁ケッペルは 1926 年にアメリカ成人教育協会を設立した。知識コミュニケーションの円滑化を活動目標に掲げた財団は，公共図書館政策に関しても物理的整備から図書館の内部組織と運営の充実に向けて，補助金の使途を移行した（Kett 1994, p.334）。

　成人の継続学習の必要性と学習手段としての図書の重要性を認識する立場から，コミュニティの教育的役割を担ってきた公共図書館もこの時期に転機を迎え，明確な方向性を持った実践的な成人教育サービスをはじめた。すなわちアメリカ成人教育界の制度基盤の整備と呼応するように公共図書館界は，アメリカナイゼーション・プログラム[2] や読書相談サービス[3] など成人教育のための特定のサービスを開始した。

　アメリカナイゼーション・プログラムは 1910 年から 1920 年にかけてアメリカへの移民数が延べ 800 万人に達した時期に開始されたサービスである。公共図書館界では移民に対し，母語図書提供や英語クラスの主催などのサービスを実施し，公共図書館界でサービス対象としての移民をめぐる議論が高まった。もう一つの成人教育サービスの柱は，個人の読書支援を目的としてカウンセリング形式で実施されるようになった読書相談サービスである。1922 年にシカゴ公共図書館，デトロイト公共図書館，クリーヴランド公共図書館がはじめたこのサービスは，他の公共図書館にも浸透し，1940 年代まで公共図書館の成人サービスの中核となっていた。

　公共図書館で成人教育サービスに注目が集まり，サービスを進めていくため

の体制が整備されていくなかで1924年に刊行された『アメリカ公共図書館と知識の普及』は,公共図書館サービスを体系的に論じた初の理論的著作であった。同書はカーネギー財団がカーネギー教育振興財団の研究員ラーネッドに依頼した公共図書館調査の成果レポートである。ラーネッドは公共図書館が潜在的に持つ情報提供のための多様な機能を指摘し,その機能を満たす公共図書館の理想モデルに「コミュニティ・インテリジェンス・センター」という名称を与えモデル化した。

同時代の先進的な公共図書館への視察を重ねながら,ラーネッドはセンター構築の可能性を探った。ラーネッドが示した図書館モデルと現実の図書館の実践との間には著しい隔たりがあった。しかしながらラーネッド・レポートは図書館界に新鮮なアイデアを送りこむことによって,公共図書館サービスの可能性についての議論を生起させることになる。ただし個人を対象とする読書カウンセリングのような場面でライブラリアンシップの基盤を固めていくことが,公共図書館の担う成人教育であると認識していた図書館員は,コミュニティの知識流通の改革を前面に打ち出したラーネッドの勧告を実践の指針とすることはなかった。

1930年代の図書館界は大恐慌とそれに続くニューディールの影響下にあった。1920年代に制度的に整備され1つの運動体としてアメリカ社会で大きな力を持つようになった成人教育は,不況という深刻な社会背景のなかで1930年代には現実の問題を解決するための手段として認識されるようになった。同時にニューディール政策のもとで,連邦政府が成人教育および図書館政策に関与しはじめる。

1933年にアメリカ図書館協会が作成した「公共図書館基準」(Standards for Pubic Libraries)は,公共図書館を自己教育のための資料提供機関として明確に規定し,1934年の「図書館全国計画」(A National Plan for Libraries)でも公共図書館の成人教育への積極的関与が明示された[4]。成人教育ムーブメントの広がりは,図書館員の間に図書館成人教育の重要性を意識させる契機となった。

一方,ニューディール体制下での経済復興対策には図書館と成人教育関連プ

ロジェクトが含まれ，不況のため緊縮財政での運営を余儀なくされていた多くの図書館が雇用対策局のプロジェクトによって経済的に救済された。対策局が統括した専門職雇用促進のためのプログラムには，図書館と成人教育関連のプロジェクトが含まれている。こうしたプロジェクトは，アメリカ図書館協会の図書館政策とは独立して図書館業務を遂行し，図書館の恩恵を受けてこなかった農村地域を中心に積極的に資料サービスを行った。ニューディール政策の多くのプロジェクトと同様，雇用対策局の事業は柔軟性に富み，図書館界が実行におよばなかった読書サービスを達成した。しかしながら図書館活動にかかわる業務を積極的に開拓する過程で，対策局の急進的な事業展開が製本業者や出版社など関連団体との間に軋轢をもたらしたこともあった。スウェーン（Martha H. Swain）は図書館員の雇用と，地方図書館を中心とする図書館サービス拡張について分析し，図書館関係プロジェクトにおける女性の雇用という側面での意義を強調している[5]。

　ラーネッドによる公共図書館レポート刊行から14年後の1938年に，カーネギー財団は経済学者ジョンソンに再び公共図書館調査を依頼し，ジョンソンはこの調査を『公共図書館：市民の大学』にまとめた。ジョンソンは公共図書館がコミュニティの成人教育の中心機関，すなわち「市民の大学」として機能していくべきだと主張し，図書館員みずからコミュニティの成人教育活動においてリーダーシップをとらなければならないことを強く訴えている。

　ジョンソンが図書館成人サービスとしての可能性に期待したのは図書リストの作成，読書カウンセリング，講演会などであり，一部の公共図書館はすでにそうした活動を実施していた。しかし図書提供が公共図書館活動の中枢的役割と考える圧倒的多数の図書館員は，ジョンソンが提示するサービスを前衛的な実践と受け取った。成人教育サービスの充実と発展のために，公共図書館は伝統的な図書館業務から脱却しコミュニティの成人教育活動の拠点となるべきであるというジョンソンの要求レベルは，図書館員が想定する成人教育サービスを超えており，現実の図書館サービスに成人教育論が適用されることはなかった。そのためジョンソン・レポートが同時代の公共図書館サービスの実践を直接方向づけていくことはなかった。しかしながらレポートは公共図書館と成人

教育の関連性を明示していた。

　ジョンソンとラーネッドのレポートの公刊は，公共図書館建設に区切りをつけ，新たな段階として図書館サービスの拡充に向けて活動していたカーネギー財団の図書館振興政策の一環としてとらえることができる。両者はともに公共図書館をコミュニティの成人教育のための中枢機関として認識し，公共図書館の果たす役割を探った。図書館成人教育に対する考え方は，貸出を中心とした伝統的業務の延長線上に成人教育サービスをとらえていた図書館員とは異なる方向性を持っていたといえる。先鋭的なサービスに取り組む少数の公共図書館を除いて，両著作の内容は同時代の多くの公共図書館にとって実践は困難であり理想と現実の間には距離があった。

　実践への具体的影響力は持ち得なかったものの，両レポートは公共図書館の成人教育のサービス理念を明確にするだけでなく，公共図書館で実行可能な成人教育サービスの範囲を拡張して提示した成果によって，公共図書館論史において重要な理論書として位置づけられている。有力な公共図書館論が，カーネギー財団による委託報告書であったという事実は，この時代の公共図書館に対し同財団が経済的にも政策的にも大きな影響力を持ち，その影響力が理論形成にもおよんでいたことを示している。

コミュニティ・メディア・センターへの転換（1940年代前半）

　雇用対策局によってコミュニティ・プロジェクトとしての公共図書館サービスという考え方が図書館界に持ち込まれた。これは大恐慌以前の読書カウンセリングに代表される公共図書館の個人サービス志向とは異なる方向性を示していた。1940年代に入りテネシー渓谷開発公社のような地域開発型社会政策の効果が確認されるなかで，公共図書館は個人からコミュニティへとサービス対象を移行していく[6]。

　この時期に，図書館で集中的に取り組まれてきた成人教育プログラムをコミュニティのニーズに密着したものへと作り変えていくべきだという考え方が主流となった（Lee 1966, p.80-81）。ローズはこうしたコミュニティ志向型の公共図書館サービスは，コミュニティでの図書館の制度的位置づけを確たるものにす

る目的を持ち，コミュニティでの他の文化機関との接触によって図書館活動の方向性を見出していくものだったと分析している。コミュニティの福祉，経済，社会，政治，宗教団体について理解を深め，コミュニティのニーズをより深く把握することは，図書館サービスにとってきわめて重要なことであった（Rose 1954, p.45-46）。コミュニティをターゲットとしたサービスを行うことは，公共図書館が前面に掲げてきた教育的サービスをより広い概念である成人サービスへと方向性を微妙に変化させることでもあり，図書館サービスの範囲と内容を拡張していくための流れを形作った。

アメリカ公共図書館界が実務レベルでコミュニティにサービス対象を定めていった転換期に，アカデミズムでもコミュニティに着目した公共図書館論があらわれている。1942年に図書館とコミュニティをテーマとした研修会「コミュニティのなかの図書館」がシカゴ大学主催で開かれた（Carnovsky & Martin 1944）。この研修会ではコミュニティと公共図書館の影響関係が，図書館関係者を中心に社会学者，教育学者によって多面的に論じられている。研修会では公共図書館が情報伝達と教育的機関であることを基盤とした上で，公共図書館がコミュニティ内での問題解決に取り組みつつ，外の世界へと視野を拡張する社会機関であることを確認した。そして個人と共同体を媒介する公共図書館理念を現実の図書館サービスへと具現化するために，コミュニティ・ニーズにサービスの焦点を絞っていく方策が議論された。

20世紀に入ってから，アメリカでは地域共同体としてのコミュニティは実質的には崩壊していた。しかしながら公共図書館が他のコミュニティ機関やコミュニティのボランタリー・アソシエーションと連携し，協力関係を構築することによって，コミュニティの消失を繋ぎ止め再生させるための中心的役割を担う活力を持つ機関であることがこの研修会で明らかにされた。

第2次世界大戦の開始とともに公共図書館が戦時体制下におかれたことも，コミュニティについての議論の活性化と密接にかかわっている。1940年にはアメリカ図書館協会理事会は国防活動と図書館に関する委員会（Comittee on National Defense Activities and Libraries）を発足し，12月に評議会が「国防と図書館に関する声明」を発表した。1941年12月には「戦時図書館サー

ビスに関する声明」を勧告し，図書館サービスが戦時体制下で果たす役割を明示した。1942年にアメリカ図書館協会は第1次世界大戦の際に行われた戦線への図書サービスを再びはじめ[7]，全米の図書館の実質的な活動目標はすべて戦勝プロジェクトとして方向づけられる。またファシズム国家の体制批判の高まりは，公共図書館での言論の自由についての議論をうながし，図書館がコミュニティの民主主義の牙城であるとの認識が再び高まっていく。次節からは第2次世界大戦で公共図書館が戦時情報センターとして果たした役割を，連邦政府の情報政策と図書館界の動向にそって詳しくみていくこととしたい。

第3節　公共図書館の戦時メディア政策

戦時体制下のアメリカ公共図書館

　第2次世界大戦では，アメリカ社会の市民レベルでのメディアの影響力を背景に，あらゆるメディアが戦力として使われた。印刷物，ラジオ，映画は戦時情報のための主要な情報源であった。公共図書館もまた戦時情報の伝達機関として重要な役割を果たしている。本節では，アメリカ図書館協会と政府の情報機関である戦時情報局（Office of War Information：OWI）が中心となった戦時図書館サービスをみていくなかで，公共図書館がアメリカのメディア政策にどのように位置づけられていたかを明らかにする。

　第2次世界大戦中，内外に向けた宣伝広報活動を担った戦時情報局については，すでに多くの先行研究がある。トムソン（Charles A. Thomson）は，アメリカ政府による海外情報サービスを分析し，戦時情報局が果たした役割を精緻に論じている（Thomson 1948）。トムソンとレイブス（Walker H. Laves）の別の著作では，1930年代から1950年代にいたるアメリカの文化外交政策を討究するなかで戦時情報局に論及している（Thomson & Laves 1963）。ウィンクラー（Allan M. Winkler）は戦時情報局の情報活動を詳細に掘り起こしている（Winkler 1978）。

　図書館研究における先行研究としては，第2次世界大戦中にアメリカ図書館協会が果たした役割を丹念に追ったベッカー（Patti Clayton Becker）の著

作がある (Becker 2002)。さらにクラスキ (Gary E. Kraske) はアメリカ図書館界の文化外交政策のなかで，戦時情報局が展開した図書および図書館サービスにかかわる活動を取り上げている (Kraske 1985)。またスティーロー (Frederick J. Stielow) は，戦時期の図書館界を率いたアメリカ図書館協会事務局長のマイラムと米国議会図書館館長マクリーシュ (Archibald MacLeish) に焦点を当てて，アメリカ図書館界の戦時体制確立にいたる軌跡をたどっている (Stielow 1990)。わが国では，今まど子が海外に設置されたアメリカの公共図書館について調査し，戦後，占領軍によってわが国におかれたCIE 図書館 (Civil Information and Education Section，民間情報教育局) の源流を，これらの図書館のなかに指摘している (今 1994)。また村上美代治は，第 2 次世界大戦下でのアメリカ図書館協会の対外活動に焦点を当てて，アメリカ図書館協会が企図した国際図書館活動を論じている (村上 1989)。リンコーヴ (David A. Lincove) は，1930 年代から徐々にアメリカ社会に影響をおよぼしていたファシズム国家のプロパガンダに対して図書館界が取った多様な反応を図書館での検閲に着目して分析している (Lincove 1994)。

　戦時図書館サービスは，図書館を民主主義にかかわるきわめて重要な社会機関としてとらえることから出発している。図書館は多様なメディアを媒介して情報を提供するだけでなく，図書館自体がラジオや新聞などと同様，市民生活でのメディアの 1 つとして機能することからも，戦時期のメディア政策のなかに一定の役割を占めるものとして位置づけられた。またメディア戦争と呼ばれる第 2 次世界大戦で，図書館が扱った媒体は印刷物に限らず，映画に代表される視聴覚メディアにもおよんだ。1920 年代からレコードやラジオなどの新しいメディアによるサービスに着手した公共図書館のメディア・センターとしての機能は，第 2 次世界大戦期にその役割を確立したといえる。

　ところで 1941 年 12 月の真珠湾攻撃以降，アメリカの戦時情報機関は一般市民への情報伝達を専門とする戦時情報局と諜報機関として機能する戦略局 (Office of Strategic Services：OSS) に機能が分化された。戦時情報局は国内外に向けた政府情報の伝達機関として 1942 年 6 月に設立され，情報局 (Office of Facts and Figures：OFF) と政府公報局 (Office of Government

Reports）を統合していた。また情報調整局（The Coordinator of Information : COI）内におかれていた対外情報部（Foreign Intelligence Service Branch）が戦時情報局へ移管される[8]。

　ローズヴェルト大統領は戦時情報局の局長に，政府関係の役職とは無縁でCBSラジオ・コメンテーターでアナウンサーとして高い人気を誇っていたデーヴィス（Elmer Davis）を指名した。デーヴィスの補佐役として，マクリーシュおよびシャーウッド（Robert E. Sherwood）が副局長を務めた。マクリーシュは1941年6月に館長を務めるアメリカ議会図書館に特殊情報部（Division of Special Information : DSI）を設置し，戦時情報収集サービスに着手していた[9]。1941年10月にローズヴェルト大統領の任命によって情報局の局長に就任したマクリーシュは，戦時期の図書館界と連邦政府の媒介的役割を果たす重要な立場にあった[10]。もう1人の副局長であるシャーウッドは劇作家であり，情報調整局で対外的宣伝を担当する対外情報部の設立に携わり，対外情報部の戦時情報局への移管とともに戦時情報局の副局長に就任した（Winkler 1978, p.26-27）。

　個性的な文化人によって率いられた戦時情報局の活動理念の中核は，事実情報の開示にあった。デーヴィスは国家の軍事作戦や政策的交渉に抵触する機密情報を除き，可能な限り多くの情報を市民に伝達することを戦時情報局の活動目標に掲げた。民主主義社会の基盤は，市民が政策を含めた社会的事実を正確に把握することにあるとの認識からである（Roeder 1993, p.2）[11]。むろん戦時情報局はアメリカのプロパガンダ機関であり，その情報開示については事前に慎重にコントロールされたものであったことはいうまでもない[12]。しかしながら戦時情報局の第一の目的はファシズムに抗し民主主義を擁護することであり，民主主義の理念を内外へ伝達していくことにあった。また戦時情報局は，既存のマス・メディア機関や出版関係機関と特定の協定関係を結ぶことはなく，また統制下にもおかなかったという点から，日本やドイツの諜報機関とは明らかに性質が異なっていた（Thomson 1948, p.30）。こうした戦時情報サービスにかかわる戦時情報局の活動理念は，協働関係にあったアメリカ図書館協会にも共有されていた。

アメリカ図書館協会の戦時図書館政策

　アメリカ図書館協会の戦時図書館政策は，1941年末から事務局長マイラムのもとで計画が進められた[13]。協会が戦時体制に向けて本格的な取り組みをみせるようになるのは，戦時下の公共図書館の役割について具体的な議論が行われたミルウォーキーでのアメリカ図書館協会年次大会（1942年6月）以降である。図書館界は映画上映，読書リストの作成，討論グループの組織化など，複数のプロジェクトを通して，公共図書館が市民に対し戦時情報サービスを行うことを確認し，他のコミュニティ機関との協働体制についても検討に入った。

　この時点で図書館員は必ずしも図書館の戦時サービスに積極的であったわけではない。図書館員の多くは基本的にアメリカの孤立主義を支持し，戦時協力を伴う国際活動については消極的だった。しかしマイラムは民主主義と思想的自由を国際的なレベルで維持することが図書館員に課せられた役割であることを強調して国際政策を推進した（Lincove 1991, p.491）。図書館員が協調して戦時サービスに専心するための強力な動機づけを求めたマイラムは，ミルウォーキー会議直後にマクリーシュを介して，全米の図書館員への呼びかけをデーヴィスに働きかけた（Milam 1942, p.2）。

　デーヴィスは1942年10月にアメリカ図書館協会の機関誌『アメリカン・ライブラリー・アソシエーション・ブルティン』に「アメリカの図書館員へのメッセージ」（"A Message to American Librarians"）と題して巻頭言を寄せた。デーヴィスのメッセージは，文化的自由を保持するため図書館員は積極的に戦時サービスに取り組むべきこと，戦時情報伝達の最も重要な立場におかれた図書館員の責任を説いていた。1942年10月にはアメリカ図書館協会の推薦を受けたアラバマ大学図書館員のコリー（John Mackenzie Cory）が，戦時情報局図書局（Book Section）のなかに設置されたライブラリー・リエゾン・ユニットの責任者に任命され，アメリカ図書館協会と戦時情報局の正式な関係が樹立した。

　第2次世界大戦下の連邦政府では，情報伝達に関してニュース，ラジオ，雑誌を中心とするニュース報道機関，出版流通機関，図書館，映画館，劇場などの娯楽機関，個人への直接伝達など複数のチャネルが準備されていた。図書館

はニュース機関や出版流通に比べ伝達効率について劣るものの，情報が集約される点で他の情報機関にない利点を持つオルタナティブな伝達経路とみなされた。1943年半ばには，戦時情報局国内支部から全米の公共図書館への政府情報の流通体制が整備される。戦時情報局は政府の活動や他の機関の出版物を収集して図書館へ送り，公共図書館は戦時情報局からの情報を市民に提供する戦時情報センターとしての機能を果たすようになった。

戦時情報には印刷資料だけでなく映像メディアが多く含まれていた。公共図書館は1920年代からラジオ，映画，レコードといった印刷資料以外のメディアを市民に提供するためのサービスに取り組んできた実績があり，アメリカ図書館協会には図書以外のメディア・サービスを推進するための視聴覚委員会が設置されていた。一方，戦時情報局で映像メディアは映画局（Bureau of Motion Pictures）が担当し，両者は協働体制で映像メディアの流通とサービスを行った。公共図書館は図書館内でコミュニティの成人グループを対象に，戦争にかかわる映画を積極的に上映し，戦争映画の討論グループや討論会を企画した。また図書館にアクセスできない利用者の便宜をはかって学校，コミュニティ・グループに対し映写機を貸し出した。またブック・モービルを使って映画上映サービスに出向くこともあった。公共図書館は印刷資料および映像資料について，戦時情報局とコミュニティ・レベルでの利用者を媒介する重要な役割を果たしていた。

連邦メディア政策におけるアメリカ公共図書館の位置づけ

戦時情報局は，情報隠蔽を民主主義を破壊するものとみなして忌避すると同時に，情報隠蔽のデメリットが情報開示のメリットを上回ることを認識していた。情報政策の基本方針は情報公開におかれ，すべてのメディアはその特性に応じて個々の役割が決定された[14]。民主主義と情報流通というアメリカ社会の基本的な枠組みのなかで，公共図書館は自律的個人の発展に必要な情報を適切に媒介し供給する重要な機関として，メディア戦略の一環に位置づけられることになる。1940年代前半の公共図書館は，印刷資料に限らず多様なメディアを収集し市民に伝達する戦時情報センターとしての機能を持ち，資料サービス

のための専門職を擁したコミュニティ唯一の場であった。

　さらに戦時情報政策における公共図書館の役割は，コミュニティの図書館の位置づけともかかわっている。公共図書館はすでにコミュニティに存在する文化機関，ボランタリー・アソシエーションと資料を介して有機的な関係性を構築していた。この連携を基盤として，戦時情報局から図書館に送られたさまざまなメディアが図書館のみならず，コミュニティの多様な文化施設に送り届けられるようになった。また分館を含む図書館システムの発展により，アメリカ国内で1920年代から公共図書館サービスが拡大し，図書館協力のためのネットワークが整えられつつあるなかで，戦時情報局は公共図書館ネットワークに着目しこれを有効に活用した。

　コミュニティの情報機関としての公共図書館の役割は，政府の情報機関である戦時情報局との連携によっていっそう明確になったといえよう。戦時情報局が構築したさまざまな情報流通ルートの1つとして位置づけられた公共図書館は，マス・メディアをはじめとする他のメディアと比較されつつその役割が討究され，そうしたプロセスのなかで図書館のみが果たしうる固有の役割が明らかにされていったからである。戦時情報局は基本的には情報伝達での即効性を重視するマス・メディアの関係者によって構成された組織であった（Kraske 1985, p.258）。しかし彼らはメディアの特性にあわせた複数の伝達チャネルを戦時情報として確保することの重要性を認識していた。その結果，戦時情報の伝達チャネルの1つとして図書館には確固たる位置づけが与えられた。

　トムソンは戦時情報流通における公共図書館のメディアとしての独自性について，スロー・メディア，ファースト・メディアという概念モデルを用いて説明している。すなわち外交政策での図書館の位置づけを，ファースト・メディアであるマス・メディアと対置させてスロー・メディアと表現した。トムソンはスロー・メディアとファースト・メディアの相違は相対的であるとはいえ，両者はまったく異質であると述べる。スロー・メディアは，目的達成のために時間がかかり，マス・メディアのように効果を即時に期待することはできない性質を持っていた（Thomson 1948, p.225）。

　トムソンがスロー・メディアとして認知したのは海外に設立された図書館で

あったが，こうしたとらえ方はアメリカ国内の公共図書館のあり方を議論する場合にも十分に示唆的である。すなわち第2次世界大戦中，全米の公共図書館は戦時情報を市民に供給するための重要な情報サービス拠点となった。しかし公共図書館はたんに情報提供の機能を担っただけではなかった。公共図書館は戦時情報を自分自身で判断し生活に活かしていくことのできる高い情報活用能力を持った市民を，長期的視座のもとに育成する場として固有の役割を持っていた。すなわち戦時下で市民一人一人が情報を利用する力を育む場として図書館が機能していくことが期待された。

第1次世界大戦と第2次世界大戦でアメリカ社会のメディアのあり方は大きく変化した。マス・メディアは完全に市民生活に溶け込み，多様なメディアはその特性に応じて戦争に動員されている。第2次世界大戦のメディア政策で，公共図書館は長期的な影響力を持つ穏健なメディアとして，マス・メディアとは区別され位置づけられていた。戦時期の公共図書館は，図書館は正確な戦時情報を市民に送り届ける機能を持つとともに，図書館自体がファシズムへの対抗姿勢を表現するメディアとして存在していた[15]。

第4節　メディアの転換期の公共図書館理念

1940年代後半のアメリカ公共図書館界の動向

　1920年代から1930年代に発展，定着した図書館成人教育は，1940年代に入ると公共図書館基準や全国計画のなかにアメリカ図書館協会の基本政策として明確に位置づけられるようになった。1950年代になると協会は「アメリカの遺産プロジェクト」（The American Heritage Project）に着手した。1951年から1957年にかけて企画されたこのプロジェクトは，公共図書館内にアメリカ史の基本的著作を読み議論する討論グループを組織するものであった（Williams 1988,〈訳〉p.121-122）。また1955年から1960年に実施された「図書館―コミュニティプロジェクト」（ALA Library-Community Project）では，各公共図書館がコミュニティ・サーベイの結果をサービス計画策定に反映させることを目標としてコミュニティ分析が実施された（Williams 1988,〈訳〉,

p.131-132)。

　1947年になるとアメリカ公共図書館界の大型プロジェクトである「公共図書館調査」が開始される。調査の目的は，アメリカ公共図書館の現実の姿を明確にし，将来に向けてその役割と活動についての指針を得ることにあった。調査にあたってカーネギー財団は20万ドルの資金援助を行い，調査全体の指揮権をアメリカ図書館協会に，実質的な調査を社会科学研究会議に委託した。

　この調査に先行する1924年と1926年の公共図書館調査は，現職の図書館員が中心となって実施したものであった（Asheim 1950, p.269）。これに対し1947年の「公共図書館調査」では，調査者は図書館研究者と図書館以外の分野を専門とする社会科学者であり，図書館の実践から距離をおいて調査を進めることが可能だった。調査では同時代の社会的テーマが，公共図書館の抱える問題と関係づけられ分析課題として設定された。研究成果は図書館活動，図書館資料とメディア，総合レポートと関連基礎研究の3つの系統に分けられ，細分化されたテーマごとに報告書にまとめられた。

　公共図書館調査では，より広い観点から公共図書館をとらえるために，特定の社会機関の目的，構造，プロセスを明らかにする社会学的分析手法の適用が試みられた。また個別テーマごとに立案された各プロジェクトは，図書館訪問，アンケート調査，先行データの分析など，それぞれ異なったアプローチを取った。プロジェクトのテーマとして選出された，マス・メディアと図書館のかかわり，社会政策の構造的変化，職業機会の変化といった主題は，同時代の最も重要な社会的課題でありながら，公共図書館研究の取り組みが遅れていた領域である。テーマは，(1) 図書館活動（人事，政策，経営管理，資料，予算，利用者），(2) 図書館資料とメディア（出版流通，政府刊行資料，映像資料，音楽資料，マス・コミュニケーション），(3) 総合レポートと関連基礎研究（公共図書館の目的，国際関係，専門図書館，市民と情報），へと分類され調査が企画された（Leigh 1950, p.5-6, 255-257）。

　第7章で取り上げたベレルソン・レポート『図書館の利用者』は，1930年から1947年までの図書館利用研究のレビューやミシガン大学調査研究センターのレポート『公共図書館と市民』（*The Public Library and the People*）な

ど，複数の情報源に基づき公共図書館利用者分析を行った結果を総合化している。ベレルソンは一連の調査から利用者にかかわる2つの論点を導き出した。1つは高収入，高学歴によって規定される少数の利用者が公共図書館を利用するがゆえに，公共図書館はコミュニティ全体へのサービスからオピニオン・リーダーへのサービスへと対象を転換すべきであるという結論である。図書館員は図書館利用者が特定層に偏っていることを経験的に自覚していたものの，ベレルソンの勧告を「エリートのみへの図書館サービス」であることを理由に真っ向から反対した。

もう1つの争点は，他のコミュニケーション・メディアのなかでの公共図書館の位置づけである。ベレルソンは商業主義的な色彩が強く情報価値が永続しない資料については他のコミュニケーション・チャネルにまかせ，公共図書館は文化的，伝統的価値の明らかな資料の収集と提供に集中すべきだと主張した。この見解も，実質的に娯楽図書の供給を担っていた現実の図書館のあり方と隔たりが大きく，現実を変革することは容易ではないとの理由から批判を受けた。ベレルソンの著作はコミュニティすべての住民に対する平等なサービスを標榜してきた公共図書館の伝統的認識を打ち崩し，公共図書館の現実の姿を公共図書館界に明確に示し，利用者についての議論を顕在化する契機となった。

また「公共図書館調査」総合報告書である『アメリカ合衆国の公共図書館』は，個別の調査成果を検討した上で調査全体を総括する役割を持っていた。教育とマス・コミュニケーションの新しい展開に目を向けながら，公共図書館の役割を注意深く考察したリーは，公共図書館固有の領域がマス・メディアとは明確に異なる性格を持つ資料世界に広がっているとの結論を導き出す[16]。リーは総合報告書で，コミュニティの住民の知的生活を活性化するサービス機関として公共図書館を規定し，図書館の重要性に相応する社会的，政治的基盤を確立するための論拠を打ち立てた。

調査結果が順次公表されていた1949年に，調査を総括する公開討論会「『公共図書館調査』フォーラム」（A Forum on the Public Library Inquiry）がシカゴ大学で開催された。「公共図書館調査」全般にわたる議論の場として設けられたフォーラムでは，調査成果が多様な視点から議論，評価された

(Asheim 1950)。フォーラムを総括したピッツバーグ・カーネギー図書館のマンは,「『公共図書館調査』は,公共図書館がもはや普遍的なアピールを持つ存在ではなくなり,図書館員が教育者としての役割を果たす時代は終わったことを示した。同時に調査はアメリカ公共図書館を取り囲む現実的な状況を導き出したのであり,すべてのコミュニケーション・メディアを視野に入れた世界のなかで,公共図書館がどこに位置しているのかを提示した」と調査を総括した(*Ibid.*, p.270-271)。

シンポジウムでは社会学研究者,経営学研究者,教育学研究者からそれぞれ調査での方法論上の不完全さも指摘されている。しかし調査がアメリカ社会における公共図書館の現実の姿を浮かび上がらせたことは事実だった(*Ibid.*, p.278-281)。

「公共図書館調査」はアメリカ公共図書館のおかれた状況をリアルに描き出し,多様なコミュニケーション・メディアによって構成される市民の情報行動のなかに公共図書館がどのように位置づけられているのかを提示したことにより調査の目的を果たした。そして同時に,それまで公共図書館関係者が持っていた公共図書館認識と現実の公共図書館の利用状況との間には著しい距離があることを明らかにした[17]。

ライブラリアンシップと読書の正当性

本章では,米国のライブラリアンシップの展開を時系列にそってみていくことで,図書館の実践活動と公共図書館論の関係を整理する作業を行ってきた。両者の史的展開から明らかであるように,公共図書館の目的は一貫して市民の自己学習の援助におかれてきた。つまり良質の図書を市民に提供することによって市民の知的生活を向上させること,すなわち読書の正当性というものが普遍的なサービス理念としてライブラリアンシップの中心に設定されていた。

社会的状況の変遷に伴いアメリカ図書館活動はサービスの方向性と内容を変化させてきたにせよ,読書の正当性を掲げた専門職のサービス理念は,図書館の実践活動活動のなかで一貫して保持されていた。公共図書館論においてもまたこの理念を裏づけ強化するための理論の形成にその焦点を当ててきたのであ

り，それは正統的読書と図書館専門職を接合させるための試行としてとらえることができる。

換言すれば，読書行為の持つ社会的意義と図書館の実践活動の関係性を，社会科学的記述によってより精緻に表現するための多様なアプローチが，公共図書館論の発展をうながしてきた。そうした試みの到達点は，たとえば1951年1月にニューヨークで開催された読書の社会的意義について，出版関係者と図書館関係者が一同に会し議論を行った会議（以下，ニューヨーク会議）にみることができる (Asheim 1951)。

米国出版社協議会 (American Book Publishers Council) の援助を受けたニューヨーク会議は，読書と読書にかかわる社会機関のあり方を図書館界，出版界，社会科学者が討議したものであり，1940年代までにアメリカ図書館界および出版界が到達した読書の正当性に関する共通認識を確認する場となった。この会議の主な出席者として，議長を務めたベレルソン，ラスウェル，リー，アメリカ世論研究所 (American Institute of Public Opinion) のギャラップ (George Horace Gallup)，国立世論研究センター (National Opinion Research Center) のハート，タイラー，エール大学心理学部のジャニス (Irving Janis)，リースマン (David Riesman)，アシャイム (Lester Asheim) がいた。また出版関係者として，グロセット・アンド・ダンラップ社 (Grossett and Dunlap) のオコナー (John O' Connor)，ヴァイキング・プレス (Viking Press) のグーンツバーグ (Harold Guinzburg)，バンタム・ブックス (Bantam Books) のバランタイン (Ian Ballantine)，プリンストン大学出版局のスミス (Datus Smith) が出席した。

ニューヨーク会議では出版流通の現状の把握，読書にかかわる学術研究状況の評価，研究方法論という3つのテーマが検討された (*Ibid.*, p.305)。1番目の出版状況については，出版社，著者，批評者，出版エージェント，書店などが複合的に形成する図書というメディアをめぐる制度的側面について議論が行われた (*Ibid.*, p.305-307)。出版界の現状についての検討後，会議の焦点は堅い図書 (serious book) というものをどのように規定すべきなのかという点に当てられた。出版界に共有しうる定義は存在していなかったものの，そうした

図書が本格的な知識を内容を持ち一貫した知識体系を示すと同時に，知識の新しい潮流を取り込めるような開かれたメディアであるということが確認された。堅い図書の目的は過去の文化を保持すると同時に，新しい思想を社会に送り込む機能を持つものでなければならなかった（Ibid., p.309）。

また1950年代までにダイジェスト化や映像化によって，図書の内容は複数の内容へと変換されるようになり，読書をめぐる環境は多元的な様相を帯びていた（Ibid., p.313-315）。こうした状況を確認しながら，読書の社会的意味について問い直すなかで，会議では読書の持つ2つの社会的機能を抽出した。第1の機能は，読書の普遍的価値に対するコンセンサスの形成であり，第2の機能は個人的充足の達成を目的とする点である。前者における社会的価値とは特定の社会的目的や理念のために追求されるものであり，図書は高度な知的内容を保持し伝達することで，文化的向上へ資する媒体として社会的価値が認められる（Ibid., p.315-316）。一方，個人的な読書に関して読書研究は，読書が現実に対する逃避的な効果を持つだけでなく，個人が読書によって自己調整を図る読書セラピーの効果について明らかにしていた。図書は個人に社会的空間を提供し将来的な視座を与えることのできるメディアである。

参加者の1人リースマンは，近代社会において，個人の自由をより拡張していくために図書が持つ固有の力を見出している。良書によって個人は解放され自由に近づくことができるのであり，そうした読書体験は読者にとって創造的なプロセスでもある。読み手は読書によって著者との間に創造的な関係性を結ぶことができる（Ibid., p.316-319）。またメディア研究は，大衆雑誌，映画，ラジオと比較して堅い図書がテーマについてより深く掘り下げていることを報告していた。メディアの比較研究から得られたのは，異なるメディアが競合するのではなく固有の役割を持つという結論であり，さらに目的を持った読者とその目的に対して，読書の代替行為はないことも確認された（Ibid., p.319-320）。

読書活動の分析を出発の基点とした20世紀の図書館研究は，半世紀を経過し，メディアの多様化という厳しい状況変化の中で，図書と読書の価値を再確認することで，ライブラリアンシップの存在意義を確認し自らの進路を肯定する作業を終えて再び前進を続けようとした。

1920年代から1940年代は，コミュニティの成人教育と文化活動が図書館活動と重ね合わされていく時期であった。さらに図書以外のさまざまなメディアが文化的活動の領域に持ち込まれることによって，公共図書館が必然的に多様なメディア・サービスの場へと転換した時代にもあたる。ライブラリアンシップの理念は図書館活動の多様性を包み込むだけの広がりを持つものでなければならなかった。また利用者との接点を常にメディアに求める図書館にとって，アメリカ社会におけるメディアの変容は，図書館の存在そのものへ影響を与えていた。

次章では，アメリカ公共図書館と同時代のメディアの関係性を，図書館でのメディア・サービスに焦点を当ててみていく。アメリカ公共図書館によるメディア・サービスの実験的試行は，さまざまなメディアが日常生活を取り囲む社会の中で公共図書館が特定の針路を定めていくために行った，さまざまな専門職的実践の過程の一部であり，そこには図書館の理念にかかわる言説がとりわけ明確にあらわれることとなった。

注

1　第1次世界大戦時の図書館サービスについては，次の文献を参照した（Wiegand 1989; 村上 1986）。
2　アメリカナイゼーション運動については次の論文を参考にした（古矢 1998）。公共図書館とアメリカナイゼーション運動については次の論文に詳しい（小林 1993）。
3　読書相談サービスについては次の論文を参考にした（下村 1990）。
4　アメリカ図書館協会の1920年以後の公共図書館政策については，次の文献を参照した（Molz 1984; 村上 1980）。
5　ニューディール政策で公共図書館の専門職雇用が促進されたことについては次の文献に詳しい（Blayney 1977; 村上 1993; Ring 1980; Swain 1995）。
6　R.E.リーは図書館界が1940年代に個人サービスからコミュニティ・サービスへと移行していった傾向について，図書館がより具体的に成人教育活動のターゲットをしぼろうとしたのは，戦時体制下でスタッフや資材面の調達が困難であったからであるとの現実的な分析をしている（Lee 1966, p.29, 80-83）。
7　第1次世界大戦中に図書館界はすでに積極的な戦時サービスを展開していた。この時期の図書館界の詳細な動向については次の文献を参照（Wiegand 1989; 村上 1986）。

8 戦時情報局の成立や戦略局など他の情報機関との関係については，トムソンの先行研究を参照のこと（Thomson 1948, p.17-35）。また戦時情報局の成立の経緯については次の文献に詳しい（Bishop 1971; Winkler 1978, p.8-37）。戦略局と図書館界および第2次世界大戦中のドキュメンテーション活動の関係については，次の2つの文献を参照のこと（山本 1978; Richards 1988）。戦略局の情報活動についてラジオ・メディアを対象に分析を行った山本武利は，戦時情報局と戦略局の相違をブラック・プロパガンダ，ホワイト・プロパガンダという概念を用いて詳しく解説している（山本 2002）。

9 特殊情報部は情報調整局の調査・分析部（Research & Analysis Branch : R&A）の一部門であった（山本 1978, p.3-4）。

10 戦時情報局でのマクリーシュの影響力については，ウィンクラーの論考に詳しく述べられている（Winkler 1978, p.8-37）。

11 民主主義という言葉はきわめて多様な意味を持つ用語であり，それが意味する範囲も多様である。特に第2次世界大戦中，メディア戦略のなかで用いられた民主主義ということばと現在の民主主義ということばにはずれがあり，前者の方が，指し示す範囲が限定されている。すなわち戦時情報局が標榜した民主主義とは，戦勝に向けての情報政策理念の一つであり，コミュニティの多様なメディアが多元的に配置され戦時体制のなかで適切に利用されることを前提としていた。しかしこうした前提は戦時情報局という特定の機関が決定したものにすぎない。戦時情報局のメディア戦略理念を共有していた図書館界もまた戦時情報局の前提とするメディア政策の範囲内で民主主義を追求していた。しかし現代的に見た場合，戦時情報局が標榜した民主主義はこの語のきわめて限定的な意味でしかない。この点は図書館研究の別の課題としてあらためて議論が必要であろう。

12 アメリカのメディア政策自体がいかに戦略的に設計されていたかについては次の著作に詳しい（Roeder 1993; Voss 1994）。戦時情報局の情報機関としての理想主義は，戦局の前線との軋轢を生み出すことになった。次の文献はプロパガンダ機能を押さえ，市民への情報開示に力を注いだデーヴィスと，情報提供に慎重な姿勢を見せる軍部との間の対立について論及している（長尾 1985, p.45; Washburn 1998, p.483）。

13 1940年代初頭の図書館界の外交政策に関するマイラムの活動方針については，次の文献を参照のこと（Lincove 1991）。

14 戦時情報局の情報政策の理念については，次の文献に詳しく論じられている（Roeder 1993; Thomson 1948; Thomson & Laves 1963; Winkler 1978）。

15 第2次世界大戦でのポピュラー・ミュージックと戦勝サービスについて論じたスト

ウは,「芸術・文化をファシズムへの対抗力ととらえ,デモクラシーをアメリカ人としてのアイデンティティの感覚に結びつける」ためにポピュラー・ミュージックが重要な役割を果たしたことを明らかにしている(Stowe 1994,〈訳〉p.204)。戦時情報サービスを通じて民主主義の砦としての意義を強調していた公共図書館もまた,戦時期アメリカ社会において市民のナショナル・アイデンティティを強化するための場として存在していた。

16 リーの報告書の要点については次の文献を参考のこと(Raber & Maack 1994, p.37-38)。

17 マークは読書が自己修養と社会的財産の源であるという従来の図書館界の認識について大幅な変革をうながし,図書館界で容認されてきた価値と実践の見直しを迫る契機を作ったのが「公共図書館調査」であったとし,アメリカ公共図書館界に与えた調査の影響の大きさを指摘している(Maack 1994a, p.76-77)。

第10章　アメリカにおけるマス・メディアの形成過程と公共図書館

　公共図書館論がコミュニティ全体を対象としたメディアの構図を視野に入れて，図書館の位置づけをテーマとして掲げるようになった背景には，アメリカ社会におけるマス・コミュニケーションの隆盛があった。20世紀の公共図書館論の形成はマス・メディアの社会的形成過程と時代的に重なっている。

　本章ではメディアの台頭と図書館活動との関係が顕著に映し出された図書館のメディア活動を取り上げる。具体的にはラジオやテレビに代表される新たなメディアの出現期に，公共図書館で実施されたエレクトリック・メディアを用いた実践活動（以下，図書館放送活動）を検討する。そして公共図書館でのメディア実践の考察を通して1920年代から1940年代の図書館の実践活動がマス・メディア形成の場に含まれ，メディアの発展と歩調を合わせて進展していったことを明らかにしてみたい。

　考察にあたって公共図書館のメディア実践を図書から非図書サービスへというサービス対象の媒体の拡張としてだけでなく，その実践のなかに図書館とメディアにかかわる本質的な問題を見出していくようなテーマとして討究したいと考える。試行錯誤も含めた図書館メディア活動の実践例と実践をめぐって生起した議論は，図書とマス・マス・メディアのあり方，さらには図書館サービスの範囲を問うような論点を内包しているからである。

図書館研究におけるメディア論の位置づけ

　図書館の領域でのメディアについての考察は，図書館活動を分析軸として複数の方向から可能である。まず図書館が資料として所蔵する個別メディアの組織化に焦点を当てたアプローチが存在する。またマス・コミュニケーションをはじめとする社会的に生成されるメディア環境と図書館活動の接点に焦点を当てることもできるだろう。

　前者は多様なメディアを介して伝達された情報を各メディアの特性に応じて迅速に処理するための，主として実務に直接かかわる課題として設定される。そこでは図書資料組織化の手法を受け継ぎ，個別メディアを図書館資料として受け入れるための処理の高度化が最大の目標となる。20世紀初頭からメディアが著しい発展を遂げ多様化するなかで，図書館は新しいメディアを積極的に受容してきた。これは図書館が伝統的に扱ってきた媒体の範囲を図書資料から非図書資料へと拡張するプロセスとしてみなすことができる。

　一方，後者のアプローチを考えてみると，図書館というものが同時代のメディア環境に最も敏感に即応すべき社会機関でありながら，メディアに対する実務的アプローチに比べ，多様なメディアをいかにして図書館サービスと関連づけていくのか，あるいは図書館が同時代のメディアとどのようにかかわっていくべきかという視点が，これまでの研究には極端に不足してきたことに気づく。

　図書館はレコード，テープ，マイクロフィルムなど図書館に蓄積された非活字資料を，視聴覚資料として図書メディアの延長線上に位置づけてきたが，パッケージ情報になりえないマス・メディアと図書館のかかわりを深く追究してこなかった。しかし同時代のマス・メディアが形成する情報環境は，図書館利用者のニーズや情報活動に深くかかわっている。図書館は自らを取り囲む情報環境の構成要素の一部であり，図書館利用者もまたそこに含まれている。こうした理由から図書館研究においてメディアは図書館内部の構成要素としてだけでなく，社会との接点からとらえられなければならないのである。

メディアの歴史社会学的研究

　本章ではメディアにかかわる社会的側面を問題化する，メディア研究のアプ

ローチを援用しながら，図書館放送活動を討究していく。特定のメディアがもたらすコミュニケーションの理想形と社会のなかでのメディアの実際のあり方との間にはしばしば距離がある。より現実的にメディアをとらえるためには，メディアの社会的生成プロセスに関する精緻な分析が必要である。水越はそのような目的を持って行われるメディア研究のための歴史社会学的アプローチをソシオ・メディア論と呼ぶ。ソシオ・メディア論では，技術決定論に全面的に依拠することはなく，メディアの発展の軌跡が非線形的であり，ある特定のメディアが発案者の意図とは異なる使われ方をすることがあるという点を考慮している。またマス・メディア中心の考え方では，見失いがちな個人のメディアへの主体的取り組みをメディア生成の影響要因として重視する（水越 1996c；吉見 1995）。

　こうしたメディア史研究では，ラジオやテレビなどのエレクトリック・メディアが出現したことで，文字情報に音声やグラフィック情報が付加され，重層的なメディア環境がもたらされたことが強調されている。またエレクトリック・メディアの出現および普及とマス・メディアの隆盛時期は重なりあい，両者が現在のメディア社会の基底部を形成していることが指摘されている（吉見 1995, p.12-33）。この領域では，現在，我々を取り囲む多様な情報環境の基点を 19 世紀の半ばの電信，電話，ラジオ，映画などに求め，エレクトリック・メディアが市民生活を変え社会のあり方に影響をおよぼすきっかけとなったとの認識がある[1]。

　同時代のマス・メディアと図書館のつながりに着目して図書館史を振り返ると，20 世紀前半が 1 つの節目になっていることがわかる。19 世紀後半にあらわれたエレクトリック・メディアが市民に普及し，図書館が映画，レコード，ラジオなどをサービスに取り入れはじめたのはこの時代である。新しい情報テクノロジーは，文字メディアを中心とした図書館に少なからず影響をおよぼした。むろんエレクトリック・メディアは図書にとってかわるものではなかった。しかしエレクトリック・メディアの出現によって，それまで図書という単一のメディアから成り立っていた図書館資料の構成に変化がおこり，図書館員のメディアに対する意識も変わっていった。また何よりも図書館をとりまく情報環

境を大きく変えた点で，エレクトリック・メディアの出現は図書館にとって重大な転換点となった。つまり文字文化の伝承を主な目的としてきた図書館界は，エレクトリック・メディア出現期にラジオ，映画など図書以外のメディアの受容をめぐって最初の大きな葛藤を経験することとなった。

このような状況下で注目すべきは，メディアの生成に主体的に参加した図書館員の存在である。アメリカで初めてラジオ放送がはじまってからわずか2年後の1922年にピッツバーグ・カーネギー図書館がラジオ放送を開始している。公共図書館のメディア活動は，図書館が多様なメディアをサービス手段として用いる総合メディア機関であることを示すと同時に，公共図書館でのメディア実践が常に利用者中心のサービスを志向することによって実現し定着していったことを明らかにしている。公共図書館のメディア実践は，メディア技術とメディアの利用者との効果的な結びつきがメディアの社会的存立を支えることを立証する活動であったといえよう。

本章では図書館放送活動という実験的な実践活動がいかなる意味を持つのかを探る。そしてこの時代の図書館活動がメディアの多様化のなかで公共図書館固有の存在意義を模索する過程にあったことを示す。さらに公共図書館活動全体がマス・メディア形成の場に含まれ，メディアの発展とともに動態的に変化していたことを明らかにする。

次のような構成で議論を進めていきたい。はじめに図書館放送活動の背景を論じる。続いて1920年代から図書館界でムーブメントとなった図書館でのラジオ放送活動の状況を明らかにし，その活動がテレビ放送へと発展していく様相を，活動をめぐる議論とともに論じていく。また図書館放送活動を支えるための図書館界内部の体制化や活動をめぐって生じたさまざまな争点を拾い上げ，図書館放送活動の公共図書館史における位置づけを考察する。

第1節　図書館放送活動：背景と実践例

アメリカにおけるラジオの出現と図書館

図書館ラジオ放送の実践例を論じる前に，当時のラジオ・メディアについて

概観したい。電信，電話，映画といったエレクトリック・メディアが市民に普及したのは1920年代であった。新聞や雑誌など従来のメディアとともに，エレクトリック・メディアは市民生活に入り込み，人々の行動様式に影響をおよぼすようになった。1922年までにシカゴ，ロサンゼルス，ニューヨークにフィルム・ライブラリーが設置され，1929年にはカラマズー公共図書館が，地域の教育機関に対する映画の館外貸出を実験的にはじめた（Stone 1976, p.231-232）[2]。

　ラジオが出現すると，図書館界は学習のためのツールとしてラジオ・メディアをとらえ，ラジオによって喚起された知的刺激を持続，発展させるために図書館にできることは何かを考えはじめた。こうした新しいメディアに対するポジティブな考え方は，主要な電気テクノロジーが，ほとんどアメリカで発明，実用化されていることと無縁ではない。アメリカにおいて新しい情報テクノロジーは，既存のメディアの存在を脅かすものとはとらえられなかった。むしろ新しいテクノロジーは積極的に使いこまれ，それまでのメディア環境のなかに取りこまれていった。図書館員が地元のラジオ局を通じて放送に取り組みはじめたことはごく自然なことだった。

　またアメリカ社会においてラジオ・メディアを利用した公共サービスが展開された理由は，アメリカの初期ラジオが持っていた国家的，教育的性質と結びついている。アメリカ以外の多くの国がラジオを国営化していたことからも明らかであるように，ラジオは政府寄りの産業であり，政府や軍部に近いラジオ産業は国家政策と密接な結びつきがあった（水越 1993b, p.47）。選挙結果など国家的行事の放送が折にふれ流され，娯楽メディアとして普及していく過程で「『パブリック・インタレスト』（公衆の利益）を満たすためのサービスであるという認識」が生まれ，この認識が「その後の放送行政の基本理念となった」のである（Ibid., p.104, 136）。つまり放送局は娯楽を提供する一方で，ラジオが公共サービスのための空間を切り開くメディアとして普及していくことを望んだ（Ibid., p.135）。このようなラジオ業界の基本方針が，初期の非営利団体によるラジオ放送につながった[3]。またラジオの家庭への普及率は1925年には10パーセント足らずであったが，1930年代に入ると50パーセントになり，ラジ

オ放送を受け入れる環境が市民生活に整った。

　1920年代になるとラジオは大衆文化を担う最も身近なメディアとして急速にアメリカの家庭に入り込んでいく。水越はラジオ・メディアが1920年代からの市民生活の中でいかなる役割を果たしていたのかについて，同時代の社会背景と重ね合わせて詳しく分析している。ラジオはアメリカが豊かな産業力をバックに大量生産と大量消費社会へと発展した時期に普及したメディアだった。市民生活が広告によって主導される消費中心のスタイルへと転換を遂げるなかでマス・メディアは市民生活の重要な情報源となり，ラジオは映画，新聞，雑誌とともに生活に密着し，アメリカの情報環境を構成する有力なメディアとなっていった（*Ibid.*, p.86-91）。

　ラジオ放送がはじまってわずか2年足らずで図書館員はこの新しいメディアに着目し放送サービスを開始する。1922年にウェスティングハウス社（Westinghouse Company）のKDKA局を通じて，ピッツバーグ・カーネギー公共図書館の児童図書館員が子供向けにストーリーテリングをはじめた。この放送は番組を受信したニューヨーク州やイリノイ州の聴取者からも反響があった（"A new kind of story-telling" 1922）。1924年の『ライブラリー・ジャーナル』の調査によれば，すでにいくつかの図書館が地元のラジオ局に番組を持っていた。オレゴン州ポートランド図書館協会は，文学の朗読，特定主題に関する図書の朗読，書評，推薦図書，特定主題のエッセイ，各月の良書をラジオ番組として放送していた。ニューアーク公共図書館は博物館と番組を共同制作し，図書館利用促進の広報活動も行った。カンザスシティ公共図書館では，図書館の創立記念日の特別放送を流した。シアトル公共図書館のように，図書館がラジオ局のトーク番組のための図書選択で協力することもあった。タコマ公共図書館ではストーリーテリングを行った。たいていの場合，ラジオ番組は図書館が企画し実際の放送はラジオ局によって行われていたが，WGY局のように図書館員によるブックトークの時間を設けていたところもあった（"The use of radio by public libraries" 1924）。

図書館ラジオ放送実践例

　図書館界にとって図書館ラジオ放送は試行錯誤をともなう実験的な試みであり，放送規模，活動主体，時期はバラエティーに富んでいた。ラジオ放送は(1)広報活動，(2)教育機関としての図書館の立場からのラジオ放送，(3)ラジオを用いた図書館サービスの3つのカテゴリーに分けることができる。ラジオを利用したレファレンスのような番組は(3)に該当し，番組としての割合としては少なく実験的試行であったが，マス・メディアを利用した図書館サービスの可能性を考察するための好例である。

　図書館ラジオ放送の実践例は，1940年に出版された脚本集『図書館ラジオ放送』(*Library on the Air*) に集約されており，ラジオ番組の脚本の形で，図書館ラジオ放送活動の様子を知ることができる (Loizeaux 1940)。この脚本では，図書館ラジオ放送を便宜的に，(1)図書館一般，(2)図書館の機能，(3)図書館の各部門の業務，(4)図書案内，(5)著者インタビュー，(6)書評，(7)その他のアイデア，の7項目に分類している。(1)に収められた脚本では，図書館サービスの変遷（スプリングフィールド公共図書館），図書館の機能（カンザスシティ公共図書館），教育の場としての図書館の重要性（カイヤホガ地区図書館）などがテーマとなっている。

　図書館業務や組織を広報する番組も多かった。セントルイス公共図書館が制作した「図書館職員」("The Library Staff") は「セントルイス公共図書館調査」(The St. Louis Public Library Today and Tomorrow) の一環として放送されたトークショーである。番組ではセントルイス公共図書館の組織図，図書館員教育，職員の待遇を報告した (*Ibid.*, p.62-71)。図書館の分類・目録カードの機能を説明するソルトレイクシティ公共図書館の番組のように，図書館業務の広報番組のなかにはかなり実用的なものもあった (*Ibid.*, p.72-74)。図書館組織に関する広報活動は，市民に図書館のしくみを紹介するためのよいきっかけとなった。同様の番組例としてはシカゴ公共図書館による，読書相談係の業務紹介番組「読者案内係」("The Reader's Bureau") がある (*Ibid.*, p.89-98)。とりわけ市民との接触が高いレファレンス部門は，ラジオによる図書館広報活動の要だった。セントルイス公共図書館ではレファレンス部門についての番組

「レファレンス部門での質問回答」("Answering Questions in the Reference Department")を制作し，参考図書について解説した（*Ibid.*, p.112-118）。シカゴ公共図書館は，同図書館読書係とラジオアナウンサーとの対談番組「図書館が答えるべき問題」("Questions Your Library is Called upon to Answer")で図書館に寄せられる参考質問を挙げ，市民が関心を持つテーマと参考質問の時期的な変化を紹介している（*Ibid.*, p.128-136）。

　聴取者の読書興味を喚起するような，間接的な広報を目的とする書評番組も頻繁に制作された。市民の文学への関心を高めるため，ボストン公共図書館はマサチューセッツ州図書館協会をスポンサーとして，市民に詩作を勧める「女性のための趣味の詩作」("Poetry as a Hobby for Women")を制作した（*Ibid.*, p.204-211）。クリーヴランドのカイヤホガ地区図書館による書評番組「ブック・キャラバン」("Book Caravans")は趣味の領域の図書を紹介して，市民を図書館に引き寄せるための広報活動を行っている（*Ibid.*, p.222-231）。地域の代表的な文化人に図書とのかかわりを語ってもらうアトランタ・カーネギー図書館の「古きジョージアナ」("Old Georgiana")，図書館員が地元の作家へのインタビューを行うビバリーヒルズ公共図書館の「著者と会う」("Meet the Author")などのトークショーもあった（*Ibid.*, p.251-271）。一般市民がラジオに登場して，自らの図書館体験を語る番組「問題解決」("The Problem Solver")はクリーヴランド公共図書館で制作された（*Ibid.*, p.99-111）。

　『図書館ラジオ放送』には全米各地で放送に取り組む公共図書館から寄せられた，図書館ラジオ放送のさまざまなアイデアが紹介されている。図書館の文化的催しと連動させた番組やクラシック音楽コンサートのために関連図書を紹介した番組など，各図書館の特徴があらわれている。同じ広報番組をとっても，実際の活動を紹介するものから図書館の意義を説くものまで内容には幅があった。

図書館ラジオ放送の諸形態

　1920年代からはじまった図書館ラジオ放送は，ラジオ・メディアが普及するとともに活発になり，1930年代には1つのムーブメントを形成するほどの

盛りあがりを見せていた。そのなかから図書館ラジオ放送に積極的に取りくみ他の図書館の番組作成や放送業務に影響を与えた，シンシナティ公共図書館，オハイオ公共図書館，カンザスシティ公共図書館の活動例を取りあげてみよう。これらの図書館ではラジオ放送が図書館サービスのなかに明確に位置づけられ，しかも多くの聴取者を得ていた。

シンシナティ公共図書館ではコーデル・ラジオ会社（Kodel Radio Corporation）が設立された1925年の春から1週間に一度，15分の書評番組を持つことになった（Coy 1927, p.631）。市民からの反響はすばやく，番組の翌日には放送された図書のリクエストが寄せられるほどであったし，書評図書のリストを携えて来館する利用者もいた。図書館発行の雑誌『ガイド・ポスト』（The Guide Post）が創刊されると，ラジオ番組のための書評と雑誌編集作業は連携体制をとるようになった（Ibid., p.632）。

オハイオ公共図書館も失業問題に関して図書館が果たす役割を取り上げる社会的番組から，インテリア，ショッピング，化粧品，料理，ビタミンについての図書を紹介する実用番組まで多彩な番組を制作している。レギュラー番組の他に特別番組を制作することもあった。たとえば音楽週間にあわせてレコードや楽譜を紹介し，音楽情報について概説した。最も人気のある番組は，レファレンス担当者によるトーク番組だった。この番組は図書館が常に市民の情報源となることを広報する目的もあったが，聴取者に図書館のユーモア・センスをアピールするという別のねらいもあった。多くの人々は，図書館に対し修道院のようなイメージを抱いており，図書館界はそれを払拭したいと望んでいたからである。この番組は効果を上げ，聴取者から好意的な反響を得た（Noon 1942, p.558）。

図書館ラジオ放送の大部分は，公共図書館の広報活動として位置づけられるが，次のカンザスシティ公共図書館の例のように図書館サービスに直接ラジオを利用しようとするいくつかの試みは，図書館活動の新しい可能性を示していた。カンザスシティ公共図書館が1936年にラジオ放送をはじめたきっかけは，潜在的な利用者を受け身の姿勢で待つのではなく，図書館から働きかける必要性を痛感していたためである。図書館ラジオ放送は，図書館サービスの範囲か

ら漏れていた人々を対象として利用者の拡大を目指した（Kohlstedt 1936, p.939, 969)。同館ではラジオを用いたレファレンス・サービスの番組「ラジオ・レファレンス」（"The Questionnaire of the Air"）を設け，聴取者から参考質問を募集して選ばれた質問に対する回答を次週の番組で示した（Loizeaux 1940, p.159-164）。番組に寄せられた質問は，園芸のような趣味の領域から政治，地理の問題まで多彩だった。回答する際，利用した参考図書があわせて紹介された（Ibid., p.158-164）。カンザスシティ公共図書館の試みは，図書館サービスの恩恵を享受しえなかった潜在的利用者に対して，図書館の存在を広報する役割を果たした（Kohlstedt 1936, p.969）。

　公共図書館の児童部門はとりわけ活発に図書館ラジオ放送を行っている。図書館ラジオ放送の出発点が，ストーリー・テリングであったことからも明らかであるように，児童向けのサービスにとってラジオは効果的なメディアとなった。デンバー公共図書館の児童部では，NBC の KAO 局を通じて児童向け番組「昔々」("Once Upon A Time"）を週1回放送していた。児童文学作家へのインタビュー，出版を控えた児童図書のストーリーの放送，詩をテーマにした番組制作など多彩な放送活動を展開した（Watson 1940)。オクラホマシティーのカーネギー図書館が制作に協力した子供向けシリーズ「児童のための本棚」("Junior Book Shelf"）は好評を博した。生徒の図書館番組視聴にかかわった教師の多くは，図書館の制作するプログラムが生徒の読書を促進することを実感した。図書館は子供の読書習慣に最も精通し，図書をテーマとする番組制作で重要な役割を果たすことが認められた（Brittain 1941)[4]。

　一方，ラジオ放送初期から教育ラジオ番組が制作され，教育現場でのラジオ利用が推進されていた。そこに図書館ラジオ放送を取り入れて，生徒が特定のテーマへ興味を持ち関心を深めるために図書館を利用する，新しい学習プロセスが導入された。たとえばロチェスター公共図書館は，学校の生徒向けにブック・トークをはじめた。図書館は番組に対する生徒や教師の反応を詳細に分析した上で番組制作に役立てた（Sauer 1938, p.98）。ラジオを使った教育は1930年代に入った時点では，もはや実験段階を終え，ラジオは学習メディアの1つとして確たる位置づけを持つようになっていた。CBS の中継する「アメリカ

放送スクール」("American School of the Air") は午後に放送されていたにもかかわらず，1938年には300〜400万人の聴取者を得ていた (Fisher 1938, p.742)。この番組の制作に関して多くの図書館関係者が協力し，クリーヴランド公共図書館のパワー (Effie Power)，ニューヨーク・パブリック・ライブラリーのストーリーテリング部門主任デーヴィス (Mary Gould Davis) といった図書館ラジオ放送の活動に携わってきた公共図書館のスタッフが助言者として含まれていた (Keith 1932, p.551)。

アメリカ図書館協会ラジオ放送委員会

1927年に図書館ラジオ放送の奨励や放送にかかわる情報の流通，番組のあり方を討議する場として，アメリカ図書館協会に図書館ラジオ放送委員会 (Committee on Library Radio Broadcasting) が発足する[5]。図書館ラジオ放送が軌道に乗り，同委員会が最も活発に活動した1930年代を中心に，その活動を追ってみたい。委員会が折々に抱えていた課題を分析することによって，図書館ラジオ放送の持つ問題点が浮かび上がってくるからである。

1928年の会議で図書館ラジオ放送委員会の任務として決議されたのは，(1) 図書館ラジオ放送を行うかあるいはラジオ放送を予定している図書館の援助，(2) 図書館ラジオ放送の奨励，(3) 一般ラジオ番組での図書および図書館の広報，の3点である (Brown 1928)。まず委員会は放送に携わる図書館関係者から，図書館ラジオ放送に対するコメントや意見，体験を収集することからはじめた (Sayers 1930, p.181)。調査によって各コミュニティで個々に展開されていたラジオ放送の内容が委員会に集約され，調査結果を通じて各図書館は他館の放送概要を知ることができるようになった。放送活動は図書館界にとってまったく新しい試みであり，手探りの状態で制作が進められていた。したがって図書館の放送の実践例を集め公表する委員会の仕事は，図書館ラジオ放送に関連する情報を流通させていく上で意義があった。

ラジオ放送初期には，すべてのプログラムはアマチュア色が濃く，放送者の番組制作力は横並びだった。その後ラジオ放送が社会的に定着し高度の放送技術に裏づけられた商用ラジオ番組が1930年代から1940年代にかけて台頭する。

大勢のコマーシャル事業者がラジオ業界に参入し，広告技術を駆使した放送や宣伝活動を行うようになった。図書館ラジオ放送委員会は図書館制作のラジオ番組が商業番組に比べ劣勢となった状況下で対策を講ずる必要に迫られた。1936年に委員会は，(1) 全国中継の図書討論シリーズの立案，(2) 地方図書館への資金援助，(3) 教育ラジオ放送への情報提供，の3点の方策を打ち出した(Ulveling 1936)。大企業がラジオ放送に参入し，豊かな財源を利用し宣伝活動のための技巧的な番組を制作する傾向は年ごとに顕著になっていったが，委員会は図書館ラジオ放送の将来についてはさほど悲観的することなく，公共性を重視する図書館ラジオ放送独自の方向性を模索していた。

委員会は1920年代後半からはじめた各館の放送活動に関する情報収集も継続して行っていた。1930年代に入ってから，図書館ラジオ放送委員会のメンバーであるコールステッド（Donald W. Kohlstedt）が行った40館へのアンケートでは，90パーセントの図書館が各地域で図書館ラジオ放送を行うことの正当性は認められないと回答している。その理由として，図書館ラジオ放送の効果が測定できないこと，一般にラジオ局は図書館番組にゴールデンアワーを提供しないなどの問題点が指摘された。一方，同時期に児童を対象とした図書館ラジオ放送について，委員会のメンバーであるザウアー（Julia L. Sauer）が32館を対象にアンケートを行ったところ，8館がレギュラー番組を持ち市民に好評であることが明らかになった。委員会は図書館ラジオ放送について次のような結論を出した。(1) 図書館がラジオ放送に対して有力な人員を確保でき適切な放送時間帯が与えられれば，番組を存続していくことが好ましい。(2) 図書館ラジオ放送は，派閥や商業的偏見にとらわれることがないため公平な立場で放送活動を展開することができるので，図書関係のラジオ番組で特定の役割を担う (Hyers 1937, p.580)。

図書館界でのテレビ・メディアの受容

公共図書館はラジオに次いでテレビもサービスに取り入れた。アメリカでのテレビ放送の開始は1941年7月のことであったが，1942年の5月には第2次世界大戦の拡大により放映免許が凍結され，周波数割り当てが再開されたのは

1948年からである。テレビは先行するラジオの制度的枠組みにおかれた。すなわち放送開始時点からコマーシャル放送が行われ，タイムセールス方式の番組によって収益システムの確立を図った。ラジオ放送の場合1920年代に広告方式への批判の高まりのなかで，放送業界が公共的財源を確保して放送をパブリックな制度として成立させようとする動きが起こっている[6]。しかしこの試みは沈静化し，やがてラジオにおけるコマーシャル放送の制度化が確立した。テレビ放送は初期の段階からラジオのコマーシャル制度を継承している（水越1993b, p.260-262）。

1940年代から1950年代にかけて，テレビはメディアとしてごく未熟な段階にあった。この時期にテレビの持つコミュニケーション・メディアとしての複数の可能性がさまざまな方面から模索されているが，公共図書館のテレビ放送はそうした試みの一環として位置づけられるだろう。また図書館テレビ放送は先行メディアであるラジオのサービス手法を踏襲している。ここで図書館の放送活動をもう一度整理してみよう。図書館ラジオ放送はその規模や活動主体，時期などにさまざまなパタンが見られるが，大きく3つに分けることができる。まず図書館の広報番組がある。これはスポットと呼ばれる短い宣伝から図書館独自のプログラムまで，さまざまな番組形式を取っている。次に教育機関としての図書館の立場からのラジオ放送がある。これは公立学校と連携したラジオ番組で，図書館利用法やブックトークのプログラムが制作された。最後に図書館サービスのための放送である。これは数としては少ないが，ラジオを利用したレファレンス番組などが該当する。

こうした図書館ラジオ放送が持つ特徴の大部分は，テレビにそのまま引き継がれることになった。図書館界がテレビ出現と同時に，図書館テレビ放送に取り組みはじめたこと自体，ラジオ放送の先行事例の存在ゆえに可能となった試みといえよう。

図書館はテレビをどのように受容し利用したのだろうか。まず，図書館界がテレビをいかなるメディアとして認識していたのかという点からはじめたい。1940年には早くもオハイオ公共図書館のマイヤーズ（Frederik L. Myers）が，図書館でのテレビの可能性を論じている。マイヤーズはまだテレビが普及

していない1940年の時点で，図書館がテレビを利用して広報活動を行ったり，書評，旅行情報，ビジネス情報，音楽情報などを扱った番組を制作し放映する事を想定している (Myers 1940b)。

オークランド公共図書館のブレット (William H. Brett) は，図書館員は自らがテレビ時代に生きていることを自覚し，情報，アイデア，娯楽を伝達するまったく新しいメディアであるテレビをもっと知る必要があると主張した。ブレットは，図書館とテレビの多面的なかかわりあいを次のようにまとめている (Brett 1956, p.1945-1948)。

(1) テレビに関する資料の収集と提供
(2) 文学関係番組への関連サービス，読書リストの作成，図書の展示
(3) 教育番組の支援
(4) 読書促進のためのアドバイス，図書館の資料，サービス，施設を紹介する広報番組の制作
(5) 公共性の高い番組やニュース番組を図書館で放映するための館内へのテレビの設置

ブレットはテレビがもたらす情報環境にも言及している。テレビはラジオや新聞に続いて，市民生活に大量のニュース源をもたらすメディアとなることが予想され，ニュースの理解と評価のためには特定テーマに関する深い知識が要求されるようになるが，そうした状況で印刷図書は重要なメディアである。コスト，入手方法，利用しやすさ，永続性，携帯性などの点で図書に匹敵するコミュニケーション・メディアはないからである。図書は新しいメディアによって衰退するような弱いメディアではなくむしろテレビ時代にこそ有用性が高くなるのであり，エレクトリック・メディアの出現によって図書館はコミュニティの知的生活の拠点として，これまで以上に重要な役割を担うことになる (Ibid., p.1949)。

テレビ放送に実際に取り組んでいた図書館でのテレビ観はどのようなものであったのだろうか。1948年からテレビを図書館サービスに取り入れたルーイビル公共図書館は，視聴覚機器の利用が情報提供や情報教育に対して発揮する効果を重視していた。特に1950年代初期には，テレビは視聴覚機器の全機能

を統合したメディアと考えられたため，図書館ではテレビの積極的な利用法を模索している (Graham 1949, p.412)[7]。

図書館テレビ放送を実践していた図書館はむろんのこと，それ以外の図書館も，テレビの出現とマス・メディアの隆盛を背景に，図書メディアの役割を問い直すようになった。そしてテレビのメディアとしての影響力の強さ，技術力などを認めつつも，同時に図書メディアの持つ優れた点を再認識するようになっていく。

図書館テレビ放送実践例

1941年に，最初の図書館テレビ番組が登場している。放映されたのはニューヨーク・パブリック・ライブラリーの「音と手で読む」("Reading by Sound and Touch")という映像である。これはNBCによる実験番組の一部で，番組ではアナウンサーと実際に業務に携わる図書館員が，視覚障害者のための図書館サービスのさまざまな側面について議論を行った ("Library Television Program" 1941)。

1945年にはニューヨーク・パブリック・ライブラリーのヨークビル分館に，ライト，カメラ，スタジオ・コントロール機器を備えたテレビ・スタジオが設置された。これはニューヨーク市立カレッジが主催するテレビ番組制作講座開講のために，公共図書館では初めて設けられたテレビ・スタジオである。この講座は一般市民にも開放されていたため，スタジオが設置されたヨークビル分館はテレビに関する情報を集め，関係資料の展示を行った (Hudelson 1945)。

アイオワ州立カレッジの図書館は地元のテレビ局WOI－TVが制作する「ブックス・オン・トライアル」("Books on Trial")という図書関係の番組制作に協力した。図書館は番組のために，図書や写真の貸出と新刊に関する情報提供を行った。この番組にはゲストとしてデモイン公共図書館の図書館員が出演している (Orr 1952)。

ルーイビル公共図書館は，ルーイビル大学と連携して，かなり本格的にテレビの利用に取り組んでいた。テレビ導入以前から，ルーイビル公共図書館は本館と分館のあいだに簡単なネットワーク・システム (library wire network)

を作り，重要なラジオ放送番組や公共サービス番組を流していた。図書館内に設けられたラジオ室はラジオ受信機を家庭に持たない利用者にとって貴重な場所であり，市民の新たな学習の場となった。1948 年 11 月 24 日に WAVE 局が放送を開始すると，図書館はラジオに引き続き，本館と 10 の分館にテレビを設置し，グループ視聴のためのスペースを提供しはじめた。各図書館のテレビ視聴を目的とする夜間入館者は平均するとおよそ 100 人で，分館を全部あわせると 1,000 人以上の入館者を記録した。テレビ視聴がきっかけとなって，図書館利用者数も増加したことが報告された。テレビを通じて図書館の新しい利用者層が形成されたといえる。ルーイビル公共図書館でテレビ放送にかかわった関係者は，テレビ視聴のために集まった市民の学習意欲を高く評価し，テレビを含む視聴覚資料の利用によって，図書館がコミュニティセンターとしての機能を果たしていくことを望んだ。図書館は，ルーイビル大学に協力を依頼した講義，図書についての公開討論会，地域の成人教育などにテレビ・メディアを利用していく計画を立案した（Graham & Hodapp 1949, p.409-410, 412）。

　イーノックプラット公共図書館では早くからテレビの可能性に着目しており，図書館テレビ放送に向け図書館員がテレビ制作技術取得のためにジョンズ・ホプキンス大学マッコイ・カレッジの研修に参加している。1951 年 2 月に地元のボルチモア WAAM 局が図書館のテレビ放送の趣旨に賛同し，「物語の国への招待」（"Step Into Storyland?"）というストーリーテリングの放映を開始した。番組の構成それ自体は非常に単純で，ストーリーテリングの様子をテレビカメラで写したものだった。ただし番組に出演する児童はリハーサルなしで番組収録に臨み，ストーリーが事前に知らされることもなかったため，番組は臨場感あふれるものとなった。児童は番組で取り上げられた図書を探すために，頻繁に来館するようになった。図書館では番組宣伝コーナーを作りポスターや図書を展示した（Jinnette 1953, p.981-982）。この番組には，4 週間ごとにゲスト・ストーリーテラーとして地域の児童図書館員が出演することになっていた。顔馴染みの図書館員がテレビ出演することで，子供たちが図書館に親近感を抱くという効果もあった（*Ibid.*, p.983）。

　シアトルでは地元の KingTV が，教育番組に力を入れていた。1953 年に同

テレビ局が 30 分の教育番組「キング・コミュニティ・ワークショップ」（"King's Community Workshop"）を制作するにあたって，図書館を番組制作者に指名した。シアトル公共図書館は，月曜日から金曜日までレギュラー番組を持つことになり，そこで図書館の業務を紹介し図書に関する討論番組を放映した（Evans 1953）。

ニューオリンズ公共図書館は，1948 年から「ティーンエイジャーの図書批評家たち」（"Teen-Age Book Reviewers"）というラジオ討論番組をはじめており，毎週土曜の朝に図書館本館の「若い人たちの部屋」（Young People's Room）から中継が行われていた。ニューオリンズにテレビ局ができたとき，WDSU 局はこの番組を新しいメディアに移すことを提案し，1951 年に，ラジオ番組からテレビ番組に移された（Logan 1953, p.128）。図書館のスタッフは番組のための推薦図書リストを作成し，番組に出演した学生と積極的に意見を交換し番組制作に活かした。このテレビ番組は読書の喜びを伝え図書館についての情報を提供して好評を博し，ニューオリンズのテレビ番組のなかで確固たる位置づけを獲得している（*Ibid.*, p.129）。

クリーヴランド公共図書館は 30 分番組「見通しと見直し」（"Views and Reviews"）を制作し，図書館内で行われるさまざまな活動を紹介した。扱う主題によって番組進行の形式は異なり，番組製作にはクリーヴランド公共図書館所蔵の豊富な資料を利用した（Sinks 1954）。

図書館ではテレビは，ラジオに続くメディアとして位置づけられ，1920 年代からはじまっていた図書館ラジオ放送の番組パタンが，テレビ番組制作の上で 1 つのモデルとなっていた。

第 2 節　図書館放送活動をめぐる議論

図書館放送活動をめぐる議論の時代的変遷

図書館がラジオ放送を開始した時点では，議論はラジオというメディア自体に集中した。ラジオ放送が普及した 1930 年代には，ラジオ番組としての質が問われるとともに，放送局の意向と図書館側の制作立場の相違があらわれてき

た。1940年代に入ると，論点はしだいに放送活動の効果や番組作りのノウハウへと移行していく。

　ラジオが登場した時，図書館関係者はこの新しいメディアが市民の生活に浸透することによって，読書離れが進み市民の足が図書館から遠のくことを危惧した。しかし一方で，ラジオで放送されるのは知識の素材であって，図書館は放送された情報の内容を各自が知識として深めていく場所であるとの考え方もみられる（"Radio and the library" 1924）。ラジオが図書離れのきっかけを作り，公共図書館のライバル的存在になる可能性を危惧した図書館界の思惑に反して，ラジオと図書館は協力関係を築きつつあることが，すでに1924年にアメリカ図書館協会の調査報告によって判明した。この時点で多くの公共図書館がラジオ放送活動に着手していた（"The use of radio by public libraries" 1924, p.581）。

　1920年代になってからは，図書館放送活動をめぐる論議が徐々にあらわれるようになってきた。1928年には図書館ラジオ放送委員会のブラウン（Charles H. Brown）に寄せられた，放送活動を批判する手紙が『ライブラリー・ジャーナル』に掲載された。投稿者は既存のラジオ番組の図書および文学関係の多くの番組のスポンサーが図書館でないことを指摘した。市民は情報収集と娯楽の両面から文学をテーマとした番組を望んでいるのにもかかわらず，その種の番組を担うべき図書館が，広報番組の制作にとどまっていたのである（"Library radio broadcasting" 1928, p.357）。

　1930年代には，図書館放送のラジオ番組としての質が問題となっている。アメリカ図書館協会成人教育部のセーヤーズ（Frances Clarke Sayers）は，協会の調査から図書館放送活動の問題点を導き出した。たとえば放送時間帯について，図書館番組はゴールデンタイム以外の時間に放送されるため，聴取者を増やせない要因となっていた。また過度の広報活動についても問題があった。ラジオ局が図書館に依頼する番組は，新刊図書の書評かコメントが多かったが，実際にラジオ局の意向に添った番組を制作すれば，図書館は新しい図書への膨大なリクエストを処理し切れず苦しむことになる。現実の図書館が応じられるリクエストには限度があるので，図書館は提供能力を越えた要求を産み出すような誇大広告をすべきでなかったが，それでも放送内容はしばしば放送局の意

向に左右された。図書館放送活動に関するアンケート調査で多くの図書館員がこの問題を訴えている。さらに人員の問題もあった。図書館で放送技術を持った人員が確保できない場合，ラジオ番組の制作を他にまかせ，図書館は単に番組のスポンサーとなるケースもあった (Sayers 1930, p.181-182)。

アメリカ図書館協会の調査した範囲では，図書館放送活動は時間とエネルギーを費やした分だけの十分な効果があるとはいえず，しかも少数の例外を除き番組は教育的とは言い難い状況にあった。さらにラジオ番組として確たる位置づけを持たず内容的にも散漫な印象が強く，ラジオ局や聴取者の注目を集めることもできなかった (Ibid., p.184)。アンケートから導き出された問題点をふまえ，セーヤーズは図書館番組を向上させるための2つの計画を挙げた。1つは，広範囲の地域にまたがるネットワークを通じて放送されるナショナル・レベルのプログラムの計画であり，それは自己学習の可能性を市民に提示できるような内容を持つものである。もう1つは地方の図書館が地元のラジオ局を通じて，小規模ながら一定のテーマに基づいたシリーズ番組を制作することである (Ibid., p.185)。セーヤーズはラジオによって生成される知的刺激を維持し，特定主題への累積的な追究手段を提供する場として図書館を位置づける。ラジオの提起するテーマが，個人的な読書，研究，思想へと拡張されてはじめて教育的放送は完成するのであり，教育とラジオが補完的に機能するプロセスで，図書館はきわめて重要な役割を果たしている (Ibid., p.185)。

1930年代後半になると，第2次世界大戦の戦時体制のもとに，メディアのあり方がとらえ直されるようになった。ラジオはたんに娯楽を提供し，知的情報を与えるだけではなく，社会的なメディアとしての役割が求められるようになっていった。図書館，ラジオがともに言論の自由と，読み書きの自由を維持する砦として存在すべきであるとの論調が高まった (Fisher 1938, p.741)。1940年代に入ると，論点は図書館放送活動の効果や制作方法などに移行していく。図書館ラジオ番組は市民に図書館の利用を促す広報活動の一部として定着する一方で，放送のコスト・パフォーマンスが問われるようになる。これに対しハートフォード公共図書館のブロス (Meredith Bloss) は図書館間の協力によって，放送コストを削減する方策を提唱した。ブロスの構想は図書館放送活動を

国家レベル，地方レベルに分けて体系的に制作し，さらに制作の指揮および調整にあたるような中央機関を設立して効率的な番組制作システムを確立するものだった（Bloss 1942）。

ラジオ放送がはじまって20年近くが経過した1940年代には，ラジオとともに成長した世代が番組制作に取り組むようになっていた。従来，公共図書館で二次的な仕事として扱われてきた広報活動にラジオ・メディアが用いられるようになり，広報は若い図書館員を魅了する領域となった（Drickamer 1942）。また1940年代には，教育ラジオ番組に携わっていた放送業界の関係者が図書館放送活動に意見を出すようになる。CBSの教育部長ブライソン（Lyman Bryson）は，『ウィルソン・ライブラリー・ブルティン』で図書館放送活動とコミュニティの結びつきを強化するためいくつかのアイデアを提唱した。ブライソンは，図書館番組を聴取した上で番組についての意見を述べるモニターのようなボランティア要員をコミュニティから選出することを提案している[8]。

図書館放送活動のさまざまな課題

次に図書館放送活動に関して，当時挙げられていた個別の問題について検討してみたい。この活動が常に対峙していた問題の1つに，図書館番組のための脚本制作があった。地方で図書館放送活動を行っていた関係者にとって，脚本の作成は特に困難な作業だった。1940年代に入ってアメリカ教育局は，図書館放送活動のための脚本の収集と頒布を行うようになる。教育局に集められた脚本には専門家によって準備されたものもあり，地方の図書館はこれらを自館のニーズにあわせて借り受けるシステムができあがった。同時に各図書館が自ら制作した脚本を，教育局に送ることも奨励された[9]。放送コスト削減のための提案を行ったブロスは，脚本の問題についても，図書館放送活動にかかるコストの大部分が脚本準備に費やされていることを指摘した上で，脚本作成機関を設立して集中的に作業を行うことを提案した（Bloss 1942）。

図書館放送活動の効果はどのようにあらわれたのであろうか。ここではカンザスシティ公共図書館の具体例を取り上げてみよう。カンザスシティ公共図書館では1936年に図書館が週1回の3つの番組を持つようになってから，下降

の一途をたどっていた貸出率が増加しはじめた。ラジオで言及した図書は何らかの形で貸出に影響した (Hyers 1937, p.580)。またバカンスにあわせた特別番組の制作によって休暇中の貸出数は，前年の同じ月を約 2,000 冊上回った (Kohlstedt 1936, p.969)。さらにノンフィクションの広報に力を入れた結果，フィクションの貸出し記録にほとんど変動がなかったのに対し，ノンフィクションの貸出し記録はほぼ倍増した。また 1938 年 11 月の調査で，カンザスシティ公共図書館が制作した子供番組は，グレーター・カンザス・シティで 19 パーセントの聴取率を上げている。同時間帯にはローカル・グループ内に KMBC 局の「真似してみよう」("Let's Pretend") やマチュアル・ネットワーク (Mutual Network) の「ローン・レーンジャー」("Lone Ranger") などの子供にとって魅力的なライバル番組があったが，図書館は善戦し 25 パーセントの聴取率を上げた。夕刻の時間もナショナル・ネットワーク (National Network) の「チェスター・フィールド」("Chesterfield") や「ローリー・クール」("Raleigh-Kool") といった番組と競合し，11 パーセントの聴取率を確保している。カンザスシティでの放送活動は，商業的な番組と比肩する番組を制作していたことが聴取率調査から明らかになった (Kohlstedt 1940a, p.366-367)。

図書館放送活動にかかわる大きな課題にコマーシャルがあった。図書館が制作するラジオ番組と，特定商品の広告を目的としたコマーシャル事業者のラジオ番組は全く別の方向性をもっている。しかし実際の活動はあくまでも放送業界の枠組みの中で行われていたため，図書館界は放送活動に加わることによって，これまで経験しなかった営利団体との競争に直面することになったのである。

クリーヴランド公共図書館のマイヤーズは図書館番組の脚本製作者の立場から放送活動に対し，商業番組の評価と同じ視点に立って問題を提起した。まずマイヤーズは図書のドラマ化を批判した。プロの女優を起用したラジオ・ドラマと比較すると，図書館番組のドラマは質的に劣り，図書館の利用者の獲得にも逆効果である (Myers 1940b, p.365)。また番組作りに際し，図書館員としての独自の見地を維持しながらも，聴取者の立場に身をおくことの重要性を主張した。さらに図書館の利用カードを持っていない聴取者が番組を聞いて図書館

利用カードを作りたいと思うようになるか否かが, 図書館放送活動の成果をみる上での一つの指標であると訴えた。マイヤーズは図書館放送担当者が人気番組を聴くことによって広告の基本ルールを学び, その種の番組がいかにして聴取者を魅了しているか研究すべきであると述べる。人気番組のパタンをつかむことによって, 成功する番組のタイプを発見することができるからである (*Ibid.*, p.368)。

ラジオの社会的定着によって初期放送システムにみられるような実験番組は次第に影をひそめ, 番組のパタンは固定化していった。スポンサー番組が主流となったラジオ放送にあって, 図書館放送活動のような公共番組も商業的なラジオ番組のパタンを踏襲せざるをえなくなり, より一般的な放送形態へと変化した。それでも図書館放送活動は広報活動のための手段としてのみ存在しているのではなく, 図書館が番組を流し市民が家族ぐるみで番組を聴取しそれが読書習慣へ導かれることが, 図書館がめざす成人教育として考えられるようになってきた (Schulze 1944, p.527)。

第3節　考察

公共図書館におけるラジオ放送

ヘンネ (Frances Henne) は1941年に『ライブラリー・クォータリー』に, 論文「図書館とラジオの関係」("Library-Radio Relationships") を発表し, 1920年代から1930年代の図書館放送活動にかかわるさまざまな試みを総括した。ヘンネによれば, ラジオが図書館とかかわりを持ちはじめた初期には, 図書館が直接ラジオ番組制作に携わることが多かった。しかし商業的なラジオ番組との競争激化, 予算や人材の不足, ラジオ番組の中身が市民に受け入れられないなどの理由から, 図書館はラジオ局の番組制作に協力する形での放送へ参加が多くなっていった (Henne 1941. p.450)。

確かにラジオがメディアとして未熟であった時期にはさまざまな実験的放送が許容されており, オリジナリティの強い番組が多く制作されている。この時期の番組は制作方法, 仕上がりの面でもアマチュア色が濃かったが, 図書館放

送活動もそうしたラジオ史上初期の実験的放送として位置づけられるだろう。その後はカンザスシティ公共図書館，ロチェスター公共図書館，シンシナティ公共図書館など限られた図書館がラジオ放送に成功したことを除けば，ラジオ放送を実験的に行っていた多くの公共図書館は，予算や人材の不足などから番組制作から徐々に手を引いていく。アメリカのラジオ史において初期にラジオ番組を持っていた各種の協会，大学，教会など小規模団体あるいは非営利団体の多くが財政基盤の弱さを理由に，次第に商業的な競争の中でラジオ番組からの撤退を余儀なくされていった図式は図書館放送活動にもあてはまる（水越 1993b, p.155）。

図書館放送活動にはさまざまなバリエーションがあり，ラジオ・メディアの時代的変遷によって変化している。しかしながらラジオを図書館の存立を脅かすメディアとしてとらえるのではなく，ラジオ・メディアを図書館活動推進のために利用していくという姿勢は図書館放送活動の活動全般で貫かれた。「図書館の長い歴史に比べ，ラジオは新しい発明である。だが共通の目的を持つ両者が協力していくために必要な経験は，それぞれ十分に積んでいる」というCBSの教育ラジオ・ディレクターであったブライソン（Lyman Bryson）の言葉が，当時の図書館とラジオの関係を明快に表現している（Bryson 1943, p.237）。

図書館史ではラジオ，レコード，映画などの音声資料を視聴覚資料として図書館のストック情報の視点からのみ議論してきた。しかしながらテープレコーダー実用化が1948年であったことからも明らかであるとおり，ラジオ放送をストック情報として使うための技術的基盤は，図書館放送活動の初期にはまだできあがっていない。すなわちラジオ出現期のラジオ・メディアは，図書館のストック情報ではなくあくまでも図書館活動のためのツールであったことは，このムーブメントを図書館史上に位置づける際に留意すべき点である。ここでラジオがいかなる形で図書館活動に用いられたのかを，もう一度整理してみよう。

(1) 図書館広報活動

図書館放送活動に従事していた図書館関係者のラジオのとらえ方には相違

があったとはいえ、それまでの図書館サービスの伝統をふまえて新しいメディアの活用可能性を模索していく姿勢は共通していた。図書館側は図書館活動を活性化し外部に図書館の存在をアピールしていくための道具としてラジオを用いた。図書館放送活動はムーブメントとして成熟していく過程で本格的な放送活動としての要件を整えていったが、広報がその出発点であるといえる。

(2) 教育機関としての図書館の立場からの放送

図書館放送活動ムーブメントは、教育現場と密接なかかわりがあった(Keith 1932)。ラジオと図書のような異なるメディアを組み合わせることによって、学習効果を高めることを目的とするラジオ教育は、今日の多様なメディアによる学習方式の基盤をつくった。

(3) ラジオによる図書館サービス

ラジオは、一対不特定多数のコミュニケーション・メディアであった。一方、図書館サービスは、インタラクティブなコミュニケーションを必要とする。このコミュニケーション様式の相違に着目した図書館関係者は、ラジオの受動性に対し、図書館の利用および読書の能動性を強調した。すなわちラジオは図書館の利用あるいは読書への刺激剤にすぎず、市民の読書は自らが図書館に出向き、主体的に学ぶことによって完成すると考えた。だがラジオ・メディアには弱いながらもリクエストに代表されるような、ラジオと聴取者との双方向性のコミュニケーション機能が備わっていたことを見逃すことはできない(水越 1993b, p.78)。こうしたラジオの特性は「ラジオによるレファレンス・サービス」という実験的試みに結びついた。

またアメリカのラジオ史にみられる地域を中心とする発展形態と図書館放送活動のかかわりにも着目すべき点がある。市民レベルでの無線活動を発展の原点に持つアメリカのラジオは最初からコミュニティに根ざしたメディアであり、現在でも多数のローカル放送局が存在する。図書館放送活動はコミュニティ放送の一環としてはじまり、その後もほとんどの放送活動が地方の単館レベルで行われたところに、地域密着型のアメリカ・ラジオ放送の特質が現れている。地域メディアという観点から見ると、図書館放送活動はコミュニティの文化拠

点である図書館と同時代の新しいメディアの機能が有機的に連動して発展した活動としてとらえることができる。

公共図書館におけるテレビ放送

次にテレビ放送について考察する。テレビは技術的にいえばラジオに後続する発明ではなく，両者の開発時期はほぼ同時代に重なっている。しかし，テレビの方は第2次世界大戦をはさんだことで放送制度の整備に時間を要し，ラジオに遅れて普及していくことになった。結果としてテレビはラジオがすでに確立した放送の文化形態を踏襲することになる。すなわち，番組とコマーシャルによって編成されるラジオの放送様式がそのままテレビにも適用され，制度的，産業的な側面でラジオがモデルとなっている（Ibid., 1982）。

一方メディアとしての特性を考えると，テレビの最も顕著な特性は，音声に加えて映像が付加された点にある。この性質により，テレビ番組の影響力と宣伝効果はラジオより高かった。今日テレビの特徴として，記号の読解よりも画面への感情的な共感に頼ること，分析的，持続的な受容ができないこと，一方向型コミュニケーション・メディアであることなどが挙げられている（Bolter 1991,〈訳〉p.398-402）。しかしこうした説明は，テレビ・メディアの研究がはじまった1950年代以降のメディア研究から導き出されてきたものであり，テレビ出現当時はこのような客観的解釈はまだテレビに与えられてはいない。にもかかわらず当時の図書館関係者らは，テレビと図書に異なる位置づけを与えていたのである。

伝達機能の早さや影響力の強さの点で，新しいエレクトリック・メディアは図書に勝る部分があった。しかし図書は情報の固定と情報利用に際し継続的解釈を許容する点で，ラジオやテレビなどのブロードキャスティング・メディアとは根本的に異なるメディアだった（吉見 1995, p.25）。そのために図書というメディアと緊密に結びついた図書館には，エレクトリック・メディアが形成するマス・メディアの空間とは異なる固有の守備範囲がある。このことを図書館放送活動の関係者が明確に自覚していた点は，放送に携わった図書館関係者の発言から読み取ることができる[10]。またエレクトリック・メディアの隆盛とア

メリカの大量消費時代のはじまりは重なっており，図書館放送活動は情報が商品のように消費される社会的動向のなかで，それらを収集，解釈，評価する機能を持つ図書館の役割について再認識するきっかけを図書館界にもたらしたともいえよう。

次にアメリカの初期ラジオとテレビの社会的位置づけについて触れておこう。図書館とラジオ，テレビといった一見，異質なものがうまく結びついていった理由には，アメリカにおけるラジオとテレビの発展形態が深くかかわっている。ラジオとテレビの発展には，ともにメディアのハードウェアが先行しそこに注入されるソフトウェアが追随するという展開がみられた（水越 1993b, p.215-216）。ラジオとテレビがあらわれた当初，それらは現在のように娯楽を主な目的としていたのではなく，むしろ市民の新しい学習資源として認識されていた。そのため図書館は，この新しいメディアの中身の充実に向け積極的な姿勢で参加していくことができた。またアメリカではラジオとテレビが，コミュニティのコミュニケーション・メディアとして発達したことも，図書館の放送活動を推進する要因となった。

テレビ出現期には多彩な図書館テレビ放送が行われたが，その主な目的は初期のラジオと同様，図書館の広報活動にあった。テレビによる図書館広報活動は，マス・メディアの持つ不特定多数に向けた情報伝達機能によって効果を上げた。しかし，図書館テレビ放送が広報活動にとどまらず，テレビの特質を活かした多彩な番組が制作されたことは図書館でのラジオ放送の発展パタンと類似している。放送パタンは多様であり，従来の館内活動にテレビ・メディアを利用しようとする動向が見られた。なかでも図書館のコミュニティ対象の成人教育サービスと放送活動には強い結びつきがあった[11]。

本章では，考察の対象をテレビ出現期にしぼったため，取り上げることができた放送事例はごく一部に限られている。アメリカ公共図書館でのメディアの実践活動は，その後も継続して行われ，放送に関する論点も変遷していく。たとえばテレビは1950年代に圧倒的な影響力を持って市民生活に浸透し，むしろ娯楽を対象とするメディアとして定着していった。そしてテレビが市民にとって不可欠な教養，娯楽メディアになるにつれて，図書館にとってテレビは脅威

となっていく。実際にテレビ視聴時間の増加が図書館貸出率の低下につながっていることが，すでに1950年代初期には問題になりはじめている（Voorhees 1951a; Voorhees 1951b）。

ライブラリアンシップにおけるメディア実践活動の位置づけ

　図書館は，テクノロジーの進歩にあわせて新しいメディアを取り込んでいくことが要求される機関である。しかしながらその際，メディアの持つ技術的側面と図書館における組織化を考えていくだけでは不十分である。図書館が情報環境に敏感な組織となるためには，常に利用者のおかれた社会的背景と情報環境を視野に入れて，新しいメディアのサービス形態や新しいメディアを利用した活動内容を決定していかなければならない。ラジオからテレビへとメディアの発展とともに実践された図書館の放送活動は，同時代のメディアの状況を直接サービスに反映させていたという点で，図書館とマス・メディアの多面的な関係を示したきわめて貴重な事例となっている。

　ところで本章で紹介してきたような図書館員のメディア活動を公共図書館史のなかにどのように位置づけるべきであろうか。図書館員のエレクトリック・メディア・サービスへの取り組みの早さは特筆すべきものがあるものの，その活動は必ずしも特定の理念に裏づけられていたわけではない。たとえばマス・メディアの機能に着目してマス・メディア時代の公共図書館のありかたについて議論していた「公共図書館調査」に対し，図書館員の反応はきわめて鈍かった。調査の中でベレルソンやリーはマス・メディアと図書館の関係性を一貫して討究し，情報を扱う点では共通項を持ちながらもマス・メディアと図書館との間には明白な相違点があることを提示していた。しかし図書館員は調査結果としてベレルソンやリーが示した図書館の社会的存在にかかわる見解に対し意見を述べることはなかった[12]。

　結局，図書館放送活動はメディア研究と図書館実践の融合結果としてではなく，図書館員のメディア受容に対する高度な適応性を表現する活動として位置づけるのが妥当であろう。同時代のアカデミックな図書館研究は，公共図書館のメディア・サービスについての具体的な指針を示すよりは，むしろコミュニ

ケーション・プロセスで生じる諸現象についての細かな分析が主体であったからである。図書館員が実践で展開した積極的なメディア・サービスは,図書館員のメディアに対する意識の高さと適応力に帰する所が大きい。

メディアの多様化と図書館研究

　これまで論じてきた公共図書館界の動向と公共図書館論の展開は,公共図書館界が同時代の社会状況の変化にあわせてサービス方針を形成してきたことを示すと同時に,公共図書館が20世紀に入ってからサービス範囲を拡大しつづけてきたことを意味している。情報メディアの出現により市民生活の知的活動の範囲と内容は,前世紀までとは比較にならないほどの速度で変化していた。コミュニケーションの手段が量的質的に拡大されることによって知識にかかわるメディアの選択肢は増加し同時に,知的活動と娯楽活動との境は曖昧になっていった。

　このような状況で公共図書館論には,公共図書館の目的の多様化をコミュニケーション様式の変化と重ね合わせ理論化することが求められていた。「公共図書館調査」を含め,この時代の公共図書館論をマクロな視点からとらえた時に浮かび上がってくるのは,コミュニケーション研究の手法による公共図書館への分析アプローチである。シカゴ大学社会科学部長のタイラーは,「公共図書館調査」において,社会学と社会心理学の手法によって図書館利用者,商業主義的なコミュニケーションと図書館サービスの関係が明らかにされたこと,さらにマス・コミュニケーションの受容効果分析が用いられたことを指摘した。そしてコミュニケーション研究の図書館学への適用に関してウェイプルズの研究実績を評価した（Asheim 1950, p.243-244）。

　1940年代のマス・メディアの隆盛のなかで,もはや公共図書館をメディアによって構成された社会環境と切り離して単体で論じることは不可能であった。次章では,図書館におけるメディアとコミュニケーションにかかわる諸事象が理論レベルではどのような形で議論されていたのかという点を,公共図書館研究とコミュニケーション研究の関係性に焦点を当てて論じていく。

注

1 1980年代までのメディア研究は情報技術に重点をおき,テクノロジーによって変化する社会に焦点を当てて研究を進めていく立場をとっていた。現在では,情報技術と社会のとらえかたは変化している。近年この分野で「情報テクノロジーを社会の外側から挿入されるものとしてではなく,さまざまな言説や勢力関係のなかで社会的に構成されていくもの」(吉見 1994, p.118)として解釈していこうとする姿勢が顕著になってきた。すなわちテクノロジーをたんに,社会の外側から影響を与える存在として認識したり,社会の深い部分にある文化的精神のあらわれ,とみなすのではなく「社会的な関係性のなかで構成されていくもの」(*Ibid.*, p.119-120)ととらえるようになってきたのである。

2 当初,貸出は教育映画だけに制限されていたが,直に一般映画も貸出対象となる。

3 1920年代のラジオの運営主体は実に多様で,大学や教育機関の多くが放送活動を試行している(水越 1993b, p.158-160)。

4 商業ベースの子供向け番組が多く作成されるなかで,子供の興味を図書館番組に引きつけるためには,刺激に満ちた図書やトピックを選ぶ必要があったが,図書館は図書を選び文学的価値を下げることなく脚本化するためのハウツーを持っていた。図書館の制作する子供番組は地域の重要な教育プロジェクトの1つであった。

5 1940年に委員会は,テレビの出現を機に発足したアメリカ図書館協会のビジュアル・メソッド委員会(Visual Methods Committee)と合併し,視聴覚委員会(Audio-Visual Committee)となった。新設された委員会は,ラジオ,テレビ両分野での図書館の活動を研究し議論するとともに,教育プロジェクトへの協力や参加を進めていくことになった(Kohlstedt 1940b, p.592)。

6 この時期のテレビが公共的メディアとしての針路を探り,テレビ放送を享受する市民の間にテレビの持つ公共性への共感があったことについては,次の文献を参考のこと(有馬 1997, p.1-24)。

7 ただし図書館テレビ放送の実践で,図書館側と放送局側には,認識の相違がみられた。すなわち,図書館は教育と文化の観点から番組を制作したが,テレビ局は娯楽作品としての番組の仕上がりを重視している。こうした考え方の相違を,最初から自覚した上で図書館テレビ放送に取り組んだ図書館もあった。たとえばクリーヴランド公共図書館では,テレビの目的は営利の追求にあると明確に認め,図書館もテレビ放送に参画する以上,テレビの持つ商業的性格を考慮すべきであると自覚していた。テレビはショーであり,したがって図書館テレビ番組も娯楽番組と比肩するものでなければならない,つまりレベルを下げたり大げさに脚色する必要はないにしろ,図書館は

手持ちの材料を視聴者の興味を引きつけるような形で表現する方法に工夫をこらすべきだと放送関係者は考えた。クリーヴランド公共図書館では図書館が目標に掲げる成人の自発的学習にとってテレビははかりしれない効果を持つと評価していたからである（Sinks 1954）。

8 　限られた予算のなかで図書館番組を充実させ活路を切り開くために，コミュニティのラジオ評者（radio reviewer）の意見は番組作成のための貴重な指針となると考えられた（Bryson 1943, p.226-227）。

9 　このなかにはデンバー公共図書館が制作した脚本のようにきわめて評価が高く，他の地域で再放送されたものもあった（Kohlstedt 1940b, p.591）。

10 　ラジオは，1930年代には広報活動のツールとして，図書館界に放送ブームを巻き起こすまでのメディアとなったことは事実である。しかしラジオ自体のニュー・メディアとしての評価は必ずしも定まっておらず，既存のメディアの枠組みの中で位置づけが議論されていた。なかでも図書館界では図書メディアとの対比でラジオ・メディアを論ずる関係者が多かった。コロンビア大学教員養成カレッジ附属図書館のタウンズ（Mary E. Townes）は，500年もの間，確固たる地位を維持してきた印刷という概念が，エレクトリック・メディアの出現によって揺り動かされている事実を指摘し，大衆教育の領域で15世紀に出版が果した役割を，20世紀にはラジオと映画が担うことになると示唆している。タウンズは，図書館が記録された知識の収集という観点から図書メディアを受容してきたのであれば，エレクトリック・テクノロジーによるメディアをサポートすることにも，同様の理由を当てることは可能であると考える（Townes 1940, p.691）。従来とは違ったメディアを使うことに関して，タウンズは図書館の教育理念が個人を重視するものである以上，個人にとっての教育手段に合えば図書館は図書以外のメディアを積極的にツールとして用いるべきだと主張している（Ibid., p.691）。シンシナティ公共図書館コイ（Alice B. Coy）は，図書館は印刷術発明以前から存在し，知識伝播の方法の変化と歩調を合わせてきたのであり，ラジオ放送はサービスのための新しい機会としてとらえるべきであると述べている（Coy 1927, p.632）。一方，ラジオやテレビが，読書や映画に替わってレクリエーションと教育活動の主要なメディアになっていくのか否かについての論議もあった。現在の電子メディアをめぐる論議と同じように，新しいメディアが完全に古いメディアに取って代わられるとする極端な意見から，メディアの共存を説く中庸説までさまざまな意見が存在していた。図書館放送活動の中心人物であったカンザスシティ公共図書館のコールステッドの「時代の流れに歩調を合わせることによって，図書館が新しい目的を達成することができるなら，我々の能力を最大限に発揮するために新しい機器を利

用するという点で,図書館放送活動は十分価値がある」という趣旨の発言は,放送に携わった図書館関係者のラジオおよび放送に対する意見を代表するものと考えてよいだろう(Kohlstedt 1940a, p.368)。

11 初期の図書館放送活動は広報活動に加えて,地域社会に図書館サービスを提供する,図書館活動での「コミュニティ・リレーションズ」の一側面としてとらえることができる。

12 「公共図書館調査」への消極的な反応をレイバーは次のように描写している。「わずかに存在した反応は個々の報告書の細部にかかわる内容に終始し,公共図書館調査に一貫して流れるテーマであるアメリカの民主主義と文化への批判的評価はほとんどなかった。またマス・メディアの急速な発展に伴う視聴覚資料の重要性の高まりと連関させて図書館の役割が着目されることもなかった」(Raber & Maack 1994, p.46)。

第11章　公共図書館研究と
　　　　コミュニケーション研究

　1920年代および1930年代の公共図書館論は，政策的観点から公共図書館の実践活動にかかわる理念を提示していた。しかし1930年代以降，図書館研究がアカデミズムにおける専門領域として討究されていくなかで，公共図書館論の特定の主題は，社会科学の研究対象として扱われるようになっていく。

　1920年代以降の公共図書館活動の史的展開では，サービス対象としてのコミュニティへの着目と，読書をとりまく環境の変化への対応が顕著にみられた。公共図書館論もそうした動向を吸収しつつ形成されていったといえる。コミュニティとメディアという2つのテーマは図書館論では，コミュニティのコミュニケーションのあり方という概念枠組みのなかで討究され，ラーネッド，ジョンソンらの公共図書館論にすでにコミュニティのコミュニケーションをめぐる議論の萌芽が見られる。また公共図書館を社会的文脈のなかに位置づけようとする意向が調査を主導したアメリカ図書館協会に強く働いていたこともあり，1940年代の「公共図書館調査」の時期までに，このテーマはより明確な議論へと発展していく。現実の図書館の姿を浮き彫りにするためには，図書館を含めたメディア利用の全体像について分析する必要があった。

　公共図書館は市民の情報行動の中心的存在ではなく市民は情報源の多くをマス・メディアに頼っているという結果を導いた「公共図書館調査」は，公共図書館の社会的イメージを損なう否定的要素としてとらえられるだけでなく，メディアと図書館のあり方を探る方向に発展させるための材料とみなされた[1]。

メディアにかかわるあらゆる領域にマス・コミュニケーション研究が影響をおよぼし，図書館研究も例外ではなかった。特に公共図書館調査で用いられたマス・メディアの受け手に焦点を当てたコミュニケーション効果研究が1940年代のコミュニケーション研究で主流となっていた（佐藤 1990, p.2-82）。

公共図書館とメディアにかかわる議論の流れは，公共図書館論とコミュニケーション研究の史的関係性を追っていくことでより明確になる。公共図書館研究には，コミュニケーション研究の手法が援用されると同時に，その理念がライブラリアンシップを説明づける有力な理論的枠組みとして採用されたからである。本章ではコミュニティのコミュニケーションという視座が，図書館研究でどのように展開されてきたのかをコミュニケーション研究と公共図書館研究の関連性に焦点を当てて考察する。とりわけ公共図書館研究とコミュニケーション研究の接触がいつからどのような形で起こったのかを詳細にみていきたい。

次のような構成で議論を進める。まずコミュニケーション科学の源流に立ち戻って，この領域の特徴と1930年代の展開について言及する。次に図書館学研究とコミュニケーション研究の関係性を，図書館学におけるメディア研究に着目し検証を行う。最後にコミュニケーション研究の基底にある理念と公共図書館研究の接点について考察を行う。

第1節　コミュニケーション科学の誕生と展開

コミュニケーション科学は，1950年代に制度的に確立する新しい領域である。しかしながらこの領域は社会学の一部門として見れば長い歴史を持っている[2]。アメリカでは社会過程で影響をおよぼすある種の効果力としての近代のコミュニケーションを包括的に考察したクーリー，J.デューイ，パークといった思想家が1890年代に出現した（Czitrom 1982, p.91）。

ロジャース（Everett M. Rogers）はこの三者にミード（George H. Mead）を加えた4人の思想家が，コミュニケーション科学の源流を形成したと論じている。この時期コミュニケーション研究は専門領域として確立していなかったため，その研究は社会心理学，哲学，社会学などの名のもとに行われた。しか

し「人間の行動概念の中心部に,コミュニケーションを位置付けた」点で4人の思想は,コミュニケーション科学の起源となっている (Rogers 1986,〈訳〉p.80)[3]。

4人の理論はコミュニケーション効果の定量的分析を主たる方法論とする1950年代以降の線形モデルとは異なり,「個別主観性が本質的に人間の質そのものであることを強調するヒューマン・コミュニケーションへの現象論的アプローチを強調し」(Ibid.,〈訳〉p.80),個人の意味形成をコミュニケーション研究での重要な課題とみなしていた。これらの思想家をコミュニケーション科学の正統な開祖としてみなすことができないにせよ,4人ともにコミュニケーション現象を多様な観点で研究し,現在のコミュニケーション研究の枠組みを構成したという点で,コミュニケーション学史の中で重要な役割を果たしている。以下,個々の研究者のコミュニケーション理論について簡単に言及しておきたい。

　J.デューイは教育学と哲学の分野でプラグマティズム思想を展開し,その広汎な研究テーマのなかにはコミュニケーションに対する問題意識が含まれている。J.デューイは近代のコミュニケーションの改善可能性を追究し,20世紀の新しいメディアを通じて公に生成される知識体系(organized intelligence)が創造する高度な共同体を仮想した (Czitrom 1982, p.102-103)。マス・メディアの持つ影響力を社会進歩に結びつけるためJ.デューイは当時の最も有力なメディアである新聞に着目し,新聞による社会変革を企図した。晩年のJ.デューイが没頭したコミュニケーション・プロセスそれ自体の持つ形而上的性質の解明作業は,近代メディアの影響力理解のために今日なおその価値が失われていない研究成果である (Ibid., p.120-121)[4]。

　クーリーは表現や記録物の時空間を超えた伝播機構としてコミュニケーションをとらえ,マス・メディアが人間をより発達させるものと考えた (山田 1963, p.38-40)。クーリーのコミュニケーションに対する認識は,知識の社会的蓄積に焦点を当てたバトラーやシェラなど図書館学研究者たちによるコミュニケーションのとらえかたときわめて近い関係にある。

　パークはマス・コミュニケーションと世論について,理論化をはかった人物である。具体的には新聞と世論の関係性をデータ収集による量的調査の分析に

よって実証しようと試みた (Rogers 1985, p.221)。また新聞の持つさまざまな性質を論じ、煽情主義に陥り過剰な報道を行う一部の新聞のありかたを批判して、社会を記録する方法が未熟であることを指摘するとともに、社会生活を客観的に観察することの重要性を説いた (Park 1925, p.4-21)。世論を分析対象とするパークの社会調査は、1940年代のラザースフェルドらの実証的なマス・コミュニケーション研究のルーツとなった。パークはシカゴ学派を代表する社会学者であり、その知的影響は社会学を中心とする周辺領域に及んだ[5]。

コミュニケーションの概念を最も体系的に論じたのがミードであり、直接的なコミュニケーションだけでなく間接的なコミュニケーションも含め、人間同士の相互関係を認識する立場からコミュニケーション研究の原理的基盤を確立した。ミードは、コミュニケーションによって人間同士のより高度な相互関係が可能になるという理由から「単なる地域的な共同社会を超えた最大の共同社会として、全人類に普遍的な『思想の世界』(thought world) をあげ、ここでコミュニケーションが最高の発展をしめすと考えた」(山田 1963, p.46-47)。言語を中心としたシンボルを介して行われる人間の相互作用に着目し、人間をシンボルを操る主体的存在として規定したミードのヒューマン・コミュニケーション論は、後にブルマー (Herbert Blumer) によって象徴的相互作用論 (symbolic interactionism) として展開された。

J.デューイ、パーク、ミードらは新しいメディア・テクノロジーを大都市での社会生活を発展させる媒体としてみていた (Turow 1990, p.12)。しかしながら実生活でのメディアの機能よりも、いかにしてメディアがアメリカのライフ・スタイルを改善するのかに関心を持っており、理想主義的な傾向が強かった (Czitrom 1982, p.93)。

第2節　1930年代のコミュニケーション研究の発展

J.デューイ、クーリー、パーク、ミードらによって提示されたコミュニケーション理論が、コミュニケーション研究へと発展していったのは1930年代である。この時期の代表的なコミュニケーション研究者はラスウェルである。ラ

スウェルはコミュニケーション活動を送り手，内容，媒体，受け手，効果の5つの局面に分け，各局面に対応したコミュニケーション研究の要素を，コントロール分析，内容分析，メディア分析，受け手分析，効果分析と呼んだ(Lasswell 1947, p.66)。4W1Hとして後に知られるようになったラスウェルのコミュニケーション要素の分類は，後のコミュニケーション研究の枠組みとなる。ロジャースは「今日コミュニケーションの視点と呼んでいるもので，学術的関心の正確な論点となるものはすべてラスウェルの考えや著作にとりあげられている」と述べ，ラスウェルを実質的にコミュニケーション研究の創始者としてみなしている (Rogers 1986, p.106)。ラスウェルは一般に政治学者として知られているが，知的守備範囲は大変広く，研究活動分野は，政治学，社会学，心理学，経済学におよぶ[6]。

ラジオ研究の創始者として知られるラザースフェルドもまたこの時期の代表的なコミュニケーション研究者である。ウィーン大学経済心理学研究所(Wirtschaftspsychologische Forschungsstelle) から1930年代半ばにアメリカに移り，プリンストン大学ラジオ調査室を経て，コロンビア大学応用社会調査研究所で研究を続けた。1940年の著書『ラジオと印刷物』(*Radio and the Printed Page*) でメディアの比較研究を行うなど，図書館学に近い領域で活躍している。ラザースフェルドが所属していたロックフェラー・ラジオ・プロジェクトは，コミュニケーション研究に関心を持つ研究者たちの活動拠点となり，シカゴ大学図書館学大学院のウェイプルズや共同研究者であるベレルソンもプロジェクトに参加している (Lazarsfeld 1973; Berger & Chaffe 1987, p.53)。

当時アメリカ社会学研究の中心地だったシカゴ大学社会学部でもコミュニケーション研究が盛んに行われ，主として社会問題としての都市社会，人種，文化葛藤，同化といったテーマが，コミュニケーションを基礎とする人間関係の面から研究されるようになった。コミュニケーション研究をリードするシカゴ大学に図書館学初の博士課程がおかれたことは，図書館学とコミュニケーション科学の結びつきを実質的に考えていくときに重要な手掛かりとなるであろう。

1930年代のコミュニケーション研究は，多様なメディアが市民の世論，態度，生活習慣におよぼす量的，質的な影響を実証的に分析することを目標とし

ていた。1930年代のはじめからペイン基金によって行われるようになった映画の効果についての社会心理学研究はその代表例である。この時期すでに新聞,映画,ラジオなどのメディアが市民生活に定着し,メディアの大きさと効果は比例するという考えが揺ぎないものとなったため,この前提のもとに調査や実験を用いた科学的実証研究が頻繁に行われるようになっていった（McQuail 1985,〈訳〉p.210)[7]。

ラスウェルやラザースフェルドといったマス・コミュニケーション研究者たちはコミュニケーション研究の際,1920年代にはじまるアメリカの社会踏査,社会調査のアプローチを踏襲した。すなわち収集されたデータによってコミュニケーションの効果を定量的に分析していく方法を重視していた。マス・メディア機関や企業は消費者調査を活発に実施し,調査結果を分析するためのサンプリングの手法や測定の技術が洗練化された（Lazarsfeld 1975,〈訳〉p.6)。

第3節　図書館学におけるコミュニケーション研究

20世紀初頭の図書館界とニュー・メディア

コミュニケーション研究が常に同時代のメディアの様相と不可分であることはいうまでもない。1920年代のコミュニケーション研究の誕生は,新聞とりわけ全国紙の隆盛を背景としていた。続く1930年代は,20世紀初頭に転換期を迎えた新しいメディアによるライフ・スタイルが,アメリカ市民生活に定着した時期である。多くの市民は毎日,新聞や週刊誌を読みレコードを聴き映画を見た（Turow 1990, p.11-12)。多様なメディアのなかでもラジオはひときわ影響力の強い存在であった。ラジオはニュー・メディアとして市民生活に溶け込んでいく過程で,従来の図書メディアとの対比を中心テーマとしてさまざまな論議を呼び起こした。

図書館界でも1920年代初期から,図書館サービスへのラジオの導入が試行され,新しいメディアをめぐって活発な論議が行われている。1924年の『ライブラリー・ジャーナル』の調査によれば,すでにいくつかの図書館が地元のラジオ局に番組を持っていた。たとえばオレゴン州ポートランド図書館協会は,

文学の朗読，特定主題に関する図書の朗読，時候にあわせた図書の朗読，書評，特定主題のエッセイ，各月の良書の情報を，ラジオ番組で放送していた（"The use of radio by public libraries" 1924）。1920年代から図書館界は，ラジオを図書館のアピールのための有益な媒体としてとらえていた。そのためラジオをめぐる議論の中心はラジオへの傾倒による市民の図書館離れの危惧ではなく，図書館サービスの手段としてのラジオの利用法におかれた。図書館が初めて図書以外のメディアと対峙したことは，図書館史上特筆すべきことであり，1930年代に図書館学においてコミュニケーション研究がはじまった要因の一つにラジオ，レコード，映画を代表とするメディアの多様化があったことは明らかである。

ウェイプルズの読書研究

シカゴ大学図書館学大学院初代ディーンのワークスは，教育学における読書研究のアプローチを図書館学に適用しようと試み，教員の人選の際，シカゴ大学教育学部のウェイプルズを図書館学大学院に招聘した。そしてウェイプルズがメディア研究をリードしていくことになった。

ウェイプルズの代表的研究はタイラーとの共著『人々が読みたいと思うもの』（1931年），『人々と印刷物：大恐慌期の読書の社会的側面』（1937年）などの読書研究である。読書研究に使われた定量的方法を中心として，図書館学の研究方法についてまとめた1939年の『図書館にかかわる課題の研究』（*Investigating Library Problem*）は，経験に依存していた従来の図書館学研究を，科学的な手法に基づく学問領域へと高めるのに貢献した。1930年代を通して行われたウェイプルズの読書研究は，シカゴ大学図書館学大学院を代表する研究であり，図書館界でのコミュニケーション研究の出発点でもあった[8]。

ウェイプルズが図書のみを対象とした狭量な研究ではなく，広い視点をもった読書研究を目指していたことは，1931年の論文「読書研究の社会科学への貢献」（"Reading Studies Contributory to Social Sciences"）からうかがわれる。論文の中心テーマは社会学者にとっての読書研究の有用性である。ウェイプルズによれば，特定の社会グループの読書に関するデータはグループの文

化を規定し，社会科学の研究対象である人間の社会的態度や社会行動は読書行動に直接反映されている。すなわち読書研究は人間の情報活動と娯楽活動についての確固たるデータを提供することができる点で，社会科学にとって重要な情報源になる（Waples 1931b, p.293）。

　ウェイプルズは読書研究を4つに分けた。第1に特定グループの読書行動を明らかにするため，年齢，教育水準，社会環境，人種などいくつかのグループの読書傾向を調査する「読書人口の分析研究」である。第2に娯楽や情報を得るため読書に頼る割合を他の娯楽や情報源と比較して調査する「読書の位置づけの研究」である。第3に特定の社会問題に対する読書活動の傾向が，異なる読者グループによってどのように異なるのかを分析する研究である。第4に読書にはどのような効果があるのかを実証的に検証する研究であった。提示された4つのテーマで調査対象は，いずれも図書館利用者に限定されることなくコミュニティにまで拡張されている。図書館内部現象としての読書分析にとどまらず，社会との接点をより広く持った領域で読書研究を展開させようとするウェイプルズの姿勢が明確にあらわれているといえよう。特に第2の研究テーマは映画，会話，ラジオなど図書以外の他のコミュニケーション情報源と読書の比較調査であり，比較メディア研究としてみなすことができる。読書効果については，サーストン（Louis L. Thurstone）によって開発された映画効果分析のための等現間隔法（method of equal-appearing intervals = Thurstone method）の読書研究への援用が提唱されている[9]。ウェイプルズは読書研究の環境を形成する成人教育の発展，図書館の発展，ライブラリアンシップにおける研究精神の発展，他分野でなされる研究や社会的変革といった多様な要素を列挙している（Karetzky 1982, p.32-33）。

　上記の研究が示すように，1931年という早い時期にすでにウェイプルズは複数のメディアに対する比較分析の視点を持っていたといえる。すなわち読書活動を単体で分析することに疑問を呈し，教育研究者，心理学者，コミュニケーションの専門家によってなされたメディア研究の動向に敏感であろうとしていた（*Ibid.*, p.125, 322-323）。

ウィルソンの読書研究

　シカゴ大学図書館学大学院にはウェイプルズと並ぶ読書研究者として，2代目ディーンを務めたウィルソンがいる。1938年の『読書の地理学』(*The Geography of Reading*)（Wilson 1938b）は，ウィルソンの読書研究の集大成である。アメリカ図書館協会とシカゴ大学出版局によって出版されたこの著作は，ウェイプルズの『人々が読みたいと思うもの』と双璧をなすシカゴ大学図書館学大学院の代表的な読書研究である。同書は図書館の発展史を概観した上で，図書館にかかわる物理的社会的条件を実証的に明らかにしており，その視座は図書館をコミュニケーションのための社会機関の1つであると位置づける図書館学シカゴ学派の基本理念を直接映し出している。ウィルソンが導き出した公共図書館分布の地域格差や図書館間の格差は，図書館政策にとってきわめて重要な示唆を含んでいた。

　ウェイプルズと同様ウィルソンもまた他のメディアと図書館を比較分析する手法を図書館研究に導入した。「コミュニケーションの手段」を論じたセクションではメディアの発展に1章が費やされ，同時代のメディアの状況を的確に分析している。この章ではいくつかの代表的なコミュニケーション手段が取り上げられ，図書館の発展と関連づけた上で分析が行われている（*Ibid.*, p.248-266）。コミュニケーション・メディアはアメリカの経済，社会，文化的財産の一部であり，それゆえ図書館や学校など関連機関へ大きな影響を与える。ウィルソンは図書館施設が不足している場所は，そのほかのメディアもまた貧困な状態にあることを明らかにしてメディアの偏在を指摘した（*Ibid.*, p.266）。ウィルソンはさらにアメリカの日常生活に図書以外のメディアが浸透して相対的に読書時間が減少していることや，ラジオが安易にアクセスが可能であることから読書を脅かす存在となっていることを強調した。しかしながら同時にラジオが図書利用を刺激する効用については期待を寄せている（*Ibid.*, p.252-254）。

　同書はウィルソン自身が研究目的として述べているように，読書とアメリカの文化形成に貢献する社会機関としての図書館への認識を高めることを目的として書かれた読書にかかわる総合的な研究であり，読書行動を他の文化活動と比較して分析している（*Ibid.*, p.4)[10]。

読書研究からメディア論へ

　シカゴ大学図書館学大学院時代を自ら「パブリック・コミュニケーション」研究の期間として位置づけたウェイプルズは，コミュニケーション・プロセスのなかで図書館学のテーマや論点をとらえようと試み，また問題解決のために図書館学にとって新しい方法論や知識を持ち込んだ（Richardson 1980, p.82）。1931年の論文「読書研究の社会科学への貢献」にみられる読書研究への基本姿勢は，その後の研究の原型となるものだった。コミュニティを対象とする読書研究は図書館学におけるコミュニケーション研究の発展を切り開く契機となった。

　1940年に刊行された『人々が読みたいと思うもの』では，コミュニケーションの概念がさらに明確に打ち出されている。この著作でウェイプルズはコミュニケーションを，たんなるメッセージ伝達としてのコミュニケーション，一方向型コミュニケーション，双方向型コミュニケーション，社会過程でのコミュニケーションの4つに分類した上で，読書行為をそれらの類型と関連づけて解説している。読書を通じて著者と読者はコミュニケーションが可能であり，それは双方向型のコミュニケーションとしてとらえることができる。また読書によって読者はシンボルを介して自己を取り巻く環境との二次的関係を拡張し，自己体験を増加させていく，すなわち読書は図書というメディアによるシンボリックな体験の構築を可能にするコミュニケーションである。さらに知識を特定のコミュニティで共有するという読書効果は，4番目のコミュニケーションに該当する（Waples 1940, p.27-31）。

　ウェイプルズは読書の社会的効果を研究するための，他のメディアとの比較調査について述べ，読書，ラジオ，映画，会話の効果を研究するためのプログラムを提唱している。比較研究は社会問題に対するメディアの利用に関する特定グループ間の相違，社会問題についての特定メディア（映画，読書，ラジオ）への依存度や，メディアの種類による影響力の差，読書と読書以外のメディアからの情報収集の差などを明らかにすることを意図していた（*Ibid.*, p.194）。

　ベレルソンはウェイプルズの研究活動を2つに分けている。第1は社会科学的手法を用いて図書館学に新風を吹き込んだ『人々が読みたいと思うもの』や

『人々にとって読むこととは』（*What Reading does to People*）などに代表される一連の読書研究である。ウェイプルズはこの時期に，ライブラリアンシップを図書館目録が象徴する静的な世界から，社会状況をダイレクトに吸収する動的なコミュニケーションの世界に移した。第2は戦時中の仕事を経てシカゴ大学コミュニケーション委員会を1958年に引退するまでのマス・コミュニケーション分野での活動である（Berelson 1979, p.1）。読書研究がコミュニティのメディア研究へ，そしてコミュニケーション研究へと発展していった過程で，ウェイプルズは重要な役割を果たしていた。

またシカゴ大学図書館学大学院が図書以外のメディアの興隆とともに研究対象を広げていくなかで，シカゴ大学他学部の研究者との共同研究も実施された。大学院の研究活動記録によれば1930年にすでに歴史学，社会学，心理学，教育学部との間で学部間共同研究が行われていた（Waples 1930, p.2）。このうちサーストンの読書効果に関する心理学的研究やオグバーンの図書館の社会的影響と社会変化の研究，グレイ（William S. Gray）の公共図書館経営と成人読書に関する調査といった研究成果はすべて学際的な性格を持つコミュニケーション研究である。

シカゴ大学他学部との交流でもウェイプルズの人的ネットワークは特に強かった。ウェイプルズはラザースフェルドやラスウェルとの共同研究に加えて，ギャラップ（George Gallup）やブルーン（Heywood Broun）やセルデス（George Seldes）といったマス・コミュニケーション研究者の研究アプローチ，データ，結果を援用した（Karetzky 1982, p.123-124）。ウェイプルズの『人々と印刷物：大恐慌期の読書の社会的側面』が社会科学研究会議（Social Science Research Council）の刊行する「大恐慌期の社会状況研究シリーズ」（*Studies in the Social Aspects of the Depression*）に収められたことも，ウェイプルズがシカゴ大学の社会学研究の一端を担っていたことを示している（*Ibid.*, p.146-147）。

図書館研修会「民主主義における図書，ラジオ，映画」

シカゴ大学図書館学大学院は，図書館界，隣接領域の関係者を招いて年1回，

図書館研修会を開催していた。1941年8月に行われた研修会はマス・コミュニケーションをテーマに開催され,ラスウェルをはじめとする第一線のコミュニケーション分野の研究者が多く参加した。1930年代の図書館学にかかわるコミュニケーション領域の研究テーマがこの研修会に集約された(Waples 1942)。

図書館学の領域からの発表者はベレルソンとシカゴ大学図書館長のビールズ(Ralph E. Beals)であった。当時,連邦コミュニケーション委員会に所属していたベレルソンは,印刷物が世論に与える効果を論じた[11]。ベレルソンはニュースや新聞の社会記事が世論形成の有力な刺激剤となっており,特定情報の流通が多くなることによって,ある判断に対する反応が増加することを大統領選挙の投票調査の研究例を挙げて説明した。社会問題の印刷媒体への出現頻度と社会的論点の是認には明らかに関係性がみられ,印刷物の世論に与える影響は明らかであった(*Ibid.*, p.41-65)。

この時点ですでに世論の形成に深い関心を向けていたベレルソンは,1944年から1946年までコロンビア大学応用社会調査研究所で選挙での投票行動の研究を行い,その後シカゴ大学図書館学大学院に戻ってからもコミュニケーションにかかわるメディア効果を研究テーマに掲げ,コミュニケーションと世論の研究者を自認するようになる。1940年代後半に実施された全国規模の公共図書館調査は,メディアと図書館のかかわりが主要なテーマであったが,ベレルソンはシカゴ大学図書館学大学院のディーンの職にあって図書館界とコミュニケーション分野の研究者たちとを結びつける役割を果している(Raber & Maack 1994, p.40-41)。

シカゴ大学図書館長のビールズは公共図書館とコミュニケーション研究の関係性について論じ,図書館におかれる図書の選択には世論が十分反映されるべきだと主張した。ビールズは公共図書館と利用者の関係を明らかにするような種々の調査結果を例示しながら,読書研究や社会コミュニケーション機関としての図書館研究に科学的手法を援用し,研究の範囲を拡大することを提唱している(Waples 1942, p.159-160)。

コミュニケーション科学の領域からの参加者で,当時はコロンビア大学ラジ

オ研究所に所属していたラザースフェルドは，ラジオが世論に与える効果について論じ，市民が主体的にラジオにかかわることの重要性を訴えた（Ibid., p.66-68）。研修会開催当時，議会図書館で戦時下のコミュニケーションを研究していたラスウェルは，コミュニケーション・プロセスの記述という近代的な方法によるプロパガンダ分析の可能性を論じた（Waples 1942, p.101-117）。その他に，シカゴ大学政治学部のゴスネル（Harold F. Gosnell）が世論研究について，同大学社会学部のスタウファー（Samuel A. Stouffer）がコミュニケーション研究に対する社会学的アプローチについて，同大学教育学部のタイラーが教育学におけるコミュニケーション研究の可能性についてそれぞれ発表を行った。

図書館学におけるコミュニケーション研究の対象となる多様な論点がこの研修会で提示されたとはいえ，コミュニケーション研究自体は1930年代には専門領域として確立しておらず，個別のテーマに関する研究領域に留まっていた。たとえばラザースフェルドもこの時期には，ラジオ・メディアにしぼって研究を行っており，ベレルソンとの共同研究に見られるような本格的な世論分析にはまだ着手していない。またラスウェルは1927年にすでに第１次世界大戦のプロパガンダ分析研究を発表していたものの，（４Ｗ１Ｈとして知られる）コミュニケーション分析を提唱したのは1940年代になってからである。コミュニケーション効果を実証的に検証していくような研究手法の確立は，1940年代を待たねばならなかった。しかしながら1930年代後半にコミュニケーションおよびメディアを研究対象とする新しい研究が確実に複数の分野ではじまっていた。

1930年代にシカゴ大学図書館学大学院で行われた読書研究は，図書館学におけるコミュニケーション研究の出発点の１つであると同時に，コミュニケーション科学という専門分野での萌芽的研究として位置づけられる。学際的な図書館学研究を志向したウェイプルズを中心として，シカゴ大学のコミュニケーション研究者たちからの刺激を直接受けつつ進められた読書研究は，1930年代を通じて図書館という場を中心にして徐々に研究対象を拡張していく。そしてこの過程でコミュニケーション研究としての広がりを持つようになっていっ

たのであり，「公共図書館調査」に結実するメディアやコミュニケーション・プロセスの分析の手法など図書館学におけるコミュニケーション研究アプローチの基礎は，読書研究を土台として築かれた。

コミュニケーション研究は複数の研究主題が融合した領域であり，1950年以降に制度的な確立をみる（Rogers 1986, p.78）。1930年代にはコミュニケーション科学は統一的な理論体系を持たずメディア研究，プロパガンダ分析研究，世論研究など個別テーマの研究の集合体にすぎなかった。そのなかでシカゴ大学図書館学大学院では読者をメディアの受け手ととらえることによって，コミュニケーション研究の一部を担っていたとみることができる。

第4節　コミュニケーション研究の理念と公共図書館研究

最後にコミュニケーション研究と公共図書館研究との理念的接点について考えてみたい。ここでコミュニケーション研究の流れをもう一度整理してみよう。日高六郎はアメリカにおけるマス・コミュニケーション研究を3期に分けている。第1期はマス・コミュニケーション研究の開幕時代である19世紀末から1940年頃まで，第2期はマス・コミュニケーションが著しく発展し，コミュニケーション研究が実践科学としての性格を確立した1940年から1955年まで，第3期がマス・コミュニケーションの潜在力の評価を修正し，厳密化することに力点がおかれるようになった1955年以降である（日高 1967, p.213）。第1期はマス・コミュニケーション研究の黎明期であり，この時期にミード，クーリー，パーク，J. デューイといった思想家たちが独自のコミュニケーション論を展開した。またコミュニケーション科学の学問的発達の背後には，新聞が大衆メディアとしての地位を確立したことや，ラジオ放送の開始といった情報環境の大きな変化があった。コミュニケーション効果研究でも，マス・コミュニケーション研究が誕生してから1940年代までは，マス・メディアの市民に対する効果力が非常に高かった時期とみなされている。マス・メディアの流すメッセージは圧倒的な影響力を持って一般市民に浸透すると考えられていた（岡田 1992, p.193-194）。

都市社会学の創始者となったパークは，基本的にメディアが社会を進歩させるという楽観論を取り，この考え方はそのまま社会心理学的な立場のコミュニケーション研究者に引き継がれる。そして「社会心理学的なマス・コミュニケーション研究は，しばしばコミュニケーションの透明で中立的な媒体としてメディアがあるかの如くに考え，その政治性や歴史的構成の契機への問いを捨象してきた」（吉見 1997, p.20-24)。一方1930年代から社会学的コミュニケーション研究のもう一つの流れとして大衆文化批判を展開したアドルノらのメディアの社会批判的研究がはじまっていた。

こうした系譜を振り返ったとき，図書館学におけるコミュニケーション研究が社会心理学の流れを汲むものであったことは明らかである。すでに述べた通り，1940年代初期にはコミュニケーション研究は学問領域として明確な体系を持たず，メディアにかかわる多様な研究が未分化なまま混在していた。この時期にはシカゴ大学図書館学大学院と研究上のかかわりが深かったラザースフェルドと後に大衆文化批判のリーダーとなったアドルノとは共同でラジオ研究を行っていた。しかしながらその後両者は研究方向をはっきりと分かち，再び共同研究者となることはなかった。そしてラザースフェルドはメディア効果の測定を主体とした受容過程研究を継続し，この研究の系統にベレルソンを中心とした図書館学研究者は深くかかわっていくことになる。

ベレルソンを中心とする図書館学研究者は社会心理学的アプローチを取る受容過程研究に積極的に取り組み，コミュニケーション研究手法を図書館学に援用したというよりもむしろ，1940年代から1950年代のコミュニケーション研究を先導して発展させる役割を果たしている。タービル（Charles I. Terbille)はベレルソンの社会科学者としての方法論的プロセスをウェイプルズ，バトラーの研究手法と対比させながら詳細に論じている。それによればベレルソンの研究方法は研究手続きの公開性，定義の厳密性，データ収集での客観性，研究結果の再現性，アプローチの系統性と累積性，説明と識別と予測の重視といった特徴を持っている。タービルはこのような特徴をふまえて，ウェイプルズおよびベレルソンの図書館研究は「計測不可能なときあるいは数量的に説明できないときその知識は不確実である」とみなされる物理学のようなハード・サイエ

ンスを目指していたと説明している (Terbille 1992)。

　公共図書館論は1920年から政策的要請やアカデミズムにかかわる関連領域に刺激を受けながら，公共図書館のコミュニティでの位置づけを同定しようとする試みとして発展し，その成果はコミュニティの文化的構図のなかに図書館固有の存在意義を描き出すことで表現された。1920年代以降の図書館論は，マス・メディアがアメリカ社会の中で大きな役割をもちはじめた社会的動向を反映し，その発展を射程に入れ形成されていく。コミュニティの文化的構図はマス・メディアの動的影響と個人のコミュニケーションにかかわる生活上の変化を視野に入れて総合的に描かれる必要があったことから，図書館論にも社会と個人のコミュニケーションにかかわる視座を持つことが求められるようになった。

　このようなメディアとコミュニケーション研究の手法が実践に適用された最も顕著な例は，1940年代に実施された「公共図書館調査」である。そこでは図書館の社会的機能を明らかにするために多くの社会科学者が起用された。なかでも1940年代に市民生活に浸透していたマス・メディアの影響を調査するために，さまざまなメディア分析アプローチが援用されている。

　1950年代にはシカゴ大学図書館学大学院のバトラーが「図書館学が学たりうるためには，科学，技術，人間性を内部に含むものでなければならないにもかかわらず，図書館学の領域においてこの原則は守られていない」と批判するほどまでに図書館研究はかなりの部分を科学的手法と技術に依拠していた (Butler 1951, p.242)。公共図書館研究は，図書館の機能的側面の分析へと研究の重点を移行したことで，公共図書館を支える思想とは遠ざかることとなった。そしてシカゴ大学図書館学大学院を代表する研究者ベレルソンの公共図書館への提言は実践の場からは拒絶され，公共図書館員は科学的理論よりも経験によって導かれた伝統的信条を図書館活動の思想的拠り所とした。

　しかしながら図書館研究におけるコミュニケーション研究アプローチを導入したウェイプルズの読書研究の学問的深層に，社会学シカゴ学派のコミュニティ研究が存在していたことを忘れるべきではないだろう。シカゴ学派創始者のパークはコミュニティのコミュニケーション装置を有機的にとらえるメディア・エ

コロジーという視点を持っていた（竹内 1989, p.29）。ウェイプルズが読書研究をスタートさせた場所はまさにシカゴ地区のコミュニティであり，その時点でウェイプルズはコミュニティという公共図書館の存立にかかわる根幹的概念へ視点を当てていた。しかし図書館の研究領域として固有の知識体系を持つようになり，そうした主題知識へのアプローチの確立にともない，図書館学研究者の視座はコミュニティ・コミュニケーションからマス・コミュニケーションへと完全に移行してしまった。図書館学の中心課題に図書館の機能的役割の分析がおかれるようになっていった変遷過程には，シカゴ大学図書館学大学院の針路の取り方が深くかかわっていた。

注

1 レイバーとマークは，公共図書館分析に対するコミュニケーション研究は公共図書館の社会的位置を定めるためのアプローチとして有効であったと論じている（Raber & Maack 1994）。
2 群衆と大衆現象の検証は19世紀中ごろのコント（Auguste Comte）の社会研究までさかのぼることができる（Turow 1990, p.11）。
3 ロジャースはコミュニケーション科学における思想的なルーツが相対的に軽視されていることについて「（四者のコミュニケーション研究における）主観論は，1950年代以降からのマス・コミュニケーション研究の線形モデルにはそぐわないものと認識されている。コミュニケーション科学の4人のルーツは，現代では一般的に無視されているのだ。これは重大なまちがいである」と述べている（Rogers 1986,〈訳〉p.80）。
4 J.デューイの思想は多くの同時代の研究者に影響を与えたが，シカゴ大学大学院ライブラリー・スクールのウェイプルズもJ.デューイの思想に傾倒した一人である。ただしウェイプルズが影響を受けたのは，教育学論を中心としたJ.デューイの思想であり，コミュニケーション論の文脈とは離れることになる。しかしながらJ.デューイがウェイプルズに与えた学問上の示唆は，コミュニケーション研究と図書館情報学の関係の底流をなすものとして，無視すべきではないだろう。ウェイプルズは1931年に『ライブラリー・クォータリー』に発表した図書館学研究論で，J.デューイの『教育科学の本源』(*The Sources of a Science of Education*) を取り上げ，教育学と図書館学における研究方法論上のアナロジーを指摘した。知力によるコミュニケーションを最も重視したJ.デューイは，思惟が社会の発展に役立つように訓練される

ことを教育としてとらえていた。教育学の研究方法を扱ったJ．デューイの論文は，ライブラリアンシップのような社会的企図に対する科学的方法適用の可能性を示唆していた（Waples 1931c, p.30-34）。

5 アメリカで最初の博士課程を持つ大学院ライブラリー・スクールがパークに率いられたシカゴ大学社会学部から受けた影響については第3章第2節を参照のこと。

6 ラスウェルにはウェイプルズとの共著『国立図書館と外国研究』（National Libraries and Foreign Scholarship）もある。

7 1937年に『パブリック・オピニオン・クォータリー』（Public Opinion Quarterly）が発刊された以後，世論研究もコミュニケーション研究の一領域として確たる位置づけを持った（Czitrom 1982, p.123-124）。

8 ウェイプルズを中心としたシカゴ学派の読書研究については『アメリカにおける図書選択論の学説史的研究』において詳細に論じられている（河井 1987）。

9 等現間隔法とは特定の主題に対する優先度を測定するための方法であり，あるトピックに対する最も好意的な意見から敵対的な意見へと設定された尺度によって態度を測定するものである（Waples 1931b, p.293-297）。

10 『読書の地理学』については，カレッキーの詳しい先行研究がある。カレッキーはウィルソンが社会学，教育学，経済学を援用した学際的な研究手法を取り，同書では社会学シカゴ学派のワースのアーバニズム論などが参照されたことを指摘している（Karetzky 1982, p.255-274）。

11 研修会開催当時，ベレルソンはシカゴ大学図書館学大学院で「世論決定要因とコミュニケーション・メディアの関連性」をテーマとした博士論文を執筆し終えたところであった。論文にはラスウェルが確立したコミュニケーション研究の内容分析アプローチが用いられている。

終章　20世紀前半期の公共図書館論の到達点と意義

　終章では20世紀前半期の公共図書館論の到達点と意義を検討する。以下の構成で議論を進める。まず同時代の社会的影響と公共図書館の実践を視野に入れながら，公共図書館論の形成過程を整理し直す。その上で20世紀前半期の公共図書館論の到達点を見定めその意義を明らかにする。この作業は，20世紀以降に転換期を迎えた公共図書館の実践目的に対する統合理念を，公共図書館論が構築することが可能であったのか，可能であったならばそれはいかなる理念であったのか，という本書の冒頭で提示した研究目的に対する回答を導くものである。

第1節　公共図書館論の基盤としての図書館研究

アメリカ図書館研究の確立

　図書館研究は実践から立ち上がった学問領域であり，研究領域の形成は実践と実践を支える政策的要因と深く関係していた。すなわちM.デューイのライブラリー・スクール開校，カーネギー財団による図書館研究振興のための複数のプロジェクトの企画と助成，全米初の図書館学の博士課程を設立したシカゴ大学ライブラリー・スクールの図書館研究といった19世紀末から20世紀初頭の図書館学をめぐる一連の動向が，公共図書館論の形成基盤となっている。

　M.デューイがコロンビア大学にライブラリー・スクールを開校し，図書館

員の養成を図書館外部で行うようになったのは，1887年のことである。デューイは先達の経験を踏襲するだけのライブラリアンシップの方法論に疑問を投げかけ，ライブラリアンシップを大学での正規の教育へと移行し，高度な専門技術として確立することを目指した。コロンビア大学に設置された図書館学校では図書館の経営管理の原則を教授し，図書館専門実務の高度化に向けた教育が進められていった。このスクールでは実習を重視するだけでなく，図書館活動の分析を目的とした講義やゼミナールが開設され，アメリカにおける図書館研究の先駆的存在となった。

　一方，カーネギーが全米を対象に行った図書館寄贈事業が20世紀初頭にピークを迎え，事業を受け継いだカーネギー財団は1920年代に図書館界に対する助成を，従来の図書館建築から図書館サービスやライブラリアンシップの高度化および専門化に向けて行うよう大きく政策転換を図っている。財団はニューヨーク・パブリック・ライブラリーのウィリアムソンに全米のライブラリー・スクールの調査を委託し，1923年に全米のライブラリー・スクールの視察とインタビュー調査を含む3年間のプロジェクトの成果報告書として『図書館職務の教育』が財団に提出された。専門職教育の高度化とライブラリアンシップの質の向上を主旨とするウィリアムソンの勧告は，既存のライブラリー・スクールの再編をうながす契機となった。図書館員教育とライブラリアンシップのレベルの向上とが密接にかかわっていることをふまえ，ウィリアムソンがライブラリアンシップを専門研究領域として大学制度の中で追究すべきことを提言したことにより，図書館界には高度な図書館研究を目的とするライブラリー・スクールを設置する気運が高まった。ウィリアムソンの勧告を受けた財団は，特別予算を確保しライブラリー・スクール改革プロジェクトを立ち上げた。プロジェクトの中心には大学院博士課程を持つライブラリー・スクールの設立が掲げられ，シカゴ大学にそのスクールが開設される運びとなった。

　M.デューイの設立したライブラリー・スクールは，実践からライブラリアンシップを分離し専門領域として高度化することを試みたものの，最終的に図書館実務の向上を目指すものであり，図書館研究が専門領域としてスタートを切るためにはシカゴ大学図書館学大学院の開校を待たねばならなかった。そし

て，20世紀に入って政策の中心を図書館の寄贈から図書館サービスの向上と図書館研究の振興へと移行したカーネギー財団の図書館政策や，アメリカでの図書館活動全般にわたって主導的存在であったアメリカ図書館協会の支援にも導かれながら，1928年に図書館学大学院が設立されている。

シカゴ大学図書館学大学院は開校当初から大学他学部との接触を図り，社会学シカゴ派から研究方法に関して強い影響を受けた。とりわけ後期社会学シカゴ派との研究交流を通じ，主として社会調査手法による実証的アプローチを図書館分析に取り入れている。図書館研究が実践を前提として存在する以上，現実主義的な問題解決法はこの領域で強く求められるものであり，社会現象を測定するための手法が積極的に摂取されていった。図書館学大学院内部での図書館研究における実証主義的な方法論の適用，シカゴ派との接触のタイミング，図書館サービスの効果測定への要請など，この時期の図書館研究をとりまく外部的要因があいまって，図書館をめぐる多様なテーマは社会科学研究をモデルとする研究スタイルで追究されるようになる。

こうした図書館研究に対する実証主義的アプローチの適用については，書誌学者バトラーを中心とする人文科学の研究者から批判が起こった。科学主義に対する批判は図書館学大学院内部での図書館学論争を引き起こし，人文学的図書館研究を志向するバトラーと，実証的方法論を図書館研究に全面的に適用した教育学者ウェイプルズの間に確執を生み，図書館学大学院内部での研究方法の分離を生む結果となった (Richardson 1992, p.91-94)。

図書館学大学院は，専門知識体系としてのライブラリアンシップの向上，科学的方法論に基づく図書館諸現象の分析，さらに図書館の存在の意味を追究する理念的研究という統合の困難な異質の要素を抱えていた。しかしマクロにとらえた場合，実証主義的手法を用いた図書館分析がシカゴ大学図書館学大学院を代表する研究アプローチであったといえる。さらに図書館学大学院の全米ライブラリー・スクールに対する研究面での影響力を考慮すると，シカゴ大学図書館学大学院が確立した図書館研究への実証主義的アプローチは，アメリカ図書館研究全体で優位な研究方法になっていく (Harris 1986a,〈訳〉p.20-21)。

図書館研究の構図

　大学での専門領域としての図書館学の確立を目標に掲げたシカゴ大学図書館学大学院の図書館研究は，図書館活動にとって有用な成果のみを追求したのではなく，純粋に研究それ自体の向上を目指すものでもあった。図書館学大学院の研究者たちは自らの研究領域を表現するために，図書館にかかわる科学的研究を意味するライブラリー・サイエンス（図書館学）という言葉を採用し，彼らの研究と図書館員による実践との間に距離を取った。しかしながら図書館研究の基点は図書館での実践活動にあり，すべての研究は何らかの形で実践と結びついている。図書館学は常に実践を参照する中から形成されていくものである。

　本書は，実践と切り離すことのできない図書館研究の構造をライブラリアンシップという概念の広がりのなかで把握する立場を取ってきた。すなわち図書館専門職の知識体系を原意とするライブラリアンシップを，図書館をめぐる技術，理論，概念の総体ととらえ，一方に図書館での実践（プロフェッション）を，もう一方に図書館研究（アカデミズム）を配置している。図書館学理論それ自体の精緻化を目指す研究や，公共図書館論のように実践とは独立して図書館の分析，検証が行われる場合，それらの営為はライブラリアンシップという空間できわめてアカデミズムに接近した場所に位置づけられるということになる。しかし両者は二項対立的なものではなく，実践と研究の間には図書館をめぐる多様な営為が存在するとともに，相互に絶え間ない往復運動が繰り返されている。

　ライブラリアンシップ内部に含まれる研究と実践の関係をやや詳しくみていった場合，そこには図書館活動にかかわるテクニカルな研究理論を実践に適用する際の図式が示すような協同関係だけでなく，研究と実践との間に対立，葛藤関係を見出すことができる（Raber 1995）。シカゴ大学図書館学大学院が基盤形成を担った図書館研究領域は，図書館専門職の有する専門知識やサービスの理念を科学的方法論によって検証し，その結果を再び図書館の現場へと還元することを図書館研究の目的に掲げていた。しかしながら実践からの要請に直接答えるべく企図されたアカデミズムでの実証的研究は，必ずしも専門職からの

全面的な支持を受けるものとはならなかった。なぜなら図書館員は，図書館活動の理念を定量的方法論とは別のところに求めていたからである。実際にシカゴ大学図書館学大学院の図書館研究は，図書館員の専門職的アイデンティティの確立に直接結びつくことはなく，現場での専門職の信条はアカデミズムによって変化せずにそのまま保持された（Karetzky 1982, p.3）。図書館研究が正式に開始されると同時に，アカデミズムとプロフェッションの葛藤および対立が明らかになり，両者は緊張関係のもとにおかれるようになった。

　こうした図式の中で，アカデミズムは教育的価値に代表される公共図書館の目的と役割を常に明確にしながら効率性を考慮し実現への行動を起こす存在としてとらえられる。一方プロフェッションは伝統を重んじるがゆえに急激な変化への抵抗は大きく，目的を明確にすることよりも現実との折り合いのつけ方に重点をおく。両者とも図書館の実践を立脚点としながら，アカデミズムが研究結果から導き出された問題を克服すべき対象としてとらえ問題解決の方法を理論的に構築しようとするのに対し，プロフェッションは現実の問題をたんに理論的に解決すべきだとはとらえず現実的解決策を注意深く蓄積しながら実践活動を向上させようと試みる（Raber 1995, p.52-53）。というのも実践の場における図書館サービスの最も重要な要素は，不確定要素から形成される現実の図書館であり，そこではアカデミズムのなかで科学的に導かれた理論によって説明することができない現象が日々発生していたからである。図書館の現場はアカデミズムにおける図書館分析で捨象されていた歴史的に積み重ねられた経験そして現実社会の矛盾に対峙していた。

　特に人間の営為の多様性がより直接的な形で反映される公共図書館の領域には，計測不可能な要素が多く存在している。その結果，変化に対する抵抗，持続的な価値と目標と戦略の維持によって特徴づけられる専門職的信条が独自に形成され，公共図書館の伝統的理念となりアカデミズムの提唱する図書館政策と拮抗するかたちで図書館界に保持されることとなった（Ibid., p.52-53）。アカデミズムの分析対象と文化的に多様な社会的現実との間には深い断絶があり，それは常にアカデミズムとプロフェッションの間の葛藤となってライブラリアンシップの場へと浮かび上がってくるものとなった。

また図書館研究と実践には、専門職団体であるアメリカ図書館協会が強い影響力をおよぼしていた。さらにライブラリアンシップに対して外部から図書館政策に助成した文化財団もまた図書館の実践活動と研究両面に深くかかわった。図書館研究が常に図書館をめぐる複数勢力の関係性の中で進められたことは、研究分野としての成り立ちと研究内容にも影響を与えこの領域を特徴づけている。公共図書館論もまた、アカデミズムとプロフェッション、専門職団体、図書館政策といった図書館をめぐる多様な権力が作動する中で形成されたものであった。

第2節　公共図書館論の系譜

20世紀前半期の公共図書館論は、コミュニティに対する資料提供を中心にサービスを行ってきた公共図書館が、多様な文化活動を担う機関へと変遷していくなかで、従来の教育的理念に代わる新たな理念的基盤を構築するという使命を帯びていた。アメリカにおけるメディアの浸透と市民の知的生活の変容を背景に、ボストン公共図書館に代表される近代公共図書館が設立時に掲げた教育的理念は再検討を余儀なくされていたからである。

公共図書館理念の転換をせまるアメリカ社会の変化とは一体いかなるものであったのか。また20世紀前半期の公共図書館の実践は、それ以前と比較して具体的にどこが変化したのか。公共図書館はコミュニティの文化活動にかかわる多目的な文化機関としてどのようなサービスを行ったのか。これらはすべて20世紀前半期の公共図書館論が主たる分析対象としたテーマである。ここでは、公共図書館論と図書館の実践活動、実践をとりまくアメリカの社会情勢の変化を振り返ってみたい。

1920年代から1930年代の公共図書館サービス

1920年代から1930年代にかけてアメリカ全土に拡大した成人教育ムーブメントは、公共図書館活動にも大きく影響を与えている。公共図書館はアメリカナイゼーション運動の一環として、移民に対する母語図書サービスや英語学習

クラスを開催するようになった。また20世紀初頭から一部の先進的サービスを提供する公共図書館ではじまった読書カウンセリングは，図書館成人教育サービスの中核となっていった。公共図書館が現在，実施しているさまざまなコミュニティ・サービスの大部分はこの時代にさかのぼることができる。公共図書館が資料提供という伝統的機能にとらわれることなく，より広い文脈で情報サービスを行う機関へと徐々にその姿を変えていったのが1920年代である。

この時期に発表されたラーネッドの公共図書館論は，公共図書館での成人教育活動の隆盛を背景として複数の成人教育サービスを実施するようになった公共図書館サービスの全体像を，体系的に描き出している。ラーネッドは開始後まもない公共図書館での学習活動や集会活動を詳細に記述し，先進的なサービスとしてその実践を分析し紹介した。多様な可能性を含んだ図書館サービスのなかでもとりわけ公共図書館が持つ高度な情報提供機能に着目していたラーネッドは，「コミュニティ・インテリジェンス・センター」と呼称する公共図書館の理想モデルを示すことによって，コミュニティの図書館の位置づけを明確にした。ラーネッドの公共図書館論は，図書館内部にとどまってサービスの分析を図り改善を試みる既存の公共図書館論とは異なり，コミュニティへの知識普及というマクロな視点から公共図書館の機能を把握しようと試みた点に特徴がある。

またラーネッドの公共図書館論では，公共図書館の存在意義として教育的理念よりも情報収集と提供に支えられる機能的側面が強調され，コミュニティ・インテリジェンス・センターは，コミュニティの公共図書館の情報流通機能を前面に打ち出したモデルとして示されていた。実際には，高度な専門能力を持ったスタッフを擁し情報センターとして再編される可能性を持った公共図書館はごく限られた数にすぎなかったため，ラーネッドの公共図書館改革は構想の段階にとどまった。しかしながらこの報告書は，現在のアメリカ公共図書館の実践活動の標準モデルであるコミュニティ志向型の図書館サービスを明示した最初の公共図書館論となった。ラーネッドが発展的図書館サービスとして特に重視したレファレンス・サービス，コミュニティでの学習支援，読書アドバイスなどは，今日の公共図書館成人サービスの中心的な活動となっている。

1930年代から1940年代の公共図書館サービス

続く1930-1940年代はアメリカが大恐慌とニューディール政策の影響下にあった時代である。アメリカ社会に定着した成人教育にはこの時期，実質的な効果が期待され，公共図書館にも職業訓練を含めた学習情報の提供が求められるようになった。

ラーネッド・レポートと同じくカーネギー財団の図書館プロジェクトの一環として刊行されたジョンソン・レポートは，コミュニティの公共図書館の位置づけを成人教育機関としてより鮮明に浮かび上がらせた。財団の委託を受けて公共図書館を調査したジョンソンは，公共図書館が「市民の大学」として独自の成人教育サービスを実施し，図書館員がそのリーダーとなることで公共図書館が活路を切り開いていく道筋を強く主張した。ジョンソンの提言は公共図書館が伝統的な資料提供サービスから脱却し成人教育を中心としたあらたな活動に着手する可能性を示唆していた。

成人教育運動が完全に定着した1930年代には，公共図書館でも読書相談サービスや学習プログラムの実施を中心とした独自の成人教育サービスが行われるようになっていた。こうした実践をコミュニティに対する成人教育の一環として奨励したラーネッドの主張をさらに推し進め，公共図書館がコミュニティの成人教育の中心的機能を果たしていくべきであると主張したのがジョンソンである。ジョンソンは図書館が成人教育活動の中心となることでコミュニティの公共図書館の存在意義を明確にすることができると説いたものの，資料提供サービスを中心とする図書館サービスの補助的な活動として成人教育サービスをとらえていた図書館員は，それを自らの専門職の中心的任務と認識することはなかった。しかしながらジョンソンがレポートのなかで用いた「市民の大学」という表現は，近代公共図書館の歩みのなかで公共図書館がコミュニティ住民に対して継続的に行ってきた多様な教育的援助の総体を的確に指し示していた。

財団からの委託を受けて公共図書館の調査にかかわったラーネッドとジョンソンはともに公共図書館が資料提供サービスを基盤とした上で，コミュニティへの学習支援サービスを図書館サービスの中心に位置づけることを勧告した。両者に共通していたのは，公共図書館がコミュニティに対して果たしうる役割

や可能性を中心に，図書館サービスを分析していくアプローチである。公共図書館サービスを自明のものとせず，その活動を常にコミュニティ全体の文化活動に照らしあわせ相対的にとらえていく視点は，公共図書館のサービス向上を図書館内部で追究する現場の議論では明確にされてこなかった。

ラーネッドとジョンソンが図書館界の外部から起用され，公共図書館サービスの検証とサービスに対する勧告を行ったことにより，図書館界は図書館サービスへの覚醒を外からの力によって呼び覚まされることになった。またラーネッドとジョンソンのレポートは，ともにカーネギー財団のアメリカ成人教育と図書館振興プログラムの一環として企図されたものであり，アメリカ公共図書館の物理的基盤を整備した財団が，図書館サービスの理念形成に対しても影響を与えたことは公共図書館論形成過程でとりわけ重要である。

ニューディール期から第2次世界大戦期の公共図書館サービス

ニューディール期には図書館サービスに大きな変化がみられた。不況による財政の逼迫という現実的な問題が影響し，読書カウンセリングなどの個人サービスにかわって，コミュニティ全体を対象とするサービスへの志向が強まった。公共図書館は特定個人の要求を満たす代わりに，コミュニティ全体を視野に入れ住民の総体的なニーズに照準をあわせサービスを構成するようになった (Lee 1966, p.80-81)。個人からコミュニティへとサービス対象を移していくことは，コミュニティの文化活動全体を把握する作業を進めることにもなり，図書館界が図書館以外の文化機関へ目を向ける契機ともなった (Rose 1954, p.45-46)。またニューディール政策により連邦政府が成人教育や図書館政策に関与しはじめたことは，図書館サービスに実質的な影響をおよぼした。専門職雇用促進プログラムには農村地域の図書館振興を図るプロジェクトが含まれ，全国規模で図書館サービス活性化に向けた政策が施行された (Blayney 1977; 村上 1993; Ring 1980; Swain 1995)。この時期から公共図書館活動は市民生活の情報ニーズを満たしてコミュニティの内的発展をうながすだけでなく，コミュニティ自体の文化的活性化を進展させる力を持つものとなった。

第2次世界大戦の開戦は，ニューディール期に国家レベルでの文化政策に緊

密に結びつけられるようになった公共図書館が，連邦政府の情報政策に完全に組み込まれ，公共図書館がコミュニティとの関係を深めていくさらに強い契機となる。アメリカ図書館協会が打ち出した戦時下の図書館政策はいずれも公共図書館がコミュニティ住民への情報伝達を集中的に行うコミュニティ情報センターとして機能することを意図したものであったからである（村上 1989）。戦時態勢の下にアメリカ社会の標榜する民主主義理念が繰り返し確認されるなかで，公共図書館の存在はコミュニティの知的牙城として強く意識されるようになった。国家の戦時情報はマス・メディアを中心とする多様なルートを介して伝達され，コミュニティ戦時情報センターとして再編成された公共図書館はそのなかで固有の情報伝達機能を果たすことによってコミュニケーション機関としての重要性をコミュニティ全体にアピールしていった。

　カーノフスキーの公共図書館論は，ニューディール期から第2次世界大戦と続くアメリカ社会の大きな変化を背景に発表された。ラーネッドとジョンソンは，公共図書館がコミュニティ・サービスとして行っていた学習プログラムをコミュニティの他の文化機関との連携のもとに展開すべきことを指摘した上で，コミュニティの成人教育活動への主体的なかかわりを図書館界にうながした。ラーネッドらがコミュニティを公共図書館がサービス対象として認知すべき基本的単位であるとした一方で，カーノフスキーの図書館論はコミュニティという概念を図書館が拠って立つ基盤として掘り下げて議論した点に特徴がある。

　カーノフスキーの公共図書館論の議論の中心は，図書館が市民社会における民主主義の形成といかにかかわっていくのかという問題におかれていた。カーノフスキーは，公共図書館が住民の知的要求を資料提供に反映させることでコミュニティの総体的な意思を映し出す存在となりうること，そしてそれらの意思は相互に矛盾するものでもあることから，資料選択行為が必然的に異なる意思の調停を含む批評的作業となることを指摘した（Carnovsky 1937, p.9）。すなわちライブラリアンシップは個人的ニーズと同時にコミュニティの多様な総体的意思を含む二重構造として表現され，そのなかで資料選択を通じて高度な知的批評行為が行われることになる。

　さらにカーノフスキーは，コミュニティの図書館が個人の要求を反映し，し

かも公開討論会やコミュニティ会議，討論グループなどの企画を通じて国家的問題を議論しあう場となっていることを強調して，個人と国家を媒介するコミュニティの図書館を規定した。ラーネッドやジョンソンの公共図書館論にはみられなかった個人，コミュニティ，国家の関係性のなかに公共図書館を位置づける視点が明確にされることで，コミュニティは図書館サービスの対象としてのみならず，公共図書館の存立理念として認識されるようになった。またカーノフスキーがコミュニティの意思を反映する資料選択の権限を図書館員に委ねたことで，ジョンソンが提示した成人教育のリーダーとしての図書館員モデルは，図書館員が積み重ねてきたライブラリアンシップの伝統的蓄積にも結びつけられ，いっそう明確な姿として描かれることとなった。

　ラーネッドやジョンソンが公共図書館サービスの発展を切り開く可能性としてその活動を強く主張した資料提供以外のコミュニティ・サービスに関して，カーノフスキーはそれらが啓蒙機関としての公共図書館が行うに適正かどうかを慎重に判断していこうとする姿勢を取っている。こうしたカーノフスキーの公共図書館サービスに対する認識は，図書館をコミュニティの教育的機関として規定する伝統的理念に厳格に基づくものであり，公共図書館の理念にかかわる保守的な傾向は，ベレルソンとリーの公共図書館論へと継承された。

「公共図書館調査」

　1947年に開始された公共図書館を総合的に検証する大型プロジェクト「公共図書館調査」は，公共図書館がアメリカ社会において果たす役割をアメリカ社会の状況に即して明らかにしていった。「調査」は公共図書館が教育的役割を果たしていた時代がすでに終わり，図書館サービスがコミュニティの多方面にわたる文化活動へと拡張されていることを示していた（Asheim 1950）。図書館界は自らの信条として保持してきた読書の価値やアメリカ市民の自己学習に対する認識などが再検討すべきものとなっていることを自覚せざるをえなかった（Maack 1994a, p.76-77）。

　「公共図書館調査」報告書として刊行された『図書館の利用者』で，ベレルソンは1940年代までの公共図書館の利用状況を複数の調査データを手がかり

にして整理した上で利用者層の偏りを指摘した。報告書では，公共図書館の利用対象者をオピニオン・リーダーへとしぼりこんだ上で，公共図書館は彼らに対して高度なサービスを提供すべきであることを勧告していた。ベレルソンの提言は，コミュニティの知的構図として実証した自らのコミュニケーション研究をふまえ，オピニオン・リーダーによる一般市民への影響力を導き出した (Berelson 1949b, p.248-249)。ベレルソンはオピニオン・リーダーがコミュニケーション・メディアに対して高い活用能力を持つことに着目して彼らをコミュニケーション・エリートととらえ，公共図書館の主たる利用者として特定化しようと試みた (Wilson 1977, p.22)。

　オピニオン・リーダーへのサービスについては，資料の側面からも議論された。すなわち短期間で情報の価値が下がることが明白に判明している資料は図書館以外のコミュニケーション・チャネルに流通と提供を委ね，公共図書館は文化価値が定まった資料の収集と提供に専念するという図書館資料の差別化モデルが提示された。ベレルソン・レポートの特徴は，コミュニティの多様な情報源を視野に入れて公共図書館の利用分析を行った点にあり，取り上げられた情報源のなかにはそれまで図書館界が着目してこなかったマス・メディアを含む多様なメディアが含まれていた。

　「公共図書館調査」の責任者となったリーは，1950年に総合報告書『アメリカ合衆国の公共図書館』をまとめた。リーの報告書には公共図書館調査の19プロジェクトの総括とリー自身の公共図書館論が含まれていた。ベレルソンと同様，リーはメディアとコミュニケーションの転換期にあるコミュニティの公共図書館のありかたを報告書の中心課題に掲げ，公共図書館が担うべき固有の領域をコミュニティの文化コミュニケーションのなかに特定化しその領域を浮き彫りにしていくことで，最終的に公共図書館の存在意義を明確にしようと試みた。調査から明らかにされたコミュニティの現実の公共図書館の姿と図書館を取り囲む社会的状況を丹念に比較し考察することによって，リーは公共図書館の持つ問題点を導き出した。報告書では公共図書館の娯楽的機能が批判され教育的機能を中心としたサービスの展開が勧告の柱となった。

　マス・メディアを含めた重層的なメディア環境のなかに存立する公共図書館

という構図を前提とするリーの公共図書館論では、公共図書館の利用もまたコミュニティのすべてのメディアが構成する空間に位置づけられ議論されていた。リーはパブリックなコミュニケーション空間を構成する多様なメディアを詳細に分析し、ラジオ、テレビを中心とするマス・メディアの問題点を示している。ラジオやテレビが全国規模で伝達する知識は商品としての性質を強く帯び、市民の啓発をうながす知識とは言い難い情報が増加していた。その一方でコミュニティを主たる対象とし、そこで発生する情報や知識を共有し育んでいくことを目的とする堅実なラジオ・テレビ放送の存在があった。公共図書館は後者すなわち、コミュニティに密着したオルタナティブなメディア活動によって形成されるパブリック・コミュニケーションの空間を構成する最も重要なメディアである。しかしながらマス・メディアによる商業的な情報の生産消費によって、パブリック・コミュニケーション自体のバランスが歪められるとき、コミュニティを基盤とするオルタナティブな放送活動、公共図書館活動などは、情報の均質化のダメージを直接受けるおそれがあった。市場原理に基づいて作動するマス・メディアの勢力が増大すれば、知識共有のためのパブリックな空間がマーケットへと転換され、自由な議論と多様な価値の存在を基盤とする民主主義の後退を導く可能性をはらんでいることにリーは危機感を持っていた（Raber 1997, p.87-90）。

　リーは、コミュニティのなかに市場原理とは別の力学が働くコミュニケーションの様態が確実に存在することを示すことで、そこに公共図書館が独自性を発揮していくべき場所を同定しようと試みた。たとえば適切な批評を経て認められた芸術作品や、前衛的な表現活動の結果として生まれた資料をコミュニティの文化的成果として発見し提供し保存する活動はその代表例である。またリーは公共図書館がパブリック・コミュニケーション空間で維持する資料の主たる利用者として、ベレルソンがオピニオン・リーダーと呼称したコミュニティの知的リーダーを想定している（Leigh 1950, p.46-52）。民主主義装置としての図書館は、知的活力を持つ意志的な利用者にその資源をサービスするとき最大の力を発揮するという認識のもとで、図書館、資料、利用者の理想的なコミュニケーションを基点とする図書館活動がモデル化された（Raber 1997, p.97, 107）。

公共図書館論の系譜

　本書で取り上げた図書館論の著者のうち、ラーネッドとジョンソンはともにカーネギー財団の委託によって図書館政策にかかわった。一方、カーノフスキー、ベレルソンはアメリカ図書館学発展の中心的存在であったシカゴ大学図書館学大学院の研究者であった。また政治学者であったリーは「公共図書館調査」を統括する過程で図書館研究に携わったことを契機に、図書館論を著した。これらの公共図書館論は独自の成立背景と内容を持ち、特定の学派を形成するものではない。しかしながら彼らの試みはすべて伝統的な近代公共図書館思想をふまえ、そこから新たな公共図書館の方向を見出そうとしていた点でひとつの系譜を形作っている。

　このなかで純粋に図書館学の領域の研究者であったのはカーノフスキーただ1人である。ジョンソンは経済学の出身、ラーネッドはカーネギー財団高等教育研究所の研究員であった。またリーは政治学を修め行政家としてのキャリアを持ち、ベレルソンは図書館とコミュニケーション論の領域を横断して研究を行った。また本書で取り上げた研究者はすべてアカデミズムの領域に活動の場を持ち、図書館の実践活動の場とは一定の距離をおき、現場との緊張関係の中から図書館論を構築していくことが可能であった。公共図書館をコミュニティのコミュニケーション機関の1つとしてとらえていた研究者にとって、公共図書館は社会科学研究の対象であり、実践との物理的距離がコミュニティのメディア全般を視野に入れた図書館論の展開を可能にしていた。こうした立場はコミュニティのなかで図書館を特別の存在とみなす伝統的な図書館関係者とは明らかに異なっていた。図書館実務に近い理論家も含め、図書館界ではコミュニティの他のコミュニケーション機関と対照させて公共図書館を論じることはなかったからである。

　図書館をコミュニティのコミュニケーション機能から位置づける視座は、ベレルソンやリーといったコミュニケーション研究を専門的に手掛ける研究者の公共図書館論でより明確に示されるようになった (Leigh 1957, p.228)。ベレルソンやリーは図書館を社会的メディアとして認識し、オピニオン・リーダー、コミュニケーションの二段階の流れ説など、コミュニケーション理論の概念装

置を図書館の分析に適用した。

　両者は図書館員が維持してきたライブラリアンシップの信条を現実の図書館に照らし合わせ検証することにより，専門職が隠蔽してきたライブラリアンシップの問題点を明るみに出した。たとえば，さまざまなメディアが日常生活に浸透するなかで，図書館はもはや知識を得るための主要な手段としてみなされなくなっていた現実を，ベレルソンやリーはライブラリアンシップにおける検討課題として直視していた。

　公共図書館論の系譜は，コミュニティのコミュニケーション・モデルのなかに公共図書館を位置づけたラーネッドによってはじまり，公共図書館をアメリカ市民社会における民主主義の拠点として示した「公共図書館調査」を1つの到達点として描くことができる。ラーネッドからリーにいたる公共図書館論の展開は，住民の知的生活を支える土台として公共図書館を規定し，公共図書館がコミュニティでその社会的政治的基盤を獲得するための論拠を提示しようとする試行の過程であった。

第3節　転換期の公共図書館論

20世紀前半期の公共図書館とメディア環境

　20世紀初頭のエレクトリック・メディアの出現を中心とするメディア環境の変化は，公共図書館の実践に重層的に影響を与えている。公共図書館が新しいメディアを積極的に図書館活動に取り込んだ結果，20世紀の公共図書館はコミュニティ住民とニュー・メディアとを結びつける場所としても認知されるようになった。1920年代からはじまった公共図書館でのラジオやテレビを利用した図書館放送活動は，公共図書館のメディア・サービスの先駆的な例として特に注目に値する。こうしたニュー・メディアを利用したサービスは，アメリカ公共図書館界全体のコンセンサスを得た活動としてではなく，個々の公共図書館の実験的試行としてあくまでも実践主導で進められ図書館界に浸透していった。公共図書館では新たに出現したメディアを，市民の知的世界を広げるツールと認識した上で，図書館が伝統的に扱ってきたサービス内容に加え，新

しいメディアを通じた知識へのアクセスの場を公共図書館に確保した。公共図書館論はこのようなマス・メディアの社会的な普及を背景に展開された公共図書館の実践の新たな展開を詳細に記述している。

　メディアの多様化にともなって公共図書館がサービスの枠組みを拡張したことによって，図書館サービスにかかわる知的活動と娯楽活動の境界線はあいまいになっていった。メディアの転換期を迎えサービスの方向性を見定めることが困難になった現場に対し，公共図書館論には図書館サービスの実践を分析し理論化することで公共図書館の目的を再規定していくことが求められていた。しかもメディアの多様化や拡張されたサービス内容を公共図書館理念に取り込むためには，近代公共図書館設立以来，図書館界が掲げてきた教育的理念を超える新しい理念が必要であった。

　公共図書館論は公共図書館をとりまくメディア環境の変化とコミュニティのコミュニケーションへの影響を公共図書館分析の鍵概念として設定し，新しい理念構築への手がかりとするようになった。そして多様化したコミュニケーション様式をライブラリアンシップにどのように取りこんでいくかという問題に取り組む過程で，公共図書館論はコミュニケーション研究への接近を強めていった。

公共図書館研究とコミュニケーション論

　1920年代のシカゴ大学で読書をめぐるメディア研究が創始されたとき，すでにコミュニケーション研究の手法が図書館学に援用されていた。初期の段階では図書館学分野でのコミュニケーション研究は，図書および図書館を分析対象に絞っていたが，図書と他のメディアとの比較の視点を持つことによって徐々にその対象領域を広げていくことになる。

　コミュニケーション研究のアプローチが公共図書館分析のための手法として本格的に採り入れられるようになるのは，ベレルソンやリーの公共図書館論からである。「公共図書館調査」では，図書館の扱う個々のメディアだけでなくコミュニティのメディア全体の布置を問題とするコミュニケーション論の視座が取りこまれていた[1]。

公共図書館論におけるコミュニケーション研究アプローチの採用は，図書館の実践活動の記述にとって有効性が高かった。まず公共図書館が扱うメディアの種類と範囲を，従来の図書メディアからすでに図書館サービスに取りこまれていた多様なメディアに拡張して議論する枠組みが用意された。さらに図書館活動をコミュニケーション機能として把握することにより，多様化する図書館サービスをコミュニケーション様式の変化の中でとらえ説明することが可能になった。特にマス・コミュニケーション研究の受け手研究に着目することによって，図書館利用者をコミュニケーション・プロセスのなかに配置し議論する基盤が形成された。またコミュニケーション研究が，現実の社会に生じるあらゆる形式のコミュニケーションの様態に対し，現実的な問題解決をはかることを研究目的に含んだ領域として展開された点で，実践領域を持つ図書館研究にとって親和性のあるアプローチとなりえた。

コミュニケーション研究の手法が直接用いられたベレルソンとリーの公共図書館分析では，公共図書館サービスが商業主義的な性格を強く帯びるマス・メディアとの比較モデルから説明された。娯楽的読書と真剣な読書，大量生産され読み捨てられる資料と読みつがれていくべき本格的な資料，永続性が期待されない情報提供と堅実で継続性を持つ情報提供など，近代公共図書館存立以来，公共図書館の積み重ねてきたサービスが，図書館以外の情報サービスとの比較によって記述され，対照となるモデルの存在が公共図書館のコミュニケーション機関としての特徴を際立たせた。コミュニティ構成員の自己学習への要求を満たし知的活動にかかわるさまざまな要求に応えていく公共図書館の独自の領域がコミュニティに存在する多様なコミュニケーションの様態の分析から浮かび上がった。それは同時に社会状況の変化にあっても変ることのない領域として保持されてきた公共図書館の教育的機能を明確に提示するものでもあった。

公共図書館論と図書館専門職

公共図書館論は，コミュニケーション論の研究アプローチから研究の手法と理念を摂取しつつ，公共図書館活動を伝統的な教育理念に基づいて再構成する方向性を示していた。しかしながら公共図書館のコミュニケーション機関とし

ての独自性を引き出し，コミュニティでの存在意義に結びつけるために使われたコミュニケーション論は，研究と実践との離反を生み出すこととなった。それはたとえば，公共図書館調査でのベレルソン・レポートに対して「エリート層のみへのサービスの提供」「娯楽図書サービスの切り捨て」といった論点から批判が寄せられた事実にあらわれている。また「公共図書館調査」全般への図書館員側からの反応が鈍かったことも，同時代のアカデミズムとプロフェッションとの間に有機的な関係が構築されなかったことを示している（Williams 1988,〈訳〉, p.111-113)。

研究者は公共図書館の娯楽資料提供に顕著にみられる図書館サービスの無制限な拡大化を批判していた。コミュニティの情報ニーズを詳細に検討することなく常に住民の要求に可能な限り答えようとする専門職の姿勢を，利用目的の拡散につながり図書館活動の存在意義をあいまいにするものと否定し，公共図書館はあくまでもコミュニティで教育的役割を果たすことを存在意義とすべきだとしていた。

サービスの拡張を進めていた現場で専門職的理念として掲げられていたのは，公共図書館をコミュニティの教育的向上を担う機関とみなす伝統的認識であった。ただし自ら掲げた理念とは異なり現実には娯楽図書の提供にみられるような非教育的サービスを実施していた図書館員は，自己矛盾を問題化することなく逆にこれを隠蔽した。また図書館活動を行うなかで積極的にニュー・メディアを取り入れ，新たなメディア・サービスを展開していたにもかかわらず，図書館員は図書資料と読書支援サービスを自らのサービス理念の中心部分に掲げる伝統的理念を頑なに守りつづけていた。20世紀前半期の公共図書館論が問題化したのは，まさにこの部分であった。ベレルソンやリーの公共図書館論は，図書館員が現場で隠蔽していた理念と実践のねじれを表層部に浮かび上がらせ，これを徹底的に検証し最終的には止揚を試みた。

実際には図書館員は必ずしも伝統的資料に縛られていただけでなく，ラジオ，テレビなどのニュー・メディアを積極的にサービスに取り入れていた。そして公共図書館はコミュニティにおけるニュー・メディアへのアクセスに関して住民への公的な機会を確保することを自らの役割とみなしていた。それでも図書

館員は公共図書館の目的をあいまいにしておくことによって，現実の活動状況を肯定する戦略をとった。一方，公共図書館研究者は多目的化した公共図書館の活動を，ライブラリアンシップの伝統的サービスとの連続体としてとらえようと試みた点で，専門職とはまったく異なる姿勢を取ることになった。つまり公共図書館論は，実践が隠蔽した部分に対する解釈枠組みを構築することによって，ライブラリアンシップの正当性を提示していった。

近代公共図書館が伝統的な資料提供サービスを中心に積み上げてきたコミュニティへの文化的サービスの蓄積と，20世紀以降に開拓されていった公共図書館の活動領域とは，公共図書館サービスという概念で包摂されるものだという立場を公共図書館論は取る。図書館サービスの史的連続性を説明せずに，公共図書館の存在意義を正当化することはできないからである。公共図書館の目的の明確化は自らの行動指針として求められただけではなく，公共図書館が存在することの根拠を提示しコミュニティ全体からその存在の了解を取りつけるために必要とされていた。20世紀前半期の公共図書館研究の区切りとなった「公共図書館調査」は，公共図書館が新たなサービス理念を取り入れかつ近代公共図書館の理念を継承しコミュニティへの貢献を継続しうることを検証するプロジェクトでもあった。

実践が内部に抱える理念と活動の実質部分との矛盾を解消するために公共図書館論が使った概念枠組みはどのようなものであったのだろうか。近代公共図書館設立以来，教育的役割を掲げてきた公共図書館が，時代の変遷とともにその活動を拡張していった軌跡を，公共図書館論はどのように記述したのであろうか。以下，メディアの多様化による公共図書館の多目的化と，伝統的な図書資料の提供による教育的理念という矛盾を解決するために用いられたコミュニケーション論の概念装置を明らかにし，20世紀前半期の公共図書館論の到達点を見定める作業を行う。そしてそこで提示された公共図書館の理念を詳細に検討することによって，20世紀前半期の公共図書館論の総括を試みたいと思う。

第4節　公共図書館論の到達点

　20世紀前半期の公共図書館論の構築者たちは公共図書館が存続していく目的を，資料や多様なメディアを通じた個人の自発的な学習を促す文化機関としてのあり方に見出した。つまり1920年代の以降の公共図書館論は，同時代の新しいコミュニケーション様式を公共図書館が受容しサービスを行っていくことを提唱しながらも，思想的には近代公共図書館成立の根幹に存在する教育的機能を重視する図書館理念を継承したのである。

　公共図書館論が近代公共図書館成立思想から受け継いだ理念とは何か。それはカーノフスキーが公共図書館の存在理由として挙げているように，図書を啓蒙の源泉ととらえた上で，啓蒙を促す文化機関として公共図書館を規定するものである（Carnovsky 1944c, p.iv, 11）。図書館は図書をたんに供給するだけでなくその利用を積極的に促すことで啓蒙的役割を担うことになる。ここで用いられる啓蒙という語は，ヨーロッパにおける啓蒙主義運動の理念にほかならない。しかし公共図書館論で啓蒙という語が公共図書館の理念と結びつけて議論される場合，そこにはアメリカにおける公共図書館の存在理由を表現するための独自の意味合いが付与されている。それは，啓蒙がメディア——伝統的には図書——を通じて達成されるとの認識であり，このとらえ方がアメリカの公共図書館理念の重要な要素となっている。

　また図書館の啓蒙的役割は，図書館利用者の側面からも規定される。アメリカ社会では民主主義の実現にとって，情報を積極的に求め自ら収集した情報を適切な判断力を持って利用する市民の存在が欠かせないものとみなされてきた[2]。公共図書館は，専門職によって厳選された資料を提供することで，情報に対して高い意識のある市民を育み彼らのニーズに応えていく存在である。換言すれば，知的向上を望む市民が的確な情報を得て自己学習を進めることで，民主主義がいっそう力強く揺ぎないものになっていくという考え方が公共図書館論の基盤にはある。

　公共図書館論において，見識ある市民が取り組む読書行為は「本格的な読書」（serious reading）と表現され，娯楽を目的とする読書とは峻別されている[3]。

公共図書館は真摯な態度で読書に取り組もうとする利用者にとって，最も重要なコミュニティの文化機関である。さまざまなメディアと真剣に対峙し，自らが有意義であると判断した資料を知的向上に役立てようとする市民の多様なニーズを満たす機関として図書館は存在する。

ラーネッドからリーにいたる公共図書館研究者はいずれも市民の本格的な読書を支える公共図書館の役割に着目している。なかでも，ベレルソンやリーなどのコミュニケーション研究者は，メディア全体の布置のなかに公共図書館を位置づけた上で図書館の持つ啓蒙的役割を規定した。また図書館でサービスの対象となるメディアの範囲を図書だけでなく，ラジオや映像メディアなど多様な種類に拡張し議論を行っていた。そしてコミュニティ全体を対象とした総合的な検討から，公共図書館の固有の目的，つまり図書という伝統的メディアによる知的向上のための読書を明白に浮かび上がらせた。

この時代の公共図書館の実践の場で，現実的には教育的機能よりも娯楽的機能が求められていたことは，すでに先行研究が明らかにしている通りである[4]。しかしながら公共図書館の教育機能は実質的には20世紀初頭から縮退していたものの，図書館界が教育的役割を放棄することは決してなく，図書館が達成すべき目標として追認され続けてきた。これは公共図書館での現実と目標の乖離を意味していた。

両者の矛盾を表面化した「公共図書館調査」は「読書が自己啓発と社会的財産の源であるという認識が，1850年代から現在まで公共図書館の根本的価値とされ，公共財源による図書館運営を正当化する……従来の図書館界の方針について大幅な変革をうながし，図書館界で容認されてきた価値と実践の見直しを迫る契機」となった（Maack 1994a, p.76-77）。「調査」は，図書館界がいわば神話化してきた公共図書館像と現実の公共図書館を厳しくつきあわせることによって，前者を否定し現実に即して公共図書館の方向性を提示した。批判のまなざしは公共図書館の目標として掲げられていた教育機能にも向けられていた。しかし「調査」がここで批判したのは達成不可能な目的を掲げる図書館の姿勢であって，図書館の教育機能そのものに対してではなかった。むしろ「公共図書館調査」は図書館の教育的役割を再確認した上で，実現可能な活動方針を提

言していた。

　公共図書館の内包する理念と実践目的の矛盾の克服のために公共図書館論は新たな概念を導入した。それはメディアを通じたアメリカ市民の自律性の達成,既存のメディアの選別およびメディアの適正な配置,メディアの利用と民主主義社会の確立などによって規定された自由主義的コミュニケーション論である[5]。自由主義的コミュニケーション論とは,メディアが基本的に市民生活の向上に寄与するツールであり,適切な利用法によって常にプラスの文化的効果が生じるとする楽観的な認識論といえる。その考え方は,メディアの媒介による公共的価値の向上と自律的個人の発展を柱とするアメリカにおける初期コミュニケーションの理念を継承している。こうした理念を公共図書館論が取り込むことによって,公共図書館の最終的な課題である教育的役割の遂行は,図書館にとっての適切な資料の選択の問題へと転換された。

公共図書館論とコミュニケーション研究

　1920年代以降の公共図書館論に求められたのは,公共図書館の教育的機能を継承しつつ,図書館の活動目的を拡大するための理念を明確化することであった。公共図書館論はコミュニティに即した社会機関としての公共図書館のあり方を模索するなかで構築されてきたといえる。そして図書館の機能的側面を分析する試みは,公共図書館論が自由主義的コミュニケーション論の理念的枠組みを導入することでいっそう進展をみたことをこれまでに論じてきた。アメリカにおけるコミュニケーション研究は,メディアの機能的側面に着目しコミュニケーションにおける一定の目的に対する達成度を規準に,メディアとしての評価を行う管理政策的傾向を持つ[6]。アメリカ・コミュニケーション研究の文脈では,公共図書館もまた特定の目的を達成するメディアの1つとしてとらえていた。

　自由主義的コミュニケーション論は,20世紀初めに出現したコミュニケーション研究の源流を形成したアメリカの思想家たちすなわちクーリー,J.デューイ,パークらによって形成された。彼らは専門領域としてのコミュニケーション研究がまだ確立していない時代に,哲学,社会学などの分野からコミュ

ニケーションについての論考を発表し，それらは今日のアメリカ・コミュニケーション論の出発点に位置づけられている。

　自由主義的コミュニケーション思想は，アメリカのプラグマティズムの成果でもある。図書館学発展の中心的存在であった図書館学大学院が置かれていたシカゴ大学はまさに「プラグマティズムの知的世界」であり，「思想の核心は社会的コントロール，すなわち自己コントロールの能力を高めて社会進化・発展をもたらすこと」を標榜する研究集団であった（宝月 1997, p.61）。ロックフェラー（Steven C. Rockefeller）は，シカゴ大学プラグマティズム研究者の代表的な人物であるJ．デューイのコミュニケーション思想を次のように表現している。

　　自由民主主義の政治が力強く健全でいられるのは，社会全体が──政治制度においてのみならず，家庭，学校，会社や工場，宗教団体においても──民主主義の精神にあふれているときだけである。民主主義の道徳的な意味が発見されるのは，あらゆる制度が人間の成長と解放の道具となるように再構成されるときなのである。……自由民主主義は個人が善き生活を送ることを可能にするための社会的戦略である。それは無知と永遠に対立するものである。それは知識と知性には人々を自由にする力があると信じている。その生命線は学問，言論，そして集会の自由のもとで形成される自由なコミュニケーションにあるのだ（Rockefeller 1994,〈訳〉p.134）。

　メディアとそれを使う人間への期待に満ちた楽観的なコミュニケーション思想は，その後のマス・メディアの発展にともなってさまざまな批判にさらされながらも，アメリカ・コミュニケーション理念として基本的には保持されていった（吉見 1994, p.8-14）。そしてコミュニケーション研究は所与の目的に対して，個人なり機関によって担われるツールである近代的メディアを十分に理解し最大の利便を引き出す研究として企図されるようになった（Lazarsfeld 1941, p.2）。

民主主義装置としての公共図書館

　自由主義的コミュニケーション論は，多民族国家であるアメリカ社会を成立せしめる最も重要な概念である民主主義思想と分かちがたく結びついている。

アメリカでは民主主義を現実の生活に浸透させるためのさまざまな制度が作られてきた。民主的コミュニケーションを現実化するためには民主的な制度が必要なのであり，この制度が適切に機能することで安定した民主主義社会が確立すると考えられたからである。

公共図書館はアメリカ・コミュニティのなかで民主主義の安定のための文化装置として機能することが意図されていた。学校が教育的側面を，教会が宗教的側面を担ってきたなかで，公共図書館は伝統的には図書媒体を中心とするメディアを通じて自己学習をうながす役割を担ってきた。

また1900年代以降，ラジオ，映画，テレビなどのエレクトリック・メディアが一般生活に浸透していった当初，それらは強力な民主主義装置になると期待された。アメリカにおいてメディアは市民の民主的感覚を養うためのツールとしてとらえられていたからである。マス・メディアが普及する過程で当初の期待とは異なりそれらが娯楽的要素を強く持つようになっていったにもかかわらず，メディアを民主主義的生活向上のためのツールととらえる認識は，民主主義思想を擁護する信条として，アメリカ社会において理念的に保持されている（有馬 1997, p.79-156）。

つまり自由主義的コミュニケーション論とは，メディア時代の民主主義を表現した思想であり，民主主義的な文化装置としてコミュニティに存在してきた公共図書館にとって，この新たな理論は伝統的な図書館のアイデンティティを補強する役割を果たした。しかもそれは公共図書館界を常に悩ませてきた教育的目的と娯楽的目的の矛盾を解決するための，強力な概念装置として働く可能性を示していた。自由主義的コミュニケーション論は，公共図書館が多様なメディア・サービスを提供することによって市民の民主的な情報利用を促進し，しかもそのことが図書館での教育効果と両立しうることを前提としていたからである。

第5節　公共図書館論の意義

公共図書館論は1920年代の萌芽的形成の時期を経て1950年代までにその理

念が具体的に提示されるようになっていった。1950年代までに構築された公共図書館論は，公共図書館成立を支えた教育的機能を重視する伝統的理念を継承し，これを自由主義的コミュニケーション論によって強化し，しかもサービス対象を図書からメディアへと拡張した。ここではその意義を，(1) 図書館の実践活動の理論化とメディア研究への貢献，(2) ライブラリアンシップと民主主義についての議論の提示と自由主義的コミュニケーション論の理念に基づく公共図書館固有の領域の規定，の2点に分けて考察を行いたい。

実践活動の理論化とメディア研究への貢献

はじめに公共図書館論と公共図書館の実践活動の理論化について論じる。図書館界では公共図書館の実践活動の理論化は，図書館政策と大学での研究活動の両面から進められてきた。前者の代表にカーネギー財団の助成によりアメリカ図書館協会が主導的役割を務めながら立案，実施した「公共図書館調査」とその成果である政策レポートがある。

調査に携わった図書館以外の領域の研究者は公共図書館での個々のサービスをふまえていたものの，コミュニティの知識流通や成人教育のあり方を含めたマクロな視点から図書館を分析していたため，その成果が実践に直接取り込まれることはなかった。しかし図書館の実践活動の客観的な記述という側面で，調査結果は高く評価されている。調査で提示されたさまざまな勧告，提言，論点は調査時点での公共図書館サービスの到達度を示し，公表された調査報告がそのまま各テーマに関する公共図書館論となった。

一方，図書館学の大学院博士課程設立とともに正式なスタートを切ったアカデミズムにおける図書館研究は，それまでの図書館研究にみられた実践的アプローチを克服し，仮説の設定，分析，検証といった科学的手続きのプロセスを重視して進められた。その結果，図書館研究は社会科学における客観性と実証性を備えた専門分野として徐々にその基盤を固めていくことになった。図書館政策の現場で積み重ねられる図書館の調査研究と，アカデミズムにおいて構築される図書館理論が時には交差しあうことによって，図書館を対象とする研究は1920年代から段階的に発展を遂げてきた。

図書館政策レポートやアカデミズムにおける公共図書館論は，実践の場で行われてきた活動を体系的に記述することによって，図書館の実践活動を客観的にとらえるための材料を図書館界に提示した。また公共図書館論は図書館活動の課題の解決への方向性を指し示すと同時に，ともすれば図書館の管理運営に関する特定の問題に固執する傾向にあった図書館の実践活動に対して，公共図書館をコミュニティのコミュニケーション全体の構図のなかに適正に位置づけ固有の機能を明確に示すことによって，マクロに図書館をとらえるための視点を与えることとなった。

2番目の意義として挙げられるのは，公共図書館論は理論構築の過程で他領域との学際的接触を持ちその結果として，図書館論と相互に影響関係にあった領域は学問的成果を共有することができた点である。公共図書館論におけるメディア研究への貢献はその一例である。

1920年代に公共図書館を対象に行われたコミュニティの読書と図書館の関係性分析は，図書館学におけるメディア研究の出発点となった。これらの研究は図書館と深い関係にある読書行動について実質的な成果をあげ，次第に図書と図書以外のメディアとのかかわりやメディア利用の社会的背景そのものを対象とするような，学際的なメディア比較研究へと展開されるようになっていった。さらに研究の過程で派生したコミュニケーション研究者との人的交流は，図書館学とメディア研究の境界を超えた共同研究の推進力となった。

またアメリカのコミュニケーション研究自体がまだ明確な領域として確立していなかった1920年代から1940年代に，図書館学で行われていたメディアの比較研究は，コミュニケーション研究自体の発展にかかわっている。具体的にはウェイプルズがシカゴ大学図書館学大学院で創始した読書研究と，その発展ともいえるメディアの比較研究の成果は，アメリカの初期のコミュニケーション研究に対して直接的な貢献を果たした[7]。またベレルソンは図書館学とコミュニケーション研究の両領域で研究成果を発表している。ベレルソンの指導を受け1950年代のシカゴ大学図書館学大学院の図書館研究の中心メンバーとなったアシャイムは，博士論文として映像作品と原作を対象としたメディアの比較研究を行った[8]。図書を基点としてメディアの比較研究を行ったアシャイムは，

ウェイプルズにはじまるシカゴ大学図書館学大学院のコミュニケーション研究の継承者であると同時に，マス・メディアの効果研究を中心とする1950年代のアメリカ・コミュニケーション研究の一部を担っていたといえる。

公共図書館固有の領域の規定

公共図書館論の成果として2番目に挙げられるのは，ライブラリアンシップと民主主義について理念的かつ実質的な議論が提起され，公共図書館固有の領域を明示したことである。

1950年代までに構築された公共図書館論は，民主主義を標榜する公共図書館理念の持つ意味と内容を理論的に記述していた。図書館員があいまいな形で共有していた図書館の教育的機能や民主主義思想への認識は，図書館が扱う資料の種類や内容，サービスについての議論として具体的に表現されるようになった。さらに公共図書館がコミュニティのなかで民主主義達成のための固有の位置づけを獲得したことで，公共図書館論が民主主義思想そのものを継続して議論していく領域であることが明らかにされた。

民主主義と公共図書館について最も明確な論点を打ち出したのはリーである。彼は公共図書館が，民主主義を侵すあらゆる圧力と闘っていく場であるとして，闘争の基盤に専門職的基準により評価された図書館資料と，それらを選び抜く図書館専門職の知的専門性と専門職の行動モラルをおいた[9]。

リーが調査責任者を務めた「公共図書館調査」は，戦後社会におけるアメリカ民主主義の危機を重要なテーマとして含んでいた（Raber 1997, p.140）。「調査」は「民主主義における公私をめぐる利益，関心，機会の均等との緊張関係」を本質的課題としていた（Ibid., p.149）。しかも民主主義は社会とともに継続的に変化していく性質のものであり，公共図書館もまた同時代の民主主義の方向に応じてその目的を調整していくような動的な機関でなければならないことも明らかにされた（Ibid., p.152）。リーのライブラリアンシップをめぐる議論は，個人と社会が産み出す矛盾に対する調停機関としての公共図書館存立の正当性を確認する試みであった（Ibid., p.149）。

さらに公共図書館論で展開されていた民主主義の議論は政治的均衡が権力の

分散によって保持されることを前提に，公共図書館固有の領域を規定した。これは文化機関やメディアの適正な配置と供給により民主主義が確保され擁護されるとする，自由主義的コミュニケーション論の基本的立場に依拠している。膨大な調査データとそれらの分析を経て，公共図書館を堅実な読書をうながす良書の供給源として位置づけた「公共図書館調査」は，まさにコミュニティのメディアの構図に公共図書館の適切な場所を見出そうとする試みであった。

　コミュニティの文化機能の効果的分散については，すでにラーネッド・レポートの中の公共図書館に関連する情報サービスの議論にその萌芽がみられるが，ラーネッド・レポートから20年を経た「公共図書館調査」で，自由主義的コミュニケーション論の理念が導入されたことにより，いっそう明確な方向性を持った公共図書館の理念が表現されるようになった。すなわち堅実な資料と良質なメディア・サービスを中核とする公共図書館の担うべき役割の規定は，メディアの多様化によって揺れ動いていた公共図書館のアイデンティティを再確立することにつながった。公共図書館論は，公共図書館が民主主義思想をアメリカ社会に顕在化させる装置として機能することを検証した。

第6節　結論：コミュニティ，メディア，公共図書館の位相

コミュニティ・メディアとしての公共図書館

　文化コミュニケーションに関する自由主義的理念に依拠したことで公共図書館論は，商業的マス・メディアに代表されるコミュニケーション様式との比較のなかから，公共図書館の持つコミュニケーションの特徴を，情報の信頼度，伝達様式と深さ，浸透の様態などから総合的に引き出し，公共図書館の持つメディアとしての力強さを表現することが可能になった。公共図書館以外のコミュニケーション機関やメディアでは代替不可能であり，図書館の存在によってのみコミュニティに確保しうる文化領域を示すことで，公共図書館の存在根拠を裏づけることができた。

　さらに公共図書館が国家の情報文化政策のなかに位置づけられ連邦主導型のサービス機関へと転換をせまられるなかで，公共図書館論は国家におけるコ

ミュニティ図書館の位置づけを明瞭に示した。そして公共図書館がコミュニティのニーズに合わせてその機能を果たすことで，国家レベルでの文化コミュニケーションに確たる位置づけを獲得することが可能であることを検証し，公共図書館の存在基盤としてのコミュニティに再注目をうながした。住民が公共図書館を利用するという行為はあくまでもコミュニティの生活に根ざすものであって，公共図書館サービスがコミュニティに照準を合わせていくことは，コミュニティ・メディアとしての図書館の存続を保証する唯一の進路であることを，公共図書館論は公共図書館とコミュニティの関係のなかから示したのであった。

公共図書館論が描き出したコミュニティ，メディア，公共図書館の位相は，公共図書館の目的の多様化を図書館界と図書館外部に向かって説明していくための基本枠組みとして用いられた。公共図書館がコミュニティ住民の自己学習を支える機関から，コミュニティのあらゆるメディアへのアクセスを確保し多様な知的活動を支援する機関へと変化を遂げた軌跡は，公共図書館のコミュニティに対するメディアを通じた働きかけをたどるなかからも説明された。公共図書館論はコミュニティの重層的なメディア環境のなかに公共図書館を位置づけ，図書館サービスが時代の動向に直接影響を受けながら変遷していく状況を克明に記述していた。図書館の実践活動を描き出すために公共図書館論が一貫して志向した社会科学的アプローチは，本格的な公共図書館研究が1920年代に開始されたときに，専門領域としての成立にかかわったカーネギー財団の図書館政策やシカゴ大学ライブラリー・スクールの研究方法などの影響を強く受けていた。個々の公共図書館論は同時代の図書館政策と学問的影響のもとに個別に構築されたものではあったが，自由主義的コミュニケーション論の理念の採用と公共図書館の教育的機能を重視する伝統理念の継承という2点を共有し，全体として公共図書館の存在理念を提示していた。

結論

本書では，公共図書館論が図書館の実践活動，図書館政策，連邦の文化政策をはじめ図書館研究，他学問領域の影響などの総体から立ちあらわれてくるライブラリアンシップ全体の姿を描き出そうとする試みであったことを，図書館

論の個別の分析により明らかにしてきた。各著作の内容を整理し成立背景を考慮しながら理論的意義を明らかにしていく過程で，これらの公共図書館研究論が方法論的には社会科学の研究アプローチを志向し，公共図書館の実践に対しては，図書館界が保持してきた公共図書館の教育的機能を重視する立場を取る伝統的な専門職理念を継承していたことを確認した。そして自由主義的コミュニケーション論を理念として共有する20世紀前半期の公共図書館論の系譜として総合的に位置づける試みにより，先行研究で断片的に論じられてきた公共図書館論を，20世紀前半期の公共図書館にかかわる史的展開との結びつきのなかで跡づけることができた。

すべての公共図書館論が共通して20世紀初頭のアメリカ社会におけるメディアの転換期を公共図書館への影響力として視野に入れ，コミュニティのコミュニケーション機関の1つとして公共図書館を相対化する視点を維持していたことに着目し，本書ではコミュニケーションとメディアの概念を公共図書館論に対する分析視角として設定した。その結果，公共図書館論が図書館の現場に生じたメディアの変化を，図書館が扱うべきサービス対象の拡大として認識するにとどまらず，公共図書館の存在自体を転換させていく要因としてとらえていたことが明らかになった。さらにニュー・メディアの浸透をコミュニティ全体のメディアの布置のなかに位置づけ，動態的に変化していく構図のもとで公共図書館のあり方を問う姿勢が20世紀前半期の公共図書館論の特徴であることも浮き彫りにすることができた。

公共図書館が社会に出現するメディアをサービスの対象として受容していく過程については，現場からの実践報告が積み重ねられてきた。一方，新たなメディアを図書館資料として組織化の対象としていくときに生じるさまざまな問題点については，図書館資料論の枠組みの中で討究が行われてきた。公共図書館の実践とメディアの関係性についての議論はこれまでにも継続的に行われてきたといえるだろう。またコミュニケーション環境の変容が公共図書館研究に与えた影響と，コミュニケーション研究が公共図書館分析に適用された経緯についてはレイバーらがすでに指摘している (Raber 1994a, p.55-58; Raber & Maack 1994, p.38-44)。しかしながら実践でのメディアをめぐる議論も，研究

にかかわるコミュニケーションとメディアの影響の討究も，いずれもライブラリアンシップとコミュニケーション・メディアの関係の一部を解明したものにすぎず，両者の関係性を検討する作業は部分的な議論にとどまっていた。図書館研究において，実践と研究を含むライブラリアンシップ全体に対するメディアとコミュニケーションの影響力について総合的分析を行った先行研究は存在しなかった。

本書では，20世紀前半期の公共図書館論の展開と同時代の実践を総合的に討究する作業を通じて，アメリカにおけるライブラリアンシップとメディア・コミュニケーションの関係性の全体像を浮かび上がらせようと試みた。1920年代から行われるようになった図書館の実践活動でのラジオ放送をはじめとする実験的メディア・サービス，同じく1920年代にシカゴ大学で開始された図書館領域にかかわるコミュニケーション研究をライブラリアンシップとメディア・コミュニケーションの関係性の出発点に位置づけ，実践でのメディア・サービスの試行と定着，コミュニケーション機関としての公共図書館の存在論拠を説明づけた「公共図書館調査」までの史的展開を連続的にとらえることによって，アメリカ社会のメディアの変遷を背景にライブラリアンシップ全体がどのように構成されていったのかという流れ全体を見定めることができた。

ライブラリアンシップとメディア・コミュニケーションを重ね合わせて見ていくことにより，2つの領域が交差するなかから明瞭に浮かび上がってきたのが自由主義的コミュニケーション論の理念であった。公共図書館を含む文化機関が力のバランスを考慮して配置され，メディアがこれを中立的に媒介するものととらえる自由主義的コミュニケーション論の基本的枠組みのなかにおかれたことで，公共図書館論は実践理念の強化をはかることができた。ライブラリアンシップを脱政治化するこのような理念は，ハリスがライブラリアンシップにおける多元主義の視座として指摘している。ハリスは「権力の分有，コンセンサス，そして中立的な国家を重要視する多元主義のパラダイムがこの領域において支配的になった」とし (Harris 1986b,〈訳〉p.51)，その結果，図書館は「アメリカの民主主義を促進し保護することに活発な役割を果たしうる機関として描かれるようになった」と説明している (*Ibid.*,〈訳〉p.52)[10]。

ハリスは多元主義パラダイムの導入がコミュニケーション研究からの影響によることを示唆しているものの (*Ibid.*,〈訳〉p.51-52), 多元主義の採用の経緯については論じていない。ライブラリアンシップに対する多元主義の影響を分析することは, ライブラリアンシップ全体にかかる政治的権力の作動を解明し, ライブラリアンシップの本質をみきわめていく作業である。そのためには, なぜライブラリアンシップがそうした認識論を採用したのか, その経緯を明らかにすることが, 図書館研究の重要な課題であった。この課題に対し, 本書では公共図書館論におけるコミュニケーション研究の援用に着目し, 両者の史的関係性を跡づけることによって多元主義が自由主義的コミュニケーション理念との結びつきのなかからライブラリアンシップの理念として採用された経緯を検証することができた。

20世紀前半期の公共図書館論は, メディア・コミュニケーションの転換期を迎えたアメリカ社会のなかで, 新たな方向性を見出そうとしていた公共図書館の実践の広がりを包み込みこむ力を持つ理念を追究していた。メディアの変革に強い影響を受けた実践活動を検証する過程で, 公共図書館論はコミュニティとメディアと公共図書館の在り方について討究を重ねた。その結果コミュニティに存在するすべてのメディアへのアクセスを確保する空間として公共図書館を再規定し, 近代公共図書館設立理念を継承しこれを拡張し強化する新たな公共図書館理念を提示した。本書で明らかにしてきた20世紀前半期公共図書館論の成果とそこで用いられた方法論は, 公共図書館研究にとって基盤となるものであり, 批判的視座を持つことも含め, 今後はこの場所から公共図書館にかかわる議論を積み重ねていかなければならないのである。

注

1 ただし, コミュニケーション機関として公共図書館をとらえる視点は, すでにラーネッドが1920年代に明確に打ち出している。
2 ここで述べられているような, 情報に対し自らの意志で積極的にかかわろうとする市民を, シュッツ (Alfred Schutz) は「見識ある市民」(informed citizen) として, 知識の社会的配分を論じるなかでモデル化している (Schutz 1976, p.173-174)。「見識ある市民」についての議論は, 特に情報探索行動にかかわる研究領域で重要な概念

となっている。次の文献を参照（池谷 2001, p.61-62, 64-65）。公共図書館研究における「見識ある市民」についての議論は，次の文献を参照（Raber 1997, p.117-120）。

3　本格的な読書については，次の文献に論点が述べられている（Pungitore 1989,〈訳〉p.117-120）。ベレルソンやリーの著作における議論は，以下を参照（Berelson 1949a, p.130-131; Leigh 1950, p.222-223）。

4　公共図書館の教育的機能と娯楽的機能については，次の文献を参考のこと（Lee 1966; 常盤 1977）。

5　自由主義的コミュニケーション論に見られる楽観主義は，この時代のメディアが社会的に制御可能と考えられていたことを示している。1950年代以降テレビジョンの普及に伴い，アメリカに本格的な大衆文化の時代が到来し，メディア生産と消費は政策や理論を凌駕する時代となっていく。

6　アメリカのコミュニケーション研究の管理政策的特徴については，ラザースフェルドが批判的コミュニケーション研究と対照させることによって明確に論じている（Lazarsfeld 1941, p.2-3, 8）。次の文献も参考のこと（阿部 1998, p.11-13）。

7　ウェイプルズらの読書研究が，コミュニケーション研究とどのような交接点を持っていたかについては次の文献を参照（Karetzky 1982, p.329）。

8　アシャイムの研究成果は，『クォータリー・オブ・フィルム・ラジオ・テレビジョン』（*Quarterly of Film, Radio and Television*）に掲載された（Asheim 1952）。アシャイムのメディア研究における分析の手法は，ベレルソンの研究アプローチを直接受け継いだもので，メディア・コミュニケーションによる受容者の社会心理的影響を重視していた。

9　1948年のアトランティック・シティ大会でのアメリカ図書館協会総会のために書かれた論文でリーは自身の知的自由観を示し，知的自由を守るために公共図書館が取るべき政治的姿勢を明確にしている（Leigh 1948）。

10　ライブラリアンシップにおける多元主義の採用については，ロビンズやレイバーの著作にも議論がある。ロビンズはアメリカの政治的多元主義と図書館界によるその採用について「多元的民主主義は開放性，多様性，それに寛容を強調し……図書館員はこうした政治的インテリと同じ主張を共有していたし，政治的インテリと同じように自分たちのイデオロギーを批判的に検討しなかった」と述べ，多元主義は図書館界全体を包み込むイデオロギーであったことを指摘している（Robbins 1996,〈訳〉p.247）。またレイバーはアメリカのマス・カルチャーがファシズムあるいは類似形態のイデオロギーを産み出す危険性があるという仮定に基づいて，ライブラリアンシップは多元主義を標榜したと分析している。つまり多元主義は，お互い束縛しあうグループの存

在，民主主義的価値に対して意識が高いオピニオン・リーダーなどの存在によって権力の集中を防ぐチェック機能を果たすのである（Raber 1997, p.143）。

補 論

補論　メディア・スタディーズとしての公共図書館研究

第1節　はじめに—20世紀前半期公共図書館論に内在する問題点

　1940年代までに構築された公共図書館論は，すでに制度的基盤を確立したアメリカ公共図書館について，その存立理念をいっそう強化しながら新たな活動の正当性を規定した点で評価すべき成果であった。しかしながらそこにはライブラリアンシップの理念的中核にかかわるいくつかの問題点が含まれている。補論ではそうした問題点を取り上げ討究する。

　まず公共図書館論の取る方法論についての問題点からはじめたい。1940年代までに公共図書館論が，読書研究を中心にコミュニケーション理論を援用することで，公共図書館分析のための方法論は社会科学の手法によって洗練された。公共図書館論において図書館の文化的側面よりもコミュニケーション・プロセスが議論の中心におかれ，図書館の利用者についてはその社会文化的立場よりも図書館の利用動機や心理状態が重視された[1]。公共図書館の目的である教育的役割の実現は，メディアの峻別とその合理的な配置へと転換された。そこでは既存の文化構造は自明のものとされ，図書館が存在し資料を提供することによって生み出される社会的価値や政治的影響は深く問われることはなかった。

　つまり公共図書館論がコミュニティの民主主義装置として公共図書館を規定するとき，その理念は国家の文化的中立に基づくアメリカの共通文化の存在を

前提とする文化多元主義を標榜している（油井 1999, p.8）。そのために公共図書館論は既存の文化を承認し、その上に築かれるメディアの配置について議論していくことによって文化構造の矛盾や問題点を隠蔽した形になっている。コミュニケーション論のパラダイムである文化的中立を拠り所としてイデオロギーは回避され、公共図書館論は図書館の実践活動への実質的な示唆であるよりは、理論レベルでの良質なメディアやコミュニケーションを定式化するものとなった。以下、公共図書館論が自明とした文化モデルが見落としていた課題について具体的に検討していきたい。

第2節　公共図書館論をめぐる文化政治的議論

公共図書館論は、民主主義思想をアメリカ社会に顕在化させる装置としての公共図書館を理論化しようとする試みとしてとらえることができる。したがってその理論上の課題は、アメリカ民主主義についての議論に含まれることになろう。本節では公共図書館論をよりマクロな視野からとらえるために、文化多元主義の観点を分析の視点として導入し、そこから再び公共図書館論をとらえなおす作業を試みる。

民主主義とメディアの問題を追究していく過程で、公共図書館論が自由主義的コミュニケーション論と、そこに含まれる文化的多元主義を取り入れたことは、公共図書館を含む文化機関は社会における多様な価値を力のバランスを考慮して配置され、メディアがこれを中立的に媒介するものととらえる認識論上にあったことを示している。しかしながらメディアや文化機関の中立性は常に不完全なものとして批判の対象になっており、図書館を中立的存在としてとらえることが、図書館学におけるイデオロギーにかかわる問題点の見落としにつながっていることが指摘されている（Harris 1986,〈訳〉p.50-56）[2]。

近年の多文化主義の議論においてウォルツァー（Michael Walzer）は中立的国家を支持する考え方が自由主義の選択肢の1つであることを指摘している（Walzer 1994,〈訳〉p.145-152）。ウォルツァーは自由主義を2つに分けている。第1の自由主義（「自由主義I」）は個人的権利を最大限に支持するものであり、

この立場においては中立的国家が基盤となって，国家は文化的，宗教的価値とは完全に切り離された存在とされる。第2の自由主義（「自由主義Ⅱ」）は，個人の基本的権利が擁護されているという条件の下で，国家が特定の文化的，宗教的価値を認める立場である（*Ibid.*, p.145-146）。社会的価値を平等に位置づけ，メディアがそれを中立的に媒介するという認識に貫かれた1940年代の公共図書館論は，ウォルツァーの議論にしたがえば2つの自由主義のうち自由主義Ⅰの立場にあったといえる。

まずここで自由主義が2つに分けて論じられていることの意味について考えてみたい。ウォルツァーは「自由主義Ⅱ」が選択的なものであり，その選択肢のなかに「自由主義Ⅰ」を取りうることを示唆している（*Ibid.*, p.146）。つまり「自由主義Ⅰ」は文化多元主義の議論ではその第1段階で提示される。このような自由主義の段階において，あらゆる文化価値の徹底的な検証を経た結果としてではなく，所与のものとして文化的中立を採用していた公共図書館論に関して，そこで行われていた文化をめぐる民主主義の解釈もまた狭義のものであったのではないかという問題が浮かび上がってくる。

同時代の政治的文化的枠組みに基づいて既存の文化構造を自明とすることにより，公共図書館は専門職によって評価された一定基準に達した資料を中心にサービスを行う機関であると規定された。ここでは資料選別行為そのものが意味するイデオロギー上の問題について言及されることはなかった。メディアを生み出す文化構造やそうした文化構造の枠組みのなかで行われる文化再生産についての議論を留保することで，公共図書館論は文化的な葛藤によって生じる問題を回避することになった。文化的議論の枠組みが狭義に設定されていたことは，図書館論に限らず同時代の文化機関やメディアとコミュニケーションにかかわる認識の主流でもあった。

しかし常に特定の文化価値と対峙する公共図書館を研究対象とする公共図書館論は，そこからもう一歩踏み出さなければならないことは明らかである。そしてその作業は，公共図書館論が保留したアメリカの社会的政治的土壌の生み出すアメリカ社会固有の文化価値と向き合い，これを徹底的に批評していくことによって行われなければならない。そのための批判の対象は図書館の実践活

動以外にはありえない。そうした作業を終えて，公共図書館論は公共図書館が提供しようとしている情報サービスの理念を提示できるようになる。以上の議論では公共図書館論が狭義の立場で民主主義文化を論じてきたことを問題点として指摘した。しかしながらこのことは，1940年代の図書館論における文化的議論自体を否定するものではない。むしろそこでの成果はライブラリアンシップにおける文化多元主義の実践を深めていくための土台とされるべきである[3]。

実践を批判的に議論していく際に，われわれがふまえるべきことは，文化的多様性を認めるという点で，文化多元主義が公共図書館論にとって重要な概念であるということである。つまり公共図書館論において文化的議論を展開していく際，1940年代までに確立した文化多元主義に基づき蓄積されてきた理念が議論の基盤となる枠組みであることは明らかであり，その視点は公共図書館の現場に直接に向けられていなければならない。

文化的多様性から出発してその概念をいかにして，異なる文化主体の共存の問題へと拡張しうるのかが課題であろう。そのために一番重要な点は，これまでに公共図書館論が保留してきた文化にかかわる政治的視点を，公共図書館研究に導入することなのである。既存の文化構造を自明として，メディアの再配置を議論した姿勢自体を問い直すことが出発点となる。

次に国家の文化的中立が不完全であることを認識した上で，個人の生活のなかに埋め込まれ隠蔽された文化構造上の問題状況と直接向き合うことが要求される。たとえばウィーガンドは公共図書館研究が常に図書館内部の閉じられた空間を対象に行われてきたことにより，見落とされてきたテーマを指摘している。特に図書館の利用者の一個人としてふるまい，個人の生活から出てくる日常的行動や視点が，図書館の利用にどのように影響しているのかといった問題についてライブラリアンシップは討究してこなかった。またアフリカ系アメリカ人，スペイン系アメリカ人，アジア系アメリカ人といった特定のマイノリティへの図書館の影響についても研究が不足してきた（Wiegand 1999,〈訳〉p.30）。ウィーガンドの指摘する図書館史の弱点はまさしく，図書館史における文化をめぐる政治的視点の欠如を原因としている。図書館が社会的価値にコミットする状況で何が起こり，どのような言説が生まれたのかを批判的視点とともに丹

念に読み解いて行く作業が続けられるべきである。

そのために公共図書館論は同時代の文化構造が図書館といかなる関係を持つのか，どのように批判的にとらえられるのかを明らかにする視点が必要である。そして社会の抱える矛盾と対峙しながら，民主主義にかかわるさまざまな実践経験を積み重ねてきた公共図書館の現場を精緻に記述するための，新たな批判言語を構築していく必要がある。次節では，管理政策的アプローチが主流であったアメリカ・コミュニケーション領域のなかにオルタナティブなコミュニケーション論として存在してきたメディアの批判理論を手がかりに，公共図書館論のための記述言語を探っていきたい。そして公共図書館論が文化構造そのものを研究対象から捨象していたことにより，議論されなかった課題を明らかにするためには，批判理論アプローチが重要な示唆を与えることを指摘し，公共図書館とコミュニティ・メディアの連関を文化批評の段階にまで展開することで，1940年代の公共図書館論の限界を克服する方向が可能であることを提示する。以下，コミュニケーション研究の異なる2つのアプローチである経験的，実証的アプローチと批判的アプローチを提示する。次に批判的アプローチを，公共図書館論にすでに導入されてきた批判的研究と関連づけながら論じる。さらに今後の公共図書館研究における批判的研究の展開可能性を，文化政治学領域におけるメディア・スタディーズの枠組みに依拠しながら討究する。

第3節　2つのコミュニケーション研究アプローチ

本節ではコミュニケーション研究における2つのアプローチについて言及し，主として批判的研究に焦点を当てて，その方法論的特徴について論じる。

アメリカ・コミュニケーション研究には，経験的，実証的アプローチと批判的アプローチという2つの異なるアプローチが存在している。両者は次のような特徴を持つ。コミュニケーション研究において常に主流派として存在してきた経験学派は，経験主義，機能主義，実証主義によって特徴づけられる。社会的文脈に対する着眼は弱く，コミュニケーション過程における効果に分析の焦点を当てている。一方，批判学派は，コミュニケーション活動の発生する社会

構造を重視し，マルクス主義的な傾向が強く，コミュニケーションにかかわる社会的背景を重視している（佐藤 1990, p.2-3）。公共図書館研究が採用してきたのは，この2つの枠組みのうち前者の経験主義的な方法論であった。そうした方法論の枠組みにおいては，図書館をとりまくメディアの状況を批判的にとらえる視点は持ち得ても，メディアを存立させる文化基盤自体への懐疑が表現されることはなかった。公共図書館論においてメディアとは，図書館活動の可能性を拡張し，同時に市民の批判力を向上させるツールであるととらえられた。こうした考え方は自由主義的コミュニケーション論の理念に基づいていた。

一方，メディアの批判的研究は，1920年代にドイツから亡命しコロンビア大学を拠点に文化研究を行ったフランクフルト学派がアメリカに持ち込んだものである。フランクフルト学派の立場は人間と社会を自然科学的な方法論によって把握するのではなく，社会的文脈と社会過程に焦点を当てる分析を中心としていた。1930年代には主にラジオを中心としたメディア分析のために，同学派の思弁的方法論とアメリカ流の実証主義的方法論の融合が試みられた。

メディアに対するアメリカ流のアプローチとヨーロッパ流のアプローチを融合しようと試みた中心人物は，プリンストン大学ラジオ調査室の研究主任であったラザースフェルドである。彼はフランクフルト学派のアドルノを調査室に招聘し，実証的データ処理に詳しい研究者との間に音楽社会学の共同研究を企画した。その一部は，アドルノとラザースフェルドのラジオ研究に結実した。しかしこのプロジェクトは，全体としてみれば失敗に終わっている。アドルノの論文は難解で把握しにくく，「物神」という概念が大きな意味を持っていた。この概念をメディアの受け手研究における指標に言語化する必要があった。しかしそれが不可能であることが判明した時点で，この企画は破綻した（Lazarsfeld 1973,〈訳〉p.246-256）。

フランクフルト学派のなかでも特に経験主義的な方法論への懐疑が強かったアドルノは，アメリカ流のコミュニケーションの効果研究に否定的な感情を持っていた。アドルノは，次のように述べて経験主義的な受け手研究の枠組みを批判している。

第1に，研究がそもそも明らかにすべきだったのは，研究の対象となっ

た人々の主観的な反応が，実際にはどの程度まで被験者が想定するほど自発的で直接的なものであるのかということであり，第2には，たんに伝達の方法や装置の暗示力だけでなく，聴取者が耳にする素材の客観的意味がどこまでそれに関係しているのかということ，そして最後にもう一つ確定しなければならないのは，包括的な社会構造や，さらには一つの全体としての社会でさえもが，被験者の反応にどこまで影響をおよぼしているか，ということなのである（Adorno 1973,〈訳〉p.36）。

ここで注意しなければならないのは，広井脩がすでに指摘しているように，アドルノが経験的アプローチそれ自体を否定していたのではない点である。実際に1930年代には経験的方法論を取り入れた音楽社会学の研究成果をプリンストン大学ラジオ調査室から発表していたのであり，この研究はラザースフェルドの目指すメディア研究の原型でもあった。アドルノの批判はたとえばラジオ研究において，「聴取者の主観的反応の社会的源泉やその意味を考察せず……文化現象を数量的データに無媒介に変換してしまうその非反省的な方法」であり，さらにはその方法論への没入のあまり，概念の創出ではなく「方法論の物神崇拝」に陥っていたアメリカのメディア研究のあり方に向けられていた（広井 1977, p.58-59）。

プリンストン大学から移管されたコロンビア大学応用調査研究所の所長として，フランクフルト学派とアメリカの研究者との媒介的役割を果たしてきたラザースフェルドは，次第に両者の協力関係が不可能であることを認識していった（Lazarsfeld 1973,〈訳〉p.251-255）。そしてアドルノのアメリカでの最初の研究ポストであったプリンストン大学ラジオ調査室が閉鎖されることが決定し，アドルノが西海岸に研究活動の場を移した1939年には，実質的にアメリカにおける経験主義的研究と批判的研究の接点は失われた[4]。

しかもこうした両者の邂逅は1930年代の一時期にすぎず，アメリカでは量的アプローチによるコミュニケーション研究が圧倒的に優勢であり，図書館研究においてもこの傾向は顕著であった。ベレルソンがラザースフェルドらとの間で共同研究に取り組んだのは，初期の批判的アプローチの影響は完全に失われ経験的アプローチが主流となった時代のコロンビア大学応用社会学研究所で

あった。経験主義的な枠組みを持つコミュニケーション研究から影響を受けた公共図書館研究は，社会構造への包括的な分析視点を欠き，メディアの持つ文化政治的側面を見落とすことになった。

第4節　公共図書館の批判的研究

　1920年代のフランクフルト学派によるメディアの批判研究は，実証研究から離れて，徹底的に理念化，抽象化された議論として展開されていった。しかし現在，批判的文化研究は多様な方向性を持つ文化研究としてあらたな発展をみせている。カルチュラル・スタディーズとして進められている批判的文化研究は，フランクフルト学派の批判研究が提示した文化構造に焦点を当てた弁証法的な理念を踏襲した上で，さまざまな分野におけるアプローチを複合的に援用することで，文化現象の分析のための新たな枠組みを構築している。本節ではハリスの公共図書館の批判的研究を1つの着眼点として，公共図書館論における批判的研究の展開をみていく。

　これまでの図書館研究が文化批判的視座と接点をもたなかったわけではない。公共図書館史の修正理論を提出したハリスは，従来の図書館研究における民主主義機関としての図書館像にかかわる固定的な視座と主流文化中心の認識を批判した[5]。ハリスの修正理論がきっかけとなって，ライブラリアンシップに対し図書館活動をめぐる権力構成の表出から記述を試みる研究がはじまった。1970年代から1980年代にかけて発表された図書館女性史をテーマとするフェミニズム研究は，ライブラリアンシップにおいて重要な役割を果たしてきた女性専門職の実態を明らかにし，従来の男性中心の図書館史に異議を唱えていた。これらの研究はフーコー（Michel Foucault）やA.グラムシ（Antonio Gramsci）の文化的ヘゲモニー論に依拠しつつ，図書館専門職におけるジェンダーの問題が追究していたものの，主な課題は図書館専門職の先駆者としての女性や女性図書館員のキャリア・パタンの分析であり，利用者としての女性が日常的なレベルで描かれることはなかった[6]。

　ハリスの修正理論を契機とするライブラリアンシップの解釈への問いは，

1990年代半ばからリーディング・スタディーとして展開されている読書の批判的研究でも明白に表明されている。リーディング・スタディーとは，歴史，文学，社会学といった領域の研究者と研究対象領域を共有しながら，エスノグラフィックな手法を用いて新しい図書館利用者像を描き出そうとする試みである（Danky et al. 1998)[7]。リーディング・スタディーの担い手であるウィーガンドは，読みの実践の場としての公共図書館の重要性を指摘し，図書館を含め読書行為を支える社会的機関の構図が，読みに重層的な影響を与えることを主張している（Wiegand 1997, p.321)。読書にかかわる新しい社会的枠組みを抽出することを目的としたリーディング・スタディーにおいて，読書実践はコミュニティの文化的基盤に基づいた共同体的な活動とみなされ，読書は主流文化への対抗力をもった社会活動として文化政治的な視点から論及される（*Ibid.*, p.319-321)。また図書館の利用者は自らの読書価値を社会文化的環境から育んでいくような主体的な存在としてとらえられる[8]。

一次資料に基づくリーディング・スタディーの具体的な成果は，公共図書館史の領域にあらわれつつある。ポーリー（Christine Pawley）は，19世紀後半のアイオワ州オーセージ公共図書館における貸出記録の精緻な分析を通じてコミュニティ住民の読書様態を明らかにした。この研究でポーリーはコミュニティの読書が学校や教会および公共図書館などの複合的な文化的環境のなかに成立していた点，とりわけ公共図書館がコミュニティの住民の読書に与えた文化的刺激を浮かび上がらせることに成功した（Pawley 1998a)。リーディング・スタディーは公共図書館を「読み」といういっそう広い文脈から逆照射することで，図書館研究自体に新たな解釈の可能性を提示しているといえる。

ハリスが導入した批判的図書館論は，複数のテーマに範囲を広げつつ，分析対象を専門職から図書館の利用者を含めた図書館活動全体へと拡張しながら発展している。公共図書館にかかわる批判的研究は，経験主義的アプローチが取り残してきた文化コミュニケーションのイデオロギー的側面を分析していくための有力な手法であることは明らかである。以下，リーディング・スタディーを一つの手がかりとして，読書行為を含む図書館の利用を利用者の日常性に鋭く切りこんでいくような図書館研究への展開を図るために文化政治学の領域で

展開されている批判的メディア研究,すなわちメディア・スタディーズを公共図書館研究へ接合することを提唱する。

カルチュラル・スタディーズの流れをくむメディア・スタディーズは,メディアにかかわる社会的コミュニケーションにおいて生じる意味のずれを,社会的文脈から討究するアプローチの1つであり,文化政治学的な分析視角に基づくメディア・コミュニケーションの実践的,理念的枠組みを探ることを目的としている。メディア・スタディーズは従来のコミュニケーションにかかわる方法論を批判し,既存の研究の枠組み自体を問うものであり,個々の課題はテーマにかかわる記述言語や研究対象についての方法論的討究をともなって分析が進められる。研究対象は媒体物としてのメディアを含め,メディアにかかわる文化的営為すべてを包括するような範囲にまで拡張されており,本書ではメディアの批評の枠組みを図書館の実践活動の分析のために援用する[9]。

公共図書館の実践と理念をメディア・スタディーズの方法論を援用しながら記述していく試みは,社会的メディアとしての図書館認識を基盤としている。この前提を確認するために,公共図書館のコミュニティにおける役割を振り返ってみたい。公共図書館はコミュニティの多様なメディアを包摂する社会機関であるだけでなく,それ自体がコミュニティにおけるメディアの一部として機能してきた。アメリカ社会において情報要求にあわせて多様なメディアのなかから特定のメディアを選択するとき,図書館はその選択肢のなかに含まれてきたことからもそのことが明らかである。すなわち図書館は多様なメディアを内包するメタ・レベルのメディアというだけでなく,その存在自体を1つのメディアとしてとらえることができる。またすべてのメディアが歴史社会的展開のなかで独自の位置づけを獲得してきたように,アメリカ公共図書館も1世紀以上にわたる実践の蓄積によって,堅実な文化コミュニケーションを担う場所として,すでに実質的な評価をコミュニティから得ている。

メディアによる情報の中立的媒介を前提とする自由主義的認識論を援用した図書館研究が,その焦点を図書館の内部機能へと当てたことにより,図書館の利用者は利用者の日常的な情報行動とは切り離された中立的な受け手として設定された。しかしメディアの媒介者としての図書館員と自らの知的世界を自由

に描き表現していく利用者が，図書館というメディア空間で織りなす実践の多様性を記述するためには，自由主義的受容理念によって構成された平板な図書館記述を乗り越える批判的視座が不可欠なのである。批判的メディア研究ではオーディエンスが主体的に選び取った行動自体が，あらかじめメディア空間のヘゲモニーに組み込まれ，しかもメディア消費の過程は情報提供者とオーディエンスの複雑な関係性のなかで実践されることが問題化されている。すなわちメディア・スタディーズにおいて分析の主眼は，日常生活におけるメディアの利用におかれる[10]。

　またこの視座は，図書館領域に存在する理念と実践の相互連関を再構成していく作業に向けていくことが可能である。両者が緊張関係を保ちながら図書館にかかわる多様な言説を構築していくプロセスは，研究対象のなかに異なる文化政治的権力を読み取っていく過程と把握できるからである。ヨネヤマが文化批判的研究の中の＜投影＞と＜実践＞として提示したモデルを，実践と理念の関係性を常に問うべき図書館研究において参照していくことができる[11]。

第5節　メディア・スタディーズとしての公共図書館研究

　本節では図書館研究へのメディア・スタディーズの導入を，公共図書館の歴史的研究に限定して議論を進める。1世紀以上にわたるアメリカ公共図書館の史的発展過程では，メディア実践にかかわるさまざまな言説と実践をめぐる批評が生成されてきた。メディアの社会的構成や布置を文化政治的視点から探るためのメディアの批判的研究は，アメリカ公共図書館で展開されてきた専門職サービスを文化的多元性，自由主義的メディア概念，文化再生産などの観点から批判的に検討するための枠組みとして捉えることができる。アメリカにおいて公共図書館はメディア・コミュニケーションにおける結節点として機能してきたからであり，アメリカ公共図書館史において生起した論点は，現在のメディア文化研究の中心的課題へと接合されているからである。

　アメリカナイゼーション・プログラムを例にとって方法論的考察を試みよう。アメリカ史研究においてアメリカナイゼーション・プログラムへの批判的討究

は，現在，2つの側面から進められている。すなわちアメリカナイゼーションを，アメリカ文化へ移民を同化させるために行われた試みとして反省的にとらえていく議論があり[12]，また一方で，このプログラムをサービス対象者の視点から分析することにより，受容者側において提供者の意図とは別の意味づけがなされていたことを示す研究がある[13]。

公共図書館史の領域でもまた，アメリカナイゼーション・プログラムをアメリカの主流文化への同化活動として批判的に検討し，利用者側におけるサービスの受け止め方を討究してきた[14]。先行研究は，アメリカ文化への同化を動機づけることを目的とした移民への母語サービスが，新来者にとってはあくまでも自国の文化を保持するためのサービスととらえられ，しかも新来者たちは受動的な図書館利用者であるだけでなく，自らの文化を主張しその要求を図書館に示していたことを明らかにしている[15]。

いずれの先行研究も公共図書館が実践していたアメリカナイゼーション・プログラムを利用者中心に再検討することによって，利用者側でのサービスの解釈を浮き彫りにしていた。先行研究が示すアメリカナイゼーションにおける公共図書館の主体的役割や，利用者の内側に芽生えたオルタナティブな利用者意識などの分析視角は，公共図書館におけるアメリカナイゼーション・プログラムの限界点と可能性を見定めていこうとするときにとりわけ重要である。20世紀初頭の移民サービスを今日の多文化サービスにつながる大きな流れの源流として位置づけるためには，アメリカナイゼーション・プログラムの限界を問題化し，同時に当時のサービスのなかに今日の多文化サービスの萌芽を認識するような複数の視点を確保していくことが不可欠である[16]。

利用者が図書館サービスを情報提供者の意図とは異なった視座から解釈していたことを示す先行研究は，明らかに公共図書館史の見直しをうながしているといえよう。特にその利用者がアメリカナイゼーション・サービス対象者のようにマイノリティである場合，利用者側からの図書館サービスのとらえ直しとして，多文化サービスにかかわる公共図書館研究の視野を押し広げる可能性を示唆している。マローン（Cheryl Knott Malone）は多文化図書館史研究が持つべき4つの視座を，アメリカ史における図書館の目的と役割に関する理論

化，図書館利用者に焦点を当てた支配と対抗図式への着目，主流文化と周縁文化のとらえ直し，研究者自身の立場の再検討として挙げている（Malone 2000, p.83）。

多文化図書館研究は，図書館サービスやコレクションに要求される文化的多様性への着目にとどまるものではない。図書館員による実践と，そのサービスから直接的，間接的な影響を受ける図書館利用者自身による文化形成のプロセスで生起する複数の言説が，図書館における多文化を構成している（*Ibid.*, p.83）。

移民へのサービスを出発点とするアメリカ公共図書館の多文化サービスは，今日，女性，アフリカ系アメリカ人，レズビアン／ゲイなど多様なマイノリティに対するサービスへと向かっている。ヒルデンブランドはマイノリティ研究において，社会的に構築されていく主体という概念を説明するための方法論の必要性を論じている（Hildenbrand 1999,〈訳〉p.91）。その方法の１つとして批判的メディア論の視点の有効性は明らかである。なぜならヒルデンブランドが指摘するように図書館の実践活動がなされ，そして我々自身が生きる社会文化構造において「伝統的に，差異は支配と従属の帰結であった」からである（*Ibid.*, p.91）。そのような状況を問題化するなかで「メディアをあくまでも言説と権力の重層的な場のなかで特定の形式にかたちづくられていったものとして，またオーディエンスを階級やジェンダー，エスニシティなどの差異の政治学が交差する具体的な戦略的状況のなかに位置づけられている存在」と認識することを出発点とするプロジェクトとして成立するメディアの批判的研究は，図書館研究にとって重要な方法論的示唆を与えることになるだろう（吉見 2000c, p.15）。

メディア・スタディーズの導入が公共図書館研究にとって重要なのは，1940年代までに構築された図書館論が，文化的多元性の名のもとに所与の条件として不問に付してきた図書館の実践活動に含まれるさまざまな差異を，明るみに出し議論を促すからである。利用者と図書館の関係性を情報ニーズとその達成によってとらえていく従来の公共図書館研究において，娯楽資料の利用や読書以外の目的による図書館の利用など日常的なメディアとしての図書館の使われ方は，深く分析されてこなかった。しかしこうしたテーマは，メディア利用者

を常に文化政治的差異のなかにおかれた生活者として描く批判的アプローチを援用し，利用者と図書館の身体的連関のなかから今後問われていくべき重要な課題である[17]。

　ヒルデンブランドは，図書館女性史研究が近年保守主義に傾き，理論研究において伝統的な女性像を強調することで，女性専門職における公正へのまなざしが弱まっていることを問題点として指摘した。さらにこの研究動向が理論研究と活動家の断絶を作り出しているとして，理論と実践の乖離を指摘している（Hildenbrand 1999,〈訳〉p.86)。しかし，ライブラリアンシップの伝統的な女性像の記述と女性専門職にかかわる文化的公正の追求は，完全に背反するものであろうか。専門職の分析から伝統的な女性像として導き出された営為が，行為主体者にとってラディカルな社会的行動として新しい意味を持つとすれば，図書館研究は，その行為の伝統性と行為主体者にとっての意味の両方を描き出すものでなくてはならない。つまりライブラリアンシップ全体にかかわる実践の位置づけと特定の実践者個人にとっての意味の間を往復しながら図書館活動を記述すべきであり，ライブラリアンシップの真の課題がアカデミズムと実践の葛藤のなかから解明されていくような方法論が，公共図書館研究において問われているのである。

第6節　おわりに

　前節では，批判的メディア論を公共図書館研究に導入することの有効性と可能性について論じてきた。同時代のマス・メディアに対し文化批判的な視点のもとに問題点を明確にし，公共図書館の文化的価値を引き出していったリーやベレルソンの公共図書館論において，文化への批判的視座が完全に欠落していたとはいえない。しかしその批判は，同時代の文化を無批判に扱うマス・メディアと，専門職による文化的選択を中核とする図書館制度という二項対立モデルの枠内にあり，批判の段階は大衆文化批評の範囲内にあった。そのために1940年代の公共図書館論は，狭義の文化多元論に基づいて実践を描く状態にとどまった。

図書館はマス・メディアも含めたコミュニティのすべてのメディアの布置のなかでその存在意義が問われるべきである。公共図書館における文化的営為にかかわる課題は，利用者の日常性に根ざした「アカデミズムの家父長的イデオロギーが哲学的考察に値しないものとしてこれまで周縁化してきた対象……を人文社会諸科学の中心的な関心対象とする」文化政治学的視点から分析が進められなければならない（ヨネヤマ 2000, p.82）。文化コミュニケーションにかかわる批判的研究は，自由主義的メディア論において捨象してきた，サービス提供側と受け手である利用者の文化政治的関係性を描きながら実践のありようを浮かび上がらせることによって，公共図書館の実践活動を真に検証するための方法論的枠組みを示している。

　民主主義における価値の多様性に対峙するなかで「差異を明確化すること。それらを，我々と意見を異にする人々の前で擁護すること。尊敬すべき不一致と，尊敬に値しない不一致の相違を識別すること。よく考え抜かれた批判に直面したときに，我々の考えを変更する用意を持っていること」（Gutmann 1994, 〈訳〉p.35）といった姿勢を取りつつ，図書館が実践活動を通じて表現していくサービスの新しい理念を構築することが，公共図書館論に求められている。そのために常に過去と現在の実践を問題化し，批判的に表現していくことが求められている。

　批判理論は文化そのものへの洞察を要求し，また文化を生み出し再生産する社会的構造への考察を重視する。公共図書館論にメディアの批判論的方法論を導入することは，公共図書館論が文化政治的課題と向き合い，それまでに構築してきたライブラリアンシップにかかわる理念／信念を検証しなおすことを意味する。しかしイデオロギーへの過度な没入は，すべての価値を権力闘争の要因とみなすことで，一定のコンセンサスに到達することを否定する脱構築主義的な陥穽にはまる危険性を持っている[18]。公共図書館論は批判的文化研究にともなう自己矛盾に陥ることなく，文化批評的議論を継続していかなければならない。

注

1 こうした研究はラザースフェルドが「管理・政策的コミュニケーション論」と呼んだものであり，アメリカ社会科学の全領域的傾向であった（Lazarsfeld 1941, p.2-161）。

2 公共図書館の中立的存在をめぐる議論については，次の文献も参考のこと（藥師院 1999, p.2-16）。

3 アメリカの多文化をめぐる政治的議論については，次の文献が理念的課題を提示したものとして示唆的である（井上 1999, p.87-114; 綾部 2000, p.15-44）。

4 2つのアプローチの融合は失敗に終わったものの，ラザースフェルドは批判的アプローチの価値を認め，その認識論をアメリカのコミュニケーション研究者へ積極的に紹介した（Lazarsfeld 1941, p.2-16）。また後年になってもアドルノのプロジェクトへの参加を一度も後悔していないと語ったように，2つの方法論の融合可能性を決して完全に捨て去ることはなかった（Lazarsfeld 1973,〈訳〉p.254）。

5 ハリスの修正解釈については次の文献を参考のこと（川崎 1991, p.264-269）。1980年代になってハリスは次の著作でカルチュラル・スタディーズを援用し，図書館研究への批判論をさらに発展させている（Harris 1986,〈訳〉p.71-91）。

6 図書館女性史研究についての次のレビューを参照のこと（Hildenbrand 1999, p.77-99）。

7 ウィーガンドによる巻頭論文は，リーディング・スタディの対象や先行研究のレビューとしてまとまっている（Wiegand 1998, p.1-13）。ローズ（Jonathan Rose）もまた文化研究の枠組みのなかに図書館研究の可能性を探っている（Rose 2003）。ローズは図書館研究者が歴史研究者，文学研究者，社会学者，出版関係者と協同で，ブック・スタディーズという新しい領域を立ち上げることを提唱する。ブック・スタディーズは，過去，現在，将来にわたって生産される図書，逐次刊行物，新聞，文書，書簡，ウェブサイトなどのメディアを対象とし，出版，流通，著作権，リテラシーなど広範囲のテーマを包み込みながら分析を加えていく領域として構想されている（Rose 2003, p.57）。

8 ウィーガンドは図書館利用者の主体性について，リーディング・スタディーの方法論とともに詳しく論じている（*Ibid.*, p.322）。

9 批判的メディア研究の動向については次の文献を参照のこと（阿部 1998）。阿部は・ホール（Stuart Hall）の議論を援用しながら，メディア論における文化批評的観点によって「支配的イデオロギーの再生産だけでなく様々に異なるイデオロギー間における『意味の正統性』を巡る闘争過程として，メディアの働きをとらえることが可能

になる。つまり，自らの利害を反映した『特殊』な見方や考え方を，いかにしてあたかも社会全体の利害を代弁した『普遍的』なものとして提示し説得するかを巡る『意味付与実践における闘争』として，メディアの影響や機能を考察の対象とすることができる」とそのアプローチの特性を述べている（*Ibid.*, p.100）。

10 メディア消費のプロセスにおけるメディア生産者とオーディエンスの関係については次の2つの文献が参考になる（Ang 1996,〈訳〉p.203-225; 吉見 2000b, p.8）。

11 ヘゲモニー概念を文化的実践の記述の中で展開させていく有効性については，以下の論文を参考のこと（吉見 2000, p.29-33）。ヨネヤマが指摘する文化の批判的研究における＜投影＞と＜実践＞という方向づけは示唆的である（ヨネヤマ 2000, p.73-86）。ヨネヤマは「現実に取り組まれている批判的文化実践」と「投影としての文化研究」において，どちらか一方の優越ではなくそこに見られる「すでに解決済みだとみなされてきた問題をめぐる，あるいはすでに周知のものとされてきた史料やテクストをめぐる，別の新たな『問い』が問われていること，すなわち知の抗争がひき続き起きていること」に着目している（*Ibid.*, p.74）。

12 アメリカナイゼーション運動自体にかかわる批判的論点については，次の文献に整理されている（古矢 1998, p.61-105）。

13 アメリカナイゼーションをジェンダーの視点から再検討する論考として，次の文献がある（松本 1998, p.52-75）。

14 公共図書館におけるアメリカナイゼーション・プログラムを批判的視点から分析した研究としてフェイン（Elaine Fain）の研究がある（Fain 1983, p.272）。ベック（Nelson R. Beck）は19世紀末から20世紀前半のニューヨークにおけるロシア系ユダヤ人の図書館利用について分析している（Beck 1977, p.128-149）。また公共図書館の移民へのサービスを提供したリーダーたちに焦点をあてて分析した研究として次の文献がある（Jones 1999）。

15 フェインは公共図書館が移民個人の人生に影響を与える図書の主要な情報源であった点を強調し，移民への図書館サービスは移民にとってアメリカという国家への入口ではなく，むしろより広い世界への接触を触発していたするものであったと結論づけている（Fain 1983, p.271-272）。

16 多文化サービスの史的発展については，次の文献がまとまっている（Du Mont 1994, p.24-35）。

17 利用者の日々の営みと図書館の利用の関係に着目していくことの重要性は，ピートリング（G. K. Peatling）も示唆している。ピートリングは，図書館研究者が「問題を抱えた利用者」「不適切な利用」「社会的疎外」といったテーマに取り組むべきであ

ると主張している（Peatling 2003, p.135-138）。

18　ジェイ（Martin Jay）は批判理論が脱構築主義的な認識論を含んだものであったことを指摘している（Jay 1984, p.230-232）。ガットマンは近年の多文化主義をめぐる議論において脱構築主義が理性的な解答を一切否定した上で，すべてを政治的権力行使という一点に集約させてしまうと述べ，文化的議論自体の不成立を問題点として提示している（Gutmann 1994, p.29-30）。

付録1　年表

20世紀前半期におけるアメリカ公共図書館論をめぐる動向

年	アメリカ社会とメディアの動向	公共図書館論	図書館界と公共図書館の実践活動の動向
1917			カーネギー財団が図書館建築への財政援助を終止（1919年まで）
1919			アメリカ図書館協会が図書館拡大プログラムを開始（1920年まで）
1920	全米初のラジオ放送（KDKA局の定時放送）		
1922	全米で500以上のラジオ局開局		ピッツバーグ・カーネギー図書館がラジオ放送を開始 シカゴ公共図書館，デトロイト公共図書館，クリーヴランド公共図書館が読書相談サービスを開始 アメリカ図書館協会が読書ガイドの出版を開始
1923	『タイム』創刊	『図書館サービスの教育』（C.C.ウィリアムソン）	
1924		『アメリカ公共図書館と知識の普及』（W.S.ラーネッド）	カーネギー財団とアメリカ図書館協会による成人教育に関する共同研究の開始（1926年まで） アメリカ図書館協会が図書館成人教育委員会を設置
1925			シンシナティ公共図書館がラジオ放送を開始 『目的のある読書』（アメリカ図書館協会）
1926	NBCの設立		『図書館と成人教育』（アメリカ図書館協会） アメリカ成人教育協会設立
1927	初のトーキー映画『ジャズ・シンガー』		ラジオ放送実施10館を超える アメリカ図書館協会図書館ラジオ放送委員会発足
1928	NBCが全国チェーン放送体制を確立	シカゴ大学図書館学大学院開校	
1929	大恐慌		カラマズー公共図書館が映画貸出を開始
1931	ラジオの世帯普及率50%を超える コマーシャル放送が盛んになる	『ライブラリー・クォータリー』創刊 『人々が読みたいと思うもの』（D.ウェイプルズ）	

年	アメリカ社会とメディアの動向	公共図書館論	図書館界と公共図書館の実践活動の動向
1932	F.D.ローズヴェルト「ニューディール宣言」 NBCがテレビジョン実験放送開始		
1933	ニューディール政策 F.D.ローズヴェルトの『炉端談話』(CBS)放送開始	『図書館学序説』(P.バトラー)	アメリカ図書館協会「公共図書館基準」を採択
1934			アメリカ図書館協会「図書館の全国計画」を採択
1935		『アメリカ公共図書館行政』(C.ジョッケル)	
1937		プリンストン大学ラジオ調査室を開設	
1938	O.ウェルズの『宇宙戦争』パニックを引き起こす	『公共図書館：市民の大学』(A.S.ジョンソン) 『読書の地理学』(L.R.ウィルソン)	デモイン市立図書館「図書館の権利宣言」を採択
1939	第2次世界大戦勃発 NBCテレビ定時放送開始		アメリカ図書館協会「図書館の権利宣言」を採択
1940	テレビネットワーク放送開始 FMラジオ局創設	『人々にとって読むこととは』(D.ウェイプルズ)	図書館ラジオ放送委員会とビジュアル・メソッド委員会が合併して視聴覚委員会になる
1941	NBCのWNBT局, 商業テレビ放送開始(テレビコマーシャルの開始)	シカゴ大学図書館学大学院研修会,『民主主義における図書, ラジオ, 映画』	J.チャンセラーが「緊急事態下の成人教育のための15項目プログラム」を提案 アメリカ図書館協会評議会が「戦時図書館サービスに関する声明」を発表 「公共図書館のための防衛計画委員会」が「戦後委員会」と改称 ニューヨーク・パブリック・ライブラリーが初の図書館テレビ番組を制作 アメリカ議会図書館がラジオ・リサーチ・プロジェクト開始
1942	テレビジョン免許凍結		
1943		シカゴ大学図書館学大学院研修会,『コミュニティのなかの図書館』	アメリカ図書館協会「公共図書館の戦後基準」を採択

年	アメリカ社会とメディアの動向	公共図書館論	図書館界と公共図書館の実践活動の動向
1944		B.ベレルソン，コロンビア大学応用社会調査研究所へ	
1945	第2次世界大戦終結		
1947		『民主主義と図書館』(S.ディツィオン) W.シュラムがイリノイ大学にコミュニケーション研究所を設立	「公共図書館調査」開始
1948	凍結されていた周波数割り当ての再開 テープレコーダーの発売		図書館界におけるマッカーシー時代 『公共図書館サービスの全国計画』(アメリカ図書館協会) アメリカ図書館協会評議会『4ヶ年目標』を採択 アメリカ図書館協会『図書館の権利宣言』を改訂
1949		『図書館の利用者』(B.ベレルソン) 『公共図書館と政治過程』(O.ガルソー) 『出版産業』(W.ミラー) 『マス・メディアの効果』(J.T.クラッパー) シカゴ大学図書館学大学院が「公共図書館調査」フォーラムを開催	
1950	初のカラーテレビ放送	『アメリカ合衆国の公共図書館』(R.リー)	
1951			アメリカ図書館協会「アメリカの遺産プロジェクト」に着手
1952		『公共図書館員』(A.I.ブライアン)	

水越伸『メディアの生成：アメリカ・ラジオの動態史』，『情報の歴史：象形文字から人工知能まで』を参考に作成

付録2　文献一覧

阿部潔. 1998.『公共圏とコミュニケーション：批判的研究の新たな地平』京都, ミネルヴァ書房, 1998, 3, 309, 38p.（MINERVA 社会学叢書 5）

Adorno, Theodor W. 1973. "Scientific experiences of a European scholar in America," "アメリカにおけるヨーロッパ系学者の学問的経験,"〈『社会科学者・心理学者』荒川幾男他訳　みすず書房, 1973〉p.25-76.（亡命の現代史 4 知識人の大移動 2）

An Advanced School of Librarianship. 1925. "An advanced school of librarianship," *Library Journal*, vol.50, Feb. 15, 1925, p.171.

秋元律郎. 1989.『都市社会学の源流：シカゴ・ソシオロジーの復権』有斐閣, 1989, v, 269, vii.

American Library Association. 1926. *Libraries and Adult Education : A Study*, New York, Macmillan, 1926, 284p.

American Library Association. 1948. "Four Year Goals : statement of policy adopted by council, January 31, 1948,". *ALA Bulletin*, vol.42, no.3, Mar. 1948, p.121-122.

American Library Association. 1960. *Studying the Community : A Basis for Planning Library Adult Education Services by the Library-Community Project Headquarters Staff of the American Library Association*, ALA, 1960, vii, 128p.

American Library Association, Board of Education for Librarianship. 1926. "Annual Reports," *Bulletin of the American Library Association*, vol.20, no.10, 1926, p.444-452.

American Library Association, Committee on Library Radio Broadcasting. 1936. "Proceedings at ALA Conference, 1936-39," *Bulletin of the American Library Association*, vol.30, no.5, May, 1936, p.408.

American Library Association, Committee on Library Radio Broadcasting. 1939. "Proceedings at ALA Conference, 1937-1939," *ALA Bulletin*, vol.33, no.11, Oct. 15, 1939, p.138.

American Library Association, Committee on Library Radio Broadcasting. 1940a. "Annual Report, 1940," *ALA Bulletin*, vol.34, no.9, Sept. 15, 1940, p.591-592.

American Library Association, Committee on Library Radio Broadcasting. 1940b. "Proceedings at ALA Conference, 1940," *ALA Bulletin*, vol.34, no.8 Aug. 1940, p.152-153.

Ang, Ien. 1996. "経験的オーディエンス研究の政治性について," 山口誠訳〈吉見俊哉他編『メディア・スタディーズ』せりか書房, 2000〉p.203-225.

荒川幾男他訳. 1973.『社会科学者・心理学者』みすず書房, 1973, i, 291p.（亡命の現代史 4 知識人の大移動 2）

有馬哲夫. 1997.『テレビの夢から覚めるまで：アメリカ一九五〇年代テレビ文化社会史』国文社, 1997, 235p, xxvi.

Armstrong, Charles. 1951. *Money for Libraries*, New York, Social Science Research Council, 1951, vi, 62p.

Ascher, Charles S. 1944. "The suburb,"〈Leon Carnovsky & Lowell Martin (eds.) *The Library in the Community : Papers Presented before the Library Institute at the University of Chicago, August 23-28, 1943*, Chicago, University of Chicago Press, 1944〉p.62-75.

Ash, Lee. 1978. "Butler, Pierce (1886-1953),"〈Bobinski, George S (ed.) *Dictionary of American Library Biography*, Littleton, Colo., Libraries Unlimited, 1978〉p.66-67.

Asheim, Lester. 1950. *A Forum on the Public Library Inquiry : The Conference at the University of Chicago Graduate Library School, August 8-13, 1949*, New York, Columbia University Press, 1950, xiii, 281p.

Asheim, Lester. 1951. "Report on the Conference on Reading Development," *Public Opinion Quarterly*, vol.15, Summer 1951, p.305-321.

Asheim, Lester. 1952 "From Book to Film : Summary," *Quarterly of Film, Radio and Television*, 6, 1952, p.258-273.

Asheim, Lester. 1957. "Research in Mass Communication," *Library Trends*, vol.6, no.2, Oct. 1957, p.120-140.

Asheim, Lester. 1980. "Bernard Berelson (1912-1979)," *Library Quarterly*, vol.50, no.4, Oct. 1980, p.407-409.

Asheim, Lester. 1990. "Berelson, Bernard Reuben 1912-1979,"〈Wayne Wiegand A. (ed.) *Supplement to the Dictionary of American Library Biography*, Englewood, Colo., Libraries Unlimited, 1990〉p.12-15.

新睦人・三沢謙一編. 1988.『現代アメリカの社会学理論』恒星社厚生閣, 1988, x, 358p.

綾部恒雄. 2000. "『民族集団』の形成と多文化主義：二つの多文化主義と『るつぼ』化」," 〈五十嵐武士編『アメリカの多民族体制「民族」の創出』東京大学出版会, 2000, p.15-44.

馬場明男. 1983.『アメリカ社会学』明星大学出版部, 1983, 349, 14p.

Batchelder, Mildred L. 1940. "To Relate : School of the Air," *ALA Bulletin*, vol.34, no.8, 1940, p.468.

Bay, J. Christian. 1931. "Every Serious Voice Deserves a Hearing," *Library Journal*, vol.56, Sept. 15 1931, p.748-750.

Beck, Nelson R. 1977. "The use of library and educational facilities by Russian-Jewish immigrants in New York City, 1880-1914 : the impact of culture," *Journal of Library History*, vol.12, no.2, Spring 1977, p.128-149.

Becker, Patti Clayton. 2002. *Up the hill of Opportunity : American Public Libraries and ALA during World War II*, (Ph.D. Diss., University of Wisconsin-Madison, 2002)

Benton Foundation. 1996. *Buildings, Books, and Bytes : Libraries and Communities in the Digital Age : A Report on the Public's Opinion of Library Leaders, Visions for Future*, Washington, D. C., Benton Foundation, 1996, I, 46p.

Benton Foundation. 1997. "Buildings, books, and bytes : libraries and communities in the digital age," *Library Trends*, vol.46, no.1, Summer 1997, p.178-223.

Berelson, Bernard. 1938. "The Myth of Library Impartiality: An Interpretation for Democracy" *Wilson Bulletin for Librarians*, vol.13, no.2, Oct. 1938, p.87-90.

Berelson, Bernard. 1949a. *The Library's Public*, New York, Columbia University Press, 1949, xx, 174p.

Berelson, Bernard. 1949b. "The role of the social scientist in library research," *Rural Sociology*, vol.14, no.3, 1949, p.244-249.

Berelson, Bernard. 1952. *Content Analysis.*『内容分析』稲葉三千男・金圭煥訳 みすず書房, 1957, 79p, 4p. (社会心理学講座7, 大衆とマス・コミュニケーション3)

Berelson, Bernard. 1979. "Douglas Waples, 1893-1978," *Library Quarterly*, vol.49, no.1, Jan. 1979, p.1.

Berger, Chares R. & Chaffe, Steven H. (ed.) 1987. *Handbook of Communication*

Science, Newburg Park, Calif., Sage, 1987, 946p.

Birdsall, William F. 1994. *The Myth of Electronic Library*.『電子図書館の神話』根本彰他訳 勁草書房, 1996, xi, 254p.

Birdsall, William F. 1997. "A 'New Deal' for libraries in the digital age?," *Library Trends*, vol.46, no.1, Summer 1997, p.52-67.

Bishop Robert L. 1971. "An American voice : uncertain beginnings," *Journalism Monograph*, vol.19, 1971, p.22-39.

Bishop Robert L. & Mackay, LaMar S. 1971. "The Federal Government Reports on Defense, 1939-1942," *Journalism Monograph*, vol.19, 1971, p.1-21.

Blanchard, Margaret A. (ed.) 1998. *History of the Mass Media in the United States : An Encyclopedia*, Chicago, Fitzroy Dearborn Publishers, xxxii, 752p.

Blayney, Michael S. 1977. "'Libraries for the Millions' : Adult Public Library Services and the New Deal," *Journal of Library History*. vol.12, no.3, Summer 1977, p.235-249.

Bloss, Meredith. 1942. "Hartford stresses use of radio : suggests central-script writing project," *Wilson Library Bulletin*, vol.16, no.5, Jan. 1942, p.369-370.

Blucher, Walter H. 1944. *The Community of the Future : The Library in the Community : Papers Presented before the Library Institute at the University of Chicago, August 23-28, 1943*, Chicago, University of Chicago Press, 1944, p.215-224.

Boaz, Martha. 1978. "Learned, William Sethchel (1876-1950)," 〈Bobinski, George S (ed.) *Dictionary of American Library Biography*, Littleton, Colo., Libraries Unlimited, 1978〉 p.305.

Boaz, Martha et al. 1978. "Howe, Harriet Emma(1881-1965)" 〈Bobinski, George S (ed.) *Dictionary of American Library Biography*, Littleton, Colo., Libraries Unlimited, 1978〉 p.253-255.

Bobinski, George S. 1969. *Carnegie Libraries : Their History and Impact on American Public Library Development*, Chicago, ALA, 1969, xiv, 257p.

Bobinski, George S. 1978. "Johnson, Alvin S. (1874-1971)," 〈George Bobinski S. (ed.) *Dictionary of American Library Biography*, Littleton, Colo., Libraries Unlimited, 1978〉 p.276-278.

Bolter, Joy David. 1991. *Writing Space : The Computer, Hypertext, and the*

History of Writing.『ライティングスペース:電子テキスト時代のエクリチュール』黒崎政男他訳 産業図書, 1994, 12, 452p.

Books and the news. 1941. "Books and the news," *ALA Bulletin*, vol.35, no.6 June 1941, p.396-397.

Borgman, Christine L. & Schement, Jorge Reina. 1990. "Information science and communication research," 〈Michael J. Pemberton & Ann E. Prentice (eds.) *Information Science : The Interdisciplinary Context*, New York, Neal-Schuman, 1990〉p.42-59.

Bostwick, Arthur, E. 1928. "Radio aid for library educators," *Libraries : A Monthly Review of Library Matters and Methods*, vol.33, no.19, Nov. 1928, p.465-466.

Bostwick, Arthur E. 1939. "In-service training via the flower show," *Library Journal*, vol.64, March 1, 1939, p.184-185.

Brahm, Walter. 1951. "They proclaim calamity," *Library Journal*, vol.76, no.4, August 1951, p.1186-1187.

Brett, William H. 1956. "The literature of television," *Library Journal*, vol.81, no.16, Sept. 15, 1956, p.1945-1949.

Brittain, Mary Elizabeth. 1941. "Junior book shelf on the Air," *Library Journal*, vol.66, no.19, Oct. 1, 1941, p.806.

Broom, Herbert. 1976. "Adult services : the book that leads you on," *Library Trends*, vol.25, no.1, July, 1976, p.379-398.

Brown, Charles H. 1927. "Radio broadcasting by libraries," *Library Journal*, vol.52, no.17, Oct. 1927, p.922.

Brown, Charles H. 1928. "Radio Broadcasting Round Table," *Bulletin of the American Library Association*, vol.22, no.9, Sept. 1928, p.454.

Brown, H. Glenn. 1978. "Van Hoesen, Henry Bartlett(1885-1965)," 〈Bobinski, George S (ed.) *Dictionary of American Library Biography*, Littleton, Colo., Libraries Unlimited, 1978〉p.530-532.

Bryan, Alice I. 1952. *The Public Librarian : A Report of the Public Library Inquiry*, New York, Columbia University Press, 1952, xxvii, 474p.

Bryan, Alice I. 1978. "Leigh, Robert Devore (1890-1961)," 〈Bohdam S. Wynar (ed.) *Dictionary of American Library Biography*, Littleton, Colo., Libraries

Unlimited, 1978, p.310-313.
Bryan, Alice I. 1994. "The Public Library Inquiry : purpose, procedures, and participants," *Libraries and Culture*, vol.29, no.1, Winter 1994, p.12-25.
Bryson, Lyman L. 1943. "Libraries and broadcasting," *Wilson Library Bulletin*, vol.18, no.13, Nov. 1943, p.226-227, 237.
Buckland, Michael. 1992. *Redesigning Library Services : A Manifesto.*『図書館サービスの再構築』高山正也他訳　勁草書房, 1994, xix, 129p.
Buckland, Michael. 1996. "Documentation, information science, and library science in the U.S.A.," *Information processing and Management*, vol.32, no.1, 1996, p.63-76.
Bulmer, Martin. 1984. *The Chicago School of Sociology : Institutionalization, Diversity, and the Rise of Sociological Research*, Chicago, University of Chicago Press, 1984, xix, 285p. (*The Heritage of Sociology*)
Butler, Pierce. 1933. *An Introduction to Library Science.*『図書館学序説』藤野幸雄訳　日本図書館協会, 1978, 135p.
Butler, Pierce. 1951. "Librarianship as a profession," *Library Quarterly*, vol.21, no.4, Oct. 1951, p.235-247.
Campbell, Angus & Metzner, Charles A. 1950. *Public Use of the Library and of Other Sources of Information*, Institution for Social Research, Ann Arbor, University of Michigan, 1950, vii, 84p.
Carey, James W. 1989. *Communication as Culture : Essays on Media and Society*. Boston, Unwin Hyman, 1989.
Carnovsky, Leon. 1937a. "The evaluation of public-library facilities," 〈Louis Round Wilson (ed.) *Library Trends*. Chicago, University of Chicago Press, 1937〉 p.286-309.
Carnovsky, Leon. 1937b. "Why graduate study in librarianship?" *Library Quarterly*, vol.7, no.2, April 1937, p.246-261.
Carnovsky, Leon. 1940. "Community analysis and the practice of book selection," 〈Louis R. Wilson ed. *The Practice of Book Selection : Papers Presented before the Library Institute at the University of Chicago, July 31 to August 13*, 1939, Chicago, University of Chicago Press, 1940〉 p.20-39.
Carnovsky, Leon. 1944a. "Can the public library defend the Right to Freedom of

inquiry?," *ALA Bulletin*, vol.38, no.7, July 1944, p.255-257.

Carnovsky, Leon. 1944b. "Preparation for the librarian's profession," *Library Quarterly*, vol.12, no.3 July 1944, p.404-411.

Carnovsky, Leon. 1944c. "The state and the community library," 〈Leon Carnovsky & Martin, Lowell eds. 1944. *The Library in the Community : Papers Presented before the Library Institute at the University of Chicago, August 23-28, 1943*, Chicago, University of Chicago Press, 1944〉 p.1-11.

Carnovsky, Leon. 1945. "Intellectual freedom to safeguard the rights of library users to freedom of inquiry," *ALA Bulletin*, vol.39, no.10, Oct. 15, 1945, p.391-392.

Carnovsky, Leon. 1950. "The obligations and responsibilities of the librarian concerning censorship," *Library Quarterly*, vol.20, no.1 January 1950, p.21-32.

Carnovsky, Leon & Lowell Martin (eds.) 1944. *The Library in the Community : Papers Presented before the Library Institute at the University of Chicago, August 23-28, 1943*, Chicago, University of Chicago Press, 1944, viii, 238p.

Cartwright, Morse Adams. 1935. *Ten Years of Adult Education : A Report on a Decade of Progress in the American Movement*, New York, The Macmillan Company, 1935, xiv, 220p.

Castagna, Edwin. 1950. "First California returns on the Public Library Inquiry," *Library Journal*, vol.75, no.19, May 1, 1950, p.741-744.

Chance to secure radio scripts. 1940. "Chance to secure radio scripts," *ALA Bulletin*, vol.34, no.1 p.40, Jan. 1940.

Chancellor, John. 1938. "Reviews : the public library," *Library Quarterly*. vol.8, no.4, Oct. 1938, p.542-544.

Churchwell, Charles D. 1975. *The Shaping of American Library Education*. Chicago, ALA, 1975 (*ACRL Publications in Librarianship* no.36) vii, 130p.

Colm, Gerhard. 1968. "Johnson, Alvin," 〈David Sills L. (ed.) *International Encyclopedia of the Social Science*, Vol.8, New York, The Macmillan Company, 1968〉 p.260-262.

Colson, John. 1983. "Form against function : the American public library and contemporary society" *Journal of Library History*, vol.18, no.2, Spring 1983, p.111-142.

Corey, Stephen M. 1944. "High school and the war," 〈Leon Carnovsky & Lowell Martin (eds.) *The Library in the Community : Papers Presented before the Library Institute at the University of Chicago, August 23-28, 1943*, Chicago, University of Chicago Press, 1944〉 p.119-133.

Cory, John Mackenzie. 1942. "The National Plan for War Information Centers," *Library Journal*, vol.67, Aug. 1942, p.645-650.

Cory, John Mackenzie. 1943. "Libraries and the Office of War Information," *ALA Bulletin*, vol.37, no.2, Feb. 1943, p.38-41.

Council. 1926. "Council," 1926. *Bulletin of the American Library Association*, vol.20, no.10, Oct. 1926, p.341-342.

Council. 1933. "Council," 1933. *Bulletin of the American Library Association*, vol.27, no.13, Dec. 1933, p.610-613.

Coy, Alice B. 1927. "Radio and the Library," *Library Journal*, vol.52, no.12, June 15, 1927, p.631-632.

Current activities : Graduate Library School. 1930. "Current activities : Graduate Library School," December 1930, Graduate Library School Records Box 10, Folder 5. 4p.

Czitrom, Daniel J. 1982. *Media and the American Mind*, Chapel Hill, University of North Carolina Press, 1982, xiv, 254p.

Danky, James P. and Wiegand, Wayne A. (eds.) 1998. *Print culture in a diverse America*, Urbana, University of Illinois Press, 1998, x, 291p. (*The History of Communication*)

Davis, Donald G. Jr. 1998. "Wars in American libraries : ideological battles in the selection of materials," *Libraries and Culture*, vol.33, no.1, Winter 1998, p.40-46.

Davis, Elmer. 1942. "A message to American librarians," *ALA Bulletin*, vol.36, no.11, Oct. 1942, p.583.

Denny, George V. 1938. "America's town meeting and the library," *Bulletin of the American Library Association*, vol.32, no.11, Oct. 15, 1938, p.753-759.

Dewey, Melvil. 1879. "Apprenticeship of Librarians," *Library Journal*, vol.4, no.5, 1879, p.147-148.

Dewey, Melvil. 1884. "School of Library Economy at Columbia College," *Library*

Journal, vol.9, 1884, p.117-120.

Dickerson, L. L. 1932. "Broadcasting Table of Information," *Library Journal*, vol.57, no.1, Jan. 1, 1932, p.40-41.

Ditzion, Sidney. 1947 *Arsenals of a Democratic Culture : A Social History of the American Public Library Movement in New England and the Middle States from 1850 to 1900*.『民主主義と図書館』川崎良孝他訳 大阪, 日本図書館研究会, 1994, xvii, 270p.

Douglass, Paul. 1960. *Teaching for Self-education : As a Life Goal*, New York, Harper & Brothers, 1960, 153p.

Drickamer, Jewel. 1942. "A junior librarian looks at library radio publicity," *Wilson Library Bulletin*, vol.17, no.4, Dec. 1942, p.342-343.

Du Mont, Rosemary Ruhig and Buttlar, Lois and Caynon, William. 1994. *Multiculturalism in Libraries*, Conn., Westport, Greenwood Press, 1994, 240p. (*Contributions in librarianship and information science* no.83)

Editorial. 1924. "Editorial," *Library Journal*, vol.49, no.16, Sept. 15, 1924, p.786.

Editorial Forum. 1931. "Editorial Forum," *Library Journal*, vol.56, Feb. 1, 1931, p.124.

Evans, Elizabeth Wright. 1953. "Seattle has educational TV," *Library Journal*, vol.78, no.21, Dec. 1, 1953, p.2094-2096.

Fain, Elaine. 1983. "Books for new citizens : public libraries and Americanization programs, 1900-1925," 〈Aderman, Ralph M. (ed.) *The Quest for Social Justice : The Morris Fromkin Memorial Lectures, 1970-1980*, Madison, University of Wisconsin Press, 1983〉 p.255-276.

Fair, Ethel M. "Library radio broadcasting," *Library Journal*, vol.53, no.8, April 15, 1928, p.357-358.

Farquhar, A. M. 1938. "Radio in the library scene," *Wilson Library Bulletin*, vol.12, no.7 March 1938. p.435-438.

Fermi, Laura. 1972.『二十世紀の民族移動2』掛川トミ子, 野水瑞穂訳 みすず書房, 1972, 2, 266, xvi. (亡命の現代史2)

Fisher, Dorothy Canfield. 1938. "About books opening library window," *Journal of Adult Education*, vol.10, no.3, June 1938, p.303-304.

Fisher, Stering. 1938. "New experiments in radio education," *Bulletin of the*

American Library Association, vol.32, no.11, Oct. 15, 1938, p.741-746.
Foster, Jeannette H. 1945. "Reviews : The Library in the Community," Library Quarterly, vol.15, no.1 Jan. 1945, p.78-79.
福島寿男. 1982. "Williamson 報告の背景 : Williamson 報告と米国における図書館員の専門職教育の成立,"『図書館学会年報』vol.28, no.1, March 1982, p.1-11.
船津衛. 1999.『アメリカ社会学の展開』恒星社厚生閣, 1999, xii, 336, 44, xii p.
古矢旬. 1998. "アメリカニズム : その歴史的起源と展開,"〈東京大学社会科学研究所編『20 世紀システム 1 構想と形成』東京大学出版会, 1998〉p.61-105.
Garceau, Oliver 1949. The Public Library in the Political Process, New York, Columbia University Press, 1949 : reprint, Boston, Gregg Press, 1972, xxvii, 254p. (The Library Reference Series)
Garrison, Dee. 1979. Apostles of Culture : The Public Librarian & American Society 1876-1920.『文化の使徒 : 公共図書館・女性・アメリカ社会 1876―1920 年』田口瑛子訳 大阪, 日本図書館研究会, 1996, ix, 433p.
Geller, Evelyn. 1984. Forbidden Books in American Public Libraries, 1876-1939 : A Study in Cultural Change.『アメリカ公立図書館で禁じられた図書 : 1876 年―1939 年, 文化変容の研究』川崎良孝・吉田右子訳 京都, 京都大学図書館情報学研究会, 2003, 313p.
Gertzog, Alice & Beckerman, Edwin. 1994. Administration of the Public Library, Metuchen, N.J., The Scarecrow Press, Inc., 1994, xvi, 581p.
Gilman, Grace W. 1944. "The community role of the public library in middletown and suburbia,"〈Leon Carnovsky & Lowell Martin (eds.) The Library in the Community : Papers Presented before the Library Institute at the University of Chicago, August 23-28, 1943, Chicago, University of Chicago Press, 1944〉p.90-97.
The Graduate Library School 1928-29. 1928. Announcement : The Graduate Library School 1928-29, vol.28, no.28, June 20, 1928, 13p.
Graham, Clarence R. & Hodapp, William. 1949. "Television's town hall," Library Journal, vol.74, no.6, Mar. 15, 1949, p.409-412.
Greiner, Joy M. ed. 1994. Research Issues in Public Librarianship : Trends for the Future, Westport, Conn., Greenwood Press, 1994, viii, 229p. (Contributions in Librarianship and Information Science no.80)

Gutmann, Amy. 1994. "緒論," 〈Charles Taylor et al.『マルチカルチュラリズム』佐々木毅他訳 岩波書店, 1996〉p.3-35.

Hafner, Arthur W. ed. 1993. *Democracy and the Public Library : Essays on Fundamental Issues*, Westport, Conn., Greenwood Press, 1993, viii, 336p. (*Contributions in Librarianship and Information Science* no.78)

花田達朗. 1996.『公共圏という名の社会空間：公共圏，メディア，市民社会』木鐸社, 1996, 337, xxv p.

花田達朗・吉見俊哉, コリン・スパークス編.『カルチュラル・スタディーズとの対話』新曜社, 1999, 34, 632p.

Harding, Thomas S. 1978. "Joeckel, Carleton Bruns (1886-1960)," 〈Bobinski, George S (ed.) *Dictionary of American Library Biography*, Littleton, Colo., Libraries Unlimited, 1978〉p.274-276.

Harrell, Charles T. 1941. "The Library of Congress radio research project," *ALA Bulletin*, vol.35, no.7, July 1941, p.448-449, 452.

Harris, Michael H. 1973. "The purpose of the American public library : a revisionist interpretation of history," *Library Journal*, vol.98, no.16, Sept. 15, 1973, p.2509-2514.

Harris, Michael H. 1976. "Portrait in paradox : commitment and ambivalence in American librarianship, 1876-1976," *Libri*, vol.26, no.4, 1976, p.281-301.

Harris, Michael H. 1986a. "The dialectic of defeat : antinomy in research of library and information science," "勝敗の弁証法：図書館情報学研究におけるアンチノミー," 〈Michael H. Harris 根本彰編訳『図書館の社会理論』青弓社, 1991〉p.13-42.

Harris, Michael H. 1986b. "State, class, and cultural reproduction : toward a theory of library service in the United States," "国家，階級および文化的再生産：合衆国における図書館サービスの理論に向けて," 〈Michael H. Harris 根本彰編訳『図書館の社会理論』青弓社, 1991〉p.43-114.

Harris, Michael H.1991.『図書館の社会理論』根本彰編訳 青弓社, 1991, 212p, vi.

Harris, Michael & Hannah, Stan A. 1993. *Into the Future : the Foundations of Library and Information Services in the Post-Industrial Era*, Norwood, N.J., Ablex, 1993, x, 182p. (*Information Management, Policy, and Services*)

Harris, Michael H. & Spiegler, Gerard. 1974. "Everett, Ticknor and the Common

Man : The fear of societal instability as the motivation for the founding of the Boston Public Library," *Libri*, vol.24, no.4, 1974, p.249-275.

Harrison, J. C. 1952. "Library publication : Leigh (R. D.) *The Public Library in the United States*," *Library Review*, no.101, Spring 1952, p.323-324.

Hart, Clyde W. 1944. "Keeping the citizen informed in wartime," 〈Leon Carnovsky & Lowell Martin (eds.) *The Library in the Community : Papers Presented before the Library Institute at the University of Chicago, August 23-28, 1943*, Chicago, University of Chicago Press, 1944〉 p.176-189.

Haygood, William Converse. 1968. "Leon Carnovsky : A Sketch," *Library Quarterly*, vol.38, no.4, Oct. 1968, p.422-428.

Heaps, Willard A. 1940. "Ears and the library : implications in the school use of radio," *Wilson Library Bulletin*, vol.15, no.1 Sept. 1940, p.19-23, 27.

Henne, Frances. 1941. "Library-radio relationships," *Library Quarterly*, vol.11, no.4, Oct. 1941, p.448-496.

日高六郎他編. 1967.『マス・コミュニケーション入門』有斐閣, 1967, 6, 259, 13p.

Hildenbrand, Suzanne. 1996. *Reclaiming the American Library Past : Writing the Women In*.『アメリカ図書館史に女性を書きこむ』田口瑛子訳　京都大学図書館情報学研究会, 2002, v, 367p.

Hildenbrand, Suzanne. 1999. "Library feminism and library women's history : activism and scholarship, equity and culture," "図書館フェミニズムと図書館女性史：アクティヴィズムと学術研究，および公正と文化," 田口瑛子訳『図書館文化史研究』no.17, 2000, p.77-99.

平野共余子. 1998.『天皇と接吻：アメリカ占領下の日本映画検閲』草思社, 1998, 399p, xii.

平野英俊. 1989. "Johnson Report(1916年), その意義と内容：アメリカ図書館員養成教育の発達過程に関する考察,"『日本大学人文科学研究所研究紀要』37巻, 1989, p.169-186.

平野英俊. 1993a. "Aksel G. S. Josephson：その活動と業績：アメリカにおける図書館員養成教育制度の発達,"『図書館学会年報』vol.39, no.3, 1993, p.119-128.

平野英俊. 1993b. "アメリカにおける図書館員養成教育制度の発達とA.G.S.ジョゼフソン (1860-1944) : その人物像を中心として"『日本大学人文科学研究所研究紀要』46巻, 1993, p.63-76.

平野英俊. 1995. "A.G.S.ジョゼフソンと図書館員養成教育論,"『教育学雑誌』, 29巻, 1995, p.1-15.

平野英俊. 1997. "A.G.S.ジョゼフソンとその"Bibliography"観,"『研究紀要（日本大学文理学部人文科学研究所）』53巻, 1997, p.105-118.

平野英俊. 1999. "A.G.S.ジョゼフソンと Bibliographical Institute（書誌研究所）構想,"『研究紀要（日本大学文理学部人文科学研究所）』57巻, 1999, p.189-203.

広井脩. 1977. "「批判的コミュニケーション研究」ノート：アメリカ初期ラジオ研究の一側面,"『東京大学新聞研究所紀要』第25号, 1977, p.33-68.

Hitchcock, Olga Mary. 1944. "Radio Adventures in Books," *Wilson Library Bulletin*, vol.18, no.9, May 1944, p.674-675.

宝月誠. 1997. "シカゴ学派の理論的支柱：モノグラフとミードの関係,"『シカゴ社会学の研究：初期モノグラフを読む』恒星社厚生閣, 1997, p.38-64.

宝月誠・中野正大編. 1997.『シカゴ社会学の研究：初期モノグラフを読む』恒星社厚生閣, 1997, 595, 13p.

本間長世. 1993a. "アメリカ人のコミュニティ観," 〈本間長世編『アメリカ社会とコミュニティ』日本国際問題研究所, 1993〉 p.1-35.（現代アメリカ2）

本間長世編. 1993b.『アメリカ社会とコミュニティ』日本国際問題研究所, 1993, xii, 279p.（現代アメリカ2）

Horkheimer, Max & Adorno, Theodor W. 1947. *Dialektik der Aufklärung : Philosophische Fragmente*.『啓蒙の弁証法：哲学的断想』徳永恂訳　岩波書店, 1990, xix, 422p.

Horner, J. A. 1952. "TV program needs the library," *Library Journal*, vol.77, no.18 Oct. 15, 1952, p.1781-1782.

Houlahan, M. H. 1945. "Uses library tools and experience in new work," *Library Journal*. vol.70, no.17 Oct. 1, 1945, p.880-882.

Houle, Cyril O. 1944. "A community program for education," 〈Leon Carnovsky & Lowell Martin (eds.) *The Library in the Community : Papers Presented before the Library Institute at the University of Chicago, August 23-28, 1943*, Chicago, University of Chicago Press, 1943〉 p.134-145.

Houser, Lloyd & Schrader, Alvin M. 1978. *The Search for a Scientific Profession : Library Science Education in the U.S. & Canada*, Metuchen, NJ., Scarecrow, 1978, xi, 180p.

Howard, Paul. 1944. "Libraries and the OWI," *Library Journal*, vol.69, no.1, Jan 1, 1944, p.24.

Howe, Harriet Emma. 1931. "The Library School Curriculum," *Library Quarterly*, vol.1, no.3, July 1931, p.283-290.

Howe, M. 1956. "Television book bandwagon," *Library Journal*, vol.81, no.18, Oct. 15, 1956, p.2414-2416.

Hudelson, Douglas. 1945. "Television comes to the library," *Special Libraries*, vol.36, no.10, Dec. 1945, p.478-480.

Hughes, Esther I. 1945. "Des Moines sneaks up on non-users," *Library Journal*, vol.70 no.14, Aug. 1945, p.673-674.

Hyers, Faith Holmes. 1935. "Hints for library radio programs : pointed out by History Committee of the National Advisory Council on Radio in Education," *Library Journal*, vol.60, Oct. 15, 1935, p.795-796.

Hyers, Faith Holmes. 1937. "Library radio broadcasting Committee," *Bulletin of the American Library Association*, vol.31, no.9, Sept. 1937, p.579-580.

池田貞雄他. 1978.『大学史 1』講談社, 1978, 434p.（世界教育史大系 26）

池谷のぞみ. 2001. "生活世界と情報,"〈田村俊作編『情報探索と情報利用』勁草書房, 2001〉p.41-90.

今井康雄. 1998.『ヴァルター・ベンヤミンの教育思想：メディアのなかの教育』横浜, 世織書房, 1998, iv, 294p.

Immroth, John Phillip. 1978. "Hanson, James Christian Meinich (1864-1943),"〈Bobinski, George S (ed.) *Dictionary of American Library Biography*, Littleton, Colo., Libraries Unlimited, 1978〉p.227-230.

Indianapolis radio programs. 1940. "Indianapolis radio programs," 1940. *ALA Bulletin*, vol.34, no.4, April 1940, p.255-256.

井上達夫. 1999a. "多文化主義の政治哲学：文化政治のトゥリアーデ,"〈油井大三郎他編『多文化主義のアメリカ：揺らぐナショナル・アイデンティティ』東京大学出版会, 1999〉p.87-114.（アメリカ研究叢書）

井上達夫. 1999b.『他者への自由：公共性の哲学としてのリベラリズム』創文社, 1999, xi, 235, 31p.

Jay, Martin. 1973.『弁証法的想像力：フランクフルト学派と社会研究所の歴史 1923-1950』荒川幾男訳 みすず書房, 1975, xvi, 441, 27p.

Jay, Martin. 1984. *Adorno.*『アドルノ』木田元他訳 岩波書店, 1987, 307, 23p.

Jay, Martin. 1986. *Permanent Exiles : Essays on the Intellectual Migration from Germany to America.*『永遠の亡命者たち：知識人の移住と思想の運命』今村仁司他訳 新曜社, 1989, 566p.

Jinnette, Isabella. 1953. "TV story program," *Library Journal*, vol.78, no 11, June 1953, p.981-983.

Joeckel, Carleton B. 1935. *The Government of the American Public Library*, Chicago, University of Chicago Press, 1935.

Joeckel, Carleton B. & Winslow, Amy. 1948. *Post War Planning of the American Library*, Chicago, American Library Association, 1948 xiii, 168p. (*Planning for Libraries* no.3)

Johnson, Alvin S. 1915. *A Report to Carnegie Corporation of New York on the Policy of Donations to Free Public Libraries*, New York, Carnegie Corporation, 1915, 68p.

Johnson, Alvin S. 1938. *The Public Library : A People's University.* New York, American Association for Adult Education, 1938, ix, 85p.

Johnson, Alvin S. 1952. *Pioneer's Progress : An Autography by Alvin Johnson.* New York, The Viking Press, 1952, x, 413p.

Johnson, Elmer D. 1973. *Communication : An Introduction to the History of Writing, Printing, Books and Libraries*, 4th ed., Metuchen, N.J., Scarecrow, 1973, 322p.

Jones, Plummer Alston Jr. 1999. *Libraries, Immigrants, and the American Experience*, Westport, Conn., Greenwood Press, 1999, xi, 236p. (*Contributions in Librarianship and Information Science* no.92)

Josephson, Aksel G. S. 1900. "Preparation for librarianship," *Library Journal*, vol.25, no.5, May 1900, p.226-228.

Kaiser, Walter H. 1951. "Television and reading," *Library Journal*, vol.76, no.4, Feb. 15, 1951, p.348-350.

Karetzky, Stephen. 1982. *Reading Research and Librarianship : A History and Analysis*, Westport, Conn., Greenwood, 1982, xxi, 385p. (*Contributions in Librarianship and Information Science* no.36)

河井弘志. 1977. "シカゴ学派の図書館学論：Pierce Butler 前史,"『図書館と出版文化：

彌吉光長先生喜寿記念論文集』彌吉光長先生喜寿記念会, 1977, p.454-434.

河井弘志. 1980a. "シカゴ学派の読書研究(Ⅰ),"『図書館学会年報』vol.26, no.2, June 1980, p.85-92.

河井弘志. 1980b. "シカゴ学派の読書研究(Ⅱ),"『図書館学会年報』vol.26, no.3, Sept. 1980, p.111-119.

河井弘志. 1980c. "シカゴ学派の読書研究(Ⅲ),"『図書館学会年報』vol.26, no.4, Dec. 1980, p.158-165.

河井弘志. 1987.『アメリカにおける図書選択論の学説史的研究』日本図書館協会, 1987, vii, 483p.

川崎良孝. 1980. "アンドリュー・カーネギーの図書館思想,"『図書館界』vol.32, no.2, July 1980, p.33-50.

川崎良孝. 1985. "図書館調査と図書館サービス,"〈森耕一編『図書館サービスの測定と評価』日本図書館協会, 1985〉p.37-84.

川崎良孝. 1991.『アメリカ公立図書館成立思想史』日本図書館協会, 1991, xix, 335p.

川崎良孝解説・訳. 1999.『ボストン市立図書館は、いかにして生まれたか：原典で読む公立図書館成立期の思想と実践』京都, 京都大学図書館情報学研究会, 1999, ix, 220p.

川崎良孝編著. 2001『図書館・図書館研究を考える：知的自由・歴史・アメリカ』京都, 京都大学図書館情報学研究会, xii, 278p.

Keith, Alice. 1932. "Education by radio and library cooperation," *Wilson Library Bulletin*, vol.6, no.7, March, 1932, p.550-552.

Keppel, Frederick P. 1931. "The Carnegie Corporation and the Graduate Library School : a historical outline," *Library Quarterly*, vol.1, no.1, June 1931, p.22-25.

Kett, Joseph F. 1944. *The Pursuit of Knowledge Under Difficulties : From Self-Improvement to Adult Education in America 1750-1990*, Stanford, Calif., Stanford University Press, 1994, xviii, 581p.

Kincheloe, Samuel C. 1944. "Life in the small city,"〈Leon Carnovsky & Lowell Martin (eds.) *The Library in the Community : Papers Presented before the Library Institute at the University of Chicago, August 23-28, 1943*, Chicago, University of Chicago Press, 1944〉p.76-89.

Klapper, Joseph T. 1949. *The Effects of Mass Media*, New York, Bureau of

Applied Social Research, Columbia University, 1949, 1 vol.

Klapper, Joseph T. 1960. *The Effects of Mass Communication*. 『マス・コミュニケーションの効果』NHK放送学研究室訳　日本放送出版協会, 1966, 338, 26p.

小林卓. 1993. "今世紀初頭のアメリカにおける移民へのサービス：アメリカナイゼーション運動との関わりで,"『社会教育学・図書館学研究』no.17, 1993, p.23-33.

小堀勉編. 1978.『欧米社会教育発達史』亜紀書房, 1978, 435p.（講座・現代社会教育3）

Kohlstedt, Donald W. 1936. "Library Opportunities," *Library Journal*, vol.61, no.2, Dec. 15, 1936, p.939, 969.

Kohlstedt, Donald W. 1940a. "Is library radio broadcasting worth while?," *Library Journal*, vol.65, no.9, May 1, 1940, p.365-368.

Kohlstedt, Donald W. 1940b. "Library radio broadecasting," *ALA Bulletin*, vol.34, no.9, Sept. 15, 1940, p.591-592.

児島和人. 1993.『マス・コミュニケーション受容理論の展開』東京大学出版会, 1993, viii, 223p.

今まど子. 1973. "アメリカの図書館学教育基準(1),"『獨協大学教養諸学研究』7号, 1973, p.146-166.

今まど子. 1988. "アメリカの図書館学教育基準,"『人文研紀要』7号, 1988, p.113-149.

今まど子. 1994. "アメリカの情報交流と図書館：CIE図書館との係わりにおいて,"『中央大学文学部紀要』第4号（通巻156号）, 1994, p.29-42.

Kraske, Gary E. 1985. *Missionaries of the Book : The American Library Profession and the Origins of United States Cultural Diplomacy*, Westport, Conn., Greenwood Press, 1985, x, 293p.（*Contributions in Librarianship and Information Science* no.54）

LC starts radio service. 1941. "LC starts radio service," 1941. *Publisher Weekly*, vol.139, p.1365, March 29, 1941.

Lasswell, Harold D. 1947. "社会におけるコミュニケーション構造の機能," 〈Wilbur Schramm (ed.)『マス・コミュニケーション』学習院社会学研究室訳　4版, 東京 創元社, 1969〉p.66-81.（現代社会科学叢書）

Lazarsfeld, Paul Felix. 1941. "Remarks on administrative and critical communications research," *Studies in Philosophy and Social Sciences*, vol.9. no.1, 1941, p.2-16.

Lazarsfeld, Paul Felix. 1973. "社会調査におけるひとつのエピソード：メモワール,"

〈『社会科学者・心理学者』荒川幾男他訳　みすず書房, 1973〉p.181-287.（亡命の現代史 4　知識人の大移動 2）

Lazarsfeld, Paul Felix & Berelson, Bernard & Gaudet, Hazel. 1968. *The People's Choice : How the Voter Makes up his Mind in a Presidential Campaign*, 3rd ed.,『ピープルズ・チョイス：アメリカ人と大統領選挙』有吉広介監訳　芦書房, 1987, 266p.

Lazarsfeld, Paul Felix et al. 1975. *An Introduction to Applied Sociology.*『応用社会学：調査研究と政策実践』齋藤吉雄監訳　恒星社厚生閣, 1989, vi, 269, 25p.

Learned, William S. 1924. *American Public Library and the Diffusion of Knowledge*, New York, Harcourt Brace, 1924, vii, 89p.

Learned, William S. 1927. *The Quality of the Educational Process in the United States and in Europe*, New York, The Carnegie Foundation for the Advancement of Teaching, 1927 x, 133p.

Learned, William S. & Bagley, William C. 1920. *The Professional Preparation of Teachers for American Public Schools : A Study Based Upon an Examination of Tax-Supported Normal Schools in the State of Missouri*, New York, The Carnegie Foundation for the Advancement of Teaching, 1920, xix, 475p.

Lee, Robert Ellis. 1966. *Continuing Education for Adults through the American Public Library 1833-1964.* Chicago, American Library Association, 1966, ix, 158p.

Leigh, Robert D. 1948. "Intellectual Freedom," *ALA Bulletin*, vol.42, no.8, Sept. 1, 1948, p.363-369.

Leigh, Robert D. 1950. *The Public Library in the United States : The General Report of the Public Library Inquiry*, New York, Columbia University Press, 1950, ix, 272p.

Leigh, Robert D. 1951. "The Public Library Inquiry's sampling of library holdings of books and periodicals," *Library Quarterly*, vol.21, no.3, July 1951, p.157-172.

Leigh, Robert D. 1957. "Changing concepts of the public library's role," *Library Quarterly*, vol.27, no.4, Oct. 1957, p.223-234.

Library-Community Project, Headquarters Staff of the American Library Association, Studying. 1960. *The Community : A Basis for Planning Library*

Adult Education Services, American Library Association, 1960, vii, 128p.
The Library Quarterly. 1930. "'The Library Quarterly'," *Bulletin of the American Library Association*, vol.24 no.10, Oct. 1930, p.600-601.
Library Radio Broadcasting Committee. 1940. "Library Radio Broadcasting Committee," 1940. *ALA Bulletin*, vol.34, no.7, July 1940, p.152-153.
Library Radio Broadcasting Committee. 1940. "Library Radio Broadcasting Committee," *ALA Bulletin*, vol.34, no.8, Aug. 1940, p.152-153.
Library radio broadcasting. 1928. "Library radio broadcasting," *Library Journal*, vol.53, no.8, April 15, 1928, p.357-358.
Library radio broadcasting. 1940. "Library radio broadcasting," *ALA Bulletin*, vol.34, no.9, Sept. 15, 1940, p.591-592.
Library-radio cooperation. 1937. "Library-radio cooperation," *Library Journal*, vol.62, no.21, Dec. 1, 1937, p.904-905.
Library television program. 1941. "Library television program," *ALA Bulletin*, vol.35, no.6, June 1941, p.397.
Library War Service. 1942. "Library war service : new OWI liaison librarian," *ALA Bulletin*, vol.36, no.2, Oct. 1, 1942, p.623-624.
Lincove, David A. 1991. "Activists for internationalism : ALA responds to World War II and British requests for aid, 1939-1941," *Libraries and Culture*, vol.26, no.3, Summer 1991, p.487-510.
Lincove, David A. 1994. "Propaganda and the American Public Library from the 1930s to the Eve of World War II" *RQ*, vol.33, no.4, Summer 1994, p.510-523.
Logan, George King. 1953. "Two years on television," *Library Journal*, vol.78, no.2, Jan. 15, 1953, p.128-130.
Loizeaux, Marie D. ed. 1940. *Library on the Air*, H. W. Wilson Company, 1940, 364p.
Long, Fern. 1942. "America's future," *ALA Bulletin*, vol.36, no.13, 1942, p.799-807.
Lowman, L. W. 1945. "Television : a major post war industry," *Special Library*, vol.36, no.8 Oct. 1945, p.272-279.
Luce, Helen. 1950. "Public objects to libraries," *Library Journal*, vol.75, No.9, May 1 1950, p.765.
Luening, Otto. 1949. *Music Materials and the Public Library : An Analysis of*

the Role of the Public Library in the Field of Music, New York, Columbia University, 1949, 87p.

Maack, Mary Niles. 1994a. "Public libraries in transition : ideals, strategies, and research," Libraries and Culture, vol.29, no.1, Winter 1994, p.75-94.

Maack, Mary Niles (ed.) 1994b. "The Public Library Inquiry : reminiscences, reflections, and research," Libraries and Culture, vol.29, no.1, Winter 1994, 145p.

Maack, Mary Niles. 1998. "Gender, culture, and the transformation of American librarianship, 1890-1920," Libraries and Culture, vol.33, no.1, Winter 1998, p.51-61.

McCamy, James L. 1949. Government Publications for the Citizen, New York, Columbia University, 1949, xiv, 139p.

McIntyre, Ferilyn S. 1998. "Commission on Freedom of the Press," 〈Margaret A. Blanchard (ed.) History of the Mass Media in the United States : An Encyclopedia, Chicago, Fitzroy Dearborn Publishers〉 p.154-155.

MacLean, Helen Hirt. 1938. "The movies, the radio and the library" Library Journal, vol.63, no.13, July, 1938, p.550-551.

Machlup, Fritz & Mansfield, Una ed. 1983. The Study of Information : Interdisciplinary Message, New York, John Wiley & Sons, 1983, xxii, 743p.

McMillen, Wayne. 1944. "The community survey," 〈Leon Carnovsky & Lowell Martin (eds.) The Library in the Community : Papers Presented before the Library Institute at the University of Chicago, August 23-28, 1943, Chicago, University of Chicago Press, 1944〉 p.190-200.

McQuail, Dennis. 1983. Mass Communication Theory.『マス・コミュニケーションの理論』竹内郁郎他訳　新曜社, 1985, v, 279, 21p.

The mail bag : television in the library. 1940. "The mail bag : television in the library," Wilson Library Bulletin, vol.15, no.1, Sept. 1940 p.82-82.

Malone, Cheryl Knott. 2000. "Toward a multicultural American public library history," Libraries and Culture, vol.35, no.1, Winter 2000, p.77-87.

Martin, Lowell. 1944. "Community analysis for the library," 〈Leon Carnovsky & Lowell Martin (eds.) The Library in the Community : Papers Presented before the Library Institute at the University of Chicago, August 23-28, 1943,

Chicago, University of Chicago Press, 1944〉p.201-214.

松原治郎. 1973. "コミュニティ論の系譜,"〈松原治郎編『コミュニティ』至文堂, 1973〉p.54-62.（現代のエスプリ 68）

松本悠子. 1998. "アメリカ人であること・アメリカ人にすること：二〇世紀初頭の「アメリカ化」運動におけるジェンダー・階級・人種,"『思想』No.884, 1998 年 2 月, p.52-75.

Mattson, Kevin. 2000. "The librarian as secular minister to democracy : the life and ideas of John Cotton Dana," *Libraies and Culture*, vol.35, no.4, Fall 2000, p.514-534.

Milam, Carl H. 1934. "The relation of the library to radio education,"〈Josephine H. MacLatchy (ed.) *Education on the Air : 5th Yearbook*, Columbus, Ohio State University, 1934〉p.245.

Milam, Carl H. 1942. Carl H. Milam to Archibald MacLeish, 19-Aug-1942, ALA Archives, 89/2/6 Box2. p.2.

Milam, Carl H. 1942. "Our War Job," *ALA Bulletin*, vol.36, no.11, Oct. 1942, p.585.

Miller, William. 1944. *The Book Industry : A Report of the Public Library Inquiry*, New York, Columbia University Press, 1949, xiv, 156p.

水越伸. 1993a. "80 年代メディアの変容とメディア論の構図：非マス・メディア系情報媒体を包括する研究枠組みの展望,"〈石坂悦男他編『メディアと情報化の現在』日本評論社, 1993〉p.375-394.

水越伸. 1993b.『メディアの生成：アメリカ・ラジオの動態史』同文舘, 1993, vii, 326p.

水越伸. 1993c. "メディア論の混沌：社会情報媒体論のための覚書,"『状況』1993 年 5 月, p.57-66.

水越伸. 1993d. "日本におけるテレビ放送研究の系譜：「テレビジョン」特集と「放送学」構想にみる限界と有効性,"『社会情報と情報環境』東京大学社会情報研究所編 東京大学出版会, 1993, p.102-122.

水越伸編. 1996a.『エレクトリック・メディアの近代』ジャストシステム, 1996, 210p.（20 世紀のメディア 1）

水越伸. 1996b. "情報化とメディアの可能的様態の行方,"〈井上俊他編『メディアと情報化の社会学』岩波書店, 1996〉p.177-196.（岩波講座 現代社会学 第 22 巻）

水越伸. 1996c. "ソシオ・メディア論の歴史的構図：情報技術・メディア・20 世紀社会,"

〈水越伸編『エレクトリック・メディアの近代』ジャストシステム, 1996〉p.5-25. (20世紀のメディア1)

水越伸. 2002.『デジタル・メディア社会』新版, 岩波書店, 1999, 268p.

Molz, Redmond Kathleen. 1984. *National Planning for Library Service 1935-1975*, Chicago, American Library Association, 1984, xii, 147p.

Molz, Redmond Kathleen. 1994. "The Public Library Inquiry as public policy research," *Libraries and Culture*, vol.29, no.1, Winter 1994, p.61-74.

Molz, Redmond Kathleen & Dain, Phyllis. 1999. *Civic Space / Cyberspace : The American Public Library in the Information Age*, Cambridge, The MIT Press, 259p.

Monroe, Margaret E. 1963. *Library Adult Education : The Biography of an Idea*, New York, The Scarecrow Press, 1963, 550p.

Munn, R. Russell. 1944. "A library-sponsored community council,"〈Leon Carnovsky & Lowell Martin (eds.) *The Library in the Community : Papers Presented before the Library Institute at the University of Chicago, August 23-28, 1943*, Chicago, University of Chicago Press, 1944〉p.38-47.

村上美代治. 1980. "アメリカ公共図書館の発展と法：LSA, LSCAの成立, 意義, 発展,"『ライブラリアンシップ』第11号, 1980年7月, p.1-16.

村上美代治. 1986. "第1次世界大戦と図書館活動：戦時下のALA活動,"『大図研論文集』第13号, 1986年4月, p.39-50.

村上美代治. 1989. "第2次世界大戦とアメリカの図書館活動：アメリカの世界戦略と図書館政策,"『大図研論文集』第15号, 1989年6月, p.123-133.

村上美代治. 1993. "アメリカ資本主義と図書館：大恐慌時代の図書館政策の解明に向けて,"『大図研論文集』第16号, 1993年3月, p.25-56.

Myers, Frederick L. 1940a. "Securing and using radio time," *Wilson Library Bulletin*, vol.14, no.5, Jan, 1940, p.365-368.

Myers, Frederick L. 1940b. "Television in the Library," *Wilson Library Bulletin*, vol.15, no.1, Sept. 1940, p.82-83.

長尾龍一. 1985.『アメリカ知識人と極東：ラティモアとその時代』東京大学出版会, 1985, v, 295, 19p.

中野正大. 1997. "社会調査からみた初期シカゴ学派,"〈宝月誠, 中野正大編『シカゴ社会学の研究』恒星社厚生閣, 1997〉p.3-37.

根本彰. 1998.『文献世界の構造：書誌コントロール論序説』勁草書房, 1998, viii, 273p.

根本彰. 1994. "図書館研究の二つの理論的基盤：J．H．シェラ晩年の「離反」をめぐって,"『図書館学会年報』vol.40, no.4, Dec. 1994, p.145-159.

根本彰. 1997. "図書館研究への儀式的アプローチ,"『図書館界』vol.48, no.5, Jan. 1997, p.442-452.

根本彰. 1999a.『占領期図書館研究の課題』東京大学大学院教育学研究科図書館情報学研究室, 1999, 132p.（占領期図書館研究 第1集）

根本彰. 1999b. "占領初期における米国図書館関係者来日の背景：ALA文書ほかの一次資料に基づいて"『日本図書館情報学学会誌』vol.45, no.1, March 1999, p.1-16.

A new kind of story-telling. 1922. "A new kind of story-telling," *Public Libraries*, vol.27, no.8, Oct. 1922, p.502.

Noé, Adolf C. 1919. "Our University Libraries," *School and Society*, vol.10, 1919, p.70-72.

Noon, Paul A. T. 1942. "'Be sure to listen next week'," *Wilson Library Bulletin*, vol.16, no.7, Mar, 1942, p.556-558, 561.

能登路雅子. 1993. "地域共同体から意識の共同体へ：アメリカ的コミュニティのフロンティア,"〈本間長世編『アメリカ社会とコミュニティ』日本国際問題研究所, 1993〉p.173-206.（現代アメリカ 2）

OWI Film Advisory Committee. 1944. "OWI Film Advisory Committee recommendations," *ALA Bulletin*, vol.38, no.1, Jan. 1944, p.28.

OWI's War Film Program. 1943. "OWI's War Film program," *ALA Bulletin*, vol.37, no.1, Jan. 1943 p.14.

Oboler, Eli M. 1950. "The elite and the public library," *Library Journal*, vol.75, no.14, Aug. 1950, p.1283-1284.

小倉親雄. 1977.『アメリカ図書館思想の研究』日本図書館協会, 1977, 354p.

岡田直之. 1992.『マスコミ研究の視座と課題』東京大学出版会, 1992, xi, 260, iv p.

On the air in Boston. 1941. "On the air in Boston," *ALA Bulletin*, vol.35, no.7 July 1941, p.453-454.

On the air in Cincinnati. 1940. "On the air in Cincinnati," *ALA Bulletin*, vol.34, no.6 June, 1940, p.406.

Ong, Walter J. 1982. *Orality and Literacy : The Technologizing of the Word.*『声の文化と文字の文化』桜井直文他訳　藤原書店, 1991, 405p.

Orr, Robert W. 1952. "Television and the Library at Iowa State," *College and Research Library*, vol.13, no.4, Oct. 1952, p.314-318.

大佐三四五. 1954.『圖書館學の展開』丸善, 1954, x, 329p.

大澤真幸. 1995.『電子メディア論：身体のメディア的変容』新曜社, 1995, 352p.

Palmour, Vernon and Bellassai, Marcia C. and De Wath, Nancy V. 1983. *A Planning Process for Public Libraries*.『公共図書館のサービス計画：計画のたて方と調査の手引』田村俊作他訳　勁草書房, 1985, 308p.

Park, Robert E. 1925. "新聞の博物学,"〈Wilbur Schramm (ed.)『マス・コミュニケーション』学習院社会学研究室訳　4版, 東京創元社, 1969〉p.4-21. (現代社会科学叢書)

Park, Robert E. & Burgess, Ernest W. 1969. *Introduction to the Science of Sociology : Including the Original Index to Basic Sociological Concept*, 3rd rev. ed., Chicago, University of Chicago Press, 1969, xxiv, 1040p.

Paulson, Peter J. 1978. "Wyer, James Ingersoll (1869-1955),"〈Bobinski, George S (ed.) *Dictionary of American Library Biography*, Littleton, Colo., Libraries Unlimited, 1978〉p.576-579.

Paulus, Margaret. 1950. "Why not recreation," *Library Journal*, vol.75, no.16, Sept. 15, 1950, p.1481-1484.

Pawley, Christine. 1998a. "Better than billiards : reading and the public library in Osage, Iowa, 1890-95," "ビリヤードより良いもの：1890年から1895年のアイオワ州オーセージにおける読書と公共図書館," 吉田右子訳〈川崎良孝編著『図書館・図書館研究を考える：知的自由・歴史・アメリカ』京都, 京都大学図書館情報学研究会, 1998〉p.119-152.

Pawley, Christine. 1998b. "What to read and how to read : the social infrastructure of young people's reading, Osage, Iowa, 1870 to 1900," *Library Quarterly*, vol.68, no.3, July 1998, p.276-297.

Peatling, G. K. 2003. "Discipline and the Discipline : Histories of the British Public Library," *Libraries and Culture*, vol.38, no.2, Spring 2003, p.121-146.

Pemberton, Michael J. & Prentice, Ann E. (eds.) 1990. *Information Science : The Interdisciplinary Context*, New York, Neal-Schuman, 1990 xxvi, 189p.

Personnel. 1947. "Personnel," 1947. *College and Research Libraries*, vol.8, no.4, Oct. 1947, p.451-452.

Pierce, Watson O. D. 1949. *Work Measurement in Public Libraries*, New York, Social Science Research Council, 1949, 238p.

Poster, Mark. 1990. *The Mode of Information : Poststructuralism and Social Context*.『情報様式論：ポスト構造主義の社会理論』室井尚・吉岡洋訳　岩波書店, 1991, 308, 3p.

Professional instruction in bibliography : Round Table Meeting. 1901. "Professional instruction in bibliography : Round Table Meeting," *Library Journal*, vol.26, no.8, Aug. 1901, p.197-205.

Professional Training Section. 1929. "Professional Training Section," *Bulletin of the American Library Association*, vol.23, no.8, Aug. 1929, p.334-337.

The Public Library Inquiry : reminiscences, reflections, and research. 1994. "The Public Library Inquiry : reminiscences, reflections, and research," *Library and Culture*, vol.29, no.1, Winter 1994, 145p.

Pungitore, Verna L. 1989. *Public librarianship : an Issues-Oriented Approach*.『公共図書館の運営原理』根本彰他訳　勁草書房, 1993, x, 256p.

Pungitore, Verna L. 1995. *Innovation and the Library : the Adoption of New Ideas in Public Libraries*, Westport, Conn., Greenwood Press, 1995, xiii, 189p. (*Contributions in Librarianship and Information Science*, No.86)

Quinly, William J. 1956. *Audio-visual materials in the library, Library Trends*, vol.5, no.2, Oct. 1956, p.294-300.

Raber, Douglas. 1994a, "Inquiry as Ideology : the politics of the Public Library Inquiry," *Libraries and Culture*, vol.29, no.1, Winter 1994, p.49-60.

Raber, Douglas. 1994b. "Professional ideology and conflict : reactions to the Public Library Inquiry," 〈Joy M. Greiner (ed.) *Research Issues in Public Librarianship : Trends for the Future*, Westport, Conn., Greenwood Press, 1994〉 p.31-50. (*Contributions in Librarianship and Information Science* no.80)

Raber, Douglas. 1995. "A conflict of cultures : planning vs. tradition in public libraries," *RQ*, vol.35, no.1, Fall 1995, p.50-63.

Raber, Douglas. 1997. *Librarianship and Legitimacy : The Ideology of the Public Library Inquiry*, Westport, Conn., Greenwood Press, 1997, xi, 162p. (*Contributions in Librarianship and Information Science* no.90)

Raber, Douglas & Connaway, Lynn Silipigni. 1996. "Two cultures, one faculty :

contradictions of library and information science education," *Journal of Education for Library and Information Science*, vol.32, no.2, Spring 1996, p.120-130.

Raber, Douglas & Maack, Mary Niles. 1994. "Scope, background, and intellectual context of the Public Library Inquiry," *Libraries and Culture*, vol.29, no.1, Winter 1994, p.26-48.

Radio and the library. 1924. "Radio and the library." *Library Journal*, vol.49, no.2, Jan, 15, 1924, p.92.

Radio and the Library. 1936. "Radio and the Library," *Library Journal*, vol.61, no.19, Nov. 1, 1936, p.832-833.

Randall, William M. 1942. "Louis R. Wilson and the Graduate Library School," *Library Quarterly*, vol.12, no.3, July 1942, p.645-650.

Rayward, Boyd. 1992. "Reconstructuring and mobilizing information in documents : a historical perspective," 〈Pertti Vakkari & Blaise Cronin (eds.) *Conceptions of Library and Information Science : Historical, Empirical and Theoretical Perspectives : Proceedings of the International Conference held for the Celebration of 20th Anniversary of the Department of Information Studies, University of Tampere, Finland 26-28 August 1991*, London, Taylor Graham, 1992〉 p.62-63.

Reeder, C. W. 1923. "The Radio and library extension through broadcasting of document news," *Bulletin of the American Library Association*, vol.17, no.4, July 1923, p.253.

Richards, Pamela Spence. 1988. "Information science in wartime : pioneer documentation activities in World War II," *Journal of the American Society for Information Science*, vol.39, no.5, Sept. 1988, p.301-306.

Richardson, John V., Jr. 1980. "Douglas Waples (1893-1978)," *Journal of Library History*, vol.15, no.1, Winter 1980, p.76-83.

Richardson, John V., Jr. 1982. *The Spirit of Inquiry : The Graduate Library School at Chicago, 1921-51*, Chicago, ALA, 1982, xvi, 238p.

Richardson, John V., Jr. 1992. *The Gospel of Scholarship : Pierce Butler and a Critique of American Librarianship*, Metuchen, N.J., The Scarecrow Press, 1992, xv, 350p.

Riesman David. 1951. "Reviews of The Effects of Mass Media," *Library Quarterly*, vol.21, no.1, Jan. 1951, p.45-46.

Ring, Daniel F. (ed.) 1980. *Studies in Creative Partnership : Federal Aid to Public Libraries During the New Deal*, Metuchen, The Scarecrow Press, 1980, ix, 145p.

Robbins, S. Louise. 1996. *Censorship and the American Library : The American Library Association's Response to Threats to Intellectual Freedom, 1939-1969*. 『検閲とアメリカの図書館:知的自由を擁護するアメリカ図書館協会の闘い 1939年—1969年』川崎良孝訳 大阪, 日本図書館研究会, 1998, ix, 324p.

Robbins-Carter, Jane. 1984. "Political science : utility for research in librarianship," *Library Trends*, vol.32, no.4, Spring 1984, p.425-439.

Rockefeller, Steaven C. 1994. "自由主義と承認をめぐる政治,"〈Charles Taylor et al. 『マルチカルチュラリズム』佐々木毅他訳 岩波書店, 1996〉p.128-144.

Roden, Carl Bismarck. 1945. "Library books reviewed," *Library Journal*, vol.70, no.3, Feb. 1, 1945, p.115-116.

Roeder, George H. Jr. 1993. *The Censored War : American Visual Experience During World War II*, Yale University, 1993, xi, 189p.

Rogers, Everett M. 1985. "The empirical and critical schools of communication research,"〈Everett M. Rogers & Francis Balle (eds.) *The Media Revolution in America in Western Europe*, Norwood, N.J., Ablex, 1985〉p.221. (Volume II in the Paris-Stanford series, vol.2 *Communication and Science*)

Rogers, Everett M. 1986. *Communication Technology : The New Media in Society*. 『コミュニケーションの科学:マルチメディア社会の基礎理論』安田寿明訳 共立出版, 1992, xii, 285p.

Rose, Ernestine. 1938. "A People's University," *Bulletin of the American Library Association*, vol.32, no.7, July 1938, p.449-450.

Rose, Ernestine. 1954. *The Public Library in American Life*, New York, Columbia University Press, 1954, xviii, 238p.

Rose, Jonathan. 2003. "Alternative future for library history," *Libraries and Culture*, vol. 38, no.1, winter 2003, p.50-60.

Rothrock, Mary U. 1944. "Library service to the rural community,"〈Leon Carnovsky & Lowell Martin (eds.) *The Library in the Community : Papers*

Presented before the Library Institute at the University of Chicago, August 23-28, 1943, Chicago, University of Chicago Press, 1944〉p.110-118.

Roy, Walter. 1944. "The community defends itself,"〈Leon Carnovsky & Lowell Martin (eds.) *The Library in the Community : Papers Presented before the Library Institute at the University of Chicago, August 23-28, 1943*, Chicago, University of Chicago Press, 1944〉p.146-164.

Ruben, Brent D. 1990. "Redefining the boundaries of graduate education,"〈J. M. Pemberton & Ann Prentice (eds.) *Information Science : The Interdisciplinary Context*, New York, Neal-Schuman, 1990〉p.70-83.

佐藤毅. 1990.『マスコミの受容理論』法政大学出版局, 1990, vi, 287, viiip.（叢書／現代の社会科学）

Sauer, Julia L. 1938. "Three and a half years on the air," *Library Journal*, vol.63, no.3, Feb. 1, 1938, p.98-99.

Sayers, Frances Clarke. 1930. "The relation of the library to radio education,"〈Frances Clarke Sayers, *Education on the Air : First Yearbook of the Institute for Education by Radio*, Columbus, Ohio State University, 1930〉p.180-190.

Schenk, Gretchen Knief. 1951. "The Public Library Inquiry," *Library Journal*, vol.76, no.5. March 1, 1951, p.373-375.

Schramm, Wilbur. 1960. *Mass Communications*, 2nd ed.,『マス・コミュニケーション』学習院社会学研究室訳　東京創元新社, 1969, 4版, 369p.

Schulze, Mildred. 1944. "This is the public library speaking," *Wilson Library Bulletin*, vol.18, no.7, March 1944, p.524-527.

Schutz, Alfred 1976. "見識ある市民：知識の社会的配分に関する一試論," "The well-informed citizen,"〈Arvid Brodersen ed. 渡辺光他訳『アルフレッド・シュッツ著作集　第3巻：社会理論の研究』マルジュ社, 1991〉p.171-189.

Shera, Jesse H. 1945. "The Literature of American Library History," *Library Quarterly*, vol.15, no.1, Jan. 1945, p.1-24.

Shera, Jesse H. 1949. *Foundations of the Public Library : The Origins of the Public Library Movement in New England, 1629-1855*.『パブリック・ライブラリーの成立』川崎良孝訳　日本図書館協会, 1988, xv, 389p.

Shera, Jesse H. 1972. *The Foundations of Education for Librarianship*, New

York, Wiley, 1972, xiv, 511p. (*Information Sciences Series*)

Shera, Jesse H. 1973. *The Literature of American Library History : Knowing Books and Men : Knowing Computers, Too*, Littleton, Colo., Libraries Unlimited, Inc, 1973, 363p.

Shera, Jesse H. 1979a. "Education for librarianship : an assessment and a perspective : a review article," *Library Quarterly*, vol.49, no.3, July 1979, p.310-316.

Shera, Jesse H. 1979b. "'The sprit giveth life' : Louis Round Wilson and Chicago's Graduate Library School," *Journal of Library History*, vol.14, no.1, Winter 1979, p.76-83.

Shera, Jesse H. 1983. "Librarianship and information science," 〈Fritz Machlup & Una Mansfield (eds.) *The Study of Information*, New York, Wiley, 1983〉 p. 379-388.

Shera, Jesse H. 1990. "Wilson, Louis Round (1876-1979)," 〈Wayne Wiegand A. (ed.) *Supplement to the Dictionary of American Library Biography*, Englewood, Colo., Libraries Unlimited, 1990〉 p.156-163.

清水幾太郎. 1950. 『社会学講義』岩波書店, 1950, 331, 5p.

下村陽子. 1990. "アメリカ公共図書館における読書相談業務の展開," 『図書館学会年報』 vol.36, no.2, June 1990, p.49-58.

Shull, Lenora R. 1994. "Annotated bibliography of the Public Library Inquiry," *Libraries and Culture*, vol.29, no.1, Winter 1994, p.95-127.

Simpson, J. 1942. "Mother Goose to the battle of books : an integrated radio reading curriculum!," *Wilson Library Bulletin*, vol.16, no.2, March 1942, p.539-541.

Sinclair, D. M. 1943. "Faith, hope & a radio program," *Between Librarians*, vol.10, March 1943, p.8-9.

Sinks, Naomi Bender. 1954. "Television at work," *Library Journal*, vol.79, no.17, Oct. 1, 1954, p.1722-1726.

Spencer, Gwladys. 1943. *The Chicago Public Library : origins and backgrounds*, Boston, Gregg Press, 1972, xvii, 473p. (*The Library Reference Series*)

Spencer, William H. 1944. "Organized labor as a community force," 〈Leon Carnovsky & Lowell Martin (eds.) *The Library in the Community : Papers Pres-*

ented before the Library Institute at the University of Chicago, August 23-28, 1943, Chicago, University of Chicago Press, 1944〉p.165-175.

Stielow, Frederick J. 1983. "Censorship in the early Professionalization of American libraries, 1876 to 1929," *Journal of Library History*, vol.18, no.1, Winter 1983, p.37-54.

Stielow, Frederick J. 1990. "Librarian warriors and rapprochement : Carl Milam, Archibald MacLeish, and World War II," *Libraries and Culture*, vol.25, no.4, Fall 1990, p.513-533.

Stone, C. Walter. 1953. "Adult education and the public library," *Library Trends*, vol.1, no.4, Apr. 1953, p.437-453.

Stone, C. Walter. 1954. "Free channels," *Library Journal*, vol.79, no.7 April 1, 1954, p.592-595.

Stone, C. Walter ed. 1967. "Library use of the new media of communication," *Library Trends*, vol.16, no.2 Oct. 1967.

Stone, C. Walter. 1976. "Mass media and libraries," 〈Allen Kent (et al. eds.) *Encyclopedia of Library and Information Science*, vol.17, New York, Dekker, 1976〉p.229-236.

Stowe, David W. 1999. *Swing Changes : Big-Band Jazz in New Deal America*. 『スウィング：ビッグバンドのジャズとアメリカの文化』湯川新訳　法政大学出版局, 1999, vii, 357, 68p.

Stubblefield, Harold W. 1988. *Towards a History of Adult Education in America : The Search for a Unifying Principle*, London, Croom Helm, 1988, 186p.

Sutton, Brett. 1983. "The rationale for qualitative research : a review of principles and theoretical foundations," *Library Quarterly*, vol.63, no.4, Oct. 1993, p.411-430.

鈴木広他編. 1987. 『都市化の社会学理論：シカゴ学派からの展開』ミネルヴァ書房, 1987, vi, 308p.

鈴木眞理. 1977. "米国における Voluntary Association の研究：＜ボランタリズム＞研究へ向けて"『社会教育学・図書館学研究』第1号, 1977, p.8-17.

Swain, Martha H. 1995. "New Deal in libraries : Federal Relief Work and library service, 1933-1943," *Libraries and Culture*, vol.30, no.3, summer 1995, p.265-283.

TV survey. 1955. "TV survey," *Library Journal*, vol.80, no.14 Aug. 1955, p.1670-1671.

竹内洋. 1995. "教育社会学における歴史研究：ブームと危うさ"『教育社会学研究』第57集, 1995, p.5-22.

竹内郁郎・田村紀雄. 1989.『地域メディア』新版, 日本評論社, 1989, 5, 373p.

Taylor, Charles. 1994. "承認をめぐる政治,"〈Charles Taylor et al.『マルチカルチュラリズム』佐々木毅他訳　岩波書店, 1996〉p.37-110.

Taylor, Charles et al. 1994. *Multiculturalism : Examining the Politics of Recognition*.『マルチカルチュラリズム』佐々木毅他訳　岩波書店, 1996, xiii, 240, 3p.

Terbille, Charles I. 1992. "Competing models of library science : Waples-Berelson and Butler," *Libraries and Culture*, vol.27, no.3, Summer 1992, p.296-319.

Thompson, C. Seymour. 1931. "Do we want a library science?," *Library Journal*, vol.56, July 1931, p.581-587.

Thomson, Charles A. 1948. *Overseas Information Service of the United States Government*, Washington, D.C., The Brookings Institution, 1948, vii, 397p.

Thomson, Charles A. & Laves, Walter H. Laves. 1963. Cultural Relations and U.S. Foreign Policy, Indiana University Press, 1963, 227p.

常盤繁. 1977. "アメリカ公共図書館における教育的サービスの発達," *Library and Information Science*, no.15, 1977, p.107-119.

富永健一. 1984.『現代の社会科学者』講談社, 1984, 8, 446, 8p.（人類の知的遺産 79）

Townes, Mary E. 1940. "New aids for familiar purposes,", *ALA Bulletin*, vol.34, no.12, Dec. 1940, p.691-694.

筒井清忠編. 1997.『歴史社会学のフロンティア』人文書院, 1997, 260p.

Tucker, William P. 1938. "Readers' open forum : radio and motion pictures," *Library Journal*, vol.63, no.6, March 15, 1938, p.210.

Turow, Joseph. 1990. "The Critical importance of mass communication as a concept,"〈Brent D. Ruben & Leah A. Lievrouw (eds.) *Mediation, Information and Communication*, New Brunswick, N.J., Transaction Public, 1990〉p.9-19.（*Information and Behavior* vol.3）

内川芳美他編. 1973.『基礎理論』東京大学出版会, 1973, vi, 266p.（講座　現代の社会とコミュニケーション　第1巻）

宇賀博. 1976.『「社会科学」から社会学へ：アメリカ社会学思想史研究』恒星社厚生閣,

1976, xii, 337, 11p.（社会学叢書）

宇賀博. 1990.『アメリカ社会学思想史』恒星社厚生閣, 1990, v, 195, 8p.

Ulveling, Ralph A. 1936. "Library radio broadcasting," *Bulletin of the American Library Association*, vol.30, no.5, May 1936, p.408.

Ulveling, Ralph A. 1944. "The public library in the large community," 〈Leon Carnovsky & Lowell Martin (eds.) *The Library in the Community : Papers Presented before the Library Institute at the University of Chicago, August 23-28, 1943*, Chicago, University of Chicago Press, 1944〉 p.23-37.

The use of radio by public libraries. 1924. "The use of radio by public libraries." *Library Journal*, vol.49, no.12, June 15, 1924, p.581-582.

Van Slyck, Abigail. 1995. *Free to All : Carnegie Libraries and American Culture 1890-1920*, Chicago, University of Chicago Press, 1995, xxvii, 276p.

Vann, Sarah K. 1961. *Training for Librarianship Before 1923 : Education for Librarianship Prior to the Publication of Williamson's Report on Training for Library Service*, Chicago, ALA, 1961, viii, 242p.

Vann, Sarah K. (eds.) 1978. *Mervil Dewey : His Enduring Presence in Librarianship*, Littleton, Colo., Libraries Unlimited, 1978, 278p.（*The Heritage of Librarianship Series* no.4）

Varlejs, Jana (ed.) 1985. *Communication / Information / Libraries : A New Alliance*, Jefferson, N.C., McFaland, 1985, x, 86p.

Voorhees, Russel Raymond. 1951a. "What is television doing to public libraries?," *Library Journal*, vol.76, no.7, April 1, 1951, p.567-573.

Voorhees, Russel Raymond. 1951b. "What is television doing to public libraries?," *Library Journal*, vol.76, no.8, April 15, 1951, p.671-676.

Voss, Frederick S. 1994. *Reporting the War : The Journalistic Coverage of World War II*, Smithsonian Institution, 1994, x, 218p.

Waldron, Glolia. 1949. *The Information Film*, New York, Columbia University Press, 1949, xviii, 281p.

Wallace, Sarah L. 1945. "Ah! Ah! don't touch that dial!," *ALA Bulletin*, vol.39, no.12, Feb. 1945, p.46-47.

Walzer, Michael. 1994. "二つの自由主義," 〈Charles Taylor et al.『マルチカルチュラリズム』佐々木毅他訳 岩波書店, 1996〉 p.145-152.

Waples, Douglas. 1930. "Current activities : Graduate Library School," *GLS Papers,* Dec. 1930,

Waples, Douglas. 1931a. "Do we want a library science? : a reply," *Library Journal,* vol.56, Sept. 1931, p.743-746.

Waples, Douglas. 1931b. "Reading studies contributory to social sciences : a suggestion toward co-operative research," *Library Quarterly,* vol.1, no.3, July 1931, p.291-300.

Waples, Douglas. 1931c. "The Graduate Library School at Chicago," *Library Quarterly,* vol.1, no.1, Jan. 1931b, p.26-36.

Waples, Douglas. 1942. *Print, Radio, and Film in a Democracy,* Chicago, University of Chicago Press, 1942, xiii, 197p.

Waples, Douglas et al. 1940. *What Reading Does to People : A Summary of Evidence on the Social Effects of Reading and a Statement of Problems for Research,* Chicago, University of Chicago Press, 1940, xi, 222p. (*The University of Chicago Studies in Library Science*)

Waples, Douglas & Tyler, Ralph. 1931. *What People Want to Read About,* Chicago, ALA, 1931, 312p.

The War and Libraries. 1942. "The war and the libraries," *ALA Bulletin,* vol.36, no.11, 1942, p.584.

Washburn, Patrick S. "Office of War Information," *History of the Mass Media in the United States : An Encyclopedia.* Margaret A. Blanchard, ed. Chicago, Fitzroy Dearborn Publishers, 1998, p.483.

Watson, Katherine. 1940. "Radio's white swan," *Library Journal,* vol.65, no.9, May 1, 1940, p.358-359.

Wheeler, Joseph. 1924. *The Library and Community : Increased Book Service Through Library Publicity Based on Community Studies,* Chicago, ALA, 1924. 417p.

White, Carl M. 1976. *A historical Introduction to Library Education : Problems and Progress to 1951,* Metuchen, N.J., Scarecrow Press, 1976, v, 296p.

Whitehill, Walter Muir. 1956. *Boston Public Library : A Centennial History.* 『ボストン市立図書館100年史:栄光,挫折,再生』川崎良孝訳　日本図書館協会,1999. 1, 409p.

Wiegand, Wayne A. 1989. An Active Instrument for propaganda : *The American Public Library During World War I*, Greenwood Press, 1989, xii, 193p.

Wiegand, Wayne A. 1996. *Irrepressible Reformer : A Biography of Melvil Dewey*, Chicago, American Library Association, 1996, xx, 403p.

Wiegand, Wayne A. 1997. "Out of sight, out of mind : Why don't we have any schools of library and reading studies," *Journal of Education for Library and Information Science*, vol.38, no.4, Fall 1997, p.314-326.

Wiegand, Wayne A. 1998. "Introduction : theoretical foundations for analyzing print culture as agency and practice in a diverse modern America," 〈James P. Danky and Wayne A. Wiegand (eds.) *Print Culture in a Diverse America*, Urbana, University of Illinois Press, 1998〉 p.1-13. (*The History of Communication*)

Wiegand, Wayne A. 1999, "Tunnel vision and blind spots : what the past tells us about the present : reflections on the twentieth-century history of American librarianship," "20世紀の図書館・図書館学を振り返る：狭い視野と盲点," 川崎良孝訳〈川崎良孝編著『図書館・図書館研究を考える：知的自由・歴史・アメリカ』京都, 京都大学図書館情報学研究会, 2001〉p.3-44.

Wiegand, Wayne A. 2000. "American library history literature, 1947-1997 : theoretical perspectives?," *Libraries & Culture*, vol.35, no.1, Winter 2000, p.4-34.

Wilcox, Francis O. 1942. "The libraries and the war effort of the Americas," *ALA Bulletin*, vol.36, no.10, Sept. 15, 1942, p.3-6.

Williams, Patrick. 1988. *The American Public Library and the Problem of Purpose*.『アメリカ公共図書館史：1841年—1987年』原田勝訳　勁草書房, 1991, vii, 209p.

Williamson, Charles Clarence. 1923. *Training for Library Service*, 1923, 165p.

Williamson, Charles Clarence. 1931. "The place of research in library service," *Library Quarterly*, vol.1, no.1, Jan. 1931, p.1-11.

Williams, Raymond 1980. "生産手段としてのコミュニケーション手段," 小野俊彦訳〈吉見俊哉他編『メディア・スタディーズ』せりか書房, 2000〉p.41-54.

Wilson, Louis Round. 1932. "Aspects of education for librarianship in America," *Library Quarterly*, vol.2, no.1, Jan. 1932, p.1-10.

Wilson, Louis Round. 1933. "The development of research in relation to library schools," *Library Journal*, vol.58, Oct. 15, 1933, p.817-821.

Wilson, Louis Round. 1934a. "Research in progress in library science," *Library Journal*, vol.59, April 1, 1934, p.337-341.

Wilson, Louis Round. 1934b. "The development of a program of research in library science in the Graduate Library School," *Library Journal*, vol.58, Oct. 1, 1934, p.742-746.

Wilson, Louis Round. 1938a. "Library books reviewed," *Library Journal*, vol.63, no.12, June 15, 1938, p.498, 503.

Wilson, Louis Round. 1938b. *The Geography of Reading : A Study of the Distribution and Status of Libraries in the United States*, Chicago, ALA and The University of Chicago Press, 1938, xxiv, 481p.

Wilson, Louis Round. 1966. *Education and Libraries : Selected Papers*, Hamden, Shoe String Press, 1966, xviii, 344p.

Wilson, M. L. 1944. "Life in the country," 〈Leon Carnovsky & Lowell Martin (eds.) *The Library in the Community : Papers Presented before the Library Institute at the University of Chicago, August 23-28, 1943*, Chicago, University of Chicago Press, 1944〉 p.98-109.

Wilson, Pauline. 1977. *A Community Elite and the Public Library : The Uses of Information in Leadership*, Westport, Conn., Greenwood Press, 1977, xiv, 172p. (*Contributions in Librarianship and Information Science* no.18)

Winckler, Paul A. 1978. "Williamson, Charles Clarence(1877-1965)," 〈Bobinski, George S (ed.) *Dictionary of American Library Biography*, Littleton, Colo., Libraries Unlimited, 1978〉 p.553-558.

Winger, Howard W. 1978. "Carnovsky, Leon," 〈George S. Bobinski (ed.) *Dictionary of American Library Biography*, Littleton, Colo., Libraries Unlimited, 1978〉 p.73-74.

Winkler, Allan M. 1978. *The Politics of Propaganda : The Office of War Information, 1942-1945*, New Haven, Yale University Press, 1978, x, 230p.

Wirth, Louis. 1944. "Life in the city," 〈Leon Carnovsky & Lowell Martin (eds.) *The Library in the Community : Papers Presented before the Library Institute at the University of Chicago, August 23-28, 1943*, Chicago, University of Chicago Press, 1944〉 p.12-22.

Wolinsky, Edith A. 1944. "Library-sponsored community forum,"〈Leon Carnovsky & Lowell Martin (eds.) *The Library in the Community : Papers Presented before the Library Institute at the University of Chicago, August 23-28, 1943*, Chicago, University of Chicago Press, 1944〉p.48-61.

Works, George Alan. 1928. "Research and the Graduate Library Schools," *Libraries*, vol.33, Feb. 1928, p.100-103.

Works, George Alan. 1929a. "Dr. Works resigns from Graduate Library School," *Libraries*, vol.34, July. 1928, p.317-319.

Works, George Alan. 1929b. "The Graduate Library School of the University of Chicago," *Libraries*, vol.34, July. 1929, p.310-313.

藥師院はるみ. 1999. "主体形成過程の一領域としてみた公共図書館：アメリカ公共図書館における目的観を手がかりに"『図書館界』vol.51, no.1, May 1999, p.2-16.

山田宗睦編. 1963.『コミュニケーションの社会学』有斐閣, 1963, p.38-40.（現代社会学講座 IV）

山本武彦. 1978. "第2次対戦中の米国の情報活動：米戦略情報局（OSS）の活動を扱った二著作を手懸りにして,"『参考書誌研究』第16号, 1978年6月, p.1-14.

山本武利. 2000.『占領期メディア分析』法政大学出版局, 2000, ix, 661, 8p.

山本武利. 2002.『ブラック・プロパガンダ：謀略のラジオ』岩波書店, 2002, viii, 306, 5p.

柳原佳子. 1988. "自己反省の社会学：A. W グールドナーの道化劇,"『現代アメリカの社会学理論』〈新睦人・三沢謙一編〉恒星社厚生閣, 1988, p.266-301.

矢崎武夫. 1987. "シカゴ学派の都市研究動向：人間生態学を中心に,"〈鈴木広他編『都市化の社会学理論：シカゴ学派からの展開』ミネルヴァ書房, 1987〉p.44-75.

矢沢修次郎. 1984.『現代アメリカ社会学史研究』東京大学出版会, 1984, vi, 317, vii p.

彌吉光長先生喜寿記念会. 1977.『図書館と出版文化：彌吉光長先生喜寿記念論文集』1977, p.8, 622p.

ヨネヤマリサ. 2000. "『カルチュラル・スタディーズ』という＜投影＞と＜実践＞：花田・吉見・スパークス編『カルチュラル・スタディーズとの対話』から,"『思想』No.912, 2000年6月, p.73-86.

吉見俊哉. 1994.『メディア時代の文化社会学』新曜社, 1994, 330p.

吉見俊哉. 1995.『声の資本主義：電話・ラジオ・蓄音機の社会史』講談社, 1995, 294p.

吉見俊哉. 1996a. "電子情報化とテクノロジーの政治学,"〈井上俊他編『メディアと情

報化の社会学』岩波書店, 1996〉p.7-46.（岩波講座　現代社会学　第22巻）

吉見俊哉. 1996b. "複製技術とイメージを消費する社会：音響メディアを事例として,"〈水越伸編『エレクトリック・メディアの近代』ジャストシステム, 1996〉p.179-201.（20世紀のメディア1）

吉見俊哉. 1999. "グローバル化のなかの文化概念,"『多文化主義のアメリカ：揺らぐナショナル・アイデンティティ』東京大学出版会, 1999, p.283-303.（アメリカ研究叢書）

吉見俊哉. 2000a. "経験としての文化　言語としての文化：初期カルチュラル・スタディーズにおける「メディア」の位相,"〈吉見俊哉他編『メディア・スタディーズ』せりか書房, 2000〉p.22-40.

吉見俊哉編. 2000b.『メディア・スタディーズ』せりか書房, 2000, 309p.

吉見俊哉. 2000c. "メディア・スタディーズのために,"〈吉見俊哉他編『メディア・スタディーズ』せりか書房, 2000〉p.5-21.

吉見俊哉. 2000d. "テレビを読む：カルチュラル・スタディーズからの接近,"〈小林康夫・松浦寿輝編『メディア　表象のポリティクス』東京大学出版会, 2000〉p.249-270.（表象のディスクール5）

吉見俊哉・水越伸. 1997.『メディア論』放送大学振興会, 1997, 226p.

油井大三郎. 1989.『未完の占領改革：アメリカ知識人と捨てられた日本民主化構想』東京大学出版会, 1989, v, 304, 7p.（新しい世界史11）

油井大三郎. 1999a. "いま, なぜ多文化主義論争なのか,"〈油井大三郎他編『多文化主義のアメリカ：揺らぐナショナル・アイデンティティ』東京大学出版会, 1999〉p.1-18.（アメリカ研究叢書）

油井大三郎他編. 1999b.『多文化主義のアメリカ：揺らぐナショナル・アイデンティティ』東京大学出版会, 1999, iv, 309, 3p.（アメリカ研究叢書）

あとがき

　大学院博士課程に進学して少したったころ，アメリカ図書館協会が発行する『ライブラリー・ジャーナル』のなかに，コミュニティの図書館と学校が共同で企画したラジオ番組の収録風景を収めた写真を見つけた。そこには少し緊張しながらマイクの前に立って真剣にクイズに挑戦する少年少女たちの姿があった。公共図書館がラジオ放送まで手がけていることに興味をおぼえ，それがアメリカでのラジオ放送開始時期とほとんど変わらないことを知り驚いた。

　本書の内容が示すように，アメリカの公共図書館はコミュニティのメディアセンターとして，メディアにかかわるあらゆる文化的要求にこたえようとしてきた。図書館のおかれた困難な立場は，たとえばあるテーマをなるべく短期間で効率よく学びたい利用者と，時間をかけてもよいからゆっくりと学びたいと思っている利用者がいて，その双方の要求を満たすサービスを考えてみるとよくわかる。アメリカの公共図書館は，利用者から寄せられる明らかに矛盾する情報要求のはざまで試行錯誤を繰り返してきたのである。

　今日，多様な文化背景を持つ利用者の存在は図書館にとっていっそう大きな問題となっている。公共図書館はこれまで利用者の多様性に対し，成人サービス，児童サービス，障害者サービス，高齢者サービス，研究者サービスといったように利用者を切り分けることで対処してきた。こうした取り組みは，異なる利用者に合った適切なサービスを行うために重要な対処方法であったし，公共図書館サービスの質を向上させていく上でも効果をあげた。しかし利用者を細分化していく方法には，いつか限界が来る。

　図書館という場所で，異なる要求を持った利用者が図書館員とコミュニケーションを重ねて求める情報に到達する過程はその一つ一つが異なるものである。図書館研究は，それらを個別に分析するだけでなく，情報の利用をめぐって生じる多様な課題全体を引き受け議論すべきだろう。図書館がさまざまな課題に直面している現在，コミュニティのなかに成熟したメディアとして図書館が存

続していくことの論拠を明確に提示することが求められている。今後は公共図書館の実践課題を分析しながら，同時に公共図書館という場で起こる多様な営みを表現する言葉を模索していきたい。

　本書は東京大学教育学研究科に提出し，2002年1月に受理された博士論文『20世紀前半期におけるアメリカ公共図書館論の展開―コミュニティ・メディア・公共図書館の位相―』を大幅に修正し，あらたに第3部を加筆したものである。また博士論文はそれまでに発表してきた以下の論文をもとにしている。

1．「シカゴ大学大学院図書館学部における研究の概念―創設期を中心に―」『図書館学会年報』vol.38, no.4, Dec. 1992, p.155-166.
2．「図書館情報学とコミュニケーション科学―学問的系譜を中心とした関係性の考察―」『図書館学会年報』vol.41, no.1, Mar. 1995, p.17-30.
3．「図書館とラジオ・メディア―1920年代～40年代アメリカ公共図書館のラジオ放送活動―」『図書館学会年報』vol.41, no.3/4, Dec. 1995, p.97-110.
4．「アメリカ公共図書館とテレビ・メディア―テレビ出現期を中心に―」『図書館史研究』no. 12, 1995, p.37-52.
5．「A. S. Johnsonの図書館成人教育論― *The Public Library : A People's University* を中心に―」『東京大学大学院教育学研究科紀要』第36巻, 1996, p.495-503.
6．「W. S. Learnedの公共図書館論―コミュニティ・インテリジェンス・センター構想を中心に―」『図書館学会年報』vol.43, no.2, 1997, p.49-62.
7．「アメリカ公共図書館におけるコミュニティ論―シンポジウム「コミュニティと図書館」（1943年）を中心に―」『図書館文化史研究』no.14, 1997, p.41-63.
8．「ライブラリアンシップにおける理論と実践―1920年代から1950年代の米国公共図書館を中心に」日本図書館情報学会研究委員会編『図書館情報学のアイデンティティ』（論集・図書館情報学研究の歩み　第18集）日外アソシエーツ, 1998, p.95-115.
9．「Bernard Berelsonの公共図書館利用者論― *The Library's Public* を

中心に一」『日本図書館情報学会誌』vol.45, no.4, Jan. 2000, p.155-167.
10.「Robert D. Leighの公共図書館論」『図書館界』vol.51, no.6, Mar. 2000, p.390-403.
11.「20世紀前半期アメリカ公共図書館論の批判的検討」川崎良孝編著『図書館・図書館研究を考える：知的自由・歴史・アメリカ』京都大学図書館情報学研究会, 2001, p.77-118.
12.「コミュニティ・メディアセンターとしての公共図書館―アメリカ図書館協会と戦時情報局の戦時情報政策―」『日本図書館情報学会誌』vol.48, no.3, Sept. 2002, p.121-137.

論文の転載を許可してくださった日外アソシエーツ，日本図書館研究会，日本図書館情報学会，日本図書館文化史研究会にお礼申し上げる。

本書を書き上げるために多くの方々のご指導をいただいた。ここにお名前を記して心からの感謝の気持ちを表したい。

東京大学大学院教育学研究科根本彰先生には修士論文以来，今日までご指導をいただいてきた。根本先生に論文指導を受けるための準備を積み重ねることによって，着想にすぎなかったテーマを徐々に形あるものにしていく作業を継続して行うことができた。先生から毎回いただく多くのアドバイスが，自分の研究内容を見直して論文を書き直す原動力になった。指導時間はもちろんその準備とその後の反省が，論文執筆のための最も重要な時間だったのだと今，心から感じている。根本先生に深い感謝の念を捧げたい。また先生には本書の刊行に際し序文をお寄せいただいた。

東京大学大学院教育学研究科三浦逸雄先生には博士課程の3年間，ゼミと個人指導の両面からご指導いただいた。図書館情報学研究室に在籍していた期間は，図書館学の研究内容と方法論について基礎的なトレーニングをするための貴重な時間だった。研究室にいた3年間に行った発表とディスカッションの内容が本書の土台になっている。研究室の仲間の研究発表を聞きディスカッションすることで，自分の研究に足りない部分に気づくことも多かった。研究面では妥協のない厳しさがありながら，常に暖かい雰囲気に満ちた知的環境を作ってくださった三浦先生に心から感謝したい。

東京大学大学院教育学研究科鈴木眞理先生にも感謝申し上げたい。鈴木先生には，論文執筆にあたってアドバイスをいただいたほか，アメリカ社会教育について文献を紹介していただきご指導を受けた。また論文審査の面でもお世話になった。

　さらに論文審査の過程でお世話になった審査委員会の先生方，東京大学大学院教育学研究科佐藤学先生，東京大学大学院情報学環水越伸先生にお礼を申し上げたい。

　筑波大学大学院図書館情報メディア研究科の石井啓豊先生にも感謝の気持ちを表したい。図書館情報大学に就職して以来，ゼミを通じて先生が示してくださった研究に取り組む時の基本的な姿勢は，論文を書く時，繰り返し思い出し指針とした。

　元図書館情報大学教授佐藤隆司先生には卒業論文をご指導いただいて以来，今日までお世話になってきた。佐藤先生の講義を聴いて芽生えた図書館学研究への問題意識は，時には小さくなることはあっても常に心のどこかに存在していたように思う。図書館情報学が持つ深さと豊かさへの予感を含ませた形で，そうした種子を植えてくださったことに深く感謝している。

　元立教大学教授河井弘志先生と京都大学大学院教育学研究科の川崎良孝先生にも感謝したい。河井先生と川崎先生からは，学会や個人的にお会いした時など折に触れて，図書館史研究の内容と方法論についてご指導いただいてきた。そしてアメリカ図書館史に関してお二人の先生の研究成果を常に目標としながら研究を進めてきた。河井先生の『アメリカにおける図書選択論の学説史的研究』と川崎先生の『アメリカ公立図書館成立思想史』は，執筆中，常に机の上に置いて何度も読み返した。

　本書を刊行する過程では日本図書館協会事務局安発義彦氏にたいへんお世話になった。お礼を申し上げたい。

　博士論文を書きはじめた時から暖かく支えてくれ，常に励まし続けてくれたパートナー宮沢厚雄に本書を捧げる。

2004年8月
吉田右子

索　引

（本文と注にあらわれる人名と事項を，濁点等は無視し五十音順に配列した。）

ア　行

アイオワ州立カレッジ　53, 253
アカデミズム　2, 6-7, 9, 12, 18, 21, 25-27, 34, 44, 99, 105, 218, 223, 271, 286, 292-294, 302, 306, 313, 338-339
アシャイム（Lester Asheim）　234, 314, 321
アッシャー（Charles S. Ascher）　151
アトランタ・カーネギー図書館　144, 246
　——ライブラリー・スクール　48
アトリー（George B. Utley）　48, 52
アドルノ（Theodor W. Adorno）　193, 207, 285, 330-331, 340
アプトン（Eleanor S. Upton）　53, 56
阿部潔　211, 340
アーマー・インスティチュート・ラブラリー・スクール　37
『アメリカ合衆国の公共図書館』　9, 106, 187, 232, 300
アメリカ議会図書館　66, 70, 225, 283
アメリカ教育局　258
　——図書館サービス部　171
アメリカ教育使節団　155
『アメリカ公共図書館史1841年—1987年』　167
『アメリカ公共図書館と知識の普及』　8, 105, 149, 220
『アメリカ公共図書館行政』　30
『アメリカ公立図書館成立思想史』　4, 29
アメリカ社会科学協会　74
アメリカ書誌学会　47
『アメリカ人の生活と公共図書館』　145
アメリカ成人教育協会　109, 125, 133, 141, 219
　——成人読書委員会　103
アメリカ世論研究所　234
『アメリカ的生活の約束』　144
アメリカ図書館学会　70, 86
アメリカ図書館協会　5, 9, 14, 21, 23, 33, 42-43, 46, 52-55, 58, 61, 68-72, 101, 106, 131, 141, 144, 147, 164-166, 182, 184, 190, 197, 208, 220-221, 223-225, 227, 231, 236, 256-257, 271, 291, 294, 298
　——アトランティック・シティ年次大会　200, 321
　——国際関係特別委員会　155
　——視聴覚委員会　228, 267
　——知的自由委員会　155, 166
　——図書館員養成委員会　42
　——図書館学教育委員会　33, 42, 48, 57, 62, 64
　——図書館と成人教育に関する委員会　121, 125, 127, 131, 143, 256
　——図書館ラジオ放送委員会　249-250, 256
　——ビジュアル・メソッド委員会　267
　——ミルウォーキー年次大会　227
　——臨時図書館教育委員会　42
アメリカナイゼーション　117, 127, 130-131, 149, 219, 236, 294, 335-336, 341
『アメリカにおける図書選択論の学説史的研究』　11, 29, 288
アメリカの遺産プロジェクト　230
『アメリカン・ジャーナル・オブ・ソシオロジー』　80
『アメリカン・ライブラリー・アソシエーション・ブルティン』　70-71, 227
アルベリン（Ralph A. Ulveling）　152
アンダーソン（Nels Anderson）　77
イーノックプラット公共図書館　72, 122, 254
移民サービス　149, 219, 294, 336-337, 341
イリノイ大学　58, 72, 81
　——ライブラリー・スクール　43
インディアナポリス教員図書館　115-

117
インディアナポリス公共図書館　53, 144
ヴァン・ホーセン (Henry B. Van Hoesen)　56, 66-67, 71
ウィーガンド (Wayne A. Wiegand)　21-22, 216, 328, 333, 340
ウィスコンシン大学　46, 67, 100
　　──ライブラリー・スクール　53
ウィリアムズ (Patrick Williams)　9, 128, 141, 167, 183, 188, 208
ウィリアムソン (Charles Clarence Williamson)　6-7, 40, 47-48, 65, 71-73, 101, 290
ウィリアムソン・レポート　28, 30-31, 34, 37-42, 46-47, 144
ウィルソン (Louis Round Wilson)　30-31, 56-59, 61, 64-66, 80, 90-91, 95, 101-103, 140, 279, 288
ウィルソン (M. L. Wilson)　152
ウィルソン (Pauline Wilson)　186
ウィロビ (Edwin Willoughby)　56
ウィンクープ (Asa Wynkoop)　217
ウィンクラー (Allan M. Winkler)　224, 237
ウィンザー (P. L. Windsor)　72
ウィンズロウ (Mary Amy Winslow)　53
ウィーン大学経済心理学研究所　275
ウェイプルズ (Douglas Waples)　18, 30, 52-53, 55-57, 61-64, 66-67, 71, 73, 77, 80-90, 92, 94-95, 98, 102, 150, 154, 157, 168, 178, 193, 275, 277-281, 283, 285, 287, 291, 314-315, 321
ウェスタン・リザーブ大学　68
ヴォーリンスキー (Edith Wolinsky)　154, 161
ウォルツァー (Michael Walzer)　326-327
受け手　193-194, 202, 206, 272, 284, 305, 330, 334
映画　1, 4, 15, 160-161, 171-172, 174-175, 194-195, 198, 224-225, 227-228, 235, 241-244, 261, 268, 276-278, 280, 312
映像資料→映像メディア
映像メディア　174, 228, 309

エーカーズ (Susan Gray Akers)　53, 56
エスデイル (Arundell J. K. Esdaile)　72
エスノグラフィー　76, 333
エバンスビル公共図書館　218
エモリー大学　48
エール大学　56, 234
エレクトリック・メディア　1, 15, 17, 20, 186, 213, 239, 241-243, 252, 263, 265, 268, 303, 312
オグバーン (William F. Ogburn)　76, 78-80, 281
小倉親雄　41
オクラホマシティ・カーネギー図書館　248
オークランド公共図書館　252
送り手　202
オコナー (John O' Connor)　234
オーセージ公共図書館　333
オハイオ公共図書館　247, 251
オピニオン・リーダー　106, 165, 173, 175, 179-181, 186, 196, 202, 205, 232, 300-302, 322
オボラー (Eli M. Oboler)　186

カ　行

階級　337
カイヤホーガ地区図書館　245-246
『科学革命の構造』　99
『科学的専門職の探求』　31
学部間共同研究　80, 149-150, 281
価値論　157, 166
学校　148-149, 162, 175, 182, 190, 312, 333
『活性化する大都市図書館』　155
カートライト (Morse Adams Cartwright)　121, 132
カーネギー (Andrew Carnegie)　6, 107, 126, 129, 134, 144, 290
カーネギー教育振興財団　107, 110, 220, 302
　　──教育研究部　110
カーネギー財団　6-7, 21, 23, 40-41, 44-45, 51, 57, 68, 70, 72-73, 91, 101-103, 107,

109-111, 119, 123-130, 132-134, 144, 154, 165, 170, 184, 219-222, 231, 289-291, 296-297, 302, 313, 317
カーノフスキー（Leon Carnovsky） 8, 19, 56, 77, 84, 102, 106, 143, 147-166, 298, 302, 308
カラマズー公共図書館　243
カリフォルニア大学　58, 67
――ライブラリー・スクール　43, 72
ガルソー（Oliver Garceau）　191
カルチュラル・スタディーズ　332, 334, 340
カレツキー（Stephan Karetzky）　16, 29, 217, 288
河井弘志　11, 29, 77
川崎良孝　4, 14, 22, 29, 90, 167, 184-185
カンザスシティ公共図書館　144, 244-245, 247-248, 258-259, 261, 268
ギディングス（Franklin Henry Giddings）　78
ギャラップ（George Horace Gallup）　234, 281
ギャリソン（Dee Garrison）　13-14, 22, 47
キャンベル（Angus Campbell）　172, 185
教育番組　248, 254-255, 258
教会　113, 148, 175, 182, 190, 261, 312, 333
ギルマン（Grace W. Gilman）　152
キンシェロ（Samuel C. Kincheloe）　152
近代公共図書館理念　307-308, 320
『クウォータリー・オブ・フィルム・ラジオ・テレビジョン』　321
クラスキ（Gary E. Kraske）　225
クラッパー（Joseph T. Klapper）　184, 189, 193-194, 202, 210
クラッパー報告　203
グラムシ（Antonio Gramsci）　332
グランドラピッズ公共図書館　117
クーリー（Charles Horton Cooley）　199, 272-274, 284, 310
クリーヴランド公共図書館　115-117, 123, 144, 153, 155, 161, 219, 246, 249, 255, 259, 267-268

クルス（Hugo Krüss）　72
グループ学習　147
グレイ（William Scott Gray）　80, 83, 281
クローリ（Herbert Croly）　144
クーン（Thomas S. Kuhn）　99
グーンツブルグ（Harold Guinzburg）　234
経験主義　329-333
啓蒙　159, 216, 299, 308-309
ケッペル（Frederick P. Keppel）　7, 45, 73, 102, 109-110, 123, 128, 219
ケロッグ（Paul U. Kellogg）　78
検閲　155, 166, 225
『研究の精神』　29
見識ある市民　320
ケント（Raymond A. Kent）　74
コイ（Alice B. Coy）　268
講演会・講義・講座・講習会　5, 114-116, 123, 131, 133, 136-137, 147, 152-153, 221
公教育　177
公共的知識　198, 200
公共図書館
　――研究　16, 266, 317, 328, 338
　――思想　1-4, 8
　――の教育的機能　1, 19, 21, 124, 197, 219, 300, 305, 309-310, 313, 321, 325
　――の教育的理念　4, 12, 294, 304, 308
　――の娯楽的機能　188, 300, 309, 321
　――の象徴的価値　179, 181-182
　――の伝統的理念　293, 313
　――の理念的基盤　6, 98, 191, 197, 294
　教育的機関としての――　12, 124, 195, 203, 205, 223, 299, 306-307
　コミュニケーション機関としての――　179-180, 182, 298, 302, 305, 318-319
『公共図書館』　8, 129, 149, 221
『公共図書館員』　188, 208
公共図書館基準　131, 220, 230
「公共図書館調査」　9, 21, 106, 167, 170-171, 179, 182-184, 187-192, 196-198, 201, 207-208, 210, 215, 231-232, 238, 265-266, 269, 271, 284, 286, 299-300, 302-304,

306-307, 309, 313, 315-316, 319
『「公共図書館調査」フォーラム』　232
『公共図書館統計』　171
『公共図書館と市民』　231
『公共図書館と政治過程』　191, 208
公共図書館の戦後基準　191-192
公共図書館の全国計画　131, 188, 191, 208-209, 220, 230
行動科学　169-170
広報活動　115, 117-118, 149, 217-218, 245, 247, 251, 256-258, 260-262, 264, 268-269
国防活動と図書館に関する委員会　223
国防と図書館に関する声明　223
個人主義　162-163
ゴスネル（Harold F. Gosnell）　283
コッホ（Theodore W. Koch）　44, 52, 69
コーネル大学　66, 100, 132-133
小堀勉　145
コミュニケーション　10, 17, 21
　――・エリート　172, 186, 300
　――科学　169, 272-273, 282, 284, 287
　――機関　197
　――研究　10, 20, 168-170, 177-179, 181, 183-185, 202-206, 209-211, 213, 266, 271-288, 300, 304-305, 309-311, 314-315, 318-321, 329, 332, 340
　――効果　276, 283-284
　――二段階の流れ説　181, 185-186, 302
　――・プロセス　172, 183, 265-266, 273, 280, 283-284, 305, 325, 329
　――・メディア　172, 193, 232-233, 251, 263-264, 279, 300
　――様式　10, 262, 266, 305, 316
　――理論　20, 181-182, 274, 284, 302, 304-305, 307, 325, 329
コミュニティ
　――・エリート　175, 203
　――研究　148, 286
　――・サービス　3, 147, 149, 161, 218, 295, 298
　――・サーベイ　154, 230
　――志向型の図書館サービス　107, 222, 295

――情報サービス　118
――調査　77, 150, 157, 163
――・デベロップメント　150, 163
――・フォーラム　152
――分析　65, 113, 147, 157, 230
コミュニティ・インテリジェンス・センター　108, 113, 115-119, 122-124, 220, 295
『コミュニティのなかの図書館』　8-9, 106, 147-166, 223
雇用対策局　142, 221-222
コリー（John Mackenzie Cory）　227
コリー（Stephen M. Corey）　151
コールステッド（Donald W. Kohlstedt）　250, 268
コロンビア大学　34, 48, 58, 75, 78-79, 132, 188-189, 330
　――応用社会調査研究所　170, 177, 183-184, 186, 193, 275, 282, 331
　――スクール・オブ・ライブラリー・エコノミー　6, 25, 27, 33, 37, 40, 289-290
　――スクール・オブ・ライブラリー・サービス　48, 68, 73, 86, 101, 190
　――図書館　42
　――ラジオ研究所　282-283
今まど子　225
コント（Auguste Comte）　287
コンプトン（Charles H. Compton）　154

サ　行

ザウアー（Julia L. Sauer）　250
サーストン（Louis L. Thurstone）　80-81, 281
雑誌　115-116, 171, 175, 219, 227, 235, 244, 276
サンフランシスコ公共図書館　144
参与観察法　76-78, 96
シアトル公共図書館　116, 144, 244, 255
ジェイ（Martin Jay）　342
ジェニングズ（Judson T. Jennings）　128
ジェファーソン（Thomas Jefferson）　156

シェラ (Jesse H. Shera) 13-14, 22, 28, 31, 90-91, 273
ジェンダー 22, 332, 337, 341
シカゴ学派 76-79, 96, 102, 148, 150-151, 164, 274, 286, 288, 291
シカゴ公共図書館 46, 48, 52, 77, 116, 122, 127-128, 144, 153-154, 219, 246
『シカゴ公共図書館成立史』 13
シカゴ大学 7, 18, 24, 28-29, 43-45, 48, 51, 55, 57, 60, 62, 65, 69, 74-75, 79, 81-82, 100, 102, 132, 150, 209, 232, 279, 281, 283, 290, 304, 319
――教育学部 67, 74, 81, 83, 89, 149-150, 277
――社会学部 18, 24, 75-79, 81, 90, 92-93, 102, 148, 150, 197, 266, 275, 283, 288
――図書館 44-46, 48, 282
――図書館学大学院 7, 12, 18, 23-31, 33, 37, 51-103, 140, 147, 149, 151, 154-155, 164, 168-169, 197, 211, 223, 275, 277, 279-293, 302, 313-315, 317
シカゴ大学図書館学研究叢書 58
シカゴ・ライブラリー・クラブ 44, 62, 69
自己改善 182, 186
自己学習 10, 181-182, 233, 299, 305, 312
自己教育 110, 112, 121, 127, 161
自己修養 10
視聴覚資料 8, 116, 240, 254, 261, 269
実証主義 79, 96-98, 149, 291, 329-330
市民の大学 119, 129-130, 138-140, 145, 221, 296
下村陽子 144
シモンズ・カレッジ・ライブラリー・スクール 43, 66
シャーウッド (Robert E. Sherwood) 226
社会改良 74-75, 92
社会科学研究会議 21, 106, 165, 182, 184, 190, 231, 281
『社会学序説』 92
社会心理学的アプローチ 183, 197, 285
社会調査 7, 75, 77-78, 274, 291
ジャドソン (Harry P. Judson) 45

『ジャーナル・オブ・アダルト・エデュケーション』 101, 145
ジャニス (Irving Janis) 234
周縁文化 337
集会 5, 137, 143, 147, 174, 295
自由主義 326-327, 334-335
――的コミュニケーション論 10, 20, 310-313, 316-321, 326, 330
――的メディア論 203, 205, 207, 335, 339
シュッツ (Alfred Schutz) 320
『出版産業』 196, 208
出版流通 227-228, 231, 340
主流文化 333, 336-337
シュレイダー (Alvin M. Schrader) 30
純粋図書館業務 130, 139
ショー (Charles B. Shaw) 102
商業放送 249-250, 260
象徴的相互作用論 274
情報局 225
情報調整局 226, 237
情報テクノロジー 17, 243, 267
書誌学大学院 39, 47
女性クラブ 112-113, 117
ジョゼフソン (A. G. S. Josephson) 33, 38-39, 47
ジョッケル (Carleton B. Joeckel) 30, 56, 59, 66-67, 77, 155, 166
ショートカ 112, 130-131
ジョン・クレラー大学 69
――図書館 46-47
ジョンズ・ホプキンス大学 47, 70, 75
――マッコイカレッジ 254
ジョンソン (Alvin S. Johnson) 8-9, 19, 105, 126, 129-145, 148-149, 221-222, 271, 296-297-299, 302
ジョンソン・レポート 129-145, 221, 296
資料
――選択 157-158, 195, 298-299, 310, 327
――提供サービス 8, 143, 294-296, 299, 306-307
事例研究 77, 79
シンシナティ公共図書館 144, 247, 261,

268
新聞　113, 169, 171, 175, 192, 198, 219, 225, 244, 273, 276, 340
スウェイン（Martha H. Swain）　221
ズェニエッキ（Florian W. Znaniecki）　77
スーシティ公共図書館　116
スタウファー（Samuel A. Stouffer）　283
スタンフォード大学　132
──行動科学研究センター　170
スティーロー（Frederick J. Stielow）　225
ストウ（David W. Stowe）　22, 237-238
ストーリー・テリング　244, 248-249, 254
ストローム（Adam Strohm）　72
ストーン（Walter Stone）　160
スプリングフィールド公共図書館　245
スペンサー（Gwladys Spencer）　13
スペンサー（William H. Spencer）　151
スミス（Datus Smith）　234
スモール（Albion W. Small）　76, 78, 92
生活史法　78, 96
成人教育　5, 72, 105, 107, 109-110, 112, 116, 120-123, 125-126, 128-143, 145, 160-161, 186, 209, 215, 219-222, 230, 260, 264, 294-298
成人サービス　105, 125, 223, 295
政府公報局　225-226
セイヤーズ（Frances Clarke Sayers）　256-257
セルデス（George Seldes）　281
世論　193, 284
世論調査センター　174
戦時情報局　151, 224-229, 237
──映画局　228
──図書局　227
──ライブラリー・リエゾン・ユニット　227
戦時情報サービス　19, 151, 213, 215, 227, 236
戦時情報センター　228, 298

戦時図書館サービス　160, 223-227
戦時労働委員会　151
セントポール公共図書館　144
セントルイス公共図書館　67, 116, 144, 154, 245
専門職　110, 120, 173, 175, 191, 205
──団体　23, 27, 294
──的理念　20, 188, 202-203, 306
　図書館──　3, 4, 9, 16, 19, 21, 26, 34, 37, 39, 41, 54, 63, 72, 87-89, 95, 98-99, 111, 115, 119-120, 142, 158, 166, 180, 187-188, 191, 196-198, 205, 213, 215-217, 229, 233-234, 236, 290, 292-294, 296, 303, 306-308, 315, 327, 332, 335, 338
戦略局　225, 237
ソシオ・メディア論　17, 241
ソルトレイクシティ公共図書館　245

タ　行

第1次世界大戦　21, 75, 109, 131-132, 142, 165, 216, 224, 230, 236
対外情報部　226
『大学図書館の課題』　101
大恐慌　21, 84, 132, 142, 220, 222, 296
『大衆に話しかける大衆』　190
第2次世界大戦　19, 151, 165, 169, 189, 215, 223-225, 230, 237, 250, 257, 263, 297, 298
タイラー（Ralph Tyler）　84, 197, 234, 266, 277, 283
タウンズ（Mary E. Townes）　268
ダグラス（Paul Douglass）　108, 110
多元主義　205-206, 319-321
　文化──　326, 328, 335, 337-338
多元論モデル　207
タコマ公共図書館　244
ターピル（Charles I.Terbille）　285
多文化
──主義　326
──図書館研究　336-337
──サービス　336-337, 341
タルド（Gabriel Tarde）　199
弾丸理論　185
地域評議会　153, 159-160

知識
　——の普及　108-109, 111-112, 114, 120, 123-124
　——流通　111-113, 123-124, 126, 220, 313
知的自由　9, 166, 200, 205, 210, 321
チャーターズ（Werrett Wallace Charters）　52
チャーチウェル（Charles D. Churchwell）　127
チャンスラー（John Chancellor）　141
諜報機関　226
筒井清忠　22
ティクナ（George Ticknor）　14
ティスラント（Monsignor Eugéne Tisserant）　72
ディツィオン（Sydney Ditzion）　13-14, 22
デイトン公共図書館　116
デイナ（John Cotton Dana）　135, 144
テイラー（Margaret Crompton Taylor）　53
デーヴィス（Elmer Davis）　226-227, 237
デーヴィス（Mary Gould Davis）　249
デトロイト公共図書館　116, 122, 144, 152, 219
テネシー渓谷開発公社　150, 152, 163, 222
デモイン公共図書館　253
J. デューイ（John Dewey）　199, 272-274, 284, 287-289, 311
M. デューイ（Melvil Dewey）　6, 14, 18, 21, 23, 25, 27, 33-38, 40-42, 46-47, 73, 95, 100, 216, 290
テレビ　4, 186, 199, 239, 241, 250-255, 263-265, 267-268, 301, 303, 306, 312, 321
電子メディア　268
デンバー公共図書館　144, 248, 268
電話　4, 15, 241, 243
統計　29, 79, 84-85, 96
討論　112, 117, 137, 159-161, 228, 230, 299
ドキュメンテーション　31, 237
常盤繁　130

トクヴィル（Alexis de Tocquevill）　163
読者担当部門　116
特殊情報部　226, 237
読書　175, 268, 280, 305, 308-309, 314, 316
　——アドバイザー　87, 136-137
　——アドバイス　125, 295
　——案内　217
　——カウンセリング　129, 131, 137, 174, 217, 220-222, 295, 297
　——興味　55, 61, 65, 80, 83-84, 140, 150
　——研究　16, 52, 82-84, 94, 98, 103, 149-150, 168-169, 193, 235, 277-284, 314, 321, 325
　——効果　80, 94, 280-281
　——行動　16, 30, 83-84, 88, 94, 103, 149, 169, 174, 280-281, 308, 314, 333
　——指導　133
　——調査　77, 83-84, 149-150
　——の価値　202, 235, 333
　——要求　88, 217
　——リスト　136, 144, 221, 227, 252
　軽——　1, 176, 217
　娯楽——　161, 305, 308
　最善の——　216
『読書研究とライブラリアンシップ』　29
読書相談業務→読書相談サービス
読書相談サービス　108, 122, 127, 131-132, 137, 139-140, 143-144, 161, 218-219, 236, 245-246, 296-297
『読書の地理学』　30, 279, 288
『都市近郊部の図書館サービス』　155
都市社会学　76-77, 148, 164, 285
都市同心円地帯理論　76, 102
図書　4, 15-16, 116, 172, 192, 194, 199, 252, 305, 309, 312, 340
　堅い——　234-235
　娯楽——　176
図書館学　6, 13, 16, 23, 26-30, 33-49, 51-103, 155, 272, 275, 277, 280, 285-287, 289, 292, 302, 314, 326
　——教育　28-29, 33, 37-38, 55, 60, 66, 82, 127

——史　11-15, 40
　——シカゴ学派　12, 14, 22, 28-29, 55, 85, 90, 279
　——修正解釈　13-14, 22, 332, 340
　——修正理論→修正解釈
　——論争　85-89, 291
『図書館学序説』　30, 93, 95, 306
図書館活動推進10年計画　7, 45
図書館研修会　58-59, 223, 282-283, 288
「図書館—コミュニティ・プロジェクト」　147, 230
『図書館サービスの教育』　6, 47
『図書館職務の教育』　290
図書館資料→資料
図書館政策　147, 188, 317
『図書館とコミュニティ』　149
『図書館と成人教育』　131
『図書館と図書館以外の情報源の利用』　172, 208
『図書館にかかわる課題の研究』　277
図書館の信条　16, 188, 191, 216-217, 293, 299, 303
『図書館の利用者』　9, 106, 167-186, 202, 208, 231, 299
図書館放送活動　239-269
『図書館ラジオ放送』　245-246
図書選択→資料選択
図書リスト→読書リスト
トマス（William Issac Thomas）　77
トムソン（Charles A. Thomson）　224, 229, 237
ドリンクウォーター（Geneva Drinkwater）　102
ドレクセル工科大学ライブラリー・スクール　37, 43
トンプソン（C. Seymour Thompson）　86-88
トンプソン（James Westfall Thompson）　56, 69, 80, 91

ナ 行

内容分析　178, 185, 288
ナショナリズム　216
ニューアーク公共図書館　116, 123, 135, 144, 244

ニューアーク・ビジネス図書館　115, 127
ニューオリンズ公共図書館　144, 255
ニュー・スクール・フォー・ソーシャル・リサーチ（New School for Social Research）　132-133, 144
ニューディール　145, 220
　——期　297-298
　——政策　221, 236, 296
ニューベッドフォード公共図書館　117
ニューベリー図書館　46, 48, 66, 69, 89
ニューヨーク会議　234
ニューヨーク州立ライブラリー・スクール　37, 43, 47-48, 67-68
ニューヨーク・パブリック・ライブラリー　40, 47, 53, 144, 243, 249, 290
　——ヨークビル分館　253
　——ライブラリー・スクール　48
『ニュー・リパブリック』　132, 144
人間生態学　76, 148
ネットワーク情報資源　2, 3
ネブラスカ大学　68, 132
『農村社会学』　179, 181
ノエ（Adolf Carl von Noé）　44
ノース・ウェスタン大学　44, 69
　——図書館　46, 52
ノース・カロライナ大学　56-57, 68, 101
能登路雅子　162, 166
ノンフィクション　83, 173, 183, 259

ハ 行

ハウ（Harriet Emma Howe）　52-53, 56, 66, 71
ハウザー（Lloyd Houser）　30
パーク（Robert E. Park）　76-79, 81, 92-93, 102-103, 199, 272, 274, 284-286, 288, 310
バージェス（Ernest W. Burgess）　76-77, 80, 103
バックランド（Michael Buckland）　31
ハッチンス（Robert Maynard Hutchins）　57, 209
バッファロー公共図書館　144
ハート（Clyde W. Hart）　151, 234

索引 **397**

パトナム（Herbert Putnam） 102
ハートフォード公共図書館 257
バトラー（Pierce Butler） 19, 30, 52-53, 55-56, 66, 69, 71, 74, 80, 89-95, 97-99, 273, 285-286, 291
バートラム（James Bertram） 134, 144
バートン（Ernest DeWitt Burton） 44-45
ハーバード大学 75, 100
パブリック・インタレスト 199, 243
『パブリック・オピニオン・クォータリー』 288
パブリック・コミュニケーション 189-190, 192-193, 195-201, 203-205, 280, 301
『パブリック・ライブラリーの成立』 13, 90
パブリック・リレーションズ→広報活動
バーミンガム公共図書館 144
バランタイン（Ian Ballantine） 234
ハリス（Michael H. Harris） 13-14, 22, 30, 96, 319-320, 332-333, 340
パワー（Effie Power） 249
パンジトア（Verna L. Pungitore） 5
ハンソン（James Christian Meinich Hanson） 44-45, 48, 52, 55-56, 66, 71, 91, 101
ビショップ（W.W.Bishop） 71
日高六郎 284
ピッツバーグ・カーネギー図書館 53, 102, 117, 144, 233, 242, 244
『人々が読みたいと思うもの』 84, 277, 279-280
『人々と印刷物』 81, 277, 281
『人々と図書』 81, 84, 277
『人々にとって読むこととは』 281
ピートリング（G. K. Peatling） 341
ビバリーヒルズ公共図書館 246
批判
　——的アプローチ 207, 329
　——的研究 211, 332
　——的文化研究 332-335, 339, 341
　——的メディア研究 329-330, 332, 334-335, 337, 340
　——理論 206, 338, 339

『ピープルズ・チョイス』 178
ヒューストン公共図書館 144
ピューリタニズム 182
ビールズ（Ralph E. Beals） 282
ヒルデンブランド（Suzanne Hildenbrand） 22, 337-338
広井脩 331
ファシズム 224-226, 230, 238, 321
フィクション 83, 173, 183, 216, 259
フィッシャー（Dorothy C. Fisher） 145
フィラデルフィア公共図書館 144
フィラデルフィア図書館会社 1, 4
フィルム・ライブラリー 243
フェアリス（Ellsworth Faris） 76
フェイン（Elaine Fain） 341
フェミニズム 22, 232
フォード財団行動科学部 170
福島寿男 41
フーコー（Michel Foucault） 332
ブース（Charles Booth） 78
ブックスタディーズ 340
ブックトーク 244, 251
ブック・モービル 218, 228
ブライアン（Alice I. Bryan） 188, 190
ブライソン（Lyman Bryson） 261
ブラウン（Charles H. Brown） 256
プラグマティズム 311
プラット・インスティチュート・ライブラリー・スクール 37
フランクフルト学派 183, 185-186, 193, 207, 211, 330, 332
ブリス（Henry Evelyn Bliss） 74
プリチェット（Henry S. Pritchett） 107, 109-110, 126
フリーマン（Frank Nugent Freeman） 52-53
プリンストン大学 67-68, 234
　——高等教育研究所 189
　——ラジオ調査室 275, 330-331
ブルックリン公共図書館 116, 144
ブルマー（Herbert Blumer） 274
ブルーン（Heywood Broun） 281
プレスの自由委員会 190, 192, 200, 204, 209

ブレット（William H. Brett）　252
ブロス（Meredith Bloss）　257
プロパガンダ　156, 194-195, 225-226, 237, 283-284
プロフェッション→専門職
文化
　　──構造　325, 327, 328-329
　　──コミュニケーション　176, 198, 204-205, 300, 316-317, 334, 339
　　──再生産　327, 335
　　──政治学　333-334, 339
『文化の使徒』　13
ベイ（J. Christian Bay）　52, 69, 88
米国公衆衛生総局　189
米国出版社協議会　234
ヘゲモニー　332, 335, 341
ベッカー（Patti Clayton Becker）　224
ベック（Nelson R. Beck）　341
ヘリング（Pendleton Herring）　182
ベレルソン（Bernard Berelson）　9, 19, 106, 165, 167-186, 193, 202, 232, 234, 265, 275, 280, 282-283, 285-286, 288, 299-305, 309, 314, 331, 338
ベレルソン・レポート　167-186, 231
ヘンネ（Frances Henne）　260
ヘンリー（Edward A. Henry）　48
ホイーラー（Joseph L. Wheeler）　72, 149, 164-165, 218
ボーグル（Sarah C. N. Bogle）　44, 53-54
母語資料提供サービス　131, 294, 336
ボストン公共図書館　1, 4, 14, 144, 246, 294
ポートランド公共図書館　117, 144
ポートランド図書館協会　244, 276
ボランタリー・アソシエーション　106, 163-164, 223, 229
ポーリー（Christine Pawley）　333
ホール（Stuart Hall）　340
ホルクハイマー（Max Horkheimer）　207
ボルチモア公共図書館　144
ホワイト（Llewellyn White）　190
ボワーマン（George F. Bowerman）　42
本間長世　162

マ 行

マイノリティ　336-337
マイヤー（H. H. B. Meyer）　72
マイヤーズ（Frederik L. Myers）　251, 259-260
マイラム（Carl H. Milam）　43, 52-53, 69, 72, 225, 227, 237
マーク（Mary Niles Maack）　167-168, 184, 187, 238, 287
マクウェール（Dennis McQuail）　206, 210
マクミリン（Wayne McMillen）　154
マクリーシュ（Archibald MacLeish）　225-227, 237
マックロウ（Ethel McCollough）　218
マサチューセッツ州図書館協会　246
マス・コミュニケーション
　　──研究　194-195, 274, 281, 305
　　──産業　192
　　──の限定効果説　185-186, 193, 195, 210
『マス・コミュニケーションの効果』　210
マス・メディア　12, 17, 20, 109, 156, 168, 170-171, 175-176, 179-180, 183-184, 187, 189, 192-195, 199-201, 204, 206-207, 209, 213, 219, 229-232, 239-242, 245, 253, 263, 265-266, 269, 271, 273, 276, 286, 300-301, 305, 315, 338-339
『マス・メディアの効果』　193, 208
マッキーバー（Robert Morrison MacIver）　163
マッコルヴィン（Lionel Roy McColvin）　85
マーティン（Lowell Martin）　154, 163
マルクス主義的アプローチ　206, 330
マローン（Cheryl Knott Malone）　336
マン（R. Russell Munn）　153, 161
マン（Ralph Munn）　102, 233
ミシガン大学　58, 71, 75, 81
　　──調査研究センター　171, 231
　　──ライブラリー・スクール　67

索　引　**399**

水越伸　17, 241, 244
ミッチェル（Sydney B. Mitchell）　72
ミード（George H. Mead）　272, 274, 284
『ミドルタウン』　77
ミネアポリス公共図書館　66, 137, 144
ミラー（Robert A. Miller）　80
ミラー（William Miller）　196
ミルウォーキー公共図書館　117, 122, 144
民間防空局　151
民主主義　13, 20, 136, 138-140, 145, 151, 154, 156-158, 166, 188, 191, 197, 200, 203-207, 209, 224-228, 237-238, 269, 298, 301, 303, 308, 311-313, 315-316, 322, 325-329, 339
『民主主義と図書館』　13
村上美代治　142, 225
メーソン（Max Mason）　45
メディア　10, 15-19, 21-22
――・エコロジー　286-287
――環境　240-241, 300, 303-304
――・コミュニケーション研究　10, 12, 177, 186, 194, 210, 235, 263, 281, 283
――・サービス　19, 213, 236, 265, 303, 306, 316, 319
――・テクノロジー　10, 242, 274
――の効果研究　193-195, 272, 282, 285
――比較研究　30, 168, 178, 235, 275, 278, 314
商業――　176, 196, 201, 205
スロー・――　229
ファースト・――　229
歴史社会学的――研究　15, 18
メディア史研究　22, 241
メディア・スタディーズ　329, 335, 337
『目的のある読書』　144
モルツ（Redmond Kathleen Molz）　188
モントクレア公共図書館　171
モンロー（Margaret E. Monroe）　120, 122-123, 141, 188

ヤ　行

山本武利　237
ヤングスタウン公共図書館　218
要求論　157, 166
ヨネヤマ・リサ　335, 341
4ヶ年目標　192

ラ　行

ライシアム　130-131
『ライブラリアンシップ教育の基盤』　28
『ライブラリアンシップの正当性』　9, 188
『ライブラリー・クォータリー』　58, 62, 66, 70-74, 86, 101-102, 155, 260, 287
ライブラリー・サイエンス　25-26, 57, 73, 82, 86, 88-89, 95, 98, 292
『ライブラリー・ジャーナル』　35, 38, 64, 87, 90, 244, 256, 276
『ライブラリーズ』　54, 71
『ライブラリーズ・アンド・カルチャー』　9, 167, 187
ライブラリー・スクールの最低基準　43, 58
ライブラリー・スクールの最低必要条件　58
ラザースフェルド（Paul Felix Lazarsfeld）　81, 170, 177, 181, 193, 203-204, 206, 210-211, 274-276, 281, 283, 285, 321, 330-331, 340
ラジオ　1, 4, 15, 114, 160-161, 169, 171-172, 175, 185-186, 192-195, 198-199, 219, 224-225, 227-228, 235, 237, 239, 241-252, 254-265, 267-268, 275-280, 283-284, 301, 303, 306, 309, 312, 330
『ラジオと印刷物』　275
ラスウェル（Harold Dwight Lasswell）　81, 185, 234, 274-276, 281-283, 288
ラッセル（John Dale Russel）　102
ラッセル・セージ財団　102, 190
ラーネッド（William S. Learned）　8-9, 19, 105, 107-129, 143, 148-149, 164-

165, 220-221, 271, 295-299, 301-303, 309, 320
ラーネッド・レポート　107-128, 144, 221-222, 296, 316
ランドール（William M. Randall）56, 58, 66-67, 91, 101-102
リー（Robert D. Leigh）　9, 19, 106, 165, 183-184, 187-211, 232, 234, 265, 299-301, 303-305, 309, 315, 321, 338
リー（Robert Ellis Lee）　123, 161, 236
リース（Ernest J. Reece）　101-102
リースマン（David Riesman）　234-235
リチャードソン（John Richardson Jr.）　29, 89
リップマン（Walter Lippmann）　144
リーディング・スタディー　333, 340
リバーサイド公共図書館　152
リーブス（Floyd W. Reeves）　74, 80, 102
リーレポート　187-211
リンド（Robert S. Lynd and Helen M. Lynd）　77, 81
ルーイビル公共図書館　252-254
ルース（Henry Robinson Luce）　209
ルート（Elihu Root）　126
ルメートル（Henri Lemaitre）　72
レイバー（Douglas Raber）　9, 21, 30, 167-168, 184, 187-188, 198, 209, 269, 287, 318, 321
レイブス（Walker H. Laves）　224
レイン（Gordon J. Laing）　45
レイン委員会　45, 51, 69
歴史社会学　13, 15, 17-18, 22, 241
レコード　225, 228, 240-241, 261, 276-277
レジャイナ公共図書館　117
レッドフィールド（Robert Redfield）81-82
レーニー（Llewelyn Raney）　70
レファレンス
────サービス　5, 113, 125, 173, 217, 295
ラジオ────　245-246, 248, 262
連邦通信委員会　192
────外国放送情報活動分析部　170, 189
連邦図書館サービス法（LSA）　142
ロイ（Walter Roy）　151
ロサンゼルス公共図書館　117, 144, 243
ロジャース（Everett M. Rogers）272, 275, 287
ローズ（Ernestine Rose）　141, 145, 222
ローズ（Jonathan Rose）　340
ローズヴェルト（Theodore Roosevelt）142, 144, 226
ロスロック（Mary U. Rothrock）152-153, 163
ロチェスター公共図書館　144, 248, 261
ロックウェル（William W. Rockwell）48
ロックフェラー（Steven C. Rockefeller）　311
ロックフェラー財団　23, 169
ロックフェラー・ラジオ・プロジェクト275
ローデン（Carl Bismarck Roden）44, 48, 69, 160
ロビンズ（Louise S. Robbins）　9, 166, 321

ワ　行

ワイト（E. A. Wight）　155
ワイヤー（James I. Wyer）　56, 66, 68, 71
ワークス（George Alan Works）　51-52, 54, 57-58, 61-62, 66, 69, 80, 86, 100-101
ワシントンD.C.公共図書館　144
ワシントン大学　154, 184
────ライブラリー・スクール　169
ワース（Louis Wirth）　151, 288

【著者紹介】

吉田 右子（よしだ ゆうこ）

1963年　東京都生まれ
1992年　図書館情報大学大学院修士課程修了
1997年　東京大学大学院教育学研究科博士課程単位取得退学
1997年　図書館情報大学助手
2002年　筑波大学大学院図書館情報メディア研究科助教授，博士（教育学）

主要業績：『レファレンスサービス演習』（勉誠出版，2002年），「ライブラリアンシップにおける理論と実践」日本図書館情報学会研究委員会編『図書館情報学のアイデンティティ』（日外アソシエーツ，1998年），「20世紀前半期アメリカ公共図書館論の批判的検討」川崎良孝編著『図書館・図書館研究を考える』（京都大学図書館情報学研究会，2001年）

EYE LOVE EYE

視覚障害者その他活字のままではこの本を利用できない人のために，日本図書館協会及び著者に届け出る事を条件に音声訳（録音図書）及び拡大写本，電子図書（パソコンなど利用して読む図書）の製作を認めます。ただし，営利を目的とする場合は除きます。

メディアとしての図書館：アメリカ公共図書館論の展開

2004年10月20日　第1刷発行Ⓒ　　　　定価：本体5,000円（税別）

著　者　吉田　右子
発　行　社団法人　日本図書館協会
　　　　東京都中央区新川1丁目11－14
　　　　〒104-0033　☎03(3523)0811

JLA 200429　　　　Printed in Japan　　　　印刷：船舶印刷
ISBN4-8204-0428-8

本文の用紙は中性紙を使用しています。